Klingendes Dresden

Die Dresdner Musikfestspiele
in ihrem ersten Jahrzehnt

Klingendes Dresden

Herausgegeben von Winfried Höntsch
und Horst Seeger
Bildredaktion Marion Demuth

Deutscher Verlag für Musik Leipzig 1988

ISBN 3-370-00261-2

1. Auflage

Lizenznummer 418-515/A 14/88
Printed in the German Democratic Republic
Gestaltung: Karl-Heinz Lange, Berlin
Gesamtherstellung: Offizin Andersen Nexö, Graphischer Großbetrieb, Leipzig III/18/38
Satz: Nationales Druckhaus, Betrieb der VOB National (52)
Schrift: Publica
LSV 8387
Bestellnummer: 518 546 7
0 00

INHALT

Zum Geleit

Es gibt nicht viele Plätze in der Welt, wo menschliche Schöpferkraft, Arbeitsfleiß und Fortschrittswille solche nachhaltigen Ergebnisse erzielt haben wie in Dresden. Hier vereinen sich Industrie und Wirtschaft, Technik und Wissenschaft zu einem Ensemble von beeindruckender Lebendigkeit, an der Kunst und Kultur hervorragenden Anteil haben. Vor dem Hintergrund eines Landschaftsbildes von einzigartiger Atmosphäre, vor der Architektur dieses immer wieder zu bewundernden Städtebildes haben sich die Kräfte geistigen und manuellen Schaffens zu ihrer schönsten Blüte entfaltet.

Im Kreise der Künste, die in Dresden in Jahrhunderten das entstehen ließen, was zu den kostbarsten Schätzen der Weltkultur gehört, nimmt die Musik einen hervorragenden Platz ein. Von Heinrich Schütz und Johann Adolf Hasse, von Carl Maria von Weber und Richard Wagner bis zu Richard Strauss und vielen anderen zieht sich eine ununterbrochene Kette von bedeutenden Namen, die Geschichte gemacht haben und die unauslöschlich ins Kulturbewußtsein eingegangen sind. Wie oft gingen von hier Kräfte und Impulse aus, die an Grundfragen der Musik rührten, die neue Fragen der Musikentwicklung aufwarfen und sich als provozierende Forderung an die Musik stellten. Zu ihnen gehören ebenso zahlreiche bedeutende Interpreten, Dirigenten und Solisten, Sänger und Sängerinnen, Chöre, Kammermusikvereinigungen und viele andere, deren Talent sich auf dem fruchtbaren Boden der Elbestadt entfaltete und weltweit Geltung erlangte.

Wir erleben Dresden heute nicht als ein Museum, das uns die kostbaren Schätze der Vergangenheit nahe bringt, sondern als einen lebenserfüllten Teil unserer Gegenwart, die von neuen, sozialistischen Zielen bestimmt wird. Das trifft auch für die Musikfestspiele zu, die 1987 zum zehnten Male stattfanden und die mit dem inzwischen erfolgten Wiederaufbau der Semperoper beste Voraussetzungen für eine Profilierung erhalten haben, die ihr ureigenes Anliegen ist: der Gestaltung des Musiktheaters. Sie haben in den zurückliegenden Jahren den alten Dresdner Musiktraditionen neuen Glanz hinzugefügt, haben mit ihrem hohen künstlerischen Niveau weite internationale Ausstrahlung erreicht und sind ein fester Bestandteil unseres an Höhepunkten wahrlich nicht armen Musiklebens geworden. Dafür gaben die Carl-Maria-von-Weber-Ehrung, die Festspiele anläßlich der Wiedereröffnung der Semperoper und zahlreiche andere Veranstaltungen beeindruckende Beweise.

Die Musikfestspiele werden ihre volle Gültigkeit erhalten, wenn sich die Pflege und Erforschung der großen Leistungen der Vergangenheit mit dem Wachstum des Neuen unserer kulturellen Entwicklung verbindet, wenn sie zum Ausgangspunkt neuer Impulse und Anregungen werden, in denen die bewegenden Gedanken der Gegenwart – und das sind vor allem die Gedanken eines friedvollen Zusammenlebens der Menschen und Völker – ihren künstlerisch überzeugenden Ausdruck finden.

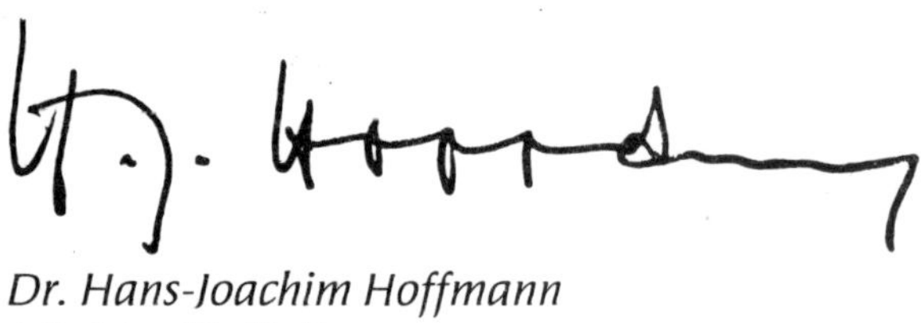

Dr. Hans-Joachim Hoffmann
Minister für Kultur

Grußwort

Seit zehn Jahren bestehen die Dresdner Musikfestspiele; ein Jubiläum, das bereits vielfach Anlaß zur Rückschau gab, uns auf Gewonnenes besinnen läßt.

In den Stolz, den wir gemeinsam als Bürger unserer pulsierenden sozialistischen Großstadt für die hier über Jahrzehnte hinweg verantwortungsbewußt gepflegten Schätze der Weltkultur hegen, in die Hochachtung, die wir der ereignisreichen Vergangenheit des Dresdner Kunst- und Kulturschaffens in seiner Gesamtheit entgegenbringen, mischt sich wohl bei jedem, der sein Herz hierfür schlagen fühlt, auch eine ganz persönliche Freude über die so prächtige Entwicklung eines der jüngsten Festivals unseres Landes.

Ein Jahrzehnt ist für ein Musikfest ein historisch kurzer Zeitabschnitt; vor allem in einer Stadt, deren Musikgeschichte nach Jahrhunderten zählt und fast so alt ist wie ihre Geschichte als Kommunalwesen. Aber in den wenigen Jahren ihres Bestehens haben sich die Dresdner Musikfestspiele einen geachteten Platz im Kreis der internationalen Kunstfeste erworben. Dank des hohen Niveaus und der Spezifik künstlerischer Ereignisse und wissenschaftlicher Veranstaltungen sind sie als das Musiktheater-Festival der DDR mit internationaler Beteiligung und Ausstrahlung anerkannt.

Damit ist nicht nur den großen Musiktraditionen Dresdens ein lebendiges Denkmal entstanden. Es ist auch ein neues Kapitel der Dresdner Musikgeschichte und, wenn man so will, der Stadtgeschichte im Entstehen begriffen. Es wird in vielen Jahren noch von der Einsatzfreude und Gastfreundschaft der Dresdner Bürger künden, durch die sie dieses Musikfest zum jährlichen Höhepunkt des kulturellen und gesellschaftlichen Lebens werden ließen.

Ebenso sind die Dresdner Musikfestspiele aber auch ein beredtes Zeugnis für die Leistungsstärke der sozialistischen Gesellschaft. Sie wären nicht denkbar ohne die kluge, auf das Wohl des Volkes orientierte Politik der Partei der Arbeiterklasse und der Regierung der Deutschen Demokratischen Republik zur Sicherung des Friedens, die erst die Voraussetzung für das Wachsen und Blühen der Künste in unserem Lande schafft. Und ganz in diesem Sinne wirken die Dresdner Musikfestspiele als ein weltoffenes Treffen im Zeichen des Friedens und der Völkerverständigung überaus aktivierend.

Gibt es etwas Schöneres für die Bürger einer Stadt, ein solches Festival ihr eigen nennen zu können?

Gibt es etwas Schöneres für ein solches Festival, so ganz im Bewußtsein der Bürger einer Stadt, ja eines Landes lebendig zu sein?

Wolfgang Berghofer
Oberbürgermeister der Stadt Dresden
Vorsitzender des Komitees
Dresdner Musikfestspiele

PETER BIELE

Anflug

Fantasie über meine Heimatstadt

Ich kam von weither. Die Maschine setzte zur Landung an. Das Dröhnen wurde stärker. Schon sah ich den Strom von Böhmen her sich durch die Felsen winden. Eine Schlucht tat sich auf. Waldkäuze schrien. Pech und Schwefel stanken gen Himmel. Ich erkannte zwei Jägerburschen beim Freikugelngießen; gerade warfen sie in ihren Sud *das rechte Auge eines Wiedehopfs, das linke eines Luchses.* Und vielhundert Menschen entsetzten sich (am hellen Nachmittag!) über den höllischen Jäger. Ein bißchen Hokuspokus, dachte ich, muß schon dabei sein, damit das Wahre wirkt. Der Spuk war bald überflogen. Es war ein ungewöhnlich klarer Tag.

Schon befanden wir uns angesichts der bewaldeten Hänge, zu deren Füßen das liebliche Graupa sich lagert, über jenem Gewässer, das von der Lausitz her dem größeren zustrebt, ebenso vielfach gewunden wie dieses, tief eingeschnitten ins Sandsteingebirge als eine Klamm und darum noch romantischer anzusehen. Weg und Steg fanden kaum Halt an den Wänden und hangelten sich über den gischtenden Fluten dahin, welche über Wehre drängten und herabgestürztes Felsgestein umtosten. Die Maschine glitt in den Abgrund hinab.

Zu beiden Seiten überragten die Wände der Klamm unsere Flughöhe. Schon netzte der Schaum die Flügel der Maschine. Sie wurde auf und ab und hin- und hergerissen, blieb aber auf Kurs und nahm keinen Schaden. Das Dröhnen der Turbinen, das mit dem des entfesselten Elements eins war, verdichtete sich zum Gesang. *Steuermann, halt die Wacht!* klang's auch aus mir, als die Maschine, winziges Insekt nur, einen Herrn umschwebte, der da, abseits vom Getöse, doch darin eingeschlossen, im flimmernden Schatten des steilen Sonnenlichtes vor einer Mühle an einem Wirtshaustische saß und ebenfalls vor sich hinsang. Mit einer ärgerlichen Bewegung, die ich zugleich als hartnäckiges Skandieren erkannte, trachtete er das Insekt zu vertreiben. Doch wir umkreisten, noch immer unsern Steuermann beschwörend, ihn weiter. Er warf sich zurück, daß der Gartenstuhl krachte.

Bleibet mir, rief er, mit diesem Gassenhauer vom Leibe! Muß denn, was meiner sich an den Küsten des Baltischen Meeres entrang, mich hier noch verfolgen?

Meister, sagte ich tadelnd, habt Ihr's nicht selbst mit Euch getragen, bis in die Talauen draussen, und von da aus in die Welt gesandt?! Nun kehrt's Euch als Echo zurück, bis in diese Klüfte.

Er lächelte. Versöhnlich. Ich hatte ihn sofort erkannt: Das Barett! Das Profil! Das kühne, bartlose Kinn! – Er hielt inne. Zutraulich ließen wir uns auf seinem Zeigefinger nieder. Er betrachtete uns mit strenger Zärtlichkeit; wir spürten seinen Hauch.

Woran arbeiten Sie? fragte ich wie der Reporter meiner Heimatzeitung.

Nie sollst du mich befragen, sang er leise, kaum hörbar, mit seinem tragenden Organ, kaum daß er die Zähne mir zeigte.

Ich verstand. Las ich doch die Tafel am mächtigen Stamm der Linde, die wir nun ebenfalls, zugeneigt wie im Tanze, in einer Ehrenrunde umschwebten, ehe wir uns wieder niederließen, auf des Meisters Zeigefinger: »Dies ist der Platz und der Ort . . .« undsoweiter.

Auf dem Tisch war stapelweise Geschirr abgestellt. Denn viele Leute kamen hierher, den heiligen Schauder des Orts zu genießen. Der Meister schien es nicht zu bemerken; es war für ihn Luft.

In der Tat, ein Zaubertisch! schwärmte er, legte den Finger an den Mund, welchem wir dadurch ganz nahe kamen. Der Zufall hat mich hergeleitet. Er flüsterte: Sehen Sie! Hören Sie!

Die Bäume, die Sträucher, die Moose an den Gesteinen waren von irisierendem Lichte durchbrochen. Das triefende, fließende Wasser glitzerte, blitzte, daß ich die Augen schließen mußte. Da drang das Farbenspiel von seinem blendenden Mittelpunkt her mit unumgrenzter Gewalt auf mich ein. Ich vermochte nur noch zu blinzeln. Die Felswände waren von geisterhaften Gestalten belebt, Riesen und Zwergen und Hexen und höllischen Jägern und was dem erregten Gemüt an Bestien so zu begegnen vermag. Bin ich denn, rief ich verwundert, hier in der Wolfsschlucht? Die Mühle im Winkel, die Linde – und dort . . .! Am Ende seid Ihr gar nicht, für den ich Euch hielt?

Möglich, erwiderte der Meister, daß mein verehrter Antezessor *durch die Wälder, durch die Auen* ebenfalls hierhergefunden hat. Hier hinter! setzte er nachdrücklich, sächselnd, erstaunt fast, wie fragend, hinzu, als halte er's für ausgeschlossen, daß vor ihm einer auf seinen Wegen so weit gewandelt. Mit einer generösen Geste wischte er den Wolfsschluchtspuk fort und dezidierte: Für mich isses die Scheldeniederung.

Ja, aber . . .! Ich wies auf die brüllenden Unebenheiten der Landschaft.

Junger Mann! (Er mochte dreiunddreißig Jahre alt sein und hatte nicht den geringsten Respekt vor meinem grauen Bart.) Meinen Sie, ich sitze hier, um mir das Flachland vorzustellen? Das bieten mir die Bretter! Und außerdem: Bedenken Sie, wo ich geboren bin und wo ich studierte: Solche Gefilde durchlebt – und das Bewußtsein der Unendlichkeit als einer klingenden Weite ist nicht mehr zu tilgen.

Ich beeilte mich, zu beteuern, daß ich jenen Klang der Weite auch über meiner Heimatstadt, obwohl von Erhebungen umgeben, stets vernehme – gleich ob ich darinnen, darüber oder drumherum zugange bin, daß freilich, je nachdem, jener Klang als gleichmäßig ausgehaltener Ton eine andere Höhe annehme.

Trefflich bemerkt! unterbrach mich der Meister. Die Grundlage musikalischen Genießens ist für Sie gegeben. Kompliment.

(Wir kippten vor Freude vom Finger ob dieser Anerkennung, fingen uns wieder, umsummten ihn in achtungsvollem Abstand und landeten auf dem Tisch, besser gesagt, auf einem Teller. Aber das spielte keine Rolle für den Meister.) Kommt es doch, fuhr er fort, nicht darauf an, wo man, sondern daß man es hört, dieses Klingen, dieses Einssein von Menschenwerk und göttlichem Wesen – oder, wenn Sie wollen: von Industrie und Natur.

(Ich räusperte mich, wollte sarkastisch entgegnen, denn des Meisters hochfliegende Gedanken drohten an Grenzen zu rühren, die seiner Erfahrung sich entrückten. Doch ich schwieg; bewahrte mir lieber sein ungebrochenes Sehnen zum Trost.)

Gleichviel – er schüttelte sich – ich kann Sie versichern: *Nichts ist unseren Orchestern fremder geworden als das gleichmäßig starke Aushalten eines Tones,* den auch Sie, junger Mann, als über allem Leben schwebend empfinden! *Ich fordere alle Dirigenten auf, von einem Instrumente des Orchesters, welches es sei, ein gleichmäßig voll ausgehaltenes Forte zu verlangen, um ihnen zur Erfahrung zu bringen, welches Staunen der Ungewohntheit diese Forderung erweckt, und nach welchen hartnäckigen Übungen erst der richtige Erfolg herbeizuführen sein wird.* Er war ins Dozieren geraten. Ereiferte sich. Darum *soll das Leben des Tones bis auf seinen letzten Blutstropfen aufgesogen werden; dann halte ich die Wellen meines Meeres an, und lasse in seinen Abgrund blicken; oder hemme den Zug der Wolken, zertheile die wirren Nebelstreifen, und lasse einmal in den reinen blauen Äther, in das strahlende Auge der Sonne sehen.* Er schwieg verzückt, als lausche er seinem eigenen Ton nach. *Hierfür setze ich Fermaten,* fügte er trocken hinzu.

Diesbezüglich, wagte ich zu entgegnen, sagt man aber unseren Ochestern Gutes nach.

Sehnse! Er warf sich in die Brust und kehrte in seine Verzückung zurück. Hören Sie: Die Klamm, junger Mann, die Klamm der Gefühle, durch die sie hindurchmuß, Elsa – und wer immer in ihren Handel hineingezogen wird wie in einen Strudel – diese Klamm habe ich *hier* gefunden! Er klopfte auf den Wirtshaustisch, einmal, entschieden; sah mich an, beklopfte zweimal die Gegend seines Herzens, hob achtunggebietend die Hand und wies ins Getöse: Und dafür brauche ich die Bühne frei, damit sie von Musik erfüllt sei, von der Dramatik des inneren Kampfs. Ponimajisch? – Pardon! Angewohnheit aus meinem letzten Engagement.

Bei dem abrupt hervorgestoßenen fremdländischen Laut sprang ein Hündchen auf, welches unbemerkt und selbstvergessen zu des Meisters Füßen gelegen hatte. Er kraulte ihm das Köpfchen, tätschelte die Flanken, und es bedankte sich tänzelnd. Was die Linde betrifft, fuhr er fort, so werde ich Verwendung für sie finden, wenn sie ins Bild paßt. – Ich hätte diese Dramatik des inneren Kampfes – gedankenverloren kraulte er weiter das Hündchen – gewißlich auch in den Niederlanden erleben können, bei einem Deichbruch. Aber ich will nun wieder Vorlieb nehmen mit dem, was mein Heimatland bietet an wohlgebändigter Wildheit. Zumal Minna die Umgetriebenheit satt hat. Er seufzte. *Die Aussicht auf Sicherung meiner Lebenslage durch eine dauernde Versorgung bei festem Gehalt macht sich mit tyrannischer Anziehungskraft geltend.* Auch Karoline, meines verehrten Antezessors – die fremde Erde möge ihm leicht sein! – liebenswürdige Gefährtin, *beschwor mich mit wahrhaft rührender Innigkeit, doch ja dem bedeutungsvollen Zuge des Schicksals nicht widerstreben zu wollen. Sie habe ein Recht, mich zur Einkehr in Dresden aufzufordern, um dort die Stelle einzunehmen, die seit dem Tode ihres Mannes so traurig leergeblieben sei.* Er seufzte neuerlich. – Hätte ich nicht die Freiheit wahrgenommen, mich im Osten und im Westen umzutun, dann hätte mir, als Austragungsort meiner inneren Spannung, zum Beispiel Machdeburch genügen müssen, mit seinem trutzig aufgetürmten Domgebirg, das über Giebelklippen aufsteigt ins Himmelsblau oder im Nebel sich verliert und dennoch nicht von ihnen zu lösen vermag, weil es zu ihnen gehört, an ihnen haftet wie –, wie die berühmten Kugelhälften. Er strahlte ob seines vielleicht nicht gar glücklichen Vergleichs, zwang seine entfesselte Mimik jedoch sogleich in grämliche Bande. Oder denken Sie an Lauchstädt: Die Oper im Bierzelt! Pardon: Nicht nur Schillern wurde das Schauspiel des Sommertheaters vom Platzregen zertrommelt! Denken Sie, als ich dorten dirigierte, war der Burggraben fast völlig eingeebnet. Und die Verhältnisse: so geduckt, daß ich Minna die Hand hinaufreichen konnte, sobald sie aus ihrem Stübchen im Oberstock lehnte. Dabei – nun lachte er herzlich – fand ich auch dort, auf dem plattesten Lande, meine Gespanntheit. Jetzt aber – er wurde bedenklich – bin ich hier gebunden. Lebenslänglich. So sitze ich, das Meer in mir – nun gut, es ist Musik geworden – und meine Sehnsucht nach dem Hochgebirge . . .!

Welcher Sachse sehnt sich nicht, beeilte ich mich zu beteuern, nach dem Erlebnis elementarer Gewalten! Wie segensreich, daß Künstler wie Ihr sie umzusetzen vermögen!

Er reckte sich auf seinem unbequemen Gartenstuhl. Wissen Sie, eine Revolution . . . – (Das Hündchen, des Aufbruchs gewärtig, biß um sich, nach Fliegen, Libellen wie nach dem eigenen Schwanze.) Doch dazu später. Constat: Wo die Tempi flott zu nehmen sind, nehme man sie flott, meinetwegen flotter als sie vorgeschrieben. (Das Hündchen jappte.) Ist das ein Widerspruch zu dem soeben hinsichtlich des langauszuhaltenden Tones Gesagten? Mitnichten! Es ist nur der Ausdruck einer zum Bersten drängenden Spannung. Ich bin überzeugt, es wird mir noch einmal auszubrechen gelingen. Empfehlen Sie mich Ihren Zeitgenossen!

Das Hündchen wedelte heftig. Er wandte sich wieder der Arbeit zu. Das Hündchen, murrend, legte sich nieder. Und wir hoben ab, ohne Abschied zu nehmen und ließen ihn in dröhnender Stille zurück. Was aus der Tiefe leuchtete, das war das Strahlen des Grals. Im Entschweben bemerkte ich noch, wie eine Grotte sich auftat und ein Schwan einen Nachen hervorzog, dem, helmbeflügelt, der Ritter des Grales entstieg. Das allgewaltige Rauschen der mich umgebenden Natur, und aus mir selbst das Tremolieren der meinen: Mir war, als würde ich selbst zu Musik.

So, aufs Schönste angeregt, passierten wir in der Rabenteufe das Richard-Wagner-Denkmal. »Unter dem Schutze der Amtshauptmannschaft Pirna« stand der Meister, starr und aufgereckt, sich selbst entfremdet, im Kreise seiner Musen, die sich – dem Hündchen vergleichbar – zu seinen Füßen räkelten.

Der lebendigen Erscheinung des Meisters und seinem Standbild entrückt, sah ich unten im Grunde zwei Malersmänner, oder Zeichner, die mit ihrem kargen Gerät dahin wanderten, wo der Meister beschäftigt war. Sie kämen, sagten sie, aus der Schweiz und seien ausgezogen, die Sächsische Schweiz zu entdecken.

Beeilt euch, rief ich ihnen zu, dort hinten sitzt einer, der sehnt sich nach dem Hochgebirge. Vielleicht könnt ihr's ihm zaubern.

Sie beeilten sich.

Ich wähnte sie zwar Jahrzehnte früher als jenen unterwegs, doch da ich sie so selbstverständlich daherkommen sah, verwunderte ich mich auch weiterhin über keinerlei Gleichzeitigkeit der Erscheinung – auch wenn, die mir begegneten, einander nie begegnen konnten, von Angesicht zu Angesicht. Sind sie doch, dachte ich, alle in mir und also, zu ihrem Glücke und meinem, vereint.

Als wir die breite Aue des Stromes erreichten und, an den begrenzenden Hängen entlang, Schloß Pillnitz überflogen, hörte ich schon, als ich des weithin leuchtenden Gevierts ansichtig wurde, ganz andere Weisen als die soeben vernommenen; verspielt wie exakt, dem Schloß entsprechend. Ich sah Herkules um Hebe freien, und sie schenkte ihm den Nektar der ewigen Jugend. Dichtgedrängt saßen die Lauschenden beim Orchester oder verloren sich, Hand in Hand, zwischen den Hecken. Wenige nur fanden zum Pavillon, welcher abseits, unter Bäumen, hinter Komposthaufen stand. Dort rezitierte ein Poet, der vor hundertfünfzig Jahren Dramaturg am Hoftheater war. Seine Werke? Die auch. Er war ein bescheidener Diener seiner Zunft. Hauptsächlich sprach er fremde Texte, die er sich zu eigen gemacht, da die breiteste Bühne nicht jene Neugier befriedigt, die nur das Einmanntheater zu stillen vermag. Das war damals schon so. Doch der rührige Dramaturg, der einstmals gefeierte Dichter, ist längst vergessen.

Vergessen, wie mancher aus seinem Metier. Und wenn er nicht vergessen ist, dann, zumeist, wissen wir nicht mehr, daß er auch in Dresden lebte oder längeren Aufenthalt nahm.

Ihren Musikern freilich gewährte die Stadt allezeit ein tätiges Gedenken. Nicht nur in den dafür bestimmten, prächtig als Tempel gestalteten Häusern, auch in dürftigen Etablissements, Scheune, Bude oder gar Werkstatt genannt, selbst in Ruinen – wenn nur irgendwo Musik gemacht werden konnte, bezwang die Stadt ihre Not – auch an abgelegenen Orten, wo Erinnerung Anstoß erhielt.

Unsere Einflugschneise führte vom Pillnitzer Schloßgarten über der breiten Allee zum Kirchlein Maria am Wasser. Die Orgel dröhnte und machte das schmale Gemäuer fast bersten. Ah, dachte ich, der Professor (der in seinem Namen Mozart und Weber vereinigt) ist beim Üben. Schweifenden Auges entdeckte ich, daß das Winzerhaus am Zuckerhut frisch verputzt war; es strahlte zwischen Büschen und Blumen hervor, so biedermeiergelbgesättigt, wie es vielleicht früher nie gewesen ist.

Jemand warf die Gartenpforte ins Schloß und eilte in Richtung auf die Berge fort. Flugs bogen wir ab von unserer Route und folgten ihm. Er strebte dem Keppgrund zu. Wir holten ihn kurz hinter dem Anwesen eines Bildhauers ein, dessen Figuren damals noch nicht die ohnehin reizvolle Gegend zierten, sondern es war eine rechte Wildnis, die uns nun aufnahm.

Der Eilfertige wich dem Geröll aus, sorgsam nicht fehlzutreten bedacht, er hinkte ein wenig, war hüftlahm, überquerte dennoch den Bach balancierend, erreichte den Grundweg und flog mit uns talaufwärts. Er sah uns von der Seite an, abschätzend, kritisch, so wie ich's von jenem Gemälde her kannte, das zwar im Krieg verlorenging, doch dem ungeachtet mich von Programmheften, Prospekten, Plakaten und aus Zeitungen anzustarren pflegt, ohne daß ich, das muß ich gestehen, seiner jemals überdrüssig werde. Ein gewisser hochmütiger Zug, der sich vor allem im Schwung der Brauen mitzuteilen weiß, fehlte hier im Grunde ganz; er war einer unverhohlenen Neugier gewichen, einer Gespanntheit, die nur durch die schlanke Zartheit des Gesichts, seine Empfindsamkeit, gemildert wurde. Das hatte der Maler gut getroffen. Die Nase aber – eine Battuta! – gab dem Antlitz den entscheidenden Akzent. Allerdings vermißte ich jetzt, da es neben mir schwebte, ebenfalls, bei aller Vornehmheit, die dandyhafte Eleganz, mit welcher der Maler es zu schmücken beliebte.

Der junge Mann mochte im gleichen Alter sein wie der Herr, dem wir in der Klamm begegnet waren. Sein Haar wehte wirr, als sei er mit den Händen hindurchgefahren, ohne es zu bändigen. Er beschleunigte noch seine Schritte, als er uns wahrnahm; er war der »verehrte Antezessor« des Herrn. Er keuchte. Das Auf und Ab seines Kopfes, bedingt durch sein Hinken, erweckte den Eindruck, als ob er galoppiere. Ich dachte an Lützows wilde verwegene Jagd. Er winkte ab. Diese Zeiten, rief er, sind für mich vorbei. Bin verheiratet. Habe Familie. Muß sehen, wo ich bleibe. Mich arrangieren. *Mit Schrekken sehe ich die langsam rükende Zeit doch auch wieder Riesenschritte machen. Ich habe heute den ganzen Tag von früh 6 Uhr bis jetzt ununterbrochen recht viel gearbeitet und die Augen wollen gar nicht mehr ihre Dienste leisten, seit 3 Tagen bin ich in einem abscheulichen Zustande gewesen, eine unendlich drükende Hizze und Gewitterluft, verbunden mit einiger Anstrengung, haben mich so abgespannt, daß ich durchaus unfähig war das geringste zu tun, von einem Winkel des Zimers in den andern lief, um Kühlung zu suchen, und am Ende immer üblerer Laune ward, denn Du weißt wohl daß wenn ich nicht arbeiten kann, ich am aller brummigsten bin. Mir ist am wohlsten in meinen Tongebilden. Jener keke, himmelanstrebende Sturm,* auf welchen du anspieltest, *mag wohl dahin sein, aber tieffühlende Gemüther werden mich vielleicht doch verstehen, und lieben vielleicht da sie mich nicht kennen, sondern ihr Ideal mir unterschieben können.*

Das vertrauliche Du erfreute mich. Fühlt man sich doch immer geschmeichelt, wenn man als älterer Herr von jüngeren Leuten, gleich welchen Säkulums, noch ernst genommen wird. Treuherzig plauderte ich, daß sein niemals erlahmender Eifer mir Ansporn sei, wenn ich das Wetter, die Zeitumstände oder mein Zipperlein anklage, sobald mir nichts gedeihen will. Oft kommt mir dann auch eine Melodie von dir in den Sinn, sagte ich, und damit geht's wieder ein Weilchen.

Mein lieber Zukunftsbruder, erwiderte er und breitete die Arme, du machst mich besser als ich bin. Schweratmend verhielt er den Schritt. *Man klagt sehr über meinen finsteren Ernst, – lieber Gott, wenn die Leute wüßten wie verdienstlich noch diese Art von Erträglichkeit von mir ist, ich begreife wahrhaftig nicht, daß man sich noch so an mich drängen mag, da jede Berührung mit mir eigentlich eine Verwundung für den andern sein muß.*

Das heißt: Du, mein lieber Geselle, bist durch die Leute verwundet!

Er sah mich wieder von der Seite an, mit jenem forschenden Blick, und ich bemerkte, wie entzündet seine Augen waren. Dann ließ er sich auf einer Brückenmauer nieder und stöhnte; es war mehr ein Rasseln. Und hustend rang er um Atem.

Sage einem Kinde ewig, es sey ein Schurke, – und es wird endlich einer werden weil es sich doch auch unschuldig stets gebrandmarkt fühlt – Gott sey Dank, ich bin kein Kind. Und sollte auch die ganze Welt an mir irre werden, ich werde die Hand auf die Brust legen, und frey und offen im reinen Bewußtsein als Mann da stehen, und nichts mich wankend in meiner reinen Ueberzeugung machen.

Mach dich nicht kaputt, mein Freund! warf ich ein, doch er sprach unbeirrt weiter.

Ja, es wird mich endlich zusammendrükken; – das fühle ich nur zu deutlich, – aber, – sey es, nicht die Dauer des Menschenlebens, sondern das Gefühl, mit dem man dem Schluß deßelben entgegensehen kann bestimmen den Werth deßelben. Eines möchte ich wohl noch: nur 2 Werke noch schaffen zu können die als Denkmäler eines denkend verlebten MenschenAlters daß so gerne was bedeutendes geleistet hätte, hätten zeugen können, – ist es aber nicht, – in Gottes Namen.

Sein Atem ging hoch. Um uns war ein Gezwitscher, das alles Rauschen des Waldes und der verborgenen Stadt durchdrang. Er bot, indem er zur Ruhe kam, einen friedvollen Anblick. Der Zeichner, der ihn so am treffendsten hätte festhalten können, war seiner Mittel leider noch nicht mächtig. Der Musiker aber starrte feurigen Augs auf den Boden, kritzelte mit einem Stöckchen herum und blickte, summend, ins Weite. Er komponiert, dachte ich. Aber völlig verblüffend fragte er mich, oder sich: Bin ich am richtigen Ort? Ist diese Stadt da draußen *mein* Ort?

Jede Stadt, meinte ich, könne für ihn wohl die richtige sein, die ihm Gelegenheit zur Arbeit biete, und, beeilte ich mich hinzuzufügen, jede werde um die Ehre wetteifern, die seine zu sein.

Klingt phantastisch, meinte er, sein Gesumm unterbrechend. Noch vermag ich meinem Leben weitere Ziele zu stecken. Und, während sein Atem hörbar vibrierte, erwog er: Wirklich, *es war mir ganz seltsam zu Muthe als ich den Berg herunter fuhr und die Stadt vor mir liegen sah, die mir viel Freude geben soll, und in deren Mauern ich einen festen Stützpunkt für mein ganzes Leben suchen muß.* Aber *es ist recht schwer einen bestimmten Entschluß zu fassen. Es giebt gar zu viel dafür und dagegen. Zum Beyspiel: In Berlin um 500 Thaler Gehalt gewiß mehr als hier aber eben so viel theurer leben und Aufwand mancher Art mehr als hier.* In Berlin *Vielerley Neben Verdienst. Konzerte, Lectionen –*

Film und Fernsehen, ergänzte ich verständnisvoll.

Und er, sarkastisch: *hier nichts zu verdienen.*

In Berlin: *Feststehende Große KunstAnstalt.*

Richtig, das neue Schauspielhaus wartet auf dich!

Hier noch sehr ungewiß.

Gut Ding will Weile haben, seufzte ich.

Gewiß, gewiß. Er lächelte. In Berlin: *Viel Verdruß mit meinen Kollegen. Hier auch, aber was ich thue, ist mein Werk, da die Deutsche Oper ein Depart für sich ist, dort ich mich aber mit den Andern immer balgen muß.* In Berlin: *meine vielen KunstFreunde und Aufmunterung. – Fehlt hier gänzlich oder muß erst dem Hofe abgerungen werden.* In Berlin: *Geräuschvolleres Leben, nicht immer zu vermeiden.* – In Dresden: *Stillere Häuslichkeit.*

Caroline wird sie dir danken.

Nicht unbedingt.

Aber braucht deine Seele nicht unseren Wald für deine Werke, Berg und Tal und Wasserfälle? – Sieh um dich!

Gewiß, das könnte die Wolfsschlucht sein, sagte er aufblickend, sachlich.

Na, siehst du!

Bildet euch nur nicht zu viel ein auf eure Landschaft! Hab ich doch schon in Böhmen alles aufgenommen, was nun in mir klingt. Und was hilft mir die lieblichste Gegend, wenn sie mir enge wird? *Ich weiß ja, daß es hier für meine Kunst kein Heil gibt, daß ich keine spornenden Aufträge bekomme, daß hier eine lähmende, jedem hohen Schwung hinderliche Luft von oben und von allen Seiten weht, daß ich mehr leisten könnte und würde, wenn ich fortginge, aber ich kann aus dem verflucht hübschen Nest nicht heraus.*

Wie um sich selbst zu widersprechen, riß er sich hoch. Lauschte. Die Klänge der Serenade klangen von ferne herein. Ja, ich weiß, *heute ist HofConcert in Pillnitz, ich gehe aber nicht hinaus, weil mir meine Zeit zu lieb ist.* Lieber krabble ich in den Bergen herum. Er wandte sich wieder talaufwärts, wo ein Mühlrad klapperte.

Wohin jetzt?

Er wies mit der Nase voran: Zu den Rockauer Bauern. Habe da so ein Tänzchen. Er tippte an seine magere Brust. Will's ihnen mal aufspielen.

Den Bauern?

Der Einzelne ist ein Esel, und das Ganze ist doch Gottes Stimme!

Gib nicht zuviel aus für Gottes Stimme! Ich höre, daß du allein größere Zeche machst als in ehelicher Begleitung.

Philister! – Laß mich's von der Seele haben, dann schlaf ich *wie ein Raz!*

Mit uns, rief ich lachend, wirst du keine Ruhe haben!

Er hetzte weiter, ungestüm hinkend. Wir drehten ab.

Apropos, schrie ich ihm nach, falls du in der Bergfestschenke, der Mühle da, Studenten triffst, statt der Bauern, wundre dich nicht!

Wunderbar!

Seine Stimme hallte mir nach, bis wir wieder freiere Gefilde gewannen.

Aufwind trug uns empor. Wir waren zum Segelflugzeug geworden. Vernahmen Flötentöne. Kamen sie noch von der Serenade her? – Kaum. Denn es war ja nicht spät, wie der Musikant vom Keppgrund vermeinte. Für mich war's früh am Tag. Die Töne kamen vom Laubegaster Ufer. Ein Kammervirtuos war im Schlafanzug auf den Balkon getreten und flötete seinen Morgengruß in die Au. KV 299. Allegro. C-Dur. Ihm ward Antwort vom Hausberg herunter. Sein dort ansässiger Kollege eilte im Trainingsanzug, vom Konditionslauf bis zum Malschendorfer Galgenberg zurückkehrend, schnurstracks ans Instrument, mit gewohnter Souveränität seine Puste beherrschend. Im Andantino.

Wer beschreibt mein Erstaunen, als im Rondo auch noch die Harfe ihr Solo einspielte, von weither allerdings, aus Richtung Strehlen, doch unüberhörbar: Sie war vom Gastspiel zurück! In der Nacht erst, gegen Morgen, gekommen und stimmt schon wieder mit ein. Wer's nicht hört, dem ist nicht zu helfen.

Die Dame auf dem üppigen Chaiselongue im hölzernen Pavillon, einige Gärten stromauf, vernahm das »Concert«. Trotz der Frische fächelte sie sich Kühlung zu. Sie war erregt. Unruhig verlagerte sie ihren Schwerpunkt von einer Backe auf die andere, wobei ihr straff gerahmter Busen im Dekolleté frei und gefällig wogte, als habe eine Brise vom Fluß her ihn mit sanftem Streichen liebkost. Sie war schon geputzt und gab auf ihre köstliche Garderobe acht, hütete das Perückengelock und ließ das Schönheitspflästerchen unangetastet, obwohl sie ständig versucht war, daran herumzuspielen – das stand allein ihrem kurfürstlichen Herrn zu – und obwohl sie gar keins nötig hatte. Nein, eine solche Geliebte würde sie nie sein wie jene, die ihres Herrn kurfürstlichen Bruder mit ihrer Seuche schnell ins Grab gezogen. Ein Glück. Für seinen Bruder, ihren Herrn. Und für sie. Er war gar ein König geworden, zwar angefochten, aber stark genug, sich zu behaupten; stark war er, stark. Und sie selbst: Stark genug, ihn fest im Griff zu halten. – Wonneschauer durchrieselten sie. Dazu noch die ferne, zarte Musik, die sie berührte, verspielt und exakt . . . Sie erwartete ihren königlichen Herrn, oder wenigstens den reitenden Boten desselben. Ihr gräflicher Ehegefährte war abberufen, grämlich aufgebrochen, jederlei Auszeichnung auf sich zu nehmen bereit. Und morgen würde sie dem König wieder nahe sein, sogar in der Oper. Zweitausend Augenpaare sah sie, von der Primadonna abgewandt, auf sich gerichtet. Wonne über Wonne.

Noch ein paar Gärten weiter, und wenige Jahrzehnte an dieser Dame vorbei, dort, wo die Häuser von Alt-Laubegast sich dicht am Wasser wie eine Herde drängten, hörte noch eine andere Frau dem Stelldichein der Flöten mit der Harfe zu. Sie war ihr Leben lang mit ihrem Komödiantenwagen durch Sachsen gezogen und, dem Lauf des Flusses folgend, bis zur Küste. Und nun war Krieg. Niemand hatte mehr Sinn fürs Theater, und sie lag in fremder Leute kümmerlicher Schütte auf den Tod. Als ob der Glanz jenes Zeitalters, das mit der Dame von Adel, nebenan, aufgestiegen war nun zu Ende ginge mit Komödiantengesindel.

Die Sterbende hörte von der Stadt her Kanonendonner aufbranden und wieder vergehen. Flöten und Harfe, in ihr, waren unsterblich.

Mit unserem stillen Gleiter kreisend schien uns aber, als ob der Glanz aus königlichen Tagen, trotz Krieg und wieder Krieg, sich immer wieder aufpolieren ließe. In Zschachwitz draußen wurde die Rückkehr des geschlagenen Königs erwartet. Einer der Fürsten, die sich nicht mit davongemacht hatten – an ihm ist ein Hofnarr verlorengegangen, die Zeiten waren nicht mehr danach – ließ seinem König ein Triumphtor errichten und bewarf ihn von oben mit Rosen. Der König zog den Kopf ein und verschmerzte die Kratzer.

Während wir also den geschlagenen König in der prächtigen Gondel des Ahnherrn nach seinem Lustschloß übersetzen sahen, geschah es, daß, gemächlich pätschelnd, ein Dampfer die Elbe heraufkam. Die Leute auf dem Sonnendeck lauschten verzückt, denn noch immer wehten Harfenklang und Flötentöne über das Wasser.

Dem Dampfer – er war einer der ältesten, mit Namen Junger Pionier – folgte bald ein zweites Schiff. Es tutete fröhlich, um die Fähre zu verscheuchen, was gar nicht nötig war, denn es hatte eine Kapelle an Bord. Mit Tschingderassabummschrummschrummwirsindjanochsojungjuhu zog es gelassen dahin. Die Leute wogten im Takte auf dem Sonnendeck, und der war noch lange zu hören.

Auch das ist Musik, sagte auf seinem Balkon mit schmerzlichem Lächeln der Virtuos.

Schnetteretäng! Es wurde ihm schmetternd bestätigt.

Der Virtuos strich mit dem sensiblen Gespür des eingespielten Partners über sein Instrument und verstaute es. Er wandte sich seiner Liebhaberei, dem Studium der Schaltzentren im menschlichen Gehirn zu, ein ausgefallenes Hobby, zugegeben, aber nicht gar so abseits von seinen beruflichen Bemühungen. Klein- und Zwischenhirn erfreuten sich seiner besonderen Aufmerksamkeit; die spannungsvollen Beziehungen zwischen Gleichgewicht und Bewegung einerseits und andererseits die Wirkungen des Unbewußten.

Sich gegen die Grelle zu schützen, zog er den Vorhang. Haben Sie bemerkt, fragte er schelmisch nach oben gerichteten Blicks: Städte, die an Flüssen liegen, haben anderes Licht! Und verschwand in selbstverordneter Dämmerung.

Aufs Maß kommt es an, dachte ich und sann dem Dampfer nach, dem zweiten, der eigentlich keiner war, obwohl er fast ebenso aussah, schön breit, der Elbe angemessen, und auch einen klangvollen Namen aus der Dampferzeit trug. Er war ein Dieselmotorschiff. Des gehobenen Anspruchs halber mit Kapelle ausgestattet. Doch ob nun Dampfer oder Dieselmotorschiff, ob mit Kapelle oder ohne, das macht ihr Wesen nicht aus. Wichtig ist nur, daß diese Pötte unverwechselbar zu uns gehören, auf unserer Elbe, in unserer Stadt. Dresden will Dresden sein. Und Berlin bleibt Berlin, wie es im Liede heißt. Also mag es auch seine schmalbrüstigen Schiffchen behalten!

Berlin bleibt doch Berlin – Wien, Wien, nur du allein – An der Saale hellem Strande – Warum ist es am Rhein so schön, am Rhein soo schöööön? – Wolgawolga. Will denn keiner über Dresden singen? Kennt keiner ein Lied von der Elbe? Nur die Moldau ist in Musik aufgegangen. Wenn ihr Wasser dann, eins mit der Elbe geworden, durch unsere Stadt fließt, regt es jedoch nur noch zu freundschaftlichem Nachempfinden an. Warum? Der Komponisten, auch der Liedermacher, leben nicht wenige hier, welche die Elbe würdigen könnten wie auf ihre Weise die Maler. Aber vielleicht mögen wir's, musikalisch, nicht so direkt? Vielleicht ist dieser arabeskenhaft geschwungene Fluß, mit seinen Klippen, den steilen und den sanften Hängen, mit Wald und Wein und Wiesen, mit seinen Einzelbäumen, den Lerchen im Sommer, den Wildgänsen im Herbst und im Frühling, den Krähen im Winter, den Enten und Möwen das ganze Jahr, mit seinen Städten und Schlössern, den noch immer Idyllik versprechenden Dörfern, den Fabrikschloten selbst, dem Fernsehturm da oben, für die, denen die Aussicht von den Höhen noch nicht genügt – vielleicht ist diese Stadt, die große, die rauschend daliegt, noch überschaubar, ausgestreckt und aufgereckt, vielleicht ist sie mit ihrem Fluß so sehr ein Idealgebild, so vielfältig und anspruchsvoll, daß sie sich musikalisch konkreter Gestaltung entzieht, ein ungesungenes Lied bleibt, eine Sehnsucht, selbst denen, die in ihr leben.

Vielleicht ist Dresden gar nicht die Musikstadt, für die es sich hält? – Neulich dichtete einer (so etwa): Elbe, leuchtende Schärpe über dem Bauch unsres Landes . . . Na, schön. Aber ob sich das singen läßt? (Er wurde dann kritisch.) Vielleicht müssen wir uns auf längere Sicht mit jenem Sachsenlied begnügen, das uns vor Jahren als Schlager überkam (von Berlin zum sparsamen Gebrauche der Medien zugelassen): *Sing, mei Sachse sing / es ist ein eigen Ding / und auch ein großes Glükk / der Zauber der Musikk.* Da haben wir's! Und wenn wir's konsequent sächsisch schreiben: »ein eichen Ding« – Eichending! ergibt sich ein reizvoller Doppelsinn. Denn mit Eichen haben wir auch aufzuwarten, nicht nur mit Linden, doch über deren mythologische Bedeutung wollen wir lieber nicht ins Grübeln verfallen, nur daß ihr Rauschen das seine gibt für die klingende Stadt. Merkwürdig nur, daß jenes Sachsenlied gar nicht aus Dresden stammt, sondern aus »der den Musen bitteren Stadt Leipzig«. Ich denke, das wird schon so in Ordnung sein, angesichts – s. o. – unseres Anspruchs. Ein Glück, daß wir Leipzig zum Wetteifern haben. Die dunkle Pleiße dort hat ja bekanntermaßen ebenfalls musikalische Ufer.

Das ist schön, daß Sie auch anderen Städten eine Aura der Musikalität einräumen! sagte spöttisch mein Nachbar. Er war meinen Phantasien bisher schweigend gefolgt, mit wachsender Unruhe; der Druck in den Ohren nahm zu. Nun vermochte er nicht mehr an sich zu halten.

Was mäkeln Sie und räsonieren über das unbefriedigende Maß der musikalischen Aufarbeitung Ihrer Stadt, Ihrer Landschaft!? *Von allen Künsten gilt ja die Musik als die gegenstandsloseste; jeweils nach der Beschaffenheit unserer Stimmungen passen wir uns ihren Reizimpulsen an; unsere Vorstellungskraft entwirft ganze Bildfolgen, rücksichtslos und eigensinnig aus Vorräten schöpfend, die anscheinend in rätselhaften Tiefenschichten unseres Bewußtseins auf Abruf warteten.*

Bei allen zehnfingrigen Clustern: Hatte ich einen Musikwissenschaftler neben mir, der meine naive Freude an herzerwärmender Direktheit verdarb?

Hat denn, wagte ich einzuwenden, nicht auch Musik einen bestimmten konkreten Gehalt?

In der Tat, junger Mann – er nickte lässig –, begegnen darin die Musiker, will sagen der Komponist und seine Interpreten, dem Hörer. Und jeder trägt seinen Inhalt hinein. Haben Sie nicht die Freiheit, die Landschaft Ihres Gemüts, Ihr Dresden, das Elbtal, in allem wiederzuerkennen, das Ihnen in musikalischer Weise begegnet?

Gewiß, mein Herr, so wandelte sich meine Sehnsucht schließlich doch zum gesungenen Lied!

Banause! Mach dir's gemütlich in deiner Musik! (Mit grimmiger Freude fand er in mir die lebende Beweisführung seiner Gedanken.) Da haben wir's wieder (er fuhr fort zu dozieren): *Alles Großerdachte, Himmelerstürmende geriet unters Gesetz der Zellteilung, dividierte sich herunter zum Spurenelement, Verdünnung, Verdünnung . . .* (er betrachtete mich abschätzig). *Und darum also* – er wies elbaufwärts, elbabwärts – *darum spielt man uns auf allen Wellenlängen die Klassiker vor mit ihrem Harmoniegedöns . . ., bis zum Erbrechen.* (In seiner Leidenschaft ließ er allen Anstand beiseite, zur Tüte griff er und wandte sich ab.) Vom Wachberg, wo die Musikstudenten hausten, klang Gefiedel und Geklimper herauf.

Ich sann auf Rache.

Immer noch kreisend, den Fernsehturm meidend, sehr bedacht, nicht anzustoßen, ihn einigemale sogar frech umrundend, bewegten wir uns jetzt über Pappritz, dem abgelegenen Dorf am Rande des Schönfelder Hochlands. Der Ort schien verändert. Wiewohl der Begriff eines Dorfes vielleicht nicht mehr zutraf, ruhig und gemächlich ging es dort immer zu. Nicht so an diesem Tag.

Die schmalen Zufahrtsstraßen waren aus allen Richtungen von Fußgängern und Fahrzeugen aller Art überfüllt: Ganze Familien, Onkel und Tanten, Großmütter, Kinder; Autos, auch ausgefallener Typen, Busse, Kremser, Puppenwagen, Leute mit Schlips und in der Gartenschürze, Rollschuh- und Fahrradfahrer . . . Sie strebten alle dem Gasthof zu. Davor hatte ein Wohnwagen festgemacht. Nicht einer von den neuartigen, die, ihren blitzenden Gefährten angehängt, mit 80 kmh durch die Kurve schlingern, nein, einer von den alten, wie sie, von tuckernder Zugmaschine geschleppt, mit dem Zirkus unterwegs sind oder von Rummelplatz zu Rummelplatz ziehen: Der letzte sächsische Traditionsmarionettenwandertheaterfamilienbetrieb ist am Stadtrand angekommen. Und bleibt draußen. Als sei er nicht seriös genug für die Stadt. Dafür kommt die Stadt nun hinaus und drängt sich auf der engen Gasthaustreppe.

Waas?! ruft der Prinzipal, ihr wollt alle rein?

Jaaa! rufen die Dresdner (und ihre Gäste, aus aller Herren Länder).

Unmöglich, kommt morgen wieder!

Unmöglich! Heute hammer uns den Hals gewaschen!

Und was haben, bittesehr, diese gewaschenen, respektive ungewaschenen Hälse mit der Musikstadt Dresden zu tun? mischte mit maliziösem Lächeln mein Nachbar sich wieder ein. Mit der Musikfestspielstadt wohlgemerkt!

Ich verbat mir jede herabsetzende Bemerkung über das Dresdner Publikum und verwies darauf, daß unter den Puppentheaterbesuchern auch Enthusiasten, beispielsweise des Teatro Venice oder des Bayreuther Meisterenkels seien.

Das kann ja heiter werden, meinte mein Nachbar. Ich stimmte ihm zu. Doch er verstopfte sich die Ohren, als unser Flugzeug über die Köpfe der im Treppenhaus Drängenden in den Saal hineinschwirrte, wo die Haupt- und Staatsaktion bereits im Gange war. Die Prinzipalin sang mit brüchiger Greisenstimme das forsche Auftrittslied der Gräfin Cosel, und die Marionette machte stolzgeschwellte und heißblütige Gesten dazu wie eine echte Primadonna. Wir rasten vor Begeisterung, ausgeschlossen mein Nachbar, der die Mundwinkel nur herab- und wieder hinaufzog. Und als die Gräfin Cosel am Ende ihren Lebensabend im Stolpener Burgturm verdämmerte, mußten wir heulen, Rotz und Wasser, und es war eine Lust – wie bei Elektra in der Semperoper, die da, an ihren Turm gekettet . . .

Genauso jedenfalls, aber ganz anders.

Auf die Gräfin Cosel lassen wir nichts kommen, die ist nämlich ein sächsisches Nationalheiligtum. Da mag sich mancher die Ohren verstopfen, wenn sie von ihrer Freiheit singt und ihrem Glücksanspruch. Wir hören hin! Und mir war, während wir durch den dumpfigen Saal des Gasthauses summten, als sei in der Marionettenmutter die Prinzipalin wiederauferstanden, die drüben in Alt-Laubegast zum Sterben kam. Ein verworrenes Hirngespinst! Denn diese hatte ja eben den Hanswurst von ihren Brettern verbannt, während er sich hier, nach mehr als zweihundert Jahren, wenn auch nur an Schnüren, noch zu halten wußte, als Kasper, inmitten einer Haupt- und Staatsaktion. Doch ihm war schon alles egal, was die Herrschaften trieben, wie er versicherte. Bedauerlich. Wir machten uns wieder davon. Verdünnung, Verdünnung!

Ein heftiger Fallwind riß uns durchs Treppenhaus und weiter am Niederpoyritzer Steilhang hinab, bis übers Plantagengelände, wo wir uns wieder fingen und ohne weitere Umschweife in der Art eines Hubschraubers der gefällig auf Loschwitz zuschwingenden Straße folgten. Die Menschen gingen ihren Tätigkeiten nach. Manche winkten. Musik wehte wieder heran. Ein barfüßiger Junge, an der Elbe beim Angeln, dirigierte still vor sich hin.

Verscheuchst ja die Fische!

Pst! Wie sie die Mäuler aufreißen! Sie sind mein Extrachor!

Stechender Glanz traf meine Augen, so reflektierte die Elbe das Licht. Ich zog die Sonnenblende herunter. Da sah ich den Jungen in zeitverkürzendem Tempo als ersten Dresdner Dirigenten die Erde umrunden. Schade, dachte ich, daß du schon dahin bist.

Derweil zwang in den Wiesen am Tolkewitzer Ufer ein anderer Kapellmeister, noch in hoffnungsvollen Jahren, sich zum Gesundheitslauf. Er war mit der Philharmonie von einer Reise zurückgekehrt und hatte, man denke, sogar in FL (ein Nationalitätskennzeichen stak noch im Handgepäck des leidenschaftlichen Automobilisten als Souvenir) konzertiert.

Wie denn das?

Wer sich im Großen behauptet, rief er mit fliegendem Atem, kann sich im Kleinen beweisen.

Sein Gruß galt weniger uns als jenem legendären Kantor, dessen glänzender Kahlkopf schon von der Loschwitzhöhe leuchtete als ein Gestirn.

Wir passierten indessen nahe dem Wachwitzer Weinberg den verwilderten Garten eines graugewordenen Malers. Er hatte Ausgestoßensein und Kriegesnot erfahren und dann, in reifen, froheren Jahrzehnten, die Schönheit seiner Gefährtin gepriesen. Nun saß er im letzten Lenz seines Lebens und malte, was er zu seinen Füßen sah: Häuser und Bäume.

Ist dir nichts Besseres eingefallen, zuguterletzt?

Besseres? Er lächelte mild, in seinen Augen die Häuser, die Bäume gespiegelt – und seine Gefährtin, die er wohl in allem erspähte. Schwerer, betäubender Duft drang von den wilden Fliederbüschen in unsere Gondel. Ich hörte die Grundhunde bellen. Und von einer kühlen Strömung getragen, drang uns der klagende Klang einer Bratsche ans Ohr. Versteckt im Gebüsch, mit gehörigem Ausblick, sah ich mich selbst am transportablen Schreibtisch sitzen. Wir huschten unbemerkt vorüber. (Die Enkelkinder sträubten sich gerade gegen das Zubettgehen; die Vögel seien auch noch munter, und sie wollten endlich mal meinen Igel und die Glühwürmchen sehen.) Am Steinberg und am Panoramaweg entlang, glitten wir unterhalb der Märchenwiese, an den Reiterbäumen im Himmelsbusch und der Liebesbank vorbei; die kleine Kapelle blieb abseits. Weiter unten saß, im rebenumstandenen Naturtheater, ein emsiger Graf, der es sich leisten konnte – Freund des Pillnitzer Pavillonrezitators – und übersetzte Shakespeare. Saß, beim Taubengurren, bis die Sonne zwischen den Pappeln versank, und der Mond überm Berg schon hervorkam, saß und saß, bis er verwuchert war und vergessen, und ein Nachgeborener hieb mit zwei, drei wuchtigen Schlägen ahnungslos seinen Taubenschlag ab. Oben, auf dem Plateau allerdings (bei der königlichen Villa, die nun der Lehrerweiterbildung dient), gleich vor der Bärenhöhle, wurde es auf geheimnisvolle Weise lebendig. Vom Rhododendrongarten her glomm ein Leuchten. Und die Elevinnen der Meisterin vom Basteiplatz wiegten sich bei Vollmondschein im Elfenreigen. Mir schwanden die Sinne.

Ich kam sofort wieder zu mir. Jemand pfiff. Melodiös. Leise. Kaum hörbar. Für sich. Aber wie es so geht: Was nur zur eigenen Zerstreuung geschieht, hat mitunter durchdringende Wirkung. Es hatte geschneit. Der Pfeifende schippte Schnee vor seiner Garage.

Soll's wieder fortgehen?

Der Pfeifende nickte.

Dein Gesang dringt doch schon durch alle Kanäle in jedes Haus. Gehörst zum Weihnachtsfest wie der Christbaum!

Der Pfeifende verneigte sich. Der Gruß galt weniger uns als seinem legendären Kantor mit dem glänzenden Kahlkopf.

Nicht allzu weit von diesem Gestirn, jenseits des Blauen Wunders, führte, im würdigen Weißhaar, der heutige Kantor der Kirche zum Heiligen Kreuz seinen Dackel spazieren. Im Schillergarten schaffte sich eine Dixielandband. Der Namenspatron jener Wirtschaft hörte sie mit Befremden und jugendlicher Unduldsamkeit; er stürzte seine Milch hinunter – die er zum Heile seiner Lunge täglich zu trinken sich nötigte – nahm hastigen Abschied von Gustel und strebte mit langen Schritten dem Fährkahn zu. Für ihn existierte das Blaue Wunder noch nicht. Diesseits, am

Loschwitzer Anger, gegenüber der Senfbüchse, grämte sich knorrig-verbiestert ein berüchtigter Klavierpädagog durch seine späten Jahrzehnte.

Hören Sie auf mit ihrem sentimentalen Getue! mischte mein Nachbar sich neuerlich ein. Der Klavierpädagoge grämt sich durch seine späten Jahrzehnte – der Kreuzkantor führt seinen Dakkel spazieren – ein Sänger, der Schnee schippt, grüßt sein Gestirn . . .! Sind Sie noch zu retten? Mit welch abgeschmackten Arabesken wollen Sie denn noch Ihr Panorama verzieren? So wetterte er. Mir sei ja selbst schon schlechtgeworden bei meinem Elfenreigen.

Erlauben Sie, protestierte ich, was meine Landschaft mir eingibt, entzieht sich Ihrer Kritik; ich gebe mich meinen Emotionen hin, pflegen Sie die Ihren! Er möge sich gefälligst die Ohren wieder verstopfen. Was er auch tat. Das Oropax sei ihm entfallen, vor Erschütterung.

So predigte ich tauben Ohren, als ich ihm begreiflich zu machen suchte, daß gerade die Banalitäten des Tages, die konkreten Lebensumstände des Künstlers sich ins Kunstwerk umsetzen würden – und sei es in einer Gestimmtheit.

Er aber schüttelte mürrisch den Kopf. Seine Stopfen nochmals entfernend, meinte er grimmig, ich gäbe mich einer Idylle hin, die mir den Höhenflug des wahren Kunsterlebnisses verwehre. Denn auch der Künstler müsse, entgegen meiner Vorstellung, erhaben sein über die Banalitäten des Tages. Er wies auf Mozart hin, Beethoven, Bach. Ich war ratlos.

Und wurde wunderbar getröstet durch das, was sich nun, greifbar nahe, begab. Mit dem Ellbogen wischte ich all die anziehenden alten und neuen Häuser samt ihren Gärten vom Hang – selbst das Künstlerhaus, den pittoresken Brocken, mit den glattrasierten älteren und den bärtigen jüngeren Malern – und machte tabula rasa für eine so frühe Zeit, wo die Weinberge längs der Elbe sich noch ins Unabsehbare streckten.

Ein junger Mann, um die Dreißig, mit Lockenkopf und Spitzenkragen, auch spitzigem Bart, und lebhaften verträumten Augen, sprang vom Schiffe, das ihn stromabwärts getragen, ins Uferwasser, welches tief genug war, seine Stulpenstiefel schlucken zu lassen. Unbekümmert rief er den Schiffern sein Vale zu und eilte mit leichtem Gepäck dem nächsten Weinberge zu, den ein massives Landhaus von herrschaftlichem Aussehen bekrönte. Auf der Terrasse stand, wie ein gestrenger Magister, der Besitzer des Anwesens. Schon etwas ergraut, mit vollem Haar noch und kräftigem Bart, war er doch schlichter gekleidet und weniger leger als der junge Mann. So trug er einen undurchbrochenen, steifleinenen Kragen von gewaltigem Ausmaß. Die schmalen Augenbrauen erwartungsvoll nach oben gezogen, trat er dem Ankömmling entgegen und deutete eine Umarmung an. Der, erhitzt vom stürmischen Ersteigen der dreihundertstufigen Treppe, wich in die spanische Reverenz aus, atmete durch, und sprach, die Hand auf dem Herzen, sein strömendes Organ und seine Resonanz genießend, auf zweien Atembögen, die Zäsur korrekt in der Mitte: *Die Sonn, der Pfeil, der Wind verbrennt, verwundt, weht hin / Mit Feuer, Schärfe, Sturm mein Augen, Herze, Sinn.* Und atmete nochmals, sich emporrichtend auf. Er strahlte.

Auch über die Züge des Älteren huschte ein Lächeln. Doch er vermerkte, *leider seien die Verse an seinem Ohr vorbeigegangen. Er müsse das lesen. Erst beim Nachlesen erweise sich, ob der Wortklang nur Klingklang sei oder Sinnklang gebe.* Jedenfalls: *Platz finde er, der Tonsetzer, nicht zwischen den vielen, zu vielen Wörtern. Da könne sich keine ruhige Geste entfalten. Da werde zwar alles dicht bei dicht deutlich gesagt, doch die eine Deutlichkeit lösche die andere, so daß eine überfüllte Leere entstehe. Es bleibe alles, so heftig die Wörter stürmten, ganz unbewegt. Wollte er so ein Schauspiel in Töne setzen, müßte er einen wahren Fliegenkrieg entfesseln. Ach und nochmal ach! Wie habe der Monteverdi es gut gehabt, daß ihm der Meister Rinuccini mit fügsamen Libretti zur Hand gewesen sei. Lob und Preis jedem Poeten, der es verstünde, ihm einen Text zu liefern schön wie das Lamento der Ariana. Oder etwas gleich der bewegten Szene, die, nach den Worten des Tasso, als Kampf des Tankredi mit Clorinda aufregend zu Musik gekommen sei. Doch so viel gewünscht, heiße zu viel verlangen. Er müsse sich bescheiden. Wo das Vaterland daniederliege, könne die Poeterei kaum in Blüte stehen.*

Der junge Mann war bei dieser Rede wieder in seine Reverenz gewichen und blickte zu Boden. Nur kurzes Befremden malte in seinen Zügen, mehr ein Erstaunen, das sogleich in leidenschaftliche Zustimmung wechselte. Er habe, hub er, sich neuerlich aufrichtend, an, dies Epigramma nur recitiret, um seinen Ton anzuschlagen und ein Beyspiel zu geben, wie Wort- und Versakzent in der deutschen Poeterey zusammenfallen müssen; ein Schulbeyspiel gewissermaßen, des Lehrwerts halber ohne alle Leerstellen, die er dem Maestro Sagittario – er verbeugte sich nochmals – stande pede einräumen werde. Er schätze sich glücklich, mit ihm übereingehen zu können.

Das, sagte gallig der Maestro, stellt Euch nicht so einfach vor.

Wunderbar! Welch trefflicher Ein-Satz! Der Jüngere war nicht zu verprellen. Er sei sehr angetan von der direkten Art des Älteren, sofort in medias res zu venieren – was einer Bitte gleichkam, nun endlich Platz nehmen zu dürfen.

Der Maestro wies denn auch mit gefälliger Geste zur umrankten Laube, wo ein Krug welschen Weines bereitstand, wie er im hiesigen Weinberg gedieh. Auch der, vermerkte der Maestro, bedürfe in diesen Breiten besonderer Erziehung. – Prosit, amiculus! (Ich beneidete die Beiden.) Und zu dessen (wie auch meiner) Verblüffung rezitierte der Maestro eine Strophe aus einem Gedicht des Angekommenen: *Bitte meine gute Brüder / Auf die Musik und ein Glas . . .* Und freudig fiel der Autor ein: *Nichts schickt, dünkt mich, nichts sich baß / Als gut Trank und gute Lieder.* Der Maestro fuhr fort: *Laß ich gleich nicht viel zu erben, / Ei, so hab ich edlen Wein,* und der Autor vollendete: *Will mit andern lustig sein, / Muß ich gleich alleine sterben.*

Die Spannung hatte sich gelöst; Sagittarius erkundigte sich nach der Reise, ob sie ohne Zwischenfälle verlaufen und die Botschaft, die seiner Ankunft vorausgeeilet, nun Wirklichkeit sei.

Gottlob! Der Reisende fuhr aus den Stiefeln und betrachtete sinnend das friedliche Bild der auf dem Strome geschäftigen Segler. Die Kriegesfurie war im Böhmischen zur Ruhe gekommen. Ohne Pein und Pestgeläute war er von Schlesien bis nach Wien gereist, hatte sich dort zum Poeta laureatus krönen und schließlich sogar adeln lassen.

Zum Wohle, Herr von Boberfeld, Ihr seid des Glückes Kind! Sagittarius trank ihm zu. Doch besorgt sprach er dann von der Entwicklung des Krieges im Norden. Tilly rumore im Braunschweigischen, und Wallenstein sei durch Schlesien gen Holstein gezogen – eben während Herr von Boberfeld in Wien seiner Muse und deren Mäzene ihm gehuldigt. Die Verbindungen nach Dänemark seien dadurch gefährdet, sagte Sagittarius bekümmert.

Vanitas vanitatum, erwiderte bescheiden der frisch geadelte Poet.

Der Maestro schlug auf den Tisch. An die Arbeit! Solange unsre Herren Feste feiern, ist die Kunst nicht verloren. Der Lässigkeit des Freundes zürnend, die sich gar noch fromm drapiere, steigerte er sich in eine verzweifelte Entschlossenheit: *Solten aber die ietzo unter den Waffen gleich als ersticken / und in den Koth getretenen Künste / durch Gottes Güte / zu voriger Würde und werth wieder erhoben werden, mir auch der Höheste biß dahin das Leben fristen würde, so werde ich, Sagittarius, mit einem reichern Pfande meyner Schuldigkeit nachkommen.* Er riß sich den Kragen vom Hals. Bist du dabei? fragte er, ungeduldig Antwort heischend.

Sein Gast sah einer Haufenwolke zu, die sich zusammenballte. (Wir hielten uns darin verborgen. Ich wollte mich nicht einmischen.) Von Boberfeld sprach vor sich hin: *Ach Liebste, laß uns eilen, / Wir haben Zeit: / Es schadet das Verweilen / Uns beiderseit. // Der edlen Schönheit Gaben / Fliehn Fuß für Fuß, Daß alles, was wir haben, / Verschwinden muß. // Wo du dich selber liebest, / So liebe mich. / Gib mir, daß, wann du gibest, / Verlier auch ich.*

Der Maestro war irritiert über das sorglose Verhalten des Freundes. Den Worten nachlauschend, besann er sich. Und nun war das Staunen seinerseits. Ja, sagte er zögernd und wiederholte immer bestimmter: Ja und ja. Das ist es! Das hat Atem. Das ist kein Wortgemüll. Um solchen Sinnklang kann sich auch Musik entfalten mit sanfter oder erregender Geste. Nur leider, er sah den Dichter traurig an, leider könnten sie's so treuteutsch nicht an den Mann bringen, was sie zu sagen hätten – und zu singen. Noch nicht. Zwar vermöchten sie zu flöten und zu posaunen wie die wittenbergisch Nachtigall, nur, bei der sei die Wahrheit auf den Flügeln des Evangeliums geflogen; für ihr bescheidenes Opus aber, die Opera, bedürfe es anderer, eigener Mittel, die Schwierigkeiten beim Schreiben der Wahrheit zu überwinden. (Hört, hört! konnte ich mich nicht enthalten, in unserer Wolke zu flüstern. Jaja, bemerkte mein Nachbar, es ist manche Weisheit verlorengegangen, welche Nachgeborene von Neuem erfahren.) Will sagen, fuhr Sagittarius mit emporgezogenen Brauen fort: Wie dieser Wein, in Italien gebürtig – zum Wohl! – nun unter sächsischer Sonne gedeiht, vermögen wir auch der italienischen Oper unseren Geist einzugeben.

Verdünnung? fragte Boberfeld provozierend.

Sagittarius lächelte listig: Ins überkommene Gefäß unseren Saft zu gießen, damit eines Tages, sobald es dem eigenen Most nicht genüge, es nach eignem Faß verlange, der Zukunft vorzubauen, das sei ihr Auftrag. In ihrer eilenden Zeit, meinte er, seien sie gehalten, die Anregung der andern aufzugreifen, und so habe die allgemeine Unruhe auch ihr Gutes, indem sie die Kulturen der Völker einander näherbringe und vermähle. Boberfeld müsse ja in seinem heimatlichen Schmelztiegel Schlesien, noch unter friedlichen Verhältnissen, Entsprechendes erfahren haben.

Boberfeld hörte schon nicht mehr zu. Die Wahrheit, in der Liebe verkörpert, sprach er sinnierend und sah der Wolke nach, welche, sich mannigfach wandelnd, entschwand – die Wahrheit, in ihrer vertrauten Erscheinung, muß eine andere Gestalt annehmen, um zu überdauern.

Fragend blickte er auf Sagittarius. Der nickte. Und so machten sie sich mit vereinten Kräften an Dafne, das Weibsbild, mit dem sich Boberfeld schon geplagt, als er noch seinen bürgerlichen Namen trug.

Und wenn, knurrte Sagittarius, die Welt voll Teufel wär und unser irdischer Auftraggeber zum gesetzten Termine nicht mehr bei Laune (erhalte, o Herr, den Bräutigam seiner Tochter!) – und wenn ich meine Musiker selbst entlohnen muß, aus der eigenen Tasche: Wir bringen die Dafne heraus!

Über ihrer Arbeit war es Nacht geworden. Nur eine Funzel leuchtete ihnen, so daß der Mond das Seine hinzutat. Sagittarius saß am Spinett: Mir wird schwarz vor Augen! Er krauste die Stirn. Boberfeld, ihm war die Nase aufs Papier gesunken, fuhr auf.

Da, weiter oben am Hang, nicht weit von der Bergstation der Schwebebahn, nickte verständnisinnig der Kantor: Mir wird auch manchmal schwarz vor den Augen, umso mehr freut man sich, wenn's wieder heller wird.

Durch diese Botschaft aus der Zukunft getröstet, vermochten die beiden ihr Werk zu gutem Ende zu bringen. Denn es gibt keine Zeit, die den Künsten auf lange Sicht ungünstig wäre – und damit der Hoffnung und der Verständigung – wenn man sie gewähren läßt.

Es ertönte ein Triangelschlag. Der Kantor sprach leise die Worte aus dem Psalm hundertvier: *Es wartet alles auf dich, daß du ihnen Speise gebest zu seiner Zeit. / Wenn du ihnen gibst, so sammeln sie; wenn du deine Hand auftust, so werden sie mit Gut gesättigt. / Verbirgst du dein Angesicht, so erschrecken sie; du nimmst weg ihren Odem, so vergehen sie und werden wieder zu Staub.* Und wieder ertönte der Triangelschlag. Sagittarius lauschte.

Wenn Ihr wüßtet, fuhr der Kantor fort, in welche Bedrängnis mich allein dieses Triangelgeklingel gebracht hat! Er atmete tief. Dabei war das erst der Anfang von allem Ungemach. Was tat's, daß der erste Krieg schon meine Habe nahm! Er ließ mich heil an Leib und Seele. Aber daß er mir den Schlagzeuger entführte, ach und nochmals ach!

Sagittarius nickte: Lasset uns sorgen, daß nie Triangelgeklingel die Botschaft übertöne. Es geht auch ohne Schlagzeuger, wenn nur vox humana nicht verlöscht. Lasset uns, höchste Forderungen im Auge, Bescheidenheit üben.

Der Kantor neigte den Kopf in stiller Übereinstimmung. Ich habe Eure Heimsuchungen im zweiten Krieg erfahren. Der meine Knaben zerstreute. Und ihrer elf das Leben nahm, in einer einzigen Nacht. Zu schweigen von denen, die meiner Obhut entwachsen oder entrissen, im Felde blieben, das sie nicht bestellt. Als ich, zu Boden geworfen, mich wieder erhob, versagte mir die Hand den Dienst. Meine rechte.

Er betrachtete sie zärtlich, und mir war, aus großer Höhe, als habe sich in ihr sein ganzer Chor versammelt, fünf Generationen umfassend; ich sah manches bekannte Gesicht, nicht nur Sänger und Musiker, auch Vertreter anderer Künste, Männer des Rechts, der Kirche, der Wissenschaft, der Politik – und auch den Herrn Hauptkonservator des staatlichen Denkmalspflegeinstituts.

Den, meinte fröhlich der Kantor, traf ich auf unsern Gastspielreisen oft in entlegenen Gotteshäusern bei seinen Studien an, so daß ich fürchtete, er werde nicht zurückfinden. Doch siehe . . .! Jedenfalls zeigt dieses Beispiel, daß es durchaus nicht immer jene Beschäftigung ist, auf die wir den Hauptakzent geben, welche in unseren Schutzbefohlenen weiterwirkt. Weshalb wir auch in allem, was wir zu unsrer Zerstreuung und Sammlung betreiben, stets Sorgfalt walten lassen sollten.

Er strich dem Hauptkonservator über den Kopf und blies den Chor in alle Winde, denn soeben hatte sich wieder ein neuer Jahrgang zu ihm aufgemacht. Die Knaben entstiegen der Schwebebahn und eilten dem Haus des Kantors zu, welcher ihnen, angesichts der weiträumigen Zerstörung drunten in ihrer Stadt, auch schon manchen Neubaus, in seiner Stube sein erzgebirgisches Heimatdorf aufgebaut hatte, als eine äußerlich und in seinem Herzen heilgebliebene Welt. Der Kantor setzte sie ihnen zum menschlichen Maß und ließ den Stern von Bethlehem darüber leuchten. Nahebei brachte er durch acht Kerzen eine fünfstöckige Weihnachtspyramide in Gang, und Maria und Joseph, das Christkind, die Hirten samt ihrem Getier, die Könige, Bergleute, Engel und was sonst noch daherkam, war braves Erzgebirgsvolk, gebeugt von Arbeit und Ehrfurcht, doch froh erhobenen Blicks. Und alle Lieder des Chores, sonst im weiten Rund gesungen, erklangen leise, jedes für sich. Bis das Bild vor den Augen verschwamm.

Nun hinaus! rief der Kantor und klatschte gebieterisch in die Hände. Draußen gluckste ein Bächlein unter dem Schnee und trieb das Modell einer Mühle. Weiht sie ein, meine Kinder, damit das Mühlrad niemals stillesteht! Da sangen die Knaben »Es klappert die Mühle am rauschenden Bach« und es traten ihrer immer mehr hinzu.

Glaubt mir, verehrter Sagittarius, wandte der Kantor sich nochmals hinunter zur halben Höhe des Hangs: Als ich mich, zu Boden geworfen, erhob, wart Ihr immer bei mir, in Eurer Zuversicht, die, von Tod und Elend umfangen, im kleinsten Konzert selbst, den Sieg des Lebens und der Liebe feiert. Demütig neigte der Kantor den Kopf.

Sagittarius winkte ab. Er sei zu beschäftigt, sich dem Dank der Nachwelt zu ergeben. Sein Gefährte aber behielt ihn im Auge.

Indessen verklapperte die Zeit.

Jenseits des Loschwitzer Grundes, dem Weißen Hirsch zu, unterhalb des oberen Standseilbahntunnels, sahen wir, bei ruhigem Kreisen, wiederum einen Kapellmeister beschäftigt – nicht mit Kompositionen, Weinbau oder Angelsport, auch mit Gesundheitsläufen nicht, noch irgendwelcher Einstudierung, sondern ächzend, in gebändigter Leidenschaft, von hoher Stirne wippte sein Haar in rhythmischer Bewegung, so sahen wir ihn, nicht übend, nein, bei ungewohnter und gleichwohl schon mehrfach bewältigter Arbeit: Möbelträgern kräftig zur Hand zu gehen, welche ihm hier, auf verwinkeltem und stufenreichem Wege, gerecht zu werden sich mühten. Da griff er selbst mit ein, dort stand er dirigierend – bis daß das Werk vollendet war: Die Wohnung im Chalet. So nannte er die Villa älterer Bauart, welche er nun bezog.

Ich ließ mich am Schleppseil unseres Helikopters hinab, um ihn zu interviewen.

Sie gestatten?

Gern.

Sie sind sehr beansprucht.

Keineswegs. Sie treffen mich im günstigsten Augenblick. (Er warf das Haar in den Nacken und dirigierte die Packer nur mit den geringsten Andeutungen.)

Sie kommen?

Richtig. Ich komme.

Woher?

Er summte nur: *Nie sollst du mich befragen.*

Von der Scheldemündung?

Er nickte.
Sie sind nicht der erste aus Ihrem Land, der in unserer Stadt den Taktstock hebt.
Niederländer haben den Sindbad im Blut. Doch lockt uns nicht nur der Ozean. Wir folgen auch den Flüssen.
Und wieso, in solcher Weite aufgewachsen, mit dem Drang, alle Weiten der Welt zu durchmessen, lassen Sie sich hier nieder, am Rande des überschaubaren Elbtals?
Strebt nicht jeder, aus der Weite ein Überschaubares zu gewinnen? Sehen Sie dieses Tal! (Die Lichter der Stadt geleiteten das Tageslicht über die Hügel und blinzelten ihm hinterher.) Hier kann ich mich zu Hause fühlen. Verzeihen Sie den Vergleich: Dieses Tal ist die schönste Orchesterwanne, vor der ich je stand. Und hinter mir die Heide, der Wald . . .
Aha: Das Rauschen des Applauses!
. . . Rembrandt und Saskia, die Alte mit dem Kohlenbecken, Brouwers raufende Bauern (er grunzte wohlig) und – er blickte versonnen ins Haus – das brieflesende Mädchen am offenen Fenster. Vermeer. So holländisch, so heimatlich. Das ist das Schönste: in der Fremde ein Stück Heimat zu finden.
Damit schloß der Kapellmeister seine Betrachtung. Meinte, die Stadt sei unvergleichlich, da seine Frau von hier stamme.
Aufs Stichwort erschien sie. Im Arbeitskittel. Aus dem improvisierten Atelier.
Diese Tatsache, erwiderte ich, galant an meinem Seile schlenkernd, hebt natürlich jede Beziehung in ein besonderes Licht. Und dennoch – ich ließ nicht locker – reden wir um das Eigentliche herum: Die Staatskapelle.
Wagners Wunderharfe: Mein Instrument.
Mehr sagte er nicht. Sagte es, liebevoll leise, als spiele es für sich selbst, und er wolle nicht stören.
Ich achtete seine Reserviertheit und wollte mich schon empfehlen, als die Frau mich zurückhielt. Sie zog mich ein wenig beiseite und winkte ihm, sich um die Möbel zu kümmern.
Nehmen Sie's nicht so leicht wie er's sagt! Sie beschwor mich: Bemerken Sie bitte die Zeichen der schweren Vergiftung! Seitdem er vor Jahren den Tristan übernahm, ist er noch nicht genesen, von der Wagner-Vergiftung. Ich mache mir Sorgen.
Der Kapellmeister hatte alles gehört. Vor Jahren? fragte er zweifelnd. War es nicht gestern erst? Nun ja, sagte er leichthin, Wagner hat eben sein eigenes Zeitmaß. Und, seiner Frau widersprechend, summte er spitzbübisch lächelnd das Eingangsmotiv aus Mozarts Sinfonie in g-Moll, KV 550.

Ich schwenkte mit fallender Kadenz davon und sann darüber nach, wie eigenartig es doch mitunter bestellt ist. Da lebt ein Volk in angemessener Nähe, und seine Bilder erzählen in unserer Galerie von seinem Leben – nicht zuletzt davon, wie gern es musiziert. Ein Komponist will mir dabei nicht einfallen. Doch es schickt uns seine Musiker.
Und wir ihm die unsern! pochte mein Nachbar auf den Ascherdeckel zwischen uns. Doch das wollte mir nicht als etwas Besonderes erscheinen. *Von Dresden aus, von seiner köstlich gleichmäßi-*

gen Kunstpflege, sind herrliche Ströme in die Welt geflossen. So sprach ein weiser Mann mit schlohweißen Haaren am Ende seiner Tage. Das galt noch. Galt wieder. Auch, wenn er weinte bei diesen Worten, hinunterblickend auf den Feuersturm, den Untergang des heiteren Morgensterns seiner Jugend beklagte und nicht an dessen Auferstehung glaubte, wie alle Alten, die meinen, mit ihnen sei alles vorbei.

Wir, unbekümmert in unserem Flugapparat, zogen eine Zeitschleife und bemerkten den Dichter, welchen wir bereits am anderen Ufer der Fähre zueilen sahen, im Weinberghaus seines Gastgebers, wie er mit gespitztem Gänsekiel und kühnem Schwung den Anfang eines Dramas aufs Papier warf: *Die schönen Tage von Aranjuez sind nun zu Ende,* so schrieb er von unterdrücktem Husten geschüttelt, und freute sich der schönen Tage, die er in Loschwitz genoß. Bald sah ihm das Söhnlein des Gastgebers über die Schulter und dichtete Lützows verwegene Jagd. Die hörte ein anderer rauschen und setzte sie in Musik. So schloß sich ein Kreis.

Indessen kehrte, von Wien her, nach Berlin unterwegs, blondgelockt – *trallalaléra!* – mit federndem Haarbeutel, schon schütteren Schopfes, nach siegreichem Wettstreit auf Fortepiano und Orgel, das einstige Wunderkind – *nun vergiß leises Flehn, süßes Kosen!* – zu kurzer Rast im Hause des Gastgebers ein. Nach einer Fülle von galanten Redensarten, wobei er in seiner lebhaften Art besonders der unverheirateten Schwester der Frau vom Hause die naivsten Schmeicheleien sagte, setzte er sich ans Klavier und begann zu phantasieren. Im benachbarten Eßzimmer dampfte die Suppe, aber man mußte sie kalt werden lassen, da es niemand wagte, den Meister zu stören, der, in seine Welt verloren, Menschen und Menschensitte vergessen hatte. Schließlich legte die junge Dame ihre Hände leise auf die Schulter des Musizierenden und sagte: Meister, wir gehen zu Tisch. Wollen Sie mit uns essen? – Küß die Hand, Gnädigste! gab er artig zur Antwort. Ich werd gleich kommen. Er vergaß es aber und spielte weiter und saß auch nach dem Ende des Mittagsmahls noch am Klavier.

So ließ er sich, im Zustand beflügelter Gehobenheit, erschöpft wie er war, von dem Frauenzimmer zeichnen. Noch brannte sein Auge von unbefriedigtem Verlangen, sich noch mehr auszugeben. Aber – oh Ungerechtigkeit des Schicksals! – je intensiver er diesem Verlangen folgte, desto dürftiger war nicht nur der Beutel des Haares, sondern auch der andere gefüllt. Klingender Frohsinn zieht klingende Münze nicht an, wenn die Welt ihn von dir gewohnt ist, und deine reifen Leistungen entbehren der Überraschung, zumal die ihnen innewohnende Steigerung sich nur dem Wissenden mitteilt. Und der bleibt zurückhaltend in seiner Würdigung. Was also kannst du dagegen, ohne dich aufzugeben, tun? Dich immer höher schwingen am Schwergewicht deines eigenen Anspruchs! Schon begannen die Prüfungen Taminos und seiner geliebten Pamina sich zum Bilde zu fügen, und Papagenos Panflötengelächter zermarterte sein Hirn. Kein Wunder, daß ihm in seinem Zustand die Dresdner Oper nicht imponierte. Er fand sie *wahrhaft elend.* Ab und an stieß auch ihn ein trockener Husten.

Ein Gemeinwesen, dessen Lebenskräfte unverwüstlich sind, wird durch das vernichtende Urteil eines schöpferischen Geistes beim Ehrgeiz gepackt, und der Gastgeber des Ungebührlichen angeregter sich finden als wenn der Gast nur antichambrierte. Was also wäre die Stadt ohne ihre Gastgeber? Ein Häusermeer ohne die Inseln vertraulicher Begegnung! Dabei scheint es, mit Abstand besehen, fast gleichgültig, ob die Begegnungen Wirklichkeit oder gedacht sind. Wahrhaftigkeit waltet im Reiche der Phantasie nicht weniger als in der Realität.

Neuerlich durch Aufwind emporgetragen, bewegten wir uns, vom anmutig versonnenen Körnerhaus kommend, längs der Schillerstraße, bis wir an einer Terrasse hinschwebten, auf der ein vornehm ergrauender Sänger memoirenschreibend Mußestunden verbrachte. Er trug einen modischbunten Blouson im Freizeitlook, der das Komödiantentum seines sonst würdigen Wesens aus stiller Versenkung lässig hervorhob. Soeben zitierte er einen Herrn herbei, der gemessenen Schrittes, mit exakten, tippenden Stößen seines Spazierstocks den Fußweg beklopfte und kaum dem lockeren Gestus des Gastgebers entsprach: Im Gehrock, samt Homburg, auch Eiersieder genannt, der Hitze ungeachtet, mit steifem spitzigen Kragen. Trotz des Anstiegs schwitzte er nicht.

Der Sänger stand auf, um den Gast zu begrüßen und, kurios war's zu hören, er intonierte in des Basses Grundgewalt, was einem Sopran zugedacht war: *Die Zeit, die ist ein sonderbar Ding. Wenn man so hinlebt, ist sie rein gar nichts. Aber dann auf einmal, da spürt man nichts als sie . . .* Der Besucher stand verblüfft.

Wollen Sie die Marschallin übernehmen?

Warum nicht? Bei Ihrer Vorliebe für die Frauenstimmen würde ich's gerne versuchen. Mein Freund Peter meint auch, daß unsereiner, wenn er nur rechtzeitig anfängt, im Laufe seines Lebens alle Stimmlagen durchprobieren kann. Der Sänger ließ ein seriöses Lachen hören, das seiner Lage entsprach. Der Besucher war verwirrt.

Freilich, räumte er ein, für den Oktavian, respektive das Mariandel, wären Sie nun doch ein wenig zu reif. Aber sind Sie denn unzufrieden mit meinem Lerchenauer? Da zolle ich Ihrer Lage doch gebührenden Respekt.

Oh! rief der Sänger. Oooh! Es klang wie ein Domorgelton im tiefen C, so daß der Kantor drüben erschrocken zusammenfuhr ob der ungewöhnlichen Klangfarbe aus seinem Chor. Der Sänger verbeugte sich zum Kantor und fuhr, dem Besucher zugewandt, fort: *Ein völlig neuer, noch nie dagewesener Mannstyp auf der Opernbühne! Gewiß kann man Züge des Falstaff oder des Don Juan erkennen; er ist aber bei weitem kein Abklatsch, sondern eine völlige Neuschöpfung, eben der Ochs!*

Der Besucher verbeugte sich knapp.

Der Sänger aber war ins Schwärmen geraten. Lobte die Schwierigkeiten seiner Partie: *Wenn der Ochs ständig prahlt, was er sich alles leisten kann, so muß der Sänger weiß Gott auch zeigen, was er stimmlich zu leisten vermag.*

Der Besucher nickte: Ich habe im Olymp sehr wohl vernommen, wie souverän Sie diese Schwierigkeiten meistern. Sie räumen ab, wie wir im Theaterjargon sagen, was der gute Perron stehengelassen hat.

Solche Worte hörte der Sänger mit tiefer Befriedigung.

Die Herren ergingen sich nun in abgeklärtem Kulissenklatsch. Wandelten an der Balustrade auf und ab, warfen hin und wieder einen Blick auf die im Sommerglast dösende Stadt, und das Manuskript war vergessen.

Der Sänger bedauerte noch nachträglich den guten Perron, der, wie ihm zu Ohren gekommen, den Ochs in der Uraufführung vollkommen indisponiert habe singen müssen. (Zeiten waren das!) Wenn er allein bedenke, wie unter solchen Umständen der Ärmste mit dem berühmten pp in der Liebesabenteuererzählung des ersten Aktes fertiggeworden sein könne . . .

Pp ist gut! murmelte der Besucher. Ich hatte ff geschrieben. Bis mein Freund, der Herr Hugo, Einspruch erhob. Man könne doch solcherlei Indiskretionen nicht hinausschreien wie – na, wie irgendein Zechkumpan in Auerbachs Keller. Schließlich sei der Ochs von Adel. Na, und so fort, bis ich nachgab.

So haben, flüsterte der Erinnerungsbeflissene, *wir armen Sänger dem Herrn Hugo zu danken, daß wir uns an dieser Stelle* – im Heu! – *pp in der für Bassisten nun wirklich schwierigen Lage herumplagen müssen?*

Der Besucher hob die Hand eine Winzigkeit vom Geländer und ließ sie wieder sinken. Das sagte alles. Er war eben ein feiner Mensch, der Herr Hugo, fügte er sinnend hinzu, von altösterreichischer Distinktion; anders als ich, mit meiner bajuwarischen Direktheit. Nein, nein! wehrte er ab, als ihm der Sänger mit einem höflichen Aberherrdoktor! in die Parade fahren wollte, hätte ich rechtzeitig auf ihn gehört, wäre mir mancher Verdruß erspart geblieben.

Sie meinen . . .?

Natürlich! Wie habe ich mich winden müssen, um unsern lieben Ochs hoffähig zu machen, zumindest in Berlin! »So sind unsre Adligen nicht!« wurde mir immer wieder vorgehalten.

Das kenne ich, nickte der andere verständnisinnig.

Nanu? Auch nach der Revolution noch?

Ach, lieber Doktor, inzwischen sind es nicht mehr nur die Adligen, die anders sein möchten als wir sie sehen.

Erfreulich, erfreulich.

Bemerken Sie, Ich stieß meinen Nachbar an: das hohe Maß an Objektivität, das diesem Komponisten eignet! Welche Einsicht in die veredelnde Wirkung der Kunst!

Jaja, meinte er, die Einsicht des Künstlers; sie genügt nicht, doch genieße sie!

Kurzum, berichtete der Doktor, ich ließ also unseren Ochs in Berlin bereits auf der Bühne veredeln. Mit welchem Ergebnis? Am Text nahm keiner mehr Anstoß. *Der Rosenkavalier ist die einzige Oper von mir, die sich Kaiser Wilhelm auf Zureden des Kronprinzen einmal anhörte, aber mit den Worten verließ: »Det is keene Musik für mich!«*

Hm, brummte der Interpret, mittlerweile denkt mancher wie der Kaiser.

Wundert Sie's? Wo mehr Musikliebhaber sind, sind auch mehr Banausen. Das trifft nicht nur auf Berlin zu. *Ein Opernhaus hat auch ein viel konservativeres Publikum als die Sprechbühne, ein Publikum, das zum größten Teile gar keine Novitäten verlangt, dem vielmehr seit dem Fidelio und Tristan alles gute Neue gewaltsam aufgezwungen werden mußte. Es bleibt einer künftigen Generation vorbehalten, und einem schöpferischen Musiker sei es vergönnt, den Erziehern dringend ans Herz zu legen, daß dem Lehrplan* der allgemeinbildenden Schulen *eine ernste musikalische Bildung anzugliedern* ist. *Wenn der Absolvent so, wie er die Wahlverwandtschaften oder den Faust zu erfassen imstande ist, auch eine Beethovensche Sinfonie, ein Mozartsches Quintett, ein Meistersinger oder Tristan-Vorspiel in seiner vollen Tiefe zu verstehen, die Architektur dieser klingenden Bauten in ihrer ganzen Größe zu ermessen und die Sprache dieser Tonsymbole auch zu lesen gelernt hat, dann wird seine geistige Vorbildung auch die Grundlagen gewonnen haben, die ihn zu den höchsten Leistungen nach Maßgabe seiner Begabung befähigen.*

Der Doktor tupfte sich die Stirn mit einem seidenen Tüchlein, obwohl er, wie gesagt, gar nicht schwitzte. Er verwies auf einen Dichter der bereits 1848 erklärt habe: *Wer eine Musikpartitur nicht zu lesen imstande ist, kann überhaupt nicht lesen.*

Wir bemühen uns, sagte der Sänger bescheiden und erwähnte, daß er selbst einmal, nach dem Krieg, als Lehrer begonnen. Aber, so betonte er, bedenken Sie in unseren Tagen auch die Notwendigkeit der Naturwissenschaften und der technischen Bildung.

Ach was, fuhr ihn der Doktor an, Musik ist die logischste Sache der Welt. Und ohne die Logik der Gefühle kommt die Wissenschaft auch nicht voran. Jedenfalls – er machte eine beinahe ausladende Geste nach dem Stadtzentrum, dessen Türme den Dunst durchstießen – fand ich dort unten recht günstige Bedingungen für meine Opern. *Meine Ansicht ist, daß Städte wie Berlin und Wien überhaupt nicht geeignet sind, über unausgeprobte Novitäten das entscheidende Urteil zu geben. Schon die vollständig dem Zufall überlassene Zusammensetzung des Publikums, die enorme Fernwirkung der Großstadtkritik lassen es vollständig unangebracht erscheinen, ein Werk, das vielleicht gerade größere Ansprüche an die Aufnahmefähigkeit stellt, dem Glücksfall einer solchen Großstadtpremiere anzuvertrauen. Dies ist der Grund, weshalb ich keine Uraufführung in Berlin veranstaltet habe. Dresden, das unter dem genialen Schuch meine künstlerischen Wünsche ebensogut wie Berlin erfüllen konnte, hatte den Vorteil eines immerhin zu zwei Dritteln aus von auswärts gekommenen Freunden und Kunstkennern zusammengesetzten Publikums, und auch die auswärtige Kritik, die hingekommen war, war besser disponiert zu einem ruhigen Beurteilen des Werkes.*

Wie den Opern ergeht es den Sängern, bemerkte der andere. Mich in Dresden zu bestätigen, das bedeutet mir soviel wie die Berührung des Riesen Antäus mit der Erde. Freund Peter (und anderen) ergeht es ebenso. Bei uns gilt der Prophet in seiner Heimatstadt.

Freilich, schränkte der Doktor ein, *als ich in Dresden die erste Bühnenprobe mit Orchester hörte, war mir schon im zweiten Akt klar, daß der brave Regisseur alten Schlages vollkommen unfähig sei, das Stück zu inszenieren. An ein gütiges Anerbieten Max Reinhardts mich erinnernd, machte ich dem Generalintendanten den Vorschlag, Reinhardt bitten zu dürfen, er möge kommen und helfen. Seebach gestand dies widerstrebend zu, unter der Bedingung, daß Reinhardt aber nicht die Bühne betrete! Der brave Reinhardt kam, ohne irgend eine Forderung zu stellen, fügte sich als kunstbegeisterter Jude sogar obiger Bedingung, und wir fanden uns alle auf der Probebühne zusammen, Reinhardt als bescheidener Zuschauer, während ich in meiner Unbeholfenheit den Sängern, so gut ich konnte, die Rollen vormimte. Nach einer Weile sah man Reinhardt mit einzelnen Darstellern in einer Saalecke stehen und flüstern. – Am nächsten Tag kamen sie alle verwandelt als fertige Schauspieler auf die Probe! Darauf gestattete Graf Seebach huldvoll, daß Reinhardt nicht mehr vom Parkett aus der Probe beiwohne, sondern auch auf der Bühne Regie führe. Das Resultat war ein neuer Stil in der Oper und eine vollendete Aufführung!*

Da haben Sie, räusperte ich mich erneut, ein weiteres Beispiel für die veredelnde Wirkung der Kunst!

Jaja, meinte er, Veredlung des Intendanten; sie genügt nicht, aber nutze sie!

Wir waren als brummige Hummel den Promenierenden gefolgt und hatten Not, den Herren auszuweichen, die nach uns schlugen. Der eine knapp und gezielt, wie gewohnt, der andere mit weit ausholender Gebärde. Wie gewohnt. Als wolle er uns nicht wehtun.

Dennoch, Herr Doktor, nahm der Sänger den unterbrochenen Gedanken wieder auf, tun die Regisseure heutzutage, im Bestreben das Geschehen aufzulockern, des Guten – was sage ich! – Unangemessenen zu viel und vertrauen zu wenig der Handlung, die der Musik innewohnt. Als bedürfe ein verinnerlichter Vorgang des veräußerlichten Kommentars.

Der Doktor (barsch): Das weiß ich. *Nicht jeder Flötentriller ist ein Blinzeln der Primadonna.*

Der Sänger (eifrig): Oder nehmen wir an: Barbier von Sevilla, erster Akt; Sie sind Dr. Bartolo, ich bin Basilio – ja? – und wir beschließen, den verruchten Almaviva durch Verleumdung unmöglich zu machen . . .

Der Doktor: Hm. (Die Terrasse drohte zur Bühne zu werden. Die Sonne brannte herab wie ein Verfolger.)

. . . und hinter uns, seitlich verschoben, gut einzusehen, läßt die Regie in einem Glasgefäß etwas brodeln, damit der brave Zuschauer merkt, daß sich was zusammenbraut.

Der Doktor: Hm

Was dann auch hochgeht.

Explodiert?

Der Sänger nickte.

Der Doktor war fassungslos: Das ist . . .

. . . künstlerische Schädigung! Sie sagen es! (Scherzend) Frau Wirtin hat auch einen Regisseur / der wollte darstelln wogend Meer / da ließ er unter einer Decke . . .

Herr Kammersänger! (Entrüstet) Sowas kann man doch mit *mir* nicht machen!

Der Sänger: Sind Sie sicher?

Der Doktor (bedenklich): Gewiß, der Teufel sitzt im Detail. – Aber wir sollten nicht den Regisseuren nur unseren differenzierten Dank abstatten; den Kapellmeistern auch! Was die mir manchmal zugemutet haben! Selbst der geniale Schuch (erschrocken schlug der Doktor sich auf den Mund), dem ich noch im Olymp verbunden bin – (gallig) er war ein genialer Streicher. Mit dem Stift. Denken Sie, *sofort nach meiner Abreise verübte er am Rosenkavalier die furchtbarsten Striche, die von allen gedankenlosen Leitern der anderen Bühnen heißhungrig akzeptiert wurden, und gegen deren Sinnlosigkeit ich jahrelang zu kämpfen hatte. Es ist nicht richtig, daß eine gut komponierte und dramaturgisch besonnen disponierte Oper durch Striche kürzer wird.* Ich mußte die Sache selbst in die Hand nehmen.

Nach einem Jahr kam Seebachs Freundin, die Baronin Knorring nach Berlin, in meinen Rosenkavalier. Nachher sagte sie mir, die Oper sei ihr kürzer vorgekommen als in Dresden. Ich antwortete: Ja, weil weniger gestrichen war!

In diesem Augenblick gab es ein Mißgeschick. Der erinnerungsbesessene Sänger hatte seine Lupe so unglücklich gegen das Manuskript gelehnt, daß sie, vermöge der intensiven Sonneneinstrahlung, das Manuskript in Flammen aufgehen ließ. Geistesgegenwärtig riß der Sänger seinem

Gast den Eiersieder vom Kopf und erstickte das Feuer. Das Manuskript war zum überwiegenden Teil gerettet. Dem Hut war nichts geschehen.

Der Sänger überreichte ihn artig, sich entschuldigend: Feuersnot habe er hier nicht inszenieren wollen, jedoch – (der Doktor blies ein wenig Asche vom Hut und bedeckte sich wieder) – jedoch habe auch er, der Sänger, mit den Jahren der Versuchung nicht widerstehen können, die Sache selbst in die Hand zu nehmen, als Anwalt der Sänger, versteht sich – und zwar nicht vom Dirigenten – (dahin ziehe es Freund Peter inzwischen), sondern vom Regiepult aus. Ob der Herr Doktor einen Kognak wünsche.

Der bedankte sich. Ein Skatspiel sei ihm lieber. Ob nicht der Freund . . .?

Mein Freund, verehrter Doktor, ist Tenor!

Macht nichts! Wenn er als Dritter in unserer Runde agiert, mag er von mir aus Tenor sein.

Der Sänger stieß einen Walkürenruf aus.

Der Freund, welcher die Schippe beiseitegestellt hatte, schwang sich jedoch auf einen Düsenklipper und winkte den Herren aus der internationalen Luftverkehrsschneise zu.

Er müsse nach Moskau. Weiter nach Japan. Dürfe seine Fans nicht im Stiche lassen. Die MET, Buenos Aires, Paris. Nur mal kurz um die Uhr, im Zeitraffertempo. Er habe ja auch den Liederabend in Lungkwitz zugesagt.

Vergiß mir nicht die Meistersinger, rief der Sänger. Demnächst wieder in Dresden!

Na da, antwortete entschwindend der Freund, haben wir Zeit für ein Spielchen!

Wütend schleuderte der Sänger ihm seine Lupe hinterher (er sah jetzt wirklich aus wie Ochs): Falls du nach Terminen suchst!

Lachend, im Fluge, fing der Freund sie auf.

Bring sie mir wieder! rief der Zurückbleibende.

Ich werde sie hüten! – Freund Peter war auf und davon.

Bedauernd wandte der Sänger sich wieder dem Besucher zu, einen friderizianischen Marsch intonierend: Solebenwir, solebenwir, solebenwiralletage!

Verstehe: Die besten Preußen sind die Sachsen.

Der Sänger überhörte die Anspielung: Aufführung – Aufnahme, Aufnahme – Aufführung. Ein Sängerdasein ist wie das eines Hochleistungssportlers, nur daß seine Energien jahrzehntelang vorhalten müssen. Und unversehens – der Sänger breitete ein wenig seine Arme wie beim Verbeugen – beginnen sich unsre Jahre zu neigen. Sehen Sie, verehrter Professor, sagte er traurig und stolz, ich bin nun in einem jungen Ensemble der Älteste.

Gemach, verehrter Kammersänger, setzte, dezent applaudierend, der Besucher hinzu, bei Ihrer Kondition ließe ich Sie den barfüßigen Jochanaan geben. Habe mich überzeugen lassen, daß er ohne die Würde der ausgereiften Persönlichkeit doch zu sehr in die Nähe eines Hanswursten gerät. Spaß beiseite: Sie inszenieren, Ihr Freund dirigiert. Das Publikum hält Ihnen die Treue.

Der Sänger verneigte sich. Die Herren nahmen im Schatten der Pergola Platz und genehmigten sich nunmehr doch einen Drink, einig in dem Bestreben, weiterhin nach Kräften das Ihre zu tun – sei's vom Olymp aus, vom Pult, von der Bühne – die Menschheit aus tragischer Verstrikkung zu lösen, damit sie heiter beschwingt ihrem nächsten Jahrtausend zueile.

Der Doktor rieb sich die Hände: Ich werde ein *Wagnersches Vollbad* nehmen und mir die Meistersinger leisten. – Auf die Dresdner! sagte er, das Glas in der Hand, und umschloß mit seiner Geste den Sänger und die Stadt.

Wir fühlten uns erhoben.

Veredelt?

Durchaus. Denn diese Künstler sind ja doch eine Art höheres Wesen.

Verkehrte Welt! Wir schweben drüberhin, überschauen alles, sehen die Künstler wie Sisiphus sich mühen am Hang, und Sie, wunderlicher Zeitgenosse, sehen höhere Wesen.

Nachbar, Sie mißverstehen mich. Wenn wir Augenblicke wie diese durchfliegen, so sind sie ein Geschenk des Himmels. Gemeinhin habe ich Platz und Stimme da unten.

Verstehe, wir sitzen alle in einer Wanne.

So ist es. Und darum: Von denen angesprochen zu werden, die weiter oben sich mühen, am Hang, wie Sie sagen, das hilft mir auf.

Illusion, werter Herr! *Was ist denn das, was uns tagtäglich vom Morgen bis in den späten Abend tönend umgibt wie die monotone Brandung des Meeres,* in der wir zu baden belieben wie jener alte Narr: *strahlende Erbmasse aus Jahrhunderten? Bloßes Nachspiel mit verklungenen Möglichkeiten? Was hat diese Kulisse – mal Hand aufs Herz – mit einem Leben in unserer heutigen Welt zu schaffen, die ihre Agonie längst seelenruhig vorausdenkt, als handle es sich hierbei um nichts als komplizierte Denkaufgaben, die unsere superklugen Computer spielend lösen werden?*

Ich fühlte mich überrumpelt. Sie mißverstehen mich schon wieder. Oder ich verstehe Sie nicht. Ich jedenfalls glaube an die Musik als ein Mittel der Verständigung – nicht gleich der Versöhnung, Herr! – Sie ist eine Sprache, die jeder verstehen . . .

Ha! Hahaha! Hahaha! Hahahaha!

. . . jeder verstehen könnte, wie Ihre Koloraturen, Herr Nachbar, wenn er nur selbst ein wenig singen kann. (Wenn's *in* ihm singt, dann ist das auch schon was. Doch es genügt nicht, er muß es selbst versuchen.) Dann wird er etwas von der Lust des Künstlers empfinden, welche AN ALLE sich wendet.

Und immer wieder nur sich selbst genügt. Diesen Kuß der ganzen Welt – ein Schmatz ins Leere!

Nein! Wer je die Sendung – verstehen Sie diesen Begriff im ideellen wie auch im technischen Sinne! – die Sendung der Neunten Sinfonie vernahm, wird keine Agonie vorausdenken, noch ihre jemals Vorschub leisten.

Geschieht aber laufend.

So stritten wir. Fort und fort. Was sich harmonisch angelassen hatte, die wohl gesuchte, aber dann doch unerwartete Begegnung mit den verehrten Meistern, mußte mir mein Zeitgenosse vermiesen. Meine Begeisterung tat er als Schwärmerei ab. Hinter der Brille des Sachkundigen war ihm sogar mein Interesse verdächtig. Es sei, so wetterte er, Ausdruck eines umfassenderen Desinteresses. Wer die Augen vor den Konsequenzen der Realität verschließe – »diesen Kuß der ganzen Welt«! (er verkneife sich weitere Koloraturen) – und sich der Musik als Schlafmittel bediene, sei als süchtig zu behandeln und gehöre in eine Entziehungsanstalt. Musikentziehungsanstalt. Ich war verzweifelt.

Nahezu schluchzend sah ich zum Fenster hinaus. Wir drehten wieder eine Runde. Verständlich: In so desolatem Zustand durften wir uns dem Zentrum nicht nähern. Flogen also am Heiderand entlang und eilten der Elf hinterher, die, leuchtend rot, polternd und schlingernd, dem Bühlauer Endpunkt zustrebte.

Da lag auch schon das Kurhaus. Hübsch herausgeputzt, nicht mehr so abgebraucht wie damals, als ich's besuchte. Nein, ich war nicht bei jenem Ereignis zugegen, an das eine Stele gemahnt. Die Inschrift aber stärkte mich nun, und ich dachte der Opern, die ich dort genoß. Eigentlich fehlt eine Inschrift, sagte ich mir, denn was auf dem schmalen Nudelbrett geschah, wäre wohl öffentlichen Gedenkens nicht weniger wert. Oder? Wir saßen auf Gartenklappstühlen. Einmal fiel einer beim Sforzando mit mir zusammen und ich fand mich in Sägespänen wieder. Was nicht weiter auffiel: Das enge Haus schien unter den Akkorden der Lebenskraft bersten zu wollen. Da waren, aus Liebe zu Dresden, Stimmen zu hören, die auch schon wieder in Städten erklangen, deren Existenz mir, eingenommen vom Schicksal meiner Stadt, gar nicht mehr gegenwärtig war.

Das, begehrte ich auf, dieses befreiende Spiel nach dem Chaos, soll ein Vorspiel gewesen sein zu neuer Agonie?

Begütigend legte mir da mein Nachbar die Hand auf die Schulter. Soll eben nicht! sagte er. Darum muß was geschehen. Darum genügen die Alten nicht mehr. Und darum – er erhitzte sich wieder – hüte er sich, Musik zu genießen wie ich; das sei gewiß erquicklich, doch genüge nicht. *Zu unpräzis sei es, irrationale Gefühlsaufwallungen mit Musik gleichzusetzen, Tonmalerei zu betreiben. Zeitgenössischer Musik nähere man sich am besten mit formbewußtem Wissen, mit Kenntnis und Schulung, mit technischem Verständnis für musikalische Bausteine und so.*

Zugegeben, räumte ich ein; wäre es da nicht am besten, der Forderung des Doktors zu genügen und mittels entsprechender Bildung für musische Bereitschaft zu sorgen? Die Partituren Mozartscher Quintette, Beethovenscher Sinfonien oder der Meistersinger lesen zu lehren wie das Textbuch des Faust, um – wie sagte er? – die Architektur dieser klingenden Bauten in ihrer ganzen Größe zu ermessen?

Phantast! Damit hoffen Sie, das musische Analphabetentum auf breiter Basis zu überwinden? Untersuchen Sie doch mal, wer den Faust wirklich liest. Sich im Theater von schönen Worten berieseln zu lassen – wie von Musik! – genügt, wie gesagt, nicht.

Ach und nochmals ach! Ich verurteilte die Absolutheit seiner Forderungen an die Kunst des Publikums, den Künsten, und damit sich selbst, zu genügen. – Insgeheim gab ich ihm recht. Denn, sagte ich mir, wer behält schon mehr vom Faust im Kopf als irgendsoein allgemeines immerstrebendes Bemühn? Machnurmach, laß dich nicht unterkriegen! Daß dabei auch von oben her (versteh er's wie er wolle!) zum Zwecke der Erlösung die Liebe teilzunehmen hat – das wird doch meist gestrichen! So tappt man denn nach allen Siebensachen und sieht nicht wo und wie. Sagte ich mir. Ihm aber beteuerte ich, daß mir die Künstler als höhere Wesen erscheinen, weil sie das Leben so zu genießen verstehen, wie sie's anderen wünschen.

Ich war auf einen neuerlichen Ausbruch seines Spottes gefaßt. Stattdessen erscholl vom Zentrum her (über zehn Kilometer Luftlinie!) ein vieltausendstimmiges Freudengeheul. Wir schraken zusammen.

Der Nachbar besann sich: Dynamo gegen Dynamo!

Wie verblüfft waren wir aber, als auch von der Terrasse, wo der Sänger wieder vor seinen Manuskripten saß, ein Jubelruf ertönte. Er sprang auf und vollführte einen Tanz, der weniger an Ochsens Adel denken ließ als an innerafrikanische Riten. Er müsse, so erklärte er, dem Beifall des Freundes Ausdruck verleihen; der säße in Japan bei seinen Fans, während hier seine Mannschaft . . .! – Wer seid ihr? fragte der Sänger befremdet, als ob er uns jetzt erst bemerke.

Dresdner, sagten wir, aus einem Mund.

Da reichte der Sänger auch uns einen Drink: Auf Dynamo!

Zur Ruhe gekommen, dankten wir dem Zufall für dieses aufschlußreiche Ereignis. Ich war's zufrieden, meine höheren Wesen so heimatverbunden zu wissen. Der Nachbar aber verwahrte sich gegen den Rausch. Jeglicher Spezies. Was habe Musik denn anderes geleistet durch die Jahrhunderte als ein Fußballtor! Angesichts solcher Erfahrung bleibe nur die *Zurücknahme der Musik bis an die Grenzen des Verschweigens: Baustein für Baustein bloßgelegt* die Analyse des Rauschs; *letzte Ölung der Musik vor ihrem Zerfall ins rein statistische Material.* Nur die totale Zurücknahme gewähre Läuterung. *Da gebe es keine Emotionen mehr, also auch keine Angstgefühle.* Ermutigend klopfte er mir auf die Schulter. Wir kreisten überm Raum Bühlau und Weißer Hirsch.

Vom Boden tönte metallisch ein HALT! Es fuhr uns so hart in die Glieder, daß unser Vögelchen sich nicht mehr muckste.

Da, in die Stille hinein, erklangen Flötentöne. Schon wieder? Oder waren das gar keine Flöten? War das vielleicht . . .? Nein, das war doch nicht möglich? – Ja doch, ja: ein Leierkasten! Wer hätte so etwas erwartet, in dieser Gegend!

Befremdet, verwundert, voller Widerwille und Neugier zugleich – mit einem Wort: ein wenig ungehalten ob der Störung, sah ein zeitgenössischer Komponist, in beneidenswert jugendlicher Verfassung, mit sensibel aufgeworfenen Lippen und sorgenvoll gefurchter Stirn, scharf profiliert, von seinem Arbeitstische auf.

Wir entschuldigten uns.

Macht nichts, meinte er, ich habe soeben vierzehn Stunden (oder waren's nur zwölf?) auf diesem Platz zugebracht. Wird Zeit, daß ich aufgescheucht werde.

Wasser auf die Mühle meines Nachbarn! Er überfiel den Komponisten mit Komplimenten und lobte vor allem den Effekt, durch welchen sein, des Nachbarn, apokalyptischer Gedankenfluß von dem verehrten Zeitgenossen aufgefangen sei.

Der Zeitgenosse hörte gar nicht auf das Gerede. Die Luft ist günstig, rief er, sah kritisch gen Himmel und wies mit seiner Tabakspfeife den Bühlauer Grund hinunter, zur Elbe: Auf, nach dem anderen Ufer! Dann reckte er sich, klemmte die Pfeife zwischen die Zähne, breitete die Arme und schüttelte des Haupthaars üppiges Gewuschel. Seltener Vogel, dachte ich. Und richtig: Er schwang sich empor und hieß uns folgen. Einladend verführerisch zwingende Kadenzen entquollen seiner Tabakspfeife, und wir bewegten uns erfrischt im Kondensstreifen seiner Improvisationen. Er grüßte den Kantor, der winkte wieder, und, Blasewitz überfliegend, stieß er schon auf Striesen hinab – da sträubte sich unser Gefährt. Bockte. Wollte nicht folgen. Weshalb, dachten wir, sollen wir nach seiner Pfeife tanzen? Was erwartet uns dort, am flachen Ufer, wo ausgedehnte Wohngebiete und Industriestandorte der Phantasie im Wege sind?

Unter uns floß die Elbe in weitem Bogen dem Stadtzentrum zu. Gespiegelt oder geblendet, je nachdem, ob das Wasser dunkel oder hell erschien, verloren wir unseren Komponisten aus den Augen und wandten uns wieder dem Panorama der Vergangenheit zu, das sich unterm Mantel der Gegenwart weiter gefällig am Bergufer streckte.

Schloß Eckberg, das vom Geträller junger Kehlen widerhallte, schien dem Tenor unsrer Eltern, der einst in seinen Mauern hauste, nicht mehr nachzutrauern. Ins mittlere der Albrechtsschlösser sah ich mich zur Versammlung eilen. Und nebenan, im Römischen Bad, unter der großen Fontäne, tummelten sich schon die Enkel. Fröhlich wechselten die Zeiten. Am Waldschlößchenhang erkannte ich mich selbst noch als Knaben im Rodelgewimmel. Schenk mir einen bunten Luftballon, sang ich mit dem Schlitten hopsend den neuesten Schlager und dankte mir für die Anregung. Machte aber noch keinen Gebrauch davon.

Die Szene verwandelte sich, und wir gerieten, so gegen Ende des zweiten Drittels vom vorigen Jahrhundert in die Wirren des Deutschen Sängerbundfestes. Ein gewaltiger Bretterpalast war errichtet, Bühne, Bahnhof und Bierzelt in einem. Wir brausten als Sturmwind mit einem Donnerwetter daher – und justament in dem Augenblick, als die achtzigtausend Keramikkrüge zum letzten Male geleert waren, krachte die ganze Pracht zusammen. O griene fort, o bliehe lang, du edler deutscher Männersang! seufzte ich. Und mein Nachbar kommentierte das Fiasko, giftig wie immer, als Ende der ersten Dresdner Musikfestspiele fürs Volk. Der Nullserie, fügte ich ordnungshalber hinzu. Die Elbe trug damals viel Brennholz zu Tal.

Unterm blitzschnell bereinigten Himmel wurde uns gleich darauf wohltuend biedermeierlich zumute. Bomätscher sangen, in schleppender Bewegung, ihr müdes Lied. Oberhalb der Prießnitzmündung, wo die Hänge zurückgewichen sind, bemerkten wir im Garten der Drachenschänke ein bekanntes Ehepaar mit einem älteren Freund bei einer Flasche Wackerbarth. Die Dame war guter Hoffnung.

Dieses Dresden, sagte sie versonnen, ist ein musikalisches Nest. (Ha, sie hatte das Sängerbundspektakulum nicht erlebt!) Ihre Augen wanderten mit dem Strom, und ihre Gedanken waren weit weg. Sie dachte an die Welt, die sie kannte, vor allem an Leipzig, und pries dessen Vorzüge, auch als Stadt der Künste, gegenüber der Residenz. Indessen ruhte ihre Hand in der des Gatten. Der starrte, so schien es, ins Leere, während der Freund seine Gedanken im Glas zusammensuchte. Ein romantisches Leuchten ging von dieser Gruppe aus. Wir nahmen, zunächst unbemerkt, als Libelle auf der Lehne eines freien Stuhles Platz.

Ihr habt, hub der Freund an, noch kein Vertrauen zu dieser Stadt und meßt sie auf den ersten Blick mit jener, die euch in aller Weltaufgeschlossenheit auch Heimat war, Geborgenheit vermittelte und eine Basis für kampfesfrohe Selbstbehauptung. Da aber jene Metropole, was sie euch gab, wieder nahm, und ihr nun an der Elbe Zuflucht sucht, preist ihr jene als euer verlorenes Paradies und häuft all euern Kummer über dieser armen Residenz zusammen. Das ist, mit Respekt zu sagen, ungerecht, meine Beste. Gewiß, sie ist mehr nach innen gekehrt, hört mehr auf die eigene Stimme. Und was in den Zeiten der beiden Augusti zum Beispiel von draußen aufgenommen ward, das machte sie sich so zu eigen, daß es uns heute noch immer erfreut, als Abglanz und Nachhall, ich hoffe, in alle Zukunft. Ist Dresden darum ein Nest? Gewiß auch; Sie haben recht. Gebt darum bitte, was ihr zu geben habt, hinzu, damit euch nicht Eifersucht plage und ihr das Eure darin findet, nämlich: euer Nest.

Die Eheleute schwiegen skeptisch und rückten so enge zusammen wie sie vermochten. Der Freund nahm einen herzhaften Schluck und wälzte ihn genüßlich auf der Zunge.

Hört, wie ich mein Nest fand in dieser Stadt. Freilich, äußerte er mit neidlos stechendem Blick, habe ich eine Ehe wie eure immer gemieden. Und dennoch . . .

Die Dame lächelte erwartungsvoll. Ihr Gatte blieb ernst. Der Freund hub an zu erzählen.

Fremd war ich während des Befreiungskrieges mit einer wandernden Theatertruppe in die Stadt gekommen; ich dirigierte meine Vorstellungen nebenan im Sommertheater (er wies auf das wildverwachsene Grundstück hinter der Schenke), ansonsten aber komponierte ich an meiner Oper, *die bald in das beengte Leben treten und die sich willig Hingebenden anlocken sollte.* So genoß ich eines trügerischen Friedens.

Als wir wegen der Belagerung nicht mehr spielten, war mir's nur recht. *Ich hörte das Donnern der Geschütze nicht und nicht das Zischen der Granaten. Da trat die Wirtin ins Zimmer, scheltend, wie ich in dieser allgemeinen Angst und Not nur auf dem Flügel spielen könne, und ob ich mich in meinem Dachstübchen totschießen lassen wolle. Ich begriff die Frau nicht, bis eine Granate ein Stück des Dachs wegriß und die Fensterscheiben klirrend hereinwarf; da rannte die Wirtin schreiend die Treppe hinab, und ich eilte, mein Liebstes, nämlich die Partitur, unter dem Arm tragend, ihr nach in den Keller. Hier war die ganze Hausgenossenschaft versammelt. In einem Anfall von Liberalität, die ihm sonst gar nicht eigen, hatte der im untern Stock wohnende Weinwirt ein paar Dutzend Flaschen seines besten Weins preisgegeben, die Frauen brachten unter Zittern und Zagen manches köstliche Stück aus ihrem Küchenvorrat im zierlichen Strickkörbchen herbei; man aß, man trank – man ging aus dem durch Angst und Not exaltierten Zustand bald über in das gemütliche Behagen, wo Nachbar an Nachbar sich schmiegend Sicherheit sucht, und gleichsam jeder kleinliche künstliche Pas, den die Konvenienz gelehrt, in dem großen Dreher untergeht, zu dem des Schicksals eherne Faust den gewaltigen Takt schlägt.*

Der Freund goß sich nach, beeindruckt von seiner eigenen Erinnerung. Die Dame nippte und nahm, kurz entschlossen, einen tieferen Zug und schien, über den Glasrand hinweg, mit ihrem versonnenen und dabei doch so klaren Blick, die Stadt jenseits des Stromes nun schon mit anderen Augen anzusehen. Ihr Ehemann, auf dem die Stille lastete, fühlte sich etwas zu sagen gedrängt. Fürs erste bot er dem anderen eine Havanna an. Dann, nach einigem Überlegen, stieß er voll angestauten Grimmes hervor: Und hast doch das Nest schon bald wieder verlassen! Der Freund lachte lauthals: Es erging mir, wie es mir halt mit der Liebe erging. –

Horch! unterbrach er sein Gepolter und lauschte in die Stadt hinein: Ist sie nicht eine große Sängerin?

Wir vernahmen ihr empfindsames Solo samt orchestraler Begleitung, welche sich plötzlich zurückhielt, um ihr zu *wirblichten Schnörkeln, Läufen und Trillern* Gelegenheit zu geben. Alle lauschten. Die Dame löste ihre Hand von der des Gatten und gab sich selbstvergessenen Fingerübungen hin. Da, als sei es genug, schlug der Freund hinein in die Fermate.

Gewiß ist es, das, so angeregt, alle Melodien, die aus dem Inneren hervorgehen, uns nur der Sängerin zu gehören scheinen, die den Funken in uns warf. Es ist aber das Erbteil von uns Schwachen, daß wir so gern das Überirdische hinabziehen wollen in die irdische Beengtheit. So wird die Sängerin unsere Geliebte – wohl gar unsere Frau – der Zauber ist vernichtet, und die innere Melodie, sonst Herrliches verkündend, wird zur Klage über eine zerbrochene Suppenschüssel oder einen Tintenfleck in neuer Wäsche. Glücklich ist der Komponist zu preisen, der niemals mehr im Leben die wiederschaut, die mit geheimnisvoller Kraft seine innere Musik zu entzünden wußte. Ihre Gestalt wird ein himmelherrlicher Ton, und der lebt fort in ewiger Jugendfülle und Schönheit, und aus ihm werden die Melodien geboren, die nur sie und wieder sie sind.

Seht ihr, schloß der Freund, sich den Mund wischend, mit hintergründigem Lächeln, vielleicht habe ich darum diese Stadt, meine Geliebte, verlassen. Sie lebe!

Man trank. Der Freund sog genießerisch an seiner Zigarre und stieß eine Rauchwolke aus, die sich zu einer kunstvollen Figur verdichtete: War's die idealische Geliebte? Oder ein Violinenschlüssel? Man konnte eine Menge erkennen, wenn man nur wollte.

Wir wunderten uns nicht, diesen unsteten Gesellen und kauzigen Zecher nunmehr hier am Tisch zu finden. Er trug das Haar nach Künstlerart wie Struwwelpeter und war schon vor zwanzig Jahren gestorben. Er saß als Überirdischer hier. Was wir ihm gerne gönnten, zumal ihn der Tod in besten Jahren von hinnen genommen, während andere . . . Der Ehemann sah mit bitterem Mund über die Schulter stromaufwärts nach Loschwitz. Hatte ihm der alte Herr von dort geschrieben: *Lieber* . . . Er kannte ihn auswendig, diesen Brief, Wort für Wort: *Tempora mutantur et nos mutamur in eis.* Die Zeiten ändern sich. Er merkte es. Aber Schwiegervater? *Wir können uns, der Clara und der Welt gegenüber, nicht mehr fernstehen. Sie sind jetzt auch Familienvater – warum lange Erklärung? In der Kunst waren wir immer einig.* Er machte sich's leicht, Meister Raro! *Ich war sogar Ihr Lehrer,* setzte er voller Nachdruck hinzu. Und (klang's nicht wie Hohn?): *Mein Ausspruch entschied für Ihre jetzige Laufbahn.* Schließlich der unverbindliche Segen dessen, der lieber Reibereien haben als alleinbleiben wollte: *Meiner Teilnahme für Ihr Talent* (danke!) *und Ihre schönen* (!) *und wahren* (!!) *Bestrebungen brauche ich Sie nicht zu versichern.* (Wahrhaftig nicht!) *Mit Freude erwartet Sie in Dresden Ihr Vater* (eine Drohung!), Unterschrift, Datum.

Ja. Und nun waren sie da. Und nichts ist mit Laufbahn, nicht für ihn, der nur geduldet, Knochenbeilage, oft nicht einmal das, wo er auch hinkommt in dieser Welt, die von Schwiegervätern regiert scheint. Neulich, auf einer Gastspielreise, wurde seine Frau zum Fürsten geladen. Er nicht. Und in Dresden sind alle Stellen besetzt. *Mit der Kapelle ist nichts anzufangen und ohne sie auch nichts. Der Zopf hängt ihnen hier noch gewaltig.* Auch wenn sich Wagner ungebärdig gibt. Wagner! *Wär er ein so melodiöser Musiker, wie er ein geistreicher, er wäre der Mann der Zeit.* Und keiner würde ihm die Stelle des zweiten Kapellmeisters neiden.

Doch scheint der Wagner, bei allem Erfolg, auch alleingelassen zu sein. Wäre er sonst, dieweil ich mich arglos im Großen Garten erging, über mich hergefallen? *Er besitzt eine enorme Suade, steckt voller sich erdrückender Gedanken; man kann ihm nicht lange zuhören. Die neunte Sinfonie von Beethoven wollte er durch Stellen aus Goethes Faust dem Publikum näherbringen!*

Mein Nachbar war den Überlegungen des jungen Mannes mit wachsender Erregung gefolgt. Da haben wir's wieder, fuhr er auf, wer Musik nicht versteht, mag sie kommentiert bekommen! Es ist immer wieder die gleiche Verzweiflung, die zu unangemessenen Experimenten verleitet.

Aber vielleicht, gab ich zu bedenken, vermöchten sich Wort und Musik zu ergänzen, auch wenn sie nicht füreinander geschaffen?

Meinen Nachbarn hielt es nicht mehr auf der Lehne. Wir schwirrten umher. Das schien den jungen Mann zu irritieren. Er stöhnte auf aus tiefstem Herzensgrunde: *Musick – wie bist du mir ekelhaft und in dem Tod zuwider!*

Es war dies die zweite störrische Äußerung, die der junge Mann am Tische getan. Er war sonst, wie wir wohl wußten, um Worte nicht verlegen. Hatte sein von Energien schier berstendes Selbst für lange Jahre sogar in zwei verschiedene Ichs gesondert, um sie, seiner Klarheit willen, miteinander korrespondieren zu lassen: Eusebius, den Schwärmer und den stürmischen Florestan. Diese beiden, mit anderen, auch Meister Raro, im Bunde – Davidsbündler nannten sie sich, inspiriert von den Serapionsbrüdern des Freunds hier am Tische – vermochten noch mit dem Anspruch aufzutreten, die Welt zu verändern, zumindest die Kunstwelt. Es war die Zeit der Bünde und Bruderschaften. Goethe hatte wohl Pate gestanden mit seiner Gesellschaft vom Turm. Ja, im liberalen Weimar mochte ein Klima sein für solche Vereinigung, im hochstrebenden Berlin, im weltoffnen Leipzig, das sie Firlenz nannten in phantastischer Überhöhung. Aber in Dräsden? Dem selbstgenügsamen Tal? Verächtlich zog er die Mundwinkel herunter.

Der Freund sah mit unverhohlenem Interesse den Qualen des anderen zu. Richtig! spottete er, so mußt du hassen, um lieben zu können! Clara sandte dem Freund einen strafenden Blick und streichelte mit festen Griffen die Hand ihres Gatten. Wieder die Wagner-Vergiftung, mein Florestan? (Wir wechselten einen bedeutsamen Blick. Auch der? – Aber mit anderer Wirkung!) Der Gatte suchte seine Hand der ihren zu entziehen, sie bäumte sich, erschlaffte jedoch und ergab sich den Liebkosungen. Der Freund beobachtete dieses Spiel mit ungeschmälerter Neugier.

Leichthin, als ob es keine tiefere Bedeutung habe, warf der Gatte nun einige Worte hin über die Opernaufführung, welche die Eheleute soeben nebenan, im Linckeschen Bade, erlebt. Schlumprig sei sie gewesen, und Wagners Temponahme schlechterdings unbegreiflich. Zwar drohte ihm bei diesen Worten bereits wieder der Zorn aus den Augen zu lodern, aber die Blicke der Eheleute trafen sich, und alles war gut. So wandelst du, sagte er leise zur Frau, Bitterkeit noch zum Orangenstrauß, Clara, Chiara, Chiarina mia . . .

Angerührt ließen wir uns nieder auf Frau Claras Hand, die nun reglos über seiner ruhte. Überrascht betrachteten alle die Struktur der flirrenden Libellenflügel, erfreuten sich ihrer Durchsichtigkeit und der Vielfalt ihres Geäders.

Bleiben Sie so! raunte der Freund. Und mit geübtem Schwunge warf er das Ehepaar aufs Papier. Wir, in unserer zarten Gestalt, wurden mitporträtiert. (Welch Dokument der Begegnung!)

Wie hat doch Natur in jedem Geschöpfe ein Ebenmaß gefunden, sagte der Mann, wieder ruhig. Und wir mühen uns lebenslang, es in uns zu finden. Sehr nur, sagte er, als unsre Libelle, erregt von Claras wärmender Hand, wippend zu trippeln begann, seht, wie sie das Licht aufnimmt und in den Schatten sendet! *Licht zu senden* – er begeisterte sich – in die *Tiefe des menschlichen Herzens: des Künstlers Beruf!*

Na also! (Der Freund ließ seine Hand auf die Tischplatte klatschen, daß wir erschrocken aufflogen.) Es ist alles ganz einfach. Du mußt dich nur annehmen, auch an diesem Ort,an den dich das Schicksal geführt hat. Trauere deinen firlenzischen Freunden nicht nach. Sei froh, daß du dorten (er wies mit lässiger Gebärde auf Clara) dorten dein Glück gemacht hast. Halt's fest! In deinem Herzen, fügte er voller Nachdruck hinzu, und eine sarkastische Nuance in seinem Ton war nicht zu überhören. Trotzig setzten wir uns ins Haar von Frau Clara. Der modische Stirnreif ließ sie wie eine Heilige erscheinen. Wir standen ihr gut zu Gesicht, fanden wir. Die Männer bemerkten uns nicht, so waren sie in ihren Problemen befangen. Sie aber spürte und ertastete uns. Kaum daß die Fingerkuppen uns berührten, durchrannen uns Ströme ihrer Glut. Wir vibrierten vor Wonne. Der Freund riet ihrem Mann, wenn er in dieser Stadt kein Amt bekommen könne, sich selbst eins zu schaffen. Einen Namen bringe er mit. Er solle Kritisches schreiben, mit kräftiger Feder, wie er's gewohnt; er möge einen Gesangverein gründen, wenn er Geschmack daran finde. Aber er dürfe um Himmels willen und in drei Teufels Namen es damit nicht genug sein lassen, er nicht. Er habe gezeigt, daß anderes in ihm stecke als ein Interpret – er verbeugte sich artig zu Clara – oder nur ein gescheiter Räsoneur.

Wenn's nur so einfach wäre, seufzte der Angesprochene und machte eine unbestimmte Bewegung. *Worüber die Künstler tage-, monate-, jahrelang nachgedacht haben, das wollen die Dilettanten in einem Husch weghaben!*

Wollte er damit den Freund attackieren, der vielen Sätteln gerecht war? Oder Wagner, den grollend Verehrten? Ach nein, sie stritten ja alle auf ihre Weise gegen die Plattheiten der Besserwisser. Was Wunder, wenn sie in ihrer Vereinzelung und Unbeirrbarkeit aneinander vorbeistritten und sich nicht verstanden.

Der Freund verstand. Die Dilettanten nehmen das Schwierige leicht, sagte er ungewohnt bedächtig. Laß dich's nicht anfechten. Hast du drei Prüfungen der Einfachheit nicht schon bestanden? fragte er, ohne spöttischen Beiklang. Deine Kinderszenen, die Lieder, die Tänze . . .? Sie haben ein gediegenes Maß an – der Freund suchte nach dem richtigen Wort – an Nudität, pardon, sie sind bar jeden Schmuckes, ja, fast möchte ich sagen: ihnen eignet das Maß jener Kunstlosigkeit, so nur die wahre Kunst sich leisten kann, um, wie aus dem Blute des Adonis die Blume sprießen zu lassen, woran Phantasie sich entzündet zu üppigem Reichtum. Dieserart wirst du auch als Verblichener am Leben bleiben. (Die Eheleute tauschten einen Blick.) Sieh *mich* an! Er holte Luft und fing die Kantilene mit einer großen Geste auf. Ich, mein Lieber – mit stechenden, brennenden Augen sah der Freund dem Freund ins Gesichte – mein Lieber, ich spreche dich frei!

Der junge Mann war verlegen; auch bereits Mitte Dreißig, entscheidenden Alters, wie wir schon feststellen durften. Der Freund füllte nach. Glücklicherweise erklangen stromabwärts die Kreuzkirchenglocken, und wir vernahmen, wie aus dem lastenden Geläute schwebendleicht die altvertraute Melodie emporstieg, als hörten wir sie zum ersten Mal. Frau Clara faltete die Hände überm Leib und versank in Träumerei. Ihr Mann, fliehend aus seiner Verlegenheit, neigte sich zu ihr. Der Freund schlug auf der Tischplatte imaginäre Tasten an.

Als die Glocken ausgeläutet hatten, winkte er dem Kellner, und es wurde serviert: Eine neue Flasche Wackerbarth, das versteht sich, dazu Rindslende mit grünen Klößen, vogtländischer Art, und Zuckererbsen. Endlich was Wahres! strahlte er. In seinem derzeitigen Stammquartier gebe es für ihn nur immer gerösteten Kritiker am Spieß mit Rüffeln und weißer Tunke. Anfangs sei er heißhungrig darüberhergefallen, inzwischen aber solcher Mahlzeit über, da man zwar satt, aber nicht angeregt werde.

Alle aßen mit Appetit. (Wir, auf Schwereloseres aus, begnügten uns mit der Melodie, die noch überm Tisch hing.)

Theodor hat recht, nahm Frau Clara, sich die Lippen tupfend, den Gedanken auf. Hör nur das Steigen und fallen deiner Akkorde! Welch ruhiger Atem! Das bist du wirklich, Eusebius, nicht der von ewiger Unruh Gehetzte.

Dennoch bin ich auch dieser, sagte der Mann und legte nun seinerseits die Hand auf ihren Leib. Spürst du's? Er summte so leise, daß nicht einmal Theodor es zu hören vermochte: *So sei gegrüßt viel tausendmal* . . . (Und spätestens bei den Triolen spürten wir seine Unruhe und wir summten mit, ohne uns zu erheben.) *Holder Frühling überall,* sagte Clara und freute sich an der Baumblut, die herniederschneite. Da war der Mann schon wieder an ihrem Ohr und flüsternd sang er vom Hochzeitszug, dem hörnerschmetternd eine Reiterschar begegnet. Clara fiel ein mit den Worten der Mutter: *Nicht klagen!* Und beide gemeinsam sangen den Kehrreim: die lustige Jagd. Und wollten schier kein Ende finden. Trugschluß auf Trugschluß jagte vorüber. Der Freund schien vergessen in dieser Runde. *Mich schauert im Herzensgrunde,* vollendete er, so ernst, daß die Stimmung nun nur noch ins Heitere umschlagen konnte, das Menetekel der Vergänglichkeit zu bannen. Es gab aber noch Ritardandi.

Sag ich's nicht: Einen Gesangverein mußt du gründen, kommentierte der Freund diesen Vortrag. Der Ehemann bestätigte dies kummervoll, da er auf öffentliche Wirksamkeit bedacht sein müsse, nicht zuletzt, weil seine Frau äußerst zurückhaltend im Vorstellen seiner Stücke sei.

Erschrocken nahm Clara seine Hand wieder und legte sie auf das neue, sich regende Leben: Ich hüte deine Musik wie meine Kinder, raunte sie. Sie sollen . . . , sollen nicht . . .! Ihre Worte erstickten, und über der Szene lag ein Hauch der Trauer ob der Flüchtigkeit allen Glückes. Selbst der Freund bedauerte, durch seine Verpflichtungen in der Unterwelt, dem Gesangverein nicht mehr beitreten, sowie Claras himmlischem Spiel nur bei selten genehmigtem Urlaub, wie diesem, lauschen zu können.

Clara ließ sich nicht provozieren, straffte sich aber, als ob sie zu spielen im Begriff sei. Sie wandte sich an den Freund.

In aller Form und Hochachtung, die ich Ihren Lebensansichten sonst entgegenbringe: Ihre Haltung zur Ehe, Herr Kammergerichtsrat, kann ich nimmermehr teilen. Schämen Sie sich! Es sind nun mehr denn vier Jahre, daß wir verheiratet sind, wohl die glücklichsten, die ich noch erlebt. *Ich stehe täglich in neuer Liebe zu meinem Robert auf, und scheine ich auch manchmal trübe, fast un-*

freundlich, so sind es nur Sorgen, deren Ursprung doch immer die Liebe zu ihm ist. Ich hoffe, alle nächstfolgenden Jahre sollen uns nicht weniger glücklich finden als die vergangenen.

Alle Wetter! Der Freund verbeugte sich. Wenn ein Weib nach einem Vierteljahre so dächte, wunderte mich's nicht. Aber im fünften Jahr! Alle Wetter! Er schüttelte den Kopf. Und doch – er blinzelte boshaft dem Ehemann zu – hat einer einstmals behauptet, Liebe stumpfe die Genialität ab. (Wir saßen erstarrt.)

Was man so mit achtzehn Jahren dahersagt! erwiderte Robert errötend.

Clara streichelte ihn, während sie dem anderen zugewandt blieb.

Da Sie die Sottise begangen haben, uns an Roberts Abscheiden zu erinnern, so gestatten Sie, daß auch ich der Zeit vorgreife. Clara kam auf ihren letzten Besuch bei Robert, in der Anstalt, zu sprechen, der ihr, ach, in zwölf Jahren schon, bevorstand. *Ich sah ihn,* so erzählte sie, *es war abends zwischen sechs und sieben Uhr. Er lächelte mich an und schlang mit großer Anstrengung, denn er konnte seine Glieder nicht mehr regieren, seinen Arm um mich – nie werde ich das vergessen.* (Sie lehnte den Kopf an Roberts Wange.) *Um alle Schätze gäbe ich diese Umarmung nicht wieder her.* (Sie sah ihm in die Augen.) *So mußten wir uns wiedersehen, mein Robert, wie mühsam mußte ich mir deine geliebten Züge hervorsuchen.* (Und wieder zum Freund:) Sie werden mich nicht verstehen, Herr Kammergerichtsrat. *Alles um ihn war mir so heilig, die Luft, in der er atmete. Ich lag still zu seinen Füßen, wagte kaum zu atmen.* (Sie mußte lächeln.) *Er sprach viel mit den Geistern,* wissen Sie, *litt auch nicht lange jemand um sich, dann wurde er unruhig, verstehen konnte man nichts mehr. Nur einmal verstand ich »meine«, gewiß wollte er »Clara« sagen, denn er sah mich freundlich dabei an, dann noch einmal »ich kenne« – »dich« wahrscheinlich.* Sie konnte sich der Tränen nicht erwehren und griff nach ihrer Pompadour.

Witwenlyrik! knurrte der Kammergerichtsrat. Setzen Sie für »Clara« »die Welt«, und die letzten Worte Ihres Geliebten haben einen viel umfassenderen Sinn als Sie ihn gerne hätten! Nun Robert, fragte er forsch, noch einmal nach der Flasche greifend, wie hast du's gemeint? Und Clara, ihre Hand auf der seinen, schniefend und schluckend, mit geröteten Lidern: Robert, wie hast du's gemeint?

Robert sah freundlich von einem zum andern. Ihr habt mich schon verstanden, sagte er und blickte in die Ferne, nach den Türmen der Stadt.

Aber Clara, eifrig ihr Taschentüchlein gebrauchend, gab sich nicht zufrieden: Eieiei, Herr Kammergerichtsrat, was möchte Michaelina sagen, könnte sie Ihr unehrerbietiges Schwadronieren nur hören!

Wer spricht denn von Michaelina, erwiderte Theodor verblüfft. Sie war meine Frau, mein friedlicher Hausgeist, aber, mit Verlaub zu sagen, niemals mein Ideal, dem ich vorm Altare meines Herzens opferte! Solches war bei Michaelina nicht nötig; ich hatte sie um mich, und das war genug.

Sie sind ein Zyniker, Herr Rat!

So? Meine Frau muß es anders empfunden haben – wie ich. Sie ist auch im Elend nicht von mir gewichen. Was aber sollte aus einem Ideal werden, das alles Elend mit mir teilte? Können Sie sich ein Ideal vorstellen mit Venenentzündung oder verbundenem Kopf, mit Gicht, Rheumatismus oder auch nur Migräne?! – Sehen Sie! (Theodor triumphierte.) Mischa hat mir bis zuletzt die Kissen geschüttelt, während Sie Ihren Liebsten in eine Anstalt bringen ließen!

Clara schlug die Augen nieder.

Theodor zog seine Taschenuhr: Freunde, ich muß!

Man leerte die Gläser, drückte die Zigarren aus und erhob sich; die Herren stülpten ihre Angströhren über. (Wir behielten Platz auf Claras Scheitel, da sie nur ein Häubchen trug.) So wandelte man auf der Uferpromenade nach der Stadt, Frau Clara im schwingenden Rock, mit mäßig hoher Taille, nebst grazilem Regenschirm, Robert im saloppen Frack mit gelben Knöpfen und gelber Hose, und der Herr Kammergerichtsrat im ausgebeulten Redingote.

Robert gab sich sehr fröhlich. Er stimmte ein Wanderlied an: *Wohlauf, noch getrunken den funkelnden Wein! / Ade, nun, ihr Lieben, geschieden muß sein.* Aber keiner der beiden sang mit, obwohl sie sich seinem Rhythmus anpaßten. (Was uns, noch immer auf Claras Scheitel, sehr angenehm war; ein anderes Schweben als das aus eigener Kraft.) Theodor, plötzlich in Eile, lief voraus. Robert sang unbeirrt weiter, vom Vaterhaus, von Vögeln und Blumen und von der Liebe, die ihm zur Hand geht, und beinahe überschwenglich schmetterte er, zur Heimat werde ihm auch das fernste Land.

Theodor drehte sich um, schwenkte den Zylinder und rief: Übertreibt's nicht mit euerm Dresden, von wegen: das fernste Land! Mit diabolischem Gelächter und pfeifend ging er davon. Und, die Trennung verzögernd, blickte er nochmals zurück: Aber das, brüllte er, muß wahr sein, Leute: Es ist schon und bleibt doch ein Nest!

Mit diesen Worten war er verschwunden – wie vom Erdboden verschluckt. Er soll noch in Berlin gesehen worden sein. Auch anderswo in der Welt. Besonders in Rußland sei er willkommen gewesen. Sein Gelächter erschütterte uns.

Warum, fragte ich mich, haben wir diesem Teufelskerl kein Denkmal gesetzt? War er nicht eindeutig genug? Für alle Zeiten?

Ach was, fiel mir der Nachbar ins Wort, das beste Denkmal eines Künstlers ist seine eigene Kunst. Da gab ich ihm recht. Dachte an die beiden anderen. War denen nicht, nach mehr als hundert Jahren, ein Denkmal geworden wie keines sonst?

In einer fernen Stadt, an einem Strom gelegen wie diese, mit Berg- und Wiesenufer, steht an erhabenem Ort ein Tempel der Mutter Heimat. Sie hält das Schwert hocherhoben, und die Maschinen umfliegen sie ehrehrbietig geneigt, ehe sie landen. Zu Füßen der Mutter Heimat, in einer riesigen Rotunde, an deren Wand, statt eines Schlachtenpanoramas, die Namen der Gefallenen aufgeführt sind, erklingt die Träumerei. Ich empfand, als ich an den Namen hunderttausender Unbekannter entlangschritt, durch die unerwartete Begegnung mit der vertrauten Weise, Ermutigung, die ich brauchte, um aufrecht weiterzugehen. Später kam mir zu Bewußtsein, daß diese Weise, an jenem Ort, eine Würdigung der Kräfte meines Volkes bedeutet, die es am Leben erhalten.

Kettenschleppergerassel schob sich stromauf. Dazu die hereinbrechende Dämmerung. Ein dunkles Nachtgetier umkreiste uns mit stummem Flügelschlag und drängte uns ab. Wir passierten

Kaufhallen, Friedhöfe, Kliniken, Kirchen, Schornsteine, die Müllabfuhrverwaltung und ein Plattenwerk – Altbau- und Neubauviertel, durchwachsen, in regelmäßiger Anordnung, die Gebiete der Alltäglichkeit dieser ungewöhnlichen Stadt.

Das Nachtgetier gurrte und zatschte, schrillte, quirilierte und krisch, bis unsere Ohren sich angepaßt hatten. Es betrachtete uns von links und rechts und oben und unten und hieb mit dem Schnabel nach uns. Wir flatterten furchtsam. Da packte es uns und machte Miene, uns zu verschlingen. Es meinte, wir seien eine Fledermaus. Das Nachtgetier war niemand anderes als unser zeitgenössischer Komponist, der uns nun nach Striesen trieb, ob wir wollten oder nicht. Ein Luftpirat! Er qualmte noch immer und deutete mit seiner Pfeife auf die Lichter der Wohnquartiere und Betriebe, der Autos und der Straßenbahnen. Auch das, sprach er, ist meine Heimatstadt; hier bin ich aufgewachsen. Und setzte uns auf einer Eberesche ab. Wir rangen um Atem.

Nur zu! suchte er uns zu ermuntern. Nun singt euer Liedchen! Strahlt euer eigenes Licht aus!

Wie schwiegen verdattert.

Aha, konstatierte der Komponist, die Konsequenz des Verschweigens: Schon keine Emotionen mehr? Und keine Angstgefühle?

Wir zuckten die Flügel.

Da habe ich nun auf eure Stimme vertraut! Glaubte, unter behutsamer Leitung sei euer Ehrgeiz angestachelt, das euch Gemäße selbst zu entdecken. Was aber tut ihr? Baut das Alte ab: Baustein für Baustein, ohne Neues zu träumen! Und nun? – Ihr schweigt? Ins Nichts mit euch! Oder muß ich euch bis ins einzelne vorschreiben, was ihr zu singen habt?

Jaaa! schrie der Nachbar, wir singen nuuur nach Voorschrift!

Neinnein, meinte ich.

Ach, ihr! Er winkte ab und gab neuen Einsatz: Der Vogelbeerbaum, in dem wir saßen, reckte sich und wuchs und wuchs und streckte seine Zweige über Striesen aus.

Hört ihr?

Wir lauschten dem nächtlichen Grundton der Stadt. Es klang wie Instrumentestimmen.

Jedes dieser Lichter hat seine Melodie, der anderen ähnlich, aber unverwechselbar.

Wir hörten das Grummeln der Pauken (die Eisenbahn!), zartes Orgelgetön, aus Träumen gepfiffen, Blech und Holz, verhalten, voller Neckerei, Glockenschläge, und Geigen, gestrichen, gezupft – alles in allem: ein tröstlicher Grundton.

Und ihr
verlangt von mir,
daß ich *jede,* krähte der Komponist,
jede Stimme auskundschafte, wenn ich den Harmonien lausche?
Es genügt, ein Geviert
zu markieren. In diesem Spielraum
bewegt euch
nach Gesetz
und Möglichkeit!

Seine großen runden Augen fixierten uns fordernd.

Der Nachbar schwieg verbiestert. Mir blieb das Wort im Halse stecken.
Was ist los? Kein Mut? Keine Vorstellungskraft? – Ich werde euch helfen!
Ein Pfiff. Schrilles Gebimmel. Und dann, mit gewaltigen Clustern, ein Aufbranden aller Stimmen, daß unser mächtig aufgeschossener Vogelbeerbaum schrecklich ins Schwanken geriet und wir uns kaum auf dem Aste zu halten vermochten. Voller Erbarmen fuhr der Komponist im Morgengrauen den Vogelbeerbaum wieder ein.
Die Kreuzschule geriet ins Visier. Busse hielten. Der Chor kam von einer Reise. Die Alumnen strebten zu Bett. Nur ein gewisser Knabenalt, der künftige Tenor, entwischte in den Hof, um noch zu bäbbeln.
Der macht es richtig, frohlockte unser Komponist: Der macht seins!
Aber er verstößt gegen die Gesetze seines Geviertes, stellte ich korrekterweise fest, als der Kantor den Knaben ins Haus wies.
Beckmesser! Er muß doch seine Möglichkeiten erkunden, Gesetze sprengen, wenn was werden soll!
Wirklich? piepsten wir und putzten unser Gefieder.
Wirklich! Er kniff die Augen zusammen, klopfte die Pfeife aus, sah auf seine Digitaluhr, die er am Drudenfuß trug, und erhob sich: Freunde, ich muß!
Eine Frage, Professor! muckte der Nachbar auf, noch bleich im Angesicht der Morgensonne. Warum mußten wir das Nachtkonzert von einem Baum aus erleben?
Weil – püh, ihr bringt mich in Verlegenheit! – weil was Gewachsenes . . .
Ich weiß nicht, nörgelte der Nachbar, ein Zauberbaum ist kein sicherer Standort. Unmöglich!
Wie schön! *In der Spannung zwischen Möglichem und Unmöglichem muß man sich behaupten,* versetzte der Komponist.
Ach! Könnten wir da nicht besser vom Fernsehturm, mit Hilfe der Strahlen . . .? Auch der Fernsehturm ist gewachsen. Sagte mein Nachbar.
Genauso, nur anders, fügte ich zwinkernd hinzu.
Die Pupillen des Komponisten verengten sich zu einem Spalt. Versucht es! zischte er und entschwand. In Richtung Fernsehturm.
Das war die letzte Ölung, sprach mit sardonischem Lächeln mein Nachbar und pickte nach einer Beere.

Wir schwangen uns wieder auf. Hatten Mühe, uns zu orientieren. Die aufgelockerte rechteckige Welt, durch die wir nun, dicht überm Boden, huschten, erwies sich als Irrgarten. Wo war die Elbe geblieben? Wir mußten höher hinauf. Was unserer Spatzennatur schlecht gelang. Bedienten uns daher des Ballons, den ich mir bereits in Erinnerung gebracht hatte. Meine Mutter kaufte ihn einst auf dem Striezelmarkt, und während des Heimwegs entwischte er meinen frostklammen Händen, über die Dächer, auf und davon. Fünfzig Jahre suchte er reuevoll nach mir, und nun, da ich seiner bedurfte, hatte er mich gefunden. Mit leisem Singsang, so wie ich selbst für mich zu summen und zu brummen pflege, trug er uns dem Zentrum entgegen. Allerdings beschrieben wir auch mit ihm noch einen Bogen. Zwei Kräfte wirkten auf ihn: Das nördliche und das südliche

Viertel, wo Straßen nach Musikern benannt sind. So kam es, daß wir vom Großen Garten angesaugt wurden, der dazwischenlag. An der Pikardie, wo wir die Ampelkreuzung frech überflogen, riskierten wir einen schrägen Blick in den Übungssaal der Meisterin vom Basteiplatz.

Ermunternde Rhythmen fuhren ins morgenfrische Gebein, daß wir unwillkürlich zu stampfen begannen. Ja, sprach die Meisterin, so ist es richtig. Spürt ihr's? Dieses Gefühl in den Füßen, daß die Erde euerm Druck gehorcht, daß ihr sie stoßt und drängt und treibt, dorthin, wo ihr sie haben wollt?!

Mit meinem Luftballon, dachte ich, möchte mir das vielleicht noch gelingen – falls er nicht wieder entwischt. Ich bemerkte unter den Eleven auch meine Enkelin. Wird sie's schaffen, die Erde in ihrem Sinn zu bewegen? fragte ich besorgt.

Sie muß es versuchen, sagte die Meisterin.

Und warum?

Damit sie von dem, was nur in Träumen möglich ist, ein wenig in Wirklichkeit schafft. Sie wandte sich wieder den Schülern zu, und die Musik tat das Ihre.

Die Musik tat das Ihre auch im folgenden Intermezzo. Im Zuge der Hauptallee schwebten wir in solch ein Gewimmel hinein, daß uns schwindlig wurde, so wogte die Menge ums Gartenpalais, und auf der stillen Wasserfläche musizierte, in einer von rätselhaften Strömungen umgetriebenen muschelförmigen Barke, eine Solistenvereinigung. Schönes Bild. Selbst die Statuen waren bewegt. Silen hielt Bacchus väterlich-zärtlich im Arm, Herkules tanzte mit Telephos. Und die Zeit bemühte sich vergeblich, die Schönheit zu entführen; sie kam nicht und kam nicht vom Fleck.

Eine Gartenparty Augusts des Starken, das Venusfest. Dachten wir. Bedingt durch die Buntheit, auch der Männergewänder, der Frauen Offenherzigkeit und das von fast allen Köpfen wallende Lockenhaar. Doch gefehlt. Letzteres war völlig echt. Keine Perücken. Und alle Leute waren freiwillig hier, nicht weil es die Etikette verlangte. Es handelte sich um eine super-top-and-hobby-shuffle im »Goldenen Topf«, dem Zentralen Palast Der Begegnungen Aller Künste E.T.A. Hoffmann.

Jeder, der etwas vorzutragen oder anzustellen hatte, war willkommen; wer nur gucken oder hören wollte, ebenfalls. Aber da war kaum einer, der es dabei bewenden ließ. Wer Unterstützung brauchte, um zur Wirkung zu kommen, der fand sie. Bei behutsamer Planung und Leitung erschien Improvisiertes wohlabgestimmt. Der Große Garten war ein einziges Spektakulum. Wir wurden mit Hallo aufgenommen und alsbald tanzten wir Rumba mit unserm Ballon. Elefantentrompeten begleitete uns vom benachbarten Zoo her. Wir wurden durchgerüttelt, daß es eine Art war. Goldene Töpfe sind unerschöpflich, sie sättigen alle, bemerkte ich rhythmisch korrekt.

Mein Nachbar (verächtlich): Zukunftsmusik! Als käme sowas für ihn nicht in Frage.

Indessen lag das Hygienemuseum stille da und gedachte vergangener Zeiten. Der Steinsaal gähnte. Er hatte Konzerten gedient, als kein Besserer da war. Nun waren die letzten Akkorde verklungen. Wir hörten sie noch und hielten auf den goldenen Rathausmann zu. Mit segnender Geste grüßte er uns; seinem Füllhorn entquollen die Früchte des Elbtals. An seinem muskulösen Körper von antikischer Schönheit brachen die Sonnenstrahlen sich voller Wollust. Sein bärtiges Antlitz leuchtete von zeitloser Reife durchdrungen wie von verhaltener Jugendlichkeit. Die

Krone, ein Zinnenkranz, erschien als Versprechen, daß an dieser Stadt weitergebaut werde bis in alle Ewigkeit.

Der Rathausmann diente dem Winde zum Instrument; der orgelte nach Kräften und schlug plötzlich um in Sirenengeheul. Das veränderte die Figur in erschreckender Weise. Die Muskeln verkrampften, die Züge verzerrten sich, und aus dem Füllhorn schlugen Flammen. Dröhnend sprach der Rathausmann: Martha-Heinrich-8, besinne dich! Räuchere aus, was dein Unheil beschwor! Sein Dröhnen umfing uns; wir wähnten uns in einem Bomber. Im bezeichneten Planquadrat stürzten wir uns voller Verzweiflung hinab. Wir hörten Schreie. Dann nahm Schweigen uns ein, dem wir, nach unwägbarer Bewußtlosigkeit, als Raupe entkrochen.

Wir nagten uns durch alle Schichten des Leides und vernahmen ihre Lieder. Am Ende jedes sich neigenden Jahres dann die heilsame Botschaft: *In dulci jubilo / Nun singet und sit vro / Unsers Herzens Wonne / leit in praesipio* – schwer noch verständlich, doch schon zur Hälfte deutsch und eingängig durch seine lindernde Weise. Die Kruzianer sangen's. Dem, der sie so, in der Sprache des Volkes, singen ließ, Magister Petrus von Dräsen, wurde der Scheiterhaufen gerichtet – nicht in Dräsen, waschen wir unsere Hände in Unschuld, aber die geistliche Oberbehörde verwies ihn des Ortes.

Wir sahen ihn ziehen, wie manchen nach ihm, der seinem Auftrag folgte, getrieben von seinen Gedanken, erhoben vom Lied. Wollte sich nicht umsehen nach der Stadt, die ihn ausstieß, doch sein Herz war bei denen, die er zurückließ. Man ergriff ihn dort, wo er hinzog. – Oh, wir schuldlosen Kinder barbarischer Ahnen!

Glauben Sie etwa, die Ihren haben zur Oberbehörde gehört?

Nein. Möglicherweise hat »man« auch ihnen den Scheiterhaufen gerichtet. Aber da ich heute lebe, betrachte ich alles, was war, als müßte ich's verantworten.

Ihre Phantasie ist stets auf seiten der Herrschenden?

Bewahre! Sie ließ mich die Flammen von Peters Scheiterhaufen als Fanal begreifen. War nicht nach Bränden, welche durch die Jahrhunderte immer weiter um sich griffen, die ganze Stadt zum Feuertod verurteilt? Der Zufall hat mich gerettet, die Richtung des Winds. Noch angesichts meiner Enkel sehe ich lodernde Flammen im Hintergrund.

Weshalb erzählen Sie mir das, bis zur Verdünnung?

Alles Entsetzen ging auf in Musik. Spontan oder reflektierend. Selbst die Nachgeborenen brauchen all ihre Kraft, sich zu lösen. Steht nicht geschrieben: *Sie wandelten in den Flammen umher; sie sangen . . .*

Meinetwegen ziehen Sie sich die Jacke des Propheten Daniel an! Ich hüte mich vor Übertragung. Tempora mutantur – Tempora nón mutantur.

Wie sollten wir uns von solcher Schicksalsergebenheit befreien, wenn nicht mit der Kunst?

Taugt sie dafür? Mein Nachbar blieb skeptisch. Dient sie nicht nur dem Vergessen?

Entwarnung. Wir atmeten auf. Der Dauerton war von Glockenschlag durchdrungen, aus dem sich Melodien erhoben. Mit feierlichem Empfinden erlebten wir die Wiedereinkehr des Alltäglichen. Aus der Tiefe ein Requiem: Wie liegt die Stadt so wüst. Von Strehlen wehte Eine Kleine Nachtmusik herüber, und von Bühlau breitete die Freude sanft ihren Flügel über die leidende

Stadt. Auch Sänger spannten ihre Atembögen wieder und fanden mit Korrepetitoren zusammen; hohlwangig manche und schlotternd, aber das hat der Resonanz nicht geschadet.

Trommelwirbel – und der Kulturpalast stand. Karl Böhm war noch einmal nach Dresden gekommen und dirigierte Die Unvollendete. Zuguterletzt machte er der Stadt eine Liebeserklärung und ihrer Kapelle. Das war ein Effekt, wie wenn Violetta auf einmal zu sprechen anfängt, nachdem sie aktelang nur gesungen; Schauer von Wonne und Traurigkeit liefen dir über den Rücken.

Weiter: die Zeit! Schon eilen die Enkel herbei. Erstes Programm: Das Hornkonzert von Haydn, dargeboten vom musikalischen Nashorn, dem friedfertigen. Da lauschen sogar die Faune im Zwinger verzückt. Einer bedankt sich mit einem Flötenständchen. Die ganze Stadt stand verzaubert.

Es war ein Lied, so altbekannt,
Es floß so gütig in die Nacht,
Als wäre Heimat jedes Land,
Als wäre jeder Weg vollbracht.

Es war der Welt geheimer Sinn
In seinem Atem offenbart,
Und willig gab das Herz sich hin,
Und alle Zeit ward Gegenwart.

Höre Nachbar, fremde Zungen erschließen sich mit der Musik. Sieh nur, Faustina Bordoni, die Primadonna, stellt Fürsten in den Schatten – und ihren Mann. (Der war ja nur der Komponist.) Silbermann stimmt seine Orgel während der Messe, er hat keine Zeit mehr; Bach kommt von Leipzig, sie auszuprobieren – und streitet mit Friedemann über die neue Musik. Im Siebenjährigen Kriege fliegen Steine nach Kurrendanern. Aber die Stadt will auch in banausischen Zeiten nicht den Trost ihrer Lieder entbehren und gibt den Sängern Geleit. Jahre nach diesem Krieg steht ein Student, Goethe, über der noch leuchtendhellen Frauenkirchenkuppel und blickt auf die Folgen des Bombardements, welches der die Stadt beschießende König mit *seinem* Flötenspiel begleitete. Der Dichter Rabener beklagt den Verlust seiner Manuskripte. Canaletto malt Kreuzkirchentrümmer. Aber die Frauenkirche ist stehengeblieben. Damals. Deren Ruine zeichnet Wilhelm Rudolph dann. Und mehr. Im Schloß, das ausgebrannt und endlich eingerüstet steht, hallt Die Wut über den verlorenen Groschen durch erahnbare Säle; Nachbar, sieh, Beethoven läßt sich eine goldne Tabatière schenken, ist noch nicht taub für solche Ehrung.

Und wer schreitet dort die Stufen zur Brühlschen Terrasse herunter, von achtungsvoll-zaghaften Blicken begleitet?

Das ist Repnin. Der Gouverneur von 1814. Er hat die Terrasse dem Volk freigegeben: Die Stadt soll leben – und mit ihr die Kunst. Beispiel für später.

Was zieht da fackelbeleuchtet den Elbstrom herauf, von vertrauten Klängen durch die Auen getragen?

Wagner holt Weber nach Hause. Salut!

Und auf dem Altmarkt? Welch ein Gewühl!

Mai 49. Die Frau, dort im Erker, deren Organ auch ohne Mikro bis in Seitengassen dringt: Schon wieder eine Sängerin, Wilhelmine, aber sie singt nicht, sie ruft die Massen zum Aufstand. Da! Im Gedränge: Wagner! Sie entdeckt ihn, fordert ihn heraus. Jetzt muß er, ob er will oder nicht, zu seinen Worten stehen und Werken.

Das wird ihn seine Stelle kosten.

Er kommt davon. Zieht neuen Skandalen entgegen. Hojotoho!

Währenddem sitzt Schumann noch im Kämmerlein und komponiert.

Revolutionsmärsche! Rataplan, rataplan, rataplan! – Da spitzen die Faune im Zwinger die Ohren und tanzen unter ihrer Last.

Abseits, in der Ecke, Carl Maria von Weber auf dem Podest. Wie er demütig lauscht, seiner selbst bewußt, die Linke lässig auf dem Pult, mit der Rechten das Blumengebinde umfassend, bereit, es weiterzureichen! Hörst du den Chor: *Was gleicht wohl auf Erden . . .?*

Gottfried Sempers Opernhaus ist endlich wiedereröffnet. Wie hat sich Weber ein solches Theater gewünscht! Aber auch für manchen Heutigen, der seine Energien darauf gerichtet – Intendanten, Musiker, Techniker, Sänger – ist es zu spät gekommen. – Wir aber gehorchen dem Sog der offenen Türen und schwirren auf Schmetterlingsflügeln hinein.

Wo bin ich? Wäre ich schlafend hier abgesetzt worden, ich hätte mich irgendwo in Italien geglaubt, oder sonstwo im traditionserhobenen Süden, jedoch nicht in meiner Heimatstadt.

Dabei befand sich dieses Haus stets am Horizont der Szenerie meines Lebens. Als ich seiner gewahr wurde, lag es wie ein großes, breites Flußschiff am Elbkai, das von den Passagieren und der Mannschaft verlassen ist. Es schien zu warten. Die Lebensströme der Stadt mieden es. Das Schiff war festgefahren. Ein Wrack.

Es fehlte nicht an Versuchen, das Haus gewissermaßen als Flaggschiff wieder flottzumachen. Seine scheinbare Unversehrtheit besaß magische Anziehungskraft. Um die Balustraden des ersten Ranges – oder bleiben wir noch bei der Vorstellung von einem Schiff –, ums Luxusdeck wurden Spruchbänder gespannt. Die leuchteten weit und beschworen die Zukunft; sie kam aus den Vorstädten. Stundenlang sind wir marschiert, in Schuhen, die vor der Pracht des Wracks erbärmlich gewesen wären, hätten wir mit den Augen von heute an uns hinuntergesehen. Oben, auf der Kommandobrücke, wurden Visionen in den Wind gesprochen. Der trug sie in die Trümmerstadt. Und ehe noch die Architektur der ragenden Torsi verschwand, ehe noch die neue Skyline den Horizont bestimmte, begannen im Zwinger Faune und Nymphen sich aus dem Staub zu erheben. Hofkirchenapostel kehrten an ihre Plätze zurück, hoch überm zögernd ins Zentrum strömenden Leben. Sempers Galerie öffnete ihre Portale, nahe der konservierten Kreideinschrift des Sergeanten Chanutin, die versicherte, daß da keine Minen sind.

Auch in der Oper begann sich's zu regen. Eine Seitenpforte tat sich auf. Der kühle Torbogen, bis zu dem die Wärme eines Kanonenofens strahlte, zog mich an, Karten für die »Interimstheater Dresdner Bühnen« zu erstehen. Der Gang zu dieser Seitenpforte bedeutete ein Versprechen auch an diesem Ort wieder zu feiernder Feste. Gerüste wurden errichtet. Aber die Energien reichten nicht, die stumme Oper zum Klingen zu bringen, genügten nur, ihren Schlaf zu bewahren. –

Und nun sind alle Gerüste gefallen, zum zweiten, zum dritten, zum vierten Mal schon.

Sempers erstes Theater: Brannte nieder. Noch nicht dreißigjährig. Wie so Theater niederbrennen: Ein Funken, und alles lodert. Und *In den öden Fensterhöhlen / Wohnt das Grauen.* Schiller blieb sitzen in seiner Nische und scheint noch still vor sich hin zu skandieren, über den Bauzaun hinweg, vor dem sich die promenierenden Bürger in Positur gestellt haben. Wäre ich damals auch hingegangen, um zu gucken? Vielleicht als der beleibte Herr mit Zylinder und modischem Vollbart, bedeutend, als sei er der Herr Intendant? Vielleicht wäre ich auch nur der Jüngling gewesen, der, das Hütchen auf die Nase gedrückt, quer durch den Vordergrund schusselt. Bleib stehen, Commis! ruft der Photograph – und nun stehe ich da, verwackelt für alle Zeiten, und blicke verstört in die Linse. Vielleicht stand mir gar nicht der Sinn nach dem heruntergebrannten Gemäuer? Vielleicht war mir das Kindermädchen da hinten, in seiner schattenspendenden Bluse, viel sensationeller? *Und des Himmels Wolken schauen / Hoch hinein!* Oder war ich der Bauarbeiter, der Mozart herabholen mußte? (Denn auch die anderen Geister des Hauses blieben verschont.) Die Leiter steht angelehnt. Ich bin hinterm Zaun.

Als Sempers zweites Theater heruntergebrannt war, stellte sich keiner davor in Positur. Inzwischen klicken die Auslöser wieder.

Die Auslöser. Mögen die Geister des Hauses darüber wachen. Sie sind an der erneuerten Front wieder sichtbar. Dort verkünden sie: Wir überdauern. Möge ihr sanfter Flügel verweilen.

Der Freude und seinen Bauten entrückt, steht, weit hinten auf der Brühlschen Terrasse, in Bronze gegossen der Baumeister und entrollt seine Pläne. Wenn ihn jemand erkennt, kann's ihm passieren, daß er als Erfinder der Zigarrettensorte seines Namens mehr oder weniger freundschaftlich angeraunzt wird. Aber das juckt ihn nicht. Der Grund seiner Verdrossenheit ist ein anderer. Er blickt an den Plänen vorbei. Vieles konnte nicht verwirklicht werden. Wegen der Kosten? – Wir wollen sie ihm nicht aufrechnen. Wenigstens die Galerie und die Oper sind fertiggeworden. Nochmals und nochmals. Aber er würde nicht zögern, aus seinen eigenen Gebäuden die Steine zu reißen, daraus Barrikaden zu errichten, wie neunundvierzig im Mai – um danach von neuem zu beginnen.

Mit solchen Gedanken flatterten wir in unserer Schmetterlingsgestalt durch die Wandelhallen, als zur Elektra eingeklingelt wurde. Das Orchester saß auf der Bühne als griechischer Chor . . .

Aber ich denke gar nicht daran, den Kritikern das Wort zu nehmen. Für mich war's ein gewaltiger Zusammenklang. Wir flogen auf Adlerschwingen davon, erreichten die Brühlsche Terrasse, auf deren Stufen gerade die Chöre der Stadt sich zum Stelldichein fanden. Hoch über allen, im Abendglanz, der Rathausmann. Er gab den Einsatz. Vom Ständehaus blies der Große Trompeter. Ihm ward Antwort von der Kathedrale und vom Georgentor. Die ganze Stadt war ein einziger Chor.

Ludwig Richter, im Gefolge des Fürstenzugs, sah überrascht in die Menge. Wenn er noch einmal zum Zeichenstift griffe, wäre kein Fertigwerden für ihn. Kommt, schließt euch an auf dem Weg in die Vergangenheit, sagte er liebevoll, damit etwas bleibt, für die, die euch folgen.

Wir beeilten uns. August der Starke, jenseits der Brücke im Karrieritt, blieb zurück. Schon über der äußeren Neustadt, nicht weit vom Alaunplatz, entdeckte ich noch einmal mich. Sehnsüchtig schob ich den Kopf in den Nacken, schirmte die Stirn ab und sah herauf. *Wenn es zutreffen sollte, daß ich nicht nur weiß, was schlimm und häßlich, sondern auch, was schön ist, so verdanke ich diese Gabe dem Glück, in Dresden aufgewachsen zu sein.* Kaum, daß die Worte gedacht, waren wir, mit Mauerseglergeschrei, schon vorüber. Ich nickte Erich Kästner zu, einem anderen Jungen aus dieser Gegend. Schon auf dem Wege zur Landesbibliothek sah ich wieder den Großen Trompeter. Vielleicht findet er dort die verlorene Dafne des Meisters Sagittarius? Das wäre einer Fanfare wert, wie jetzt: unsere Landung.

Als wir aufsetzten, gab es noch einen Zwischenfall. Aus dem Handgepäckfach fiel mir ein Köfferchen auf den Kopf. Das meines Nachbarn. Was war das? fragte ich, mehr erschrocken als empört, und wischte mir Blut von der Schläfe.

Mein Fagott, sagte der Nachbar.

Stellen Sie sich vor, es wäre meine Reiseschreibmaschine gewesen, und Sie säßen auf meinem Platz!

Dann könnten Sie was erleben, sagte mein Nachbar.

Allen, die durch eigene Gedanken meine Fantasie bereichert haben –
das sind (in der Reihenfolge ihres Eingreifens) vorzüglich die Herren
Weber, Wagner, Opitz, Schütz; Adam, Dr. Strauss und Schreier; Zimmermann, Hoffmann,
Herr und Frau Schumann,
sowie Günter Grass mit den Überlegungen des Meisters Sagittarius aus der Erzählung
»Das Treffen in Telgte« über die Nöte des Tonsetzers, singbare Worte zu finden,
und Bodo Homberg mit musiktheoretischen Erörterungen aus dem Roman »Bobs Begräbnis«,
die ich meinem Nachbarn in den Mund legte,
auch Hermann Hesse mit seinem Gedicht »Flötenspiel« –

ihnen allen möchte ich hierdurch meinen Dank aussprechen.

P. B.

Die Musikstadt

Seit seiner Wiedereröffnung 1985 im Mittelpunkt der Dresdner Musikfestspiele
Gottfried Sempers Opernbau

Semperoper

Richard Strauss *Der Rosenkavalier*
und
Nikolai Rimski-Korsakow *Das Märchen vom Zaren Saltan*
Staatsoper Dresden

Festsaal des Kulturpalastes
Mikis Theodorakis *6. Sinfonie (Frühlingssinfonie)* Uraufführung 1984
Dresdner Philharmonie, Rundfunkchor Berlin, Beethovenchor Dresden
(Leitung Christian Hauschild)

Großes Haus
Liederabend mit Edith Mathis und Peter Schreier
Hans Medjimorec, Klavier

Kleines Haus
Maurice Ravel *Abborada del Gracioso*
Ballett der Staatsoper Dresden
(Evelyn Beyer/Thomas Hartmann)

Felsenbühne Rathen
Carl Maria von Weber *Der Freischütz*
Landesbühnen Sachsen

Haus der Deutsch-Sowjetischen Freundschaft (Blockhaus)
Liederabend Sergej Lejferkus
Semjon Skigin, Klavier

Carl-Maria-von-Weber-Gedenkstätte in Dresden-Hosterwitz

Stallhof
Chor der Staatsoper und Hornquartett der Staatskapelle
(Leitung Hans-Dieter Pflüger)

Straße der Befreiung
Akkordeonorchester beim Haus der Lehrer »Richard Schallock«

Dresden hat eine große, feierliche Lage, in der Mitte der umkränzenden Elbhöhen, die in einiger Entfernung, als ob sie aus Ehrfurcht nicht näherzutreten wagen, es umlagern. Der Strom verläßt plötzlich sein rechtes Ufer und wendet sich schnell nach Dresden, seinen Liebling zu küssen. Von der Höhe des Zwingers kann man seinen Lauf fast bis nach Meißen verfolgen. Er wendet sich bald zu dem rechten, bald zu dem linken Ufer, als würde die Wahl ihm schwer, und wankt, wie vor Entzücken, und schlängelt sich spielend in tausend Umwegen durch das freundliche Tal . . .

Heinrich von Kleist

In Dresden wohne ich – auf dem Lande! – d. h. vor dem schwarzen Tore auf dem Sande in einer Allee, die nach dem Linckeschen Bade führt. Aus meinem mit Weinlaub umrankten Fenster übersehe ich einen großen Teil der herrlichen Elbgegend, d. h. jenseits des freundlichen Stromes einen Teil der Sächsischen Schweiz, Königstein, Lilienstein usw. Gehe ich nur zwanzig Schritte von der Türe fort, welches ich so oft ich will in Mütze und Pantoffeln mit der Pfeife im Munde tun kann, so liegt das herrliche Dresden mit seinen Kuppeln und Türmen vor mir ausgebreitet, und über denselben ragen die fernen Felsen des Erzgebirges hervor . . .

E. T. A. Hoffmann

Die katholische Kirche besucht, Instrumentalmusik und Chöre sehr gut, erstere doch einige Male gefehlt, Flöten verstimmt. Ein trefflicher Bassist. Zwei Kastraten, der Altsänger sehr gut, der Sopran schneidend, in der Höhe falsch, ohne Verbindung der Fistel- und Mitteltöne, wenig Gesangbildung. Der König und das ganze königliche Haus in großer Andacht zugegen. In den Gängen der Kirche zwei gallonierte Türsteher des Königs, die, indem sie jede Störung hindern wollten, selbst die größte Störung verursachten.

Franz Grillparzer

Es war ein herrlicher Abend. Die Musik ertönte so bedeutungsvoll hinter den grünen Hecken. Ich nahm eine Gondel, um nach Hause die Elbe hinab zu fahren. Die Augustusbrücke spiegelte sich im Wasser, und Dresden selbst erhob seine hohen Türme und Kuppeln in die Luft; es waren Schattenbilder auf einem goldenen Grunde. Je weiter sich das Boot von dem kleinen Wäldchen entfernte, desto schwächer ward der Schall der Musik; unter der Brühlschen Terrasse, wo ich ans Land stieg, waren einige Fackeln angezündet. Oben war ein Gewühl von Spaziergängern.

Hans Christian Andersen

Dresden war eine wunderbare Stadt, voller Kunst und Geschichte und trotzdem kein von sechshundertfünfzigtausend Dresdnern zufällig bewohntes Museum. Die Vergangenheit und die Gegenwart lebten miteinander im Einklang. Eigentlich müßte es heißen: im Zweiklang. Und mit der Landschaft zusammen, mit der Elbe, den Brücken, den Hügelhängen, den Wäldern und mit den Gebirgen am Horizont, ergab sich sogar ein Dreiklang. Geschichte, Kunst und Natur schwebten über Stadt und Tal, vom Meißner Dom bis zum Großsedlitzer Schloßpark, wie ein von seiner eigenen Harmonie bezauberter Akkord.

Erich Kästner

Von Dresden aus, von seiner köstlich-gleichmäßigen Kunstpflege in Musik und Wort, sind herrliche Ströme durch die Welt geflossen.

Gerhart Hauptmann

Keine Stadt im wärmeren Europa, kaum die Königin am Arno, Florenz, ausgenommen, begeistert uns durch so holde, farbenreiche Blumenpracht. Übrigens kündigt sich ein Auftakt zum Süden nirgends in der Welt so hoch oben in nördlichen Breiten an.

Theodor Däubler

Ballett der Staatsoper Dresden *Chopiniana* im Zwinger

GERD SCHÖNFELDER

Musikfeste in Dresden

Vom Musenfest zu den Musikfestspielen

Gleichsam als wäre Anfängerschaft ein Makel, wachten 1978 und noch einige Jahre danach die Erfinder der Dresdner Musikfestspiele und die Verantwortlichen für ihre erste Durchführung und ihren Fortbestand im jährlichen Rhythmus eifersüchtig darüber, daß die einzelnen Jahrgänge nicht mit Ordnungszahlen versehen werden. Keiner sollte bitte sagen oder schreiben: Erste Dresdner Musikfestspiele 1978, Zweite Dresdner und so weiter. Die Überlegungen, die sich dahinter verbargen, lassen erahnen, daß sich die Dresdner der Wirkung dieses Gründungsaktes durchaus nicht sehr sicher waren. Das sonst in Kunstdingen ziemlich stark entwickelte Selbstbewußtsein schien ein wenig aus dem Gleichgewicht geraten zu sein. Denn, so wurde argumentiert, wenn ausgerechnet der sprichwörtlichen Kunst- und Musikstadt Dresden erst jetzt einfällt, ein internationales Musikfest auszurichten, nachdem seit Jahrzehnten schon etwa einhundertfünfzig davon in Europa auch an musikhistorisch weit unbedeutenderen Orten existieren, könnte sich die gute und notwendige Tat in ihr Gegenteil verkehren und dem weltweiten Ruhm Dresdens eher abträglich sein. Deshalb werden die Dresdner Musikfestspiele nicht gezählt. Darüber ist es den Veranstaltern allerdings nicht entgangen, daß inzwischen die Zehnten Dresdner Musikfestspiele zu feiern waren.

Die seinerzeit gehegten Bedenken erwiesen sich vom ersten Tage an als ungerechtfertigt. Die in Musikfragen offizielle Meinungsbildung pries den Entschluß der Dresdner in aller Welt. Endlich, sagte und schrieb man, endlich hat nun Dresden seinen Markt zur internationalen Präsentation der Vielfalt und der Höhe seines musikalischen Leistungsvermögens, und endlich ist Dresden damit zugleich eine attraktive Stätte des internationalen Kräftemessens auf dem Gebiet der Musik, in die zu fahren es sich lohnt. In den fernsten Ländern bekundete die Presse das, umtan mit Superlativen, wie sie sonst selten zu hören sind. Von einem Fortissimoschlag wurde geschrieben, dem ein weiteres Crescendo gewünscht wurde (Michail Bjalik, Leningrad). Die Nürnberger Nachrichten veröffentlichten einen begeisterten Bericht: »In Umfang und Angebot gelang immerhin eine der größten Musiktheater-Demonstrationen des Kontinents. Dresden darf sich das Festival der strotzenden Vitalität nennen, der weitesten Bandbreite . . . Im grünen Kessel zwischen dem Zwinger und dem Blauen Wunder brodeln die Klänge, liegt ein musisches Schlaraffenland ausgebreitet. Wochenlang möchte man bleiben, so wohl fühlt man sich« (Fritz Schleicher). In einer Dresdner Festspielbetrachtung im Daily Telegraph schrieb Peter Stadlen: »Ich neige zur Übereinstimmung mit von Karajan, der die Meinung äußerte, daß sie eine gute Aussicht haben, in den Kreis der Handvoll von Musikfestivals aufgenommen zu werden, die sich einen festen Platz an der Sonne erobert haben.«

Jedenfalls stellte sich bereits zu den (Ersten) Dresdner Musikfestspielen 1978 heraus, daß die Befürchtungen der Gründer umsonst waren. Sie mußten sich durch einen einzigartigen Erfolg enttäuscht sehen. Eine Zählung der einzelnen Jahrgänge war auch deshalb verworfen worden, weil Weltstars erfahrungsgemäß für nichtausgewiesene Unternehmungen ohne jahrelang gewachsenes Renommee und eine zum Begriff gewordene Publicity wenig Interesse aufbringen. Von den Dutzenden weltbedeutender Namen, die Dresden gleich zu seinen (Ersten) Musikfestspielen 1978 in seine Mauern zog, sollen nur Herbert von Karajan, Gennadi Roshdestwenski, Krzysztof Penderecki, Edith Mathis und Anton Kuerti zum Beweis dienen, daß das Selbstvertrauen der Dresdner auf ihren Ruf als Musikstadt auch in diesen Bedenken viel zu vorsichtig gewesen war.

So neu, wie die Dresdner argwöhnten, waren ihre Musikfestspiele nun denn doch nicht. Im Gegenteil ist die Behauptung durchaus nicht übertrieben, daß Festspiele in Dresden bereits vor Jahrhunderten heimisch waren. Sie nannten sich Musenfeste und umfaßten so gut wie alles, was künstlerisch unter Verwendung von Musik an Ausdrucksformen und Darbietungsweisen jeweils im Schwange war, allen Gattungen voran die Oper und das Ballett und die unterschiedlichsten Formen szenisch arrangierter Vorführungen mit Instrumentenbegleitung. Neu ist in der Tat nur die Bezeichnung »Musikfestspiele«, die angesichts der jahrhundertelangen Tradition kein sonderlich glückliches Zugeständnis an den Zeitgeist unserer Tage bedeutet. Was die Universalität ihres Angebots angeht, folgen sie dem Prinzip der Musenfeste, und viele fragen sich, warum sich Dresden die einmalige Chance vergibt, auch im Namen das unverwechselbare Eigene unter den einhundertfünfzig anderen Musikfestspielen herauszustellen. Denn der einzig wirklich stichhaltige Grund dafür, die Jahrgänge nicht zu zählen, besteht in der ohne weiteres nicht mehr aufzuhellenden Unklarheit darüber, die wievielten es in Dresden nun tatsächlich sind.

Wir wissen heute zwar genau, daß der erste Intendant der im künstlerischen Mittelpunkt der sächsischen Hoffeste befindlichen Oper 1709 für ein Jahresgehalt von zwölfhundert Talern ernannt worden ist und ausgerechnet den Namen Mordaxt trug, Baron Johann Siegmund von Mordaxt, Freiherr zu Portendorf und Zailsburg. Für die Hoffeste ist ein ähnlich gewisses Datum, das ihren historischen Beginn anzeigt, nicht mehr greifbar. Das hat verschiedene Ursachen. Um von einer Vorläuferschaft der heutigen Dresdner Musikfestspiele sprechen zu können, müssen Bedingungen erfüllt sein, die eine Vergleichbarkeit auf der Grundlage gemeinsamer Wesenszüge gestatten. Dieser Punkt liegt dort, wo die pompige kurfürstliche Familienfeier umschlägt in das Musenfest um des Musenfestes willen. Von da an lieferten die herausragenden Familienereignisse des Herrscherhauses bloß noch die äußeren Anlässe für ein in der Hauptsache künstlerisch getragenes Festgeschehen. Moritz Fürstenau gibt in seiner »Geschichte der Musik und des Theaters am Hofe der Kurfürsten von Sachsen und Könige von Polen«, Dresden 1862, den Bericht eines Augenzeugen wieder. »Der Tourist van Loen sagt über die damalige Oper, Komödie und Kapelle«, schreibt Fürstenau, »was die Schauspiele betrifft, so wird billig die Oper am meisten bewundert. Alle Künste und Wissenschaften scheinen sich hier zur bloßen Lust zu vereinigen, die außerordentliche Besoldung, welche der König den Spielenden reichen läßt, haben aus Italien, als der hohen Schule der Musik, die besten und vortrefflichsten Meister dieser Kunst nach Dresden gelockt. Wenn Senesino und Berselli singen, Lotti aber die Tonweise setzet, so hört man Alles, was die Musik Schönes und Zärtliches hat. Das ganze Orchester ist dabei mit den besten Instrumenten erfüllet. Die Schaubühne ist zwar an und für sich kleiner als diejenige in Wien, allein die Besetzung und Ausführung derselben ist unvergleichlich. Die Tänzerinnen und Tänzer, welche hierbei bald in Reihen, bald einzeln, bald paarweise ihre seltene Geschicklichkeit zeigen, sind aus eben dem Land, wo die Leichtigkeit des Geblüts und der Füße die Menschen am meisten hüpfen und springen macht. Die berühmte du Parc (de Bargues) hat ihres Gleichen nicht an der Behendigkeit und den geschickten Wendungen, allein man zieht ihr nur eine schlechte Tänzerin, nämlich die Clement vor, weil diese noch alle ihre Jugendkraft beisammen zeiget, welche jene verschwendet hat. Es ist bekannt, daß die du Parc vormals mit unter die königlichen Buhlereyen gehöret, die allezeit, wenn sie zu Ende sind, etwas Verächtliches hinterlassen. Die zweierlei Banden von Komödienspielern sind die ausgesuchtesten ihrer Art. Die eine besteht aus Italienern, die andere aus Franzosen. Die Deutschen haben es in dieser Kunst noch nicht so weit gebracht, daß sie verdienten, an einem Hof, wo der feinste Geschmack herrscht, ihre Schauspiele aufzuführen.« (Teil II, Seite 150)

Zu höchstem Ruhm in der damaligen Welt gelangten die Septemberfeste des Jahres 1719. Der sächsische König August der Starke, der um den Ruf der prunkvollsten Hofhaltung Europas mit den anderen Höfen wetteiferte, renommierte damit im besonderen gegenüber dem österreichischen Kaiser. Am 20. August 1719 ließ sich der sächsische Kurprinz mit der zwanzigjährigen Maria Josepha, der ältesten Tochter Kaiser Josephs I., in Wien trauen. Der Einzug des Paares am 2. September 1719 in Dresden bildete den Anlaß für die bis dahin prunkvollsten Festlichkeiten in den Mauern der sächsischen Residenz und ihrer landschaftlich malerischen Umgebung. Immerhin nahmen sie achtundzwanzig Tage in Anspruch, und nur eine Woche darauf, am 4. Oktober, begab sich August der Starke mit seinem Hofstaat auf Schloß Moritzburg zu einer achttägigen Nachfeier. Die Erhöhung des Hoffestes durch seine durchgängige Verkunstung zu einem Musenfest vollkommenster Ausprägung hatte, was das Musiktheater anbetrifft, seine frühen Anzeichen in der Ernennung des Barons von Mordaxt zum Intendanten der Musik und Directeur des plaisirs, dem fortan die Sänger, Schauspieler, Tänzer und sämtliche Mitglieder der Kapelle unterstanden, was eine administrative Verselbständigung des musikalisch-künstlerischen Anteils mit sich brachte, und in dem Bau eines neuen großen Opernhauses, mit dem am 9. September 1718 begonnen und der bereits am 25. August 1719 fertiggestellt wurde. Den Mittelpunkt der Feste sollten fortan das Musiktheater und die Musik bilden. Das prächtige Opernhaus wurde buchstäblich aus dem Erdboden gestampft. Die auf dem Bauplatz befindlichen Häuser wurden kurzerhand aufgekauft und demoliert. Eine Masse fremder Arbeiter wurden gegen höhere Löhne nach Dresden geholt. Zweihundert Taler betrugen die Arztkosten für die in diesem Baugewühle verunglückten Arbeiter. Denn gleichzeitig ließ der König die Elbe eindämmen und vertiefen, sicherlich zur rascheren Bewältigung des Sandsteintransportes von Pirna nach Dresden, vor allem aber des hohen Paares wegen, welches Dresden mit Schiffen erreichen sollte. Als ein Aufseher einen Maurer verdrasch, widersetzten sich hundertfünfzig Arbeiter und rebellierten. Die vier Rädelsführer mußten daraufhin acht Tage lang gefesselt arbeiten. 61500 Taler waren von Pöppelmann und Mauro für den Opernbau veranschlagt worden, als Graf Wackerbarth dem Könige im August 1719 die tatsächlichen Kosten präsentierte, beliefen sie sich auf 147917 Taler, 13 Groschen und 7 Pfennige. Immerhin hatten sich die Sachsen damit in etwas mehr als elf Monaten Bauzeit eines der schönsten und größten Opernhäuser Europas errichtet. Derweil hasteten die Agenten des Königs durch die Lande, um hochqualifizierte Musiker und begnadete Sängerstimmen ausfindig zu machen und an den sächsischen Hof zu binden. Veracini gelang es, die italienischen Sängerinnen Margherita Durastanti für 5221 Taler Jahresgage, Maria Antonia Laurenti und Vittoria Tesi für je 2375 Taler neben anderen nach Dresden zu engagieren. Was sich der Hof die Oper und die Musik kosten ließ, geht daraus hervor, daß ein Opernschneider im Verhältnis dazu einen Jahreslohn von 100 Talern empfing, sein Gehilfe gar nur von 50 Talern und der Komödienschlosser von kümmerlichen 20 Talern. Demgegenüber lag der Star-Kastrat Senesino mit 6650 Talern an der Spitze. Auch eine Frau Johanne Eleonore Hesse, geborene Döbricht, wurde als erstklassige Kraft für 600 Taler Jahresgage von Leipzig nach Dresden mitsamt ihrem Gatten, einem Gambenspieler, abgeworben.

Da die Vervollständigung des Ensembles in den Monaten April und Mai so gut wie abgeschlossen war, konnte das Neue oder Große Opernhaus mit seiner Sitzplatzkapazität von 1800 bis 2000 Plätzen tatsächlich am 3. September nach einem Te Deum und einem Tafelkonzert der Kapelle abends mit Lottis Oper *Giove in Argo* eröffnet werden. An diesem Abend hatte es einen regelrechten Ansturm auf die begehrten Plätze gegeben, und im allgemeinen Gedränge wurden von den Dienern und Lakaien Insolentien verübt, Ungebührlichkeiten, die einen Tag später eine öffentliche Ausrufung in der Stadt durch den Herold und Hoffourier Rudolph nach sich zogen: In die Oper möchten nicht mehr als zwei Lakaien mitgebracht werden, die, falls sie sich in die Anweisungen und Gebote des Wachpersonals nicht schicken, mit Leibesstrafe oder einem Jahr Festungsbau bestraft werden. Bei »Protokollveranstaltungen« wie am Abend des 3. September 1719 nahm die königliche Familie die Plätze direkt vor dem Orchester ein. Bei »Repertoirevorstellungen« saß der König in der rechten Proszeniumsloge, der Kurprinz mit seiner Gemahlin in der linken. Der übrige Hof befand sich in der Mittelloge. Den Würdenträgern, Gesandten und Fremden war der erste Rang vorbehalten, den höheren Beamten, Offizieren und weiteren Fremden der zweite Rang. Der dritte hieß das »Paradieß«. Dort genossen die Kammerzofen und anderen Bedienten das damals gewiß teuerste und luxuriöseste Vergnügen. Der Spitzname scheint mutmaßlich jedoch von den »Bürgern und Weibern« der Stadt herzurühren, denen der kostenlose Einlaß in das Königliche Hoftheater und ein Platz im dritten Rang eine Teilhaftigkeit am Paradies bedeutet haben muß. Wie auch immer: Die Darstellungen der Weltordnung zeigten damals das Paradies oben und die Hölle unten. Im Theater stand diese Ordnung auf dem Kopf. Die Nichthoffähigen saßen oben, der König und der Hof unten. Der König scheint darüber nicht nachgedacht zu haben. August dem Starken war daran gelegen, die Dresdner im breitesten Maße zu seinen Festen heranzuziehen. Man geht gewiß nicht irre in der Annahme, daß Augusts des Starken legendäre Popularität nicht zuletzt auf diese anekdotenbereite »Dankbarkeit« jener am »Paradieß« Teilhaftigen zurückzuführen ist.

Hier ist durch das Operntheater hindurch vielleicht ein Moment von Scheindemokratie in eine fruchtbare Existenz getreten, das jenem allgemeinmenschlichen Bedürfnis Raum gab, eine Ahnung nur vom Paradies der Souveränität und Freiheit der Persönlichkeit einmal mit eigenen Augen sehen und miterleben zu dürfen. Seitdem nämlich sind die Sachsen im Umkreis ihrer Oper nicht mehr zur Ruhe gekommen. Es mag verwegen scheinen, zu behaupten, daß Tradition sich zum psychologischen inneren Drang formieren konnte, aber die seitdem unwiderleglich lebendige Faszination der Dresdner durch ihr Operntheater, die bis heute nicht abgeklungen ist, kann gewiß auf diese Weise auch erklärt werden.

Das Kömödienhaus, heute würde man sagen »Schauspielhaus«, war als Sprechtheater mit musikalischem und Ballettanteil in die Feste einbegriffen. Französisches Theater fand am 5. September, am 6. September italienisches Schauspiel statt.

Die Franzosen spielten Stücke von Racine, Molière und Pierre Corneille. *Cid, Horatius, Cinna* und *Polyeukt* waren die dramatischen Durchbruchswerke Pierre Corneilles in der ersten Hälfte des 17. Jahrhunderts in Frankreich gewesen. Wegen *Cid* war es sogar zu einer offenen Auseinandersetzung mit Kardinal Richelieu gekommen, weil Corneille in diesem Stück den politischen Interessen des Absolutismus zu schwach nur Rechnung getragen hatte. Das Ergebnis war die Obenansetzung der Staatsraison und die absolute Unterordnung der privaten Angelegenheiten und Absichten als moralisches Verhaltensgebot in den römischen Heldentragödien *Horatius, Cinna* und *Polyeukt*. Das Bürgertum arrangierte sich zur Zeit der Entstehung der Werke auf diese Weise mit der feudalistischen Staatsmacht, und Corneille verhalf dieser Politik durch seine Tragödien auf der Bühne zu öffentlicher Verbreitung.

Hätte es jemals eines Beweises der politischen und staatsmännischen Gerissenheit Augusts des Starken bedurft, die Verpflichtung der französischen Schauspieler mit eben diesen Stücken zu den Septemberfesten 1719 nach Dresden hätte ihn erbracht. Es war nämlich keinesfalls nur sein Vergnügen an der französischen Art und am französischen höfischen Lebensstil, was ihn bewegt hatte, diesem

Repertoire der Franzosen den Vorzug zu geben. Vielmehr handelte er aus egoistischen politischen Rücksichten. Die gönnerhafte Leutseligkeit, die ihm nachgerühmt wird, kann es allein nicht gewesen sein, um den Bürgern und Weibern Dresdens den Zugang zum Theater zu gewähren. Hier sollten sie im Spiel der Kunst sehen, was sich ziemt. Freilich läßt sich gegen diese Annahme einwenden, daß die Franzosen in französischer Sprache spielten, die den Bürgern und Weibern kaum geläufig gewesen sein dürfte. In Sachsen, ganz besonders in Dresden, sprechen sich Angelegenheiten, die im Theater passieren, besonders rasch und bei so gut wie jedem herum. Was sich davon als Mutmaßung darbietet oder gar als Gerücht, hat die Chance, zu respektgebietender Bedeutsamkeit hochstilisiert zu werden. Das französische Schauspiel galt zuerst dem Adel, der sich im Prozeß der Umwandlung vom Feudaladel in den Hofadel befand. Der Preis für den höfischen Festesglanz, in den man am Hofe untertauchte, bestand im Verlust der Reste politischer persönlicher Machtausübung und in der bedingungslosen Unterwerfung unter den König mitsamt seinen Launen. Den Bürgern und Weibern sind diese Vorgänge gewiß nicht verborgen geblieben, auch wenn sie französisch nicht sprachen.

Darüber hinaus ist das »Gastspiel« der Franzosen im Rahmen der Septemberfeste ein Anhaltspunkt mehr für die Verwurzelung des Festspielgedankens in den Musenfesten. Immerhin waren die Franzosen seinerzeit in der Dramatik in Geist und Darstellung führend. Solche Anstöße aus dem Ausland, gleichgültig unter welchen politischen Erwägungen des Herrschers sie zustande gekommen sein mögen, beförderten die Entwicklung der heimischen Theaterkunst, auch wenn dies sich noch nicht in vergleichbaren Resultaten jedermann sichtbar abzeichnete. Von der Psychologisierung und künstlerischen Verfeinerung der Dramatik durch Racine hatten die Deutschen bis dahin nicht einmal Anlaß zu träumen, und wenn Molière zwar ganz in den Bahnen absolutistischen Denkens die Ausbrüche seiner komischen Helden aus den Konventionen der Gesellschaft geißelte, dann verkörperte sich trotzdem in der von ihm geschaffenen Charakter- und Sittenkomödie eine der zukunftweisenden Errungenschaften auf dem Gebiet der Theaterkunst in seiner Zeit. Kurz: August der Starke hat mit dem Engagement dieser Theatertruppen nicht bloß sein subjektives Gelüst nach einem theatralischen Gaumenkitzel innerhalb eines insgesamt üppigen und verschwenderischen, aufreizenden Festgeschehens genüßlich befriedigt, sondern den Sachsen auf der Bühne des Komödienhauses einmal von den damaligen Beherrschern der Schauspielkunst vorführen lassen, was Sache ist, nämlich sich ihm allein zu unterwerfen und den Franzosen abzugucken, wie man seinen Willen auf der Bühne abhandelt und entsprechend eindrucksvoll in Szene setzt.

Der Verdacht, diesen bisher eher als Geschmacksfrage veranschlagten Sachverhalt überzuinterpretieren, zerstreut sich, wird bedacht, daß König August der Starke die Verheiratung seines Sohnes schon deshalb zur höchsten politischen Staatsaktion erhob, weil er sich in seinem Rang als erster König unter dem österreichischen Kaiser betrachtete. Das erklärt auch den ungeheuren, unvorstellbaren Aufwand, den der König ausgerechnet für dieses Fest betrieb. Die Baugeschichte Dresdens bezeugt, daß zu diesem Anlaß nicht nur der 1711 begonnene Zwinger und das neue Opernhaus eilends und pünktlich fertiggestellt, sondern das Schloß und bis zu einem gewissen Grade sogar die ganze Stadt den Erfordernissen des Festes entsprechend umgestaltet wurden. Die Chronisten waren gehalten, das Fest bis in alle Einzelheiten geschichtsnotorisch festzuhalten. So wissen wir heute haargenau, welches Festgewand August der Starke an welchem Tage getragen hat.

Jeden Tag mußte es ein anderes sein, und jedes wurde mit auf das Gewand abgestimmten Juwelen, mit Diamanten, Rubinen oder Smaragden getragen. Der König selbst arbeitete mit Eifer und Ehrgeiz an der Konzeption dieses Festes. Da entsprang der Einsatz der französischen Schauspieler mit ausgerechnet diesem Repertoire keinesfalls nur einer Laune, und es zielt gewiß an der Wahrheit vorbei, wenn dem König verschiedentlich sogar eine Geringschätzung der französischen Schauspielkunst und eine Abneigung dagegen unterstellt wird. Er wußte genau, was er tat.

Selbstverständlich blieben ihm gewisse Anzeichen des Niederganges und der Erschlaffung der früheren Pracht und Stärke Ludwigs des XIV., der 1715 verstorben war, nicht verborgen. Die von August dem Starken ausgerechnet für dieses Fest zugelassenen französischen Dramatiker waren jedoch die Kronzeugen der uneingeschränkten Pracht- und Machtentfaltung am französischen Hofe gewesen. Der sächsische König wußte dementsprechend auch die körperliche und geistige Fitneß und Ertüchtigung zu schätzen. Sport und ritterliche Spiele waren dabei für ihn ebenfalls Betätigungsformen der Vertreter der herrschenden Klasse, die über den Zweck der Ertüchtigung hinaus zutiefst von Kunst durchdrungen waren. Wennschon man eine Unvergleichbarkeit der alten Musenfeste mit den modernen Dresdner Musikfestspielen dieser Turnierübungen wegen konstatieren wollte, so sind es ihr künstlerischer Einschlag und die damalige Auffassung, Sport und Kunst nicht in dem Maße wie heute getrennt zu betrachten und spezialisiert zu behandeln, die den Zusammenhang herstellen. Jean Louis Sponsel bemerkt dazu: »August der Starke hat zweifellos das prunkvolle höfische Zeremoniell feierlicher Einzüge und Audienzen, die Darbietungen der Kunst des Schauspiels und der Oper, Kirchenmusik und Kammermusik, ausgeführt von den ersten Künstlern ihrer Zeit, als notwendige und unerläßliche Bestandteile seiner Hoffeste angesehen und diese in das Programm der Feste von 1719 aufgenommen, mit ungleich größerem Anteil aber widmete er sich der Ausgestaltung der ritterlichen Übungen in den verschiedensten Arten des Sportes, wie sie schon von seinen Vorfahren gepflegt wurden.

Wie diese erblickte er darin ein ausgezeichnetes Mittel zu Ausbildung und Anspannung aller körperlichen Kräfte, zur Herrschaft des Geistes über den Körper, zu Selbstüberwindung und geistesgegenwärtigem Entschluß, zur Anspornung des Willens zum Erfolg . . .

Gegen jede Übertreibung und einseitige Sportbetätigung schützte damals die Einkleidung der Wettkämpfe in künstlerische Festspiele, deren Durchsetzung mit Aufzügen und Umzügen, das Vergnügen, mit dem Sport zugleich ein heiteres Schauspiel zu erleben, dessen Genuß nicht durch die Aufregung um den Enderfolg, um die Rekordleistung eines einzelnen überspannt und getrübt wurde, wo vielmehr der einzelne im Rahmen der gesamten Vorführung sich betätigte und an seinem Platze zum Gelingen des Ganzen beitrug. Durch die Einkleidung der sportlichen Veranstaltung in eine phantasieerfüllte Vorstellung wurde der Ernst des mit dem Sporte verbundenen Wettkampfes gemildert zur Erscheinung gebracht, aus dem Ganzen eine Unterhaltung gemacht, an der alle zusammenwirkten zu einer Äußerung der Lebenskraft, zu einem gesunden körperlichen Spiel und Schauspiel, zu festlichem Genuß des Daseins. August der Starke besaß noch den Stil und die Geste des Festlichen, er wußte ritterliche Tüchtigkeit mit künstlerischem Sinne zu vereinigen. Seine Sportfeste durchströmte noch ein großer freier Rhythmus künstlerisch-körperlicher Kultur, die noch im Leben des Daseins der Freude zur Vorherrschaft verhalf und damit einer Steigerung und Verklärung des Lebensgefühls.« (zit. n. Oper in Dresden, Festschrift zur Wiedereröffnung der Semperoper, Berlin 1985, 19/20)

In dem »noch« schwingt im Unterton die Wehmut des Bedauerns Sponsels über die Unwiederbringlichkeit dieser wohltuenden Einheit von Sport und Kunst mit. Dazu besteht kein Grund. Freilich veranstaltet die Direktion der Dresdner Musikfestspiele nicht auch noch gymnastische Massenübungen mit Musik, wie sie von den Turn- und Sportfesten her bekannt sind, aber nur die Nennung des Beispiels zeigt, wie neben dem Eiskunstlauf und neben dem Bodenturnen und gewiß vielen anderen modernen Sportarten auch die Gymnastik heute »noch« dem großen freien Rhythmus künstlerisch-körperlicher Kultur und damit der Kunst und ihrem Geist Rechnung tragen muß, soll das Ganze zur Vollkommenheit gedeihen.

Der pralle Genuß, der aus den Dresdner Musikfestspielen zu gewinnen ist, wenn man ihren tieferen Sinn versteht, rührt aus dieser umfassenden Tradition der Dresdner Musenfeste her, obschon sich die einschlägigen sportlichen Disziplinen heute von den Musikfestspielen gelöst, verselbständigt haben und dem Sport als ihrem eigentlichen Wesen nach zugehörig wissen. Anders gesagt: Die Buntscheckigkeit alles dessen, was die Dresdner Musikfestspiele zunutze ihrer Eigenart für sich in Anspruch nehmen und in unvergleichlich weit gesteckten Grenzen zu einer Einheit zusammenfassen, stützt sich auf diese ihre besondere Vorläuferschaft in Dresden, die Jahrhunderte schon zurückreicht. Wie die Schwerpunkte heute auch verteilt sein mögen, auf die sich die künstlerische Phantasie konzentriert, das Bindeglied bildete und bildet womöglich noch stärker die Musik.

Denn die Turniere, Wettkämpfe und sportlichen Übungen der Festgeschehen Augusts des Starken und seiner Vorgänger gingen unter prächtigem musikalischem Pomp vonstatten. Aus dem ganzen Sachsenlande wurden die Stadtmusikanten, Heerespauker und Laienchorsänger zusammengezogen. Die Freiberger Bergknappen werden ihres schönen Gesanges wegen in den historischen Quellen immer wieder gelobt. Sogar der erste Intendant der Oper, Baron von Mordaxt, soll ein »massiv goldenes Posthorn mit Edelsteinen besezet« mit sich herumgetragen und womöglich auch benutzt haben. Charles Burney gibt uns fünfzig Jahre später Aufschluß darüber, warum ausgerechnet in Böhmen und Sachsen so viele Musiker und Laiensänger, wenn es galt, bei der Hand waren. Der reichere und ärmere Landadel sah darauf, um sich hoffähig zu halten, daß die Bediensteten auf Instrumenten Musik machen oder leidlich singen konnten. Überall, auch in kleineren Orten, gäbe es Musikschulen. Burney bemerkt allerdings auch, daß die Spielart der Musikschüler sehr rauh gewesen sei. Trotzdem würdigt er diese Schulen sehr: »Hier [in Pirna, G. S.] und zu Königstein sind gleichfalls Musikschulen so wie in Böhmen. Zu Pirna ist eine für Offizierkinder und eine für ärmere Knaben, wo sie wie anderwärts in der Musik, im Lesen und Schreiben unterrichtet werden . . . Überhaupt erhellet doch aus diesen Schulen deutlich, daß nicht Natur, sondern Kultur es macht, daß die Deutschen so allgemein Musik verstehen . . .« (Musikalische Reise, Leipzig 1968, 349).

Auch wurden die Schulabgänger und Schulchoristen, die sich Latein und Griechisch angeeignet hatten, Schulmeister in den kleinen Städten und Gemeinden Sachsens. Gleichzeitig mußten sie als Organisten die Kirchenmusik betreuen. Natürlich unterhielten sie zu diesem Zweck Kirchen-Laien-Chöre und vielerorts sogar recht tüchtige Instrumentalgruppen. Jedenfalls muß es nicht sehr schwierig gewesen sein, zu festlichen Anlässen in der Residenz Hunderte von Sängern und Musikern aus den umliegenden Ortschaften zusammenzubringen.

Die gigantomanen Ansprüche Augusts des Starken überforderten eines Tages aber doch den für die musikalischen Massenaufführungen verantwortlichen Baron von Mordaxt, so daß er die vom König gewünschte Zahl von Chorsängern nicht mehr aufzutreiben vermochte. Er half sich aus der Not, indem er vorn alle diejenigen postierte, die singen konnten, im Mittelgrund jene, die einigermaßen mitzusingen imstande waren, und im Hintergrund schließlich die Personen, welche zum Singen kaum taugten. Dem König soll der grandiose Schwindel unentdeckt geblieben sein. Die Hoftagebücher des Jahres 1719 verzeichnen viele Proben mit Dilettanten. Sie vermerken ausdrücklich: »alles ist in der schönsten Ordnung vor sich und kein Fehler begangen worden, welches zu verwundern ist.« (zit. n. Irmgard Becker-Glauch, Die Bedeutung der Musik für die Dresdner Hoffeste, Kassel und Basel 1951, 108).

Der Hof beschränkte sich dabei keineswegs nur auf die Rolle des Zuschauers. Vom Venus- oder Damenfest im Großen Garten am 23. September 1719 berichtet Fürstenau aus Quellen des Sächsischen Staatsarchivs: »Nach einem Damenrennen führte man auf einem Platz im Freien, welcher zu dieser Vorstellung als Theater eingerichtet worden war, ein französisches Divertissement *Les quatre saisons* [*Die vier Jahreszeiten*, G. S.] auf, welches Sologesänge, Chöre und Balletts enthielt. Den Text hatte

Poisson, die Musik der Kapellmeister Schmidt und die Balletts Duparc geliefert. Es traten darin 51 Personen der vornehmsten Hofgesellschaft auf. Im Prologe z. B. erschienen folgende Dilettanten: Venus – Baronesse von Löwendahl; Amor – Graf von Vitzthum; Minerva – Baronesse von Bibra; Merkur – von Jordan, Kammerherr der Königin; Apollo – Fürst von Lubomirski, Starost von Boguslaw; der Elbstrom – Graf von Oginski, Starost von Gordin. Im 1. Auftritte: der Frühling – von Rockeleng, Kapitain der Kavallerie; Flora – Fräulein von Pflugk. Im 2. Auftritte: der Sommer – von Jordan; Ceres – Baronesse von Bibra. Im 3. Auftritte: der Herbst – Graf von Oginski; Bachus – von Rockeleng. Im 4. Auftritte: der Winter – Fürst von Lubomirski. Die Balletts wurden ebenfalls von Herren und Damen aus den ersten adeligen Familien des Landes getanzt. Die Chöre wurden von den Theatermitgliedern gesungen, der instrumentale Teil von der Kapelle ausgeführt. Dieses Personal bildete auf 9 offenen Wagen das bunte Ende des phantastischen Zuges, der sich zum Damenfeste Mittags halb 12 Uhr vom Schloßhofe aus nach dem großen Garten in Bewegung setzte, wo er um 1 Uhr anlangte. Nach Beendigung des Divertissements folgte eine großartige Illumination des Gartens, Tafel im Palais, Entenjagd und Wasserfahrt auf dem Teiche und endlich ein Ball imVenustempel, der hinter dem Teiche erbaut war [zwischen der jetzigen Conditorei und dem gegenüber liegenden Pavillon] und bis Morgens 5 Uhr dauerte.« (Fürstenau, a. a. O., II, 146).

Ob die Kenntnis der hier nur in Andeutungen umrissenen Breite und Mannigfaltigkeit Dresdner Musiktraditionen und deren Zusammenfassung und Präsentation in Musenfesten die Organisatoren der Dresdner Musikfestspiele bewogen hat, mit dem Festspieljahrgang 1981 eine neue Veranstaltung in den Veranstaltungskalender aufzunehmen, die sich »Dresden singt und musiziert« nennt, ist unerheblich. Ausschlagggebend ist die Tatsache, daß die in der Konzeption der Dresdner Musikfestspiele von Anfang an angelegte Berücksichtigung möglichst aller musikalischen Gattungen, Genres und Musizierformen, vor allem auch solcher, die ansonsten ein gewisses Schattendasein neben oder hinter den großen musikalischen Repräsentativposten führen, die Puppen- und Marionettenoper, das Kammermusiktheater, die Kinderoper u. ä. m., in Dresden durch die Tradition der Musenfeste einen in Jahrhunderten gewachsenen historischen Boden besitzen.

Wer Dresdens musikalische Traditionen nur auf die in der ganzen Welt geschätzten und bewunderten Leistungen der Oper konzentrieren wollte, würde das eigentliche Verdienst der Musikpflege dieser Stadt unwillkürlich unter der besten Absicht schmälern. Es hat sicher etwas mit der Vermittlerfunktion Dresdens zwischen Süd- und Nordeuropa zu tun, daß analog zur Sanges- und Musizierlust der Italiener, Österreicher und Böhmen die Sachsen ebenfalls in der Musik ihren vitalsten Lebensausdruck fanden. Wie die Scharen von Laiensängern und musizierenden Dilettanten als Gegenpol zu den Ballett tanzenden Baronessen, Fürsten, Grafen, Starosten und Kavalleriekapitänen in ein und demselben Musenfest mit den professionellen Einrichtungen, der Oper, der Kapelle, den Solisten und Solistenensembles im Zentrum vereint in Erscheinung traten, so bedurften auch die modernen Dresdner Musikfestspiele der tief eingewurzelten universellen Musikpraxis und Musikauffassung halber dieser Vervollständigung. »Dresden singt und musiziert« zeigt in den unterschiedlichsten Formen, wie eng und lebendig gerade heute unter sozialistischen Verhältnissen sich die Beziehungen zwischen allen Schichten der Bevölkerung, allen Berufsgruppen und allen künstlerischen Interessenkreisen zur Musik gestalten. Über dreißig Berufs- und Volkskunstkollektive brachten Darbietungen an zwölf verschiedenen Spielorten in einem Zeitraum von drei Stunden an einem Sonnabendnachmittag: Kreuzchor, Violinensemble der Bezirksmusikschule, Staatsschauspiel, Krauß-Quartett der Staatskapelle, Beethovenchor, Standortmusikkorps des Ministeriums des Innern und der Nationalen Volksarmee, Sinfoniechor, Kammerorchester und Bläserkollegium der Hochschule für Verkehrswesen, Neuer Chor und Knabenchor, Blasorchester der Bauarbeiter, Staatsopernchor, Ensemble des Zentralen Klubs der Jugend und Sportler, Akkordeonorchester des Hauses der Lehrer, Friedrich-Wolf-Chor, Streichorchester der Bezirksmusikschule, Chor der Technischen Universität, Singegruppen aus Betrieben und Schulen, Kampfgruppenorchester, FDJ-Chor der Erweiterten Oberschule Kreuzschule, Jugendblasorchester, Bundinstrumentenorchester der Bezirksmusikschule u. a. In den darauffolgenden Jahren tauchten immer wieder neue musizierende und singende Körperschaften in dem Musikfestspiel-Aufgebot von »Dresden singt und musiziert« auf. Jede einzelne hat ihre Tradition, ihr künstlerisches Aktionsfeld, ihr Publikum. Wenn Moritz Fürstenau 1862 nicht ohne Wehmut dem Gedanken nachhing, welche Lust, Freude, Pracht und Üppigkeit damals zu Augusts des Starken Zeiten während des Septemberfestes vorgewaltet haben mögen, dann würde er gewiß mit Ausrufen des Staunens das bedenken, was die Dresdner in nur zehn Jahren aus ihren Musikfestspielen gemacht haben.

Die Dresdner Bevölkerung hat dieses Musikfest zu ihrer eigenen Sache gemacht. Darin unterscheiden sich die Dresdner Musikfestspiele von anderen. Daß sich die Dresdner eingedenk ihrer Musenfeste auf die Universalität ihrer Musikpraxis besonnen haben, unterscheidet die Dresdner Musikfestspiele angesichts ihrer reichen historischen Hypothek ebenfalls von den anderen. Im Aufruf zu »Dresden singt und musiziert« heißt es dazu, daß diese Veranstaltung an demokratische Traditionen der Musikkultur der Stadt Dresden anknüpfe, »die sich weit zurückverfolgen lassen und in der unmittelbaren Begegnung von Volk und Kunst ihr erstrebenswertes Ziel sahen, das wir heute umfassend verwirklichen können.«

War die auf die absolutistische Machtdemonstration gegründete Hinzuziehung von Sängern und Musikern der unteren Klassen zu den Festen der sächsischen Kurfürsten und Könige eine quasi-demokratische Gunstbezeigung des Monarchen, so nehmen demokratische Bewegungen im Dresdner Musikleben Anfang des 19. Jahrhunderts in breiterem Maße ihren Lauf. Es waren vor allem bürgerliche Chorvereinigungen wie die 1807 in Dresden gegründete Dreißigsche Singakademie und Musizierkollegien. Auf großen Musikfesten versicherte sich damals das fortschrittliche Bürgertum seines Patriotismus' im Denken und Fühlen und seiner antifeudalen politischen Einstellungen. Unter den Zentren dieser Sängerfeste, Frankenhausen, Braunschweig, Helmstädt, Wolfenbüttel, Hildesheim, Quedlinburg, Halberstadt, Erfurt, Magdeburg, Düsseldorf, Nordhausen, Weißenfels u. a., findet man Dresden nicht, obwohl Dresden die Heimatstadt Theodor Körners war und Carl Maria von Weber als ein kompositorisch-gedankliches Leitbild der Sängerfestbewegung hier lebte und wirkte. Weber hatte in Rezensionen über Musikfeste in Schaffhausen und Frankenhausen seine begeisterte Zustimmung öffentlich zum Ausdruck gebracht. Besonders streicht er dabei die patriotische Tendenz dieser Unternehmungen heraus.

Warum es in Dresden nicht zu einem herausragenden Sängerfest gekommen ist, bedarf tieferen Nachforschens. Daß Weber sich darum nicht kümmern konnte, hängt mit seinen Dienstlasten an der Oper zusammen. Wagner hat sich ebenfalls nicht darum bemüht, und nach dem Mai-Aufstand von 1849 wurden demokratische Regungen in Dresden erbarmungslos verfolgt. Ihre Initiatoren wurden verjagt oder eingekerkert. Man kann deshalb die Wehmut Fürstenaus im Gedenken an die Pracht und Üppigkeit der Dresdner Musenfeste durchaus verstehen. Zu seiner Zeit war in Dresden an eine Wiederbelebung der alten Hoffeste ebensowenig zu denken wie an die Veranstaltung bürgerlich-demokratischer Chorsängertreffen. Vom ausgehenden 19. Jahrhundert an melden sich in Dresden die ersten Signale der Arbeitermusikbewegung. Sie sollte mit ihrem Wachstum fortan den immer stärkeren, zukunftsträchtigen Begleitgesang des klassenbewußten revolutionären Proletariats unter der klangtrunkenen Erfüllung der bürgerlichen großen Oper mit den Uraufführungen der Werke von Richard Strauss im Zenit bilden. Die Ströme dieser proletarischen Musikkultur sind eingeflossen in die sozialistische. Deshalb sind gerade die Programme der Blasmusik und Chorkonzerte von »Dresden singt und musiziert« dem Musikgut der Arbeiterklasse gewidmet.

Es gibt eine zeitgenössische »Kurtze doch ausführliche Beschreibung des Venusfestes« vom 23. September 1719. Dort wird das Naturtheater, wo die Aufführung stattfand, beschrieben, »welches unter freyem Himmel unvergleichlich schön angelegt war, woraus ein frz. Divertissement Les quatre Saisons betitelt mit untermischten Balletten in französischer Sprache vorgestellet wurde, wovon die Acteurs als auch die Täntzerin und Täntzer aus adelichen Standes Personen bestunden. Das orquester aber, war von der völligen königlichen Capelle in ihrer ordentlichen Kleidung bestellet. Die Vocal Musique und das Orquestre sind von mehr den 100 Personen, so in Königlicher Besoldung stehen, bestellet worden, also, daß dieses Festin vor eine der rarest und delicatesten Lustbarkeiten zu halten, die jemals in der Welt gesehen worden.« Der Inhalt war folgender: »Venus, vor welche nach dem Fundament der angestellten Lustbarkeiten der Freitag bestimmet war, gab sich Mühe, alle Freude und Lustbarkeiten zu versammeln. Minerva, die Göttin der Weisheit, welche in Gesellschaft des Mercurii, Ihro Hoheit den königl. und Chur-Printzen auf dero Reisen begleitet, und dieselbe unter der Gestalt der Elbe nach Sachsen gebracht, mischete sich mit in dieses Fest ein. Apollo aber befahl, die Venus zu secundiren, denen 4 Jahreszeiten, daß jede eine besondere Lustbarkeit machen sollte, welches sie auch, nach dem Prologo in vier besonderen Auftritten taten. Venus ruffte hierauf bey dem 5. und letzten Auftritt die 4 Jahreszeiten zusammen und ersuchte sie, ihre Wohltat über diese Gegend auszuschütten und Endlich wurde diese Lustbarkeit mit einer Danksagung beschlossen, in welcher die sächsischen Untertanen dem Himmel vor ihren gesegneten Wohlstand danketen und ihre Wünsche vor das Durchl. neu vermählete Paar ausschütteten.« (zit. n. Becker-Glauch, a. a. O., 108).

Die Danksagung der sächsischen Untertanen für ihren gesegneten Wohlstand liest sich wie ein zynischer Hohn auf die wirklichen Zustände. Kurze Zeit nach diesen Septemberfestlichkeiten meldete der Obersteuer- und Generalakzisedirektor Graf von Watzdorf: »Die Teuerung steigt täglich an, an etlichen Orten ist die Hungersnot so groß, daß die Leute Sachen essen, so kein Vieh fressen würde.« (Paul Haake, August der Starke, Berlin/Leipzig 1926, 155). Das war nicht neu und durch die aufwendigen Feste nicht verschuldet, sondern nur noch verschlimmert. Im Jahre 1697 war ein Zettel angeschlagen worden, der den Dresdner Pöbel aufrief, einen der brutalsten Ausbeuter unter den Räten Augusts des Starken, Hoym, zu erschlagen. Zucht-, Waisen- und Armenhäuser mußten die immer zahlreicher ins Elend geratenen Dresdner aufnehmen. 1718 war ein städtisches Armenhaus errichtet worden, dessen Insassen wie Gefangene gehalten wurden. Vergehen wurden grausam bestraft. Manche wurden wochenlang an einen Klotz gefesselt. Die Kinder im Waisenhaus der Wollmanufaktur arbeiteten täglich pausenlos bis in die Nacht. Nur zu den kärglichen Mahlzeiten und während einer Stunde Unterricht am Tage ruhte die Arbeit. Das aus einem Pestlazarett umgebaute Krankenhaus war ein Ort des Elends und Sterbens. Die Nahrung bestand nur aus Brot und Wasser, und die Kranken verkamen und verendeten in den überfüllten Räumen in Hunger und Schmutz.

Im Mittelpunkt des Festgeschehens im September 1719 standen die Planeten-Lustbarkeiten, die am 10. September, einem Sonntag, begannen. Nachmittags drei Uhr, nachdem man das Holländische (heute Japanische) Palais mit seinen kostbaren Möbeln und dem neuen Garten in Augenschein genommen hatte, erklang eine von Heinichen komponierte Serenade »La gara degli Dei«. In diesem Werk laden die Götter »Merkur, Sole, Diana, Marte, Venus, Giove und Saturn« die hohen Herrschaften zu besonderen Festlichkeiten ein, die jeder von ihnen zu Ehren des vermählten Paares zu veranstalten willens ist. Die Götter schwebten auf Wolken daher. Die staatserhaltende Funktion dieser Vorführung ist offenbar. Indem sich die Götter selbst mit den hohen Herrschaften auf du und du begeben, manifestieren sie damit die ewigkeitliche Bestimmung ihrer Herrschaft. Die Fürsten paradieren als die Lieblinge der Götter. So ließen sich die Götter höchstselbst vom Himmel herab und schwebten in einer Wolke in den Garten des Holländischen Palais, wo der König mit seinen Gästen unter einem Baldachin mit »Tuchenem Fußboden« saß. Die Götter wurden dabei von den ersten Solisten der italienischen Operntruppe verkörpert. Sie luden durch Gesang und Instrumentalbegleitung zu jeweils einem von ihnen gestifteten Feste ein. Die Kantate von Heinichen ist deshalb als ein auf den besonderen Zweck zugeschnittenes Auftragswerk zu betrachten. Desgleichen komponierte Heinichen für die Eröffnung des Diana-Festes, einer Wasserjagd auf der Elbe, eine *Serenata fatta sulla Elba.*

Auch dieser Brauch, unter heutiger, zeitgemäßer Sinngebung die Komposition von neuen Werken im Auftrag der Dresdner Musikfestspiele anzuregen, hat sich merkwürdigerweise dem Geist der modernen Musikfeste anverwandelt. Dem haben die Musikkritiker und Journalisten aus der ganzen Welt ausnahmslos hohe Anerkennung gezollt. Auf diese Weise erfüllen die Dresdner Musikfestspiele eine Doppelfunktion: sie wirken für die erneuernde Verlebendigung von überkommenem wertvollem künstlerischem Traditionsgut und vermitteln gleichzeitig schöpferische Anstöße aus der Gegenwart heraus für die Zukunft. Wie Tradition und Neuerertum im Schaffensakt des Komponisten immer zu einer dialektischen Einheit verschmelzen, so bietet sich Traditionelles in neuer Sicht und weiterführendes Neue in den Programmen der Dresdner Musikfestspiele nicht als Gegensatz, sondern als ein geschlossenes, einander bedingendes und befruchtendes Ganzes dar.

August der Starke hatte seinerzeit seinen Hoffesten eine poetische Idee aufzuprägen versucht, damit die einzelnen Bestandteile und Beiträge aus Festwesen, Sport und Kunst nicht zusammenhanglos nebeneinander stehen, sondern sich zu einer inhaltlichen Ordnung verbinden und alles dadurch zu noch nachhaltigerer Wirkung gelangt. In übertragenem Sinn unterlegen die Organisatoren der Dresdner Musikfestspiele jedem Jahrgang ein besonderes Thema, das in ähnlicher Weise die Zusammenfassung der einzelnen Teile zu einem durchgängigen Gedanken gewährleisten soll. In Anbetracht der Phantasie, die der königliche Erblasser bei der Festesgestaltung bewiesen hat, können die heutigen Organisatoren nicht mit annähernd Ähnlichem aufwarten, denn sie beziehen ihre Themen aus den Gattungs- und Genrekatalogen der gängigen Musikpraxis nach Gesichtspunkten bestmöglicher Abwechslung und aus dem Kalendarium der »runden« Geburts- und Todesjahre von Komponisten und Musikerpersönlichkeiten. Dabei läßt sich nur erahnen, was es für Entwicklungsmöglichkeiten der Dresdner Musikfestspiele in qualitativer Sicht noch geben könnte.

Dank der Verewigungswut ihrer kurfürstlichen und königlichen Herrscher der Vergangenheit verfügt die Stadt Dresden über Festspielplätze, die der Phantasie einen bisher ungekannten Spielraum lassen, wo sie sich zunutze neuer erlebnishafter Kunstgenüsse für die Werktätigen und die Bürger eines sozialistischen Landes mit besten Erfolgsaussichten anstrengen kann, um den rituellen bürgerlichen Konzertakademismus zu durchbrechen und das eigene Musikfesterleben zu bereichern. Im Interesse der in unserer Republik herrschenden Klasse muß es liegen, die unterschiedlichen Aufführungsstätten nicht bloß als verschiedenartige Kulissen und architektonische Räume für einunddenselben Veranstaltungsmodus in lediglich unterschiedlicher Besetzung zu verwenden, sondern aus der innigeren Abstimmung der Art der Musik mit den Besonderheiten und Vorzügen der Örtlichkeit, innerhalb der sie erklingt, einen gesteigerten Genuß zu gewinnen. Freilich kann es dabei gar nicht um die Nachahmung historischen Erbes gehen. Was Sponsel beschreibt, würde, heute wieder in Szene gesetzt, komisch anmuten, wenn nicht gar grotesk. Aber das Ausmaß an Phantasie, das damals aufgebracht worden ist, um eine Totalität des Genusses auf der Grundlage eines komplexen Erlebnisangebots zu erzeugen und das Lebensgefühl zu steigern, kann seinem Beispiel nach durchaus noch als Ansporn dienen.

Nachdem Heinichens Kantate im Holländischen Palais verklungen war, wo der König davor seine kunstvollen Einrichtungen und kostbaren Porzellansammlungen gezeigt und wo man ihn seiner einzigartigen Skulpturensammlungen halber geziemend bewundert hatte – das Palais und seine Einrichtung waren das Hochzeitsgeschenk des Königs an das Brautpaar – schloß sich ein Feuerwerk an, das ebenfalls über die bloße Freude an der Knallerei hinaus einen szenisch-kunstvollen Charakter besaß. Sponsel stellt es folgendermaßen dar: »Am Abend sahen sie dann von dort aus das auf der Elbe von dem Gotte Sol veranstaltete Feuerwerk. Die dichterische Einkleidung dieses Festes war zugleich eine Aufmerksamkeit gegenüber dem Kaiser, der dem Kurprinzen durch August den Starken hatte den Orden des Goldenen Vlieses überreichen lassen. So sah man also am jenseitigen Elbufer das Palais des Königs Aletes auf Kolchis und auf dem Wasser den Sieg der Argonauten über die Flotte des Königs, die Verteidigung des Vlieses durch den Drachen und durch Seeungeheuer, Jasons Kampf gegen die feuerspeienden Stiere, dann gegen die aus den Schlangenzähnen erwachsenen Krieger und darauf die Überwindung des Drachens mit Hilfe der Medea, des Aletes Tochter, schließlich Jasons Siegesfeier mit Lustfeuer und Böllerschüssen. Man wird gegenüber den Feuerwerken unserer Zeit jenem dramatischen Inhalt einer solchen Veranstaltung den Vorrang zugestehen müssen.« (zit. n. Oper in Dresden, a. a. O., 21).

Wenn im allgemeinen die Auffassung vertreten wird, dieser denkwürdig verkunstete Tag des 10. September sei mit Musik eröffnet worden und von ihr ausgehend hätten die weiteren Festlichkeiten ihren Lauf genommen, so stimmt das nicht. Vielmehr liegt dem vom König selbst entworfenen Regieplan das Konzept einer grandiosen Steigerung zugrunde. Es beginnt mit einer künstlerisch äußerst erlebnisbereiten Betrachtung wertvollster Gegenstände des Kunsthandwerks und der bildenden Kunst. Danach ließ man die künstlerisch gestaltete Natur, nämlich den neuangelegten Garten des Holländischen Palais auf sich wirken. Erst dann hält in die total kunsterfüllte Stille die Musik ihren Einzug, und zwar in Form einer auf den Anlaß und die Umgebung abgestimmten szenischen Kantate. Was damals nur den Herrschenden gegeben war, die Speisenzubereitung als Koch*kunst* ausführen zu lassen und das Festessen auch dementsprechend zu genießen, wäre heute allen erreichbar und deshalb auch anbietbar. Jedenfalls wurde im Anschluß an die Musik gegessen. Zum Abschluß brannte das Feuerwerk ab, von dem Sponsel berichtet.

Nicht alle Planetenlustbarkeiten können hier ausführlich abgehandelt werden. Doch zur Verdeutlichung des Prinzips, nach dem verfahren wurde und das damals – wir würden heute sagen – Weltspitze darstellte, somit auch ein wertvolles Erbe der künstlerischen Genußbildung, die durch den kommerziell eingezwängten bürgerlichen Kunstbetrieb dann eine Vereinseitigung zum künstlerischen Bildungsgenuß durchmachte, sei wenigstens noch die Eröffnung des einmaligen, aus Sandstein gearbeiteten Festspielplatzes par excellence, des Dresdner Zwingers, am 15. September 1719 erwähnt. Im Rahmen der Sieben-Planeten-Lustbarkeiten war für die Einweihung des Zwingers ein Fest des Jupiter angesetzt, dessen Höhepunkt ein Karussell der vier Elemente bildete. Die Musik war auf Anlaß und Umgebung auf andere Weise als im Garten vom Holländischen Palais eingestellt: das auf der Freifläche im Zwinger stattfindende Roß-Ballett, zu dem August der Starke durch die Wiener Roß-Ballette angeregt worden war, wurde von »Tambours und Querpfeifern« sowie »32 Hautboisten, worunter 8 Waldhornisten sich befunden« musikalisch begleitet, nachdem die verschiedenen Übungen jeweils von Trompeten und Pauken angekündigt worden waren. Der Haupteffekt, das Karussell, wurde mit einer Maschine bewerkstelligt, »auf welcher Jupiter, so Mons. Boschi war, eine italienische Arie absange, wobey sich die sämtliche Capell-Musique hören ließe; die Maschine stellete das Chaos vor, welche so beschaffen war, daß sie sich als ein dreyfacher Globus, da einer in den andern sich beweget, praesentirete, welche auswendig mit Silbern und Goldenen Zindel, innwendig aber mit andern durchscheinigen Dingen ausgeziehret war, und sich wunderlich in einander bewegte.« (zit. n. Becker-Glauch, a. a. O., 105). Die Herstellung dieser Maschine hatte tausend Taler verschlungen. Nachem Jupiter sie verlassen hatte, wurde sie vor der Königsloge zerstört, »ruiniret«, wie es in der zeitgenössischen Fachsprache heißt.

Als erster König nach dem Kaiser mußte August der Starke auch sein Herz und nicht zuletzt ein politisches Interesse an den anderen Nationen zur Schau stellen. Dem galt das Fest des Merkur am 20. September im Zwinger. Es bestand aus einer »Wirtschaft aller Nationen« und einer Mercerie. Die Arrangements dazu hatte der französische Schauspieler Poisson getroffen, der zu diesen Zwekken, der Planung und Organisation von Hoffesten, seit 1714 beim König eine geachtete Stellung einnahm. Einen schwachen Eindruck von dem bunten Treiben im Zwinger vermittelt Fürstenau: »In einem reichen Zuge bewegten sich alle Teilnehmenden: der Hof, die Cavaliere und Damen, die Kapelle, mehrere Musikchöre, die französischen und italienischen Schauspieler usw. nach dem Zwinger. Dort gab es Seiltänzer, Wunderdoctoren, Marionettenspieler, ein Serail des türkischen Kaisers, französische und italienische Komödien etc. etc. Nach einem glänzenden Souper in den Pavillons des Zwingers und einer gewinnreichen Lotterie fand bei prachtvoller Beleuchtung des Gartens in einer Menge von Boutiquen der Verkauf der verschiedenen Gegenstände statt, welche Kaufleute der Stadt dort ausgelegt hatten. Bei allen diesen Episoden machten Mitglieder des französischen und italienischen Schauspiels die Wortführer, sowohl im Improvisieren als in der Recitation französischer und italienischer Reime. Den Schluß bildete ein Ballett, in welchem Merkur, die Musik, Architectur, Malerei und Bildhauerkunst auftraten.« (Fürstenau, a. a. O., II, 146)

Der internationale Anstrich dieser Festesart, die »Wirtschaften« hießen und in der Dresdner Festesgeschichte eine lange und phantasiereiche Tradition besaßen, war von einem demokratischen Anschein durchdrungen. Hier fand sich Kunst mitten in den Jahrmarkt hineingestellt. Vor allem Landleute und Bauern, die durch ihre Trachten und Bräuche und besonders durch ihre charakteristische Volksmusik das nationale Gepräge des Volkes und Landes, dem sie entstammten, unverwechselbar und in kräftigen Farben verkörperten, waren tief in das Dresdner Umzugs- und Festwesen einbezogen. Das zeichnete die Dresdner Hoffestlichkeiten vor denen der meisten anderen Höfe aus. So hatte es beispielsweise am 25. Juni 1709 anläßlich des dänischen Staatsbesuches von König Friedrich IV. im Großen Garten in Dresden eine »Bauernwirtschaft« gegeben, wo Bauern und Landvolk aus dem Meißnischen, dem Altenburgischen, dem Erzgebirgischen sowie aus dem Schwarzwald, aus Schwaben, Holland, Frankreich und Norwegen Musik machten, zum Tanz aufspielten und allerlei Belustigungen darbrachten. Die »Bauernwirtschaft« von 1709 klang aus in einem »Divertissement von denen anwesenden Tänzern und Tänzerinnen so sich verkleidet hatten, mit einem Ballett, welches mit der Musique und vorhergehenden 72 wilden Männern, deren jeder eine gelbe Wachs-Fackel« trug. (Becker-Glauch, a. a. O., 96).

Auf noch früheren Hoffesten finden sich neben Mohren, Portugiesen, Indianern immer wieder mit Vorliebe Türken und erzgebirgische Bergleute. Letztere genossen bei Hofe besondere Wertschätzung, weil sie durch ihrer Hände harte Arbeit im Silberbergbau entscheidend zum vielbeneideten Reichtum des sächsischen Hofes und damit zur unübertroffenen Pracht seiner Feste beitrugen.

Damit davon der Blick für die reale Lage damals in Sachsen nicht getrübt werden möge, sei angemerkt, daß der Rat der Stadt Dresden besonders während der Hoffeste verstärkte Bügermilizen zu stellen und einzusetzen hatte, um Rebellionen, Aufständen und Aufruhr der notleidenden Dresdner Stadtarmut einen Riegel vorzuschieben.

Im Mittelpunkt der Festgeschehen stand die Oper. Mit der Eröffnung des in bloß elf Monaten hingestellten großen neuen Opernhauses am 3. September 1719 tat sich der fast einmonatige bunte und kostspielige Reigen der Septemberfestlichkeiten auf. Gespielt wurde in einer Wiederaufnahme die bereits 1717 uraufgeführte Oper *Giove in Argo* von Antonio Lotti. Die besten italienischen Sänger und Sängerinnen, die in Europa aufzutreiben waren, hatte der König nach Dresden holen lassen. Lotti war 1717 zur Einrichtung der italienischen Oper an den Dresdner Hof auf zwei Jahre verpflichtet worden. Die Hauptrollen sangen in *Giove in Argo* Maria Antonia Laurenti, genannt Coralli, und Vittoria Tesi. Jede der beiden Damen strich eine Jahresgage von je 2375 Talern ein. Vergleichsweise beliefen sich dazu die höchsten Gehälter der Kapellmitglieder auf 600, die niedrigsten auf 220 Taler im Jahr. Die Kapellmeister und Konzertmeister verdienten jährlich 1200 Taler. *Giove in Argo* schloß mit einem Chor. Er wurde vom Kreuzchor ausgeführt. Das soll sich so bis Carl Maria von Weber gehalten haben. Er führte als Neuerung einen engagierten eigenständigen Opernchor ein. Am Schlusse jedes Aktes und in den Zwischenakten wurden Ballette getanzt. Was an szenischem Aufwand möglich war und betrieben wurde, geht aus der hohen Anzahl von Bühnentechnikern und Bühnenarbeitern hervor. Insgesamt waren es sechsundsiebzig, davon vierzehn in der Untermaschinerie, zwanzig in der Obermaschinerie und vierzig auf der Bühne. Am 7. September 1719 wurde die schon 1718 wie *Giove* im Redoutensaale uraufgeführte Oper *Ascanio overo gli odi delusi dal sangue* von Antonio Lotti mit dem Textbuch von Lucchini gegeben. Auch sie enthielt viel Ballett, komponiert von Volumier, sowie Intermezzi für Sopran und Baß aus der Feder von Francesco Gasparini und Giovanni Bononcini. Den dreistimmigen kurzen Schlußchor, mit dem sie ausklang, mußte ebenfalls der Kreuzchor singen. Die Besetzung eines Basses deutet darauf hin, daß sich in diesen Intermezzi die Vorläuferschaft der späteren italienischen Opera buffa abzuzeichnen beginnt. Denn in den Opere serie, zumal in den danach in Dresden aufgeführten, kamen keine Baßpartien vor, nur Sopran und Alt, ausgeführt von Damen und Kastraten. Am 13. September 1719 geht erstmals Antonio Lottis dreiaktige Oper *Teofane* mit dem Text von Pallavicini in Szene. Die Ballettmusik stammte wiederum von Volumier, ebenso wie die Choreographien abermals von Duparc besorgt wurden. Der Besetzungszettel wies ein »Spitzenensemble« auf: Den Ottone sang der seinerzeit berühmteste Kastrat Francesco Bernardi, genannt Senesino. Die Teofana sang Santa Stella Lotti, den Emireno Giuseppe Maria Boschi, die Gismonda Margareta Durastanti, den Adelberto Matteo Berselli, die Matilda Vittoria Tesi und den Isauro Francesco Guicciardi. Zwischen den Akten trat Maria Antonia Laurenti, genannt Coralli, auf und sang als La Felicita und Naiade zwei große Arien, auf die jeweils ein Ballett folgte. Den Auftritt Ottones (Kaiser Ottos) im zweiten Akt begleitete erstmals eine hinter der Bühne postierte Bühnenmusik aus zwei Trompeten, Pauken, zwei Oboen und Fagott. Der Inhalt der Oper war so recht nach dem Geschmack des an Liebesabenteuern nicht armen Königs: Adelbert begehrt und raubt mit der Herrschaft über Italien die Verlobte Kaiser Ottos, Teofana. Obwohl Gismonda, Adelberts Mutter, ihren Sohn unterstützt, bringt Otto seine Teofana wieder an sich. Adelbert tröstet sich mit Matilda, einer Verwandten Ottos. Der Verkunstungsprozeß höfischer Denkungsart hat eine sichtlich höhere Stufe erreicht als vierzig Jahre davor. 1679 wird ein Dresdner Opera-Ballett anläßlich des Friedensfestes aufgeführt, welches eine Aria enthält und in welchem es noch wesentlich deftiger zugeht. In diesem »Opera-Ballett von dem Judicio Paridis und der Helenae Raub« streiten sich im ersten Bild Bacchus und Neptun, »wer das Wohl auf Jupiter ausbringen solle; Bacchus wirft dem Meeresgott vor, daß er den Wein pansche; Jupiter befiehlt, auf die Gesundheit aller Sachsen zu trinken. Die Göttin der Zwietracht beklagt dann, daß sie nichts zu tun habe; sie führt aus Langerweile den Zank um die Schönheit der Juno, Pallas und Venus herbei (›Arien zu dritt‹). Venus sucht den tugendholden Paris zu verführen: ›Schau die Wohnstatt aller Lüste / Meine Brüste . . . Oder willstu meinen Leib / Voller Lieblichkeiten sehen? / So soll es alsbald geschehen . . .‹ Im Verlaufe der weiteren Ereignisse – ›wohlausgeputzte‹ Maschinen fahren auf und nieder, Venus singt aus einer

Statue heraus – kommt es zu einer Seeschlacht ›mit Lösung der Canonen‹, bei der das Schiff des Menelaos in Brand gerät und sinkt. ›Allerhand Instrumente‹ sowie Trompeten und Posaunen mischen an verschiedenen Stellen ihre ›Sinfonien‹ drein.« (zit. n. Hans Schnoor, Vierhundert Jahre deutsche Musikkultur, Dresden 1948, 63)

Man erkennt deutlich die Zwischenstellung auf dem Wege zur reinen Festoper, wie sie durch die Lotti-Werke im Umfeld der Septemberfeierlichkeiten von 1719 erreicht ist. Mit den Opern im neuen Opernhaus begann eine Zeit der Führerstellung Dresdens im deutschen Opernleben.

Bilden die September-Festlichkeiten von 1719 den absoluten Höhepunkt in der Dresdner Festesgeschichte, denen nichts mehr folgte, was sie noch überboten hätte, so ist für die Entwicklung dahin die Hoffestlichkeit von 1678 von besonderer Bedeutung. Dieses Fest findet außerdem genau dreihundert Jahre vor der Gründung der Dresdner Musikfestspiele 1978 statt. Das Festgeschehen dauerte fünfundzwanzig Tage und fand vom 3. bis 28. Februar 1678 aus Anlaß der »Durchlauchtigsten Zusammenkunfft« des Hauses Sachsen statt. In Ablauf und Gestaltung bildet sich damit der Grundtypus heraus, von dem künftig nicht mehr oder nur geringfügig abgewichen wird, wiewohl er an barokker Fülle zunimmt, bis einundvierzig Jahre später dann seine Absättigung in den Septemberfesten eingetreten ist. Moritz Fürstenau gibt unter Berufung auf den Chronisten von 1678, den Dresdner Bürgermeister Gabriel Tzschimmer, einen Überblick. Geschickter in der Zusammenfassung lassen sich die Ereignisse kaum noch referieren. Deshalb sei die Beschreibung Fürstenaus im Wortlaut wiedergegeben: »Während des Monats Februar im Jahre 1678 fand wie 1672 abermals eine Zusammenkunft des Hauses Sachsen in Dresden statt. Die dabei stattgefundenen ›Aufzüge, ritterlichen Exercitien, Schauspiele, Schießen, Jagden, Opern, Comödien, Balletten, Masqueraden, Königreiche, Feuerwerke‹ und anderen Denkwürdigkeiten hat der Dresdner Bürgermeister Gabriel Tzschimmer auf Befehl Joh. Georg II. in einer voluminösen Beschreibung verewigt. Wir entnehmen daraus und aus anderen Quellen Folgendes: Am 3. Februar ward nach der Tafel im Komödienhause das ›Ballett von Zusammenkunft und Wirkung der VII Planeten‹ dargestellt, mit vielen Aufwand an Decorationen, Costümen, Maschinerien u. s. w., dessen Hauptscenen Joh. Oswald Harms in Kupfer stach. Tzschimmer giebt diese Abbildungen und eine Beschreibung des Balletts. Am 5. Februar nach der Tafel ward auf dem Riesensaale ›der Durchl. Churfürstin Mohrenballett‹ gegeben, am 6., 7. und 8. Februar wie 1672 die 3 Theile ›vom keuschen Joseph‹ und am 10. Februar die ebenfalls damals dargestellte ›deutsche musikalische Opera von Apollo und Daphne‹. Den 12. Februar ward die Tragikomödie ›von Amadis aus Frankreich‹ aufgeführt, worauf ein Ritterballett von 6 Personen getanzt wurde, – am 14. die Komödie ›von der Christabella‹ mit der Wiederholung des Mohrenballetts. Den 15. ward die Tragödie ›vom wilden Manne in Creta‹ gegeben, worauf ein ›Wilde-Männer und Zwergkballett‹ getanzt wurde, – am 20. ›die musikalische Opera Jupiter und Jo‹, – am 22. Februar eine Komödie, ›welche von den uhralten Possenspielen‹ zusammengesetzt war, und ›der lustige Pickelhering‹ genannt wurde; – am 27. die Komödie ›von Amphitryone‹, worauf ein ›engeländischer Tanz‹ stattfand.« (Fürstenau, a. a. O., I, 250)

Kurfürst Johann Georg II. feierte mit diesem Fest den Besuch seiner drei Brüder in Dresden, und der Umstand, daß er dem Bürgermeister Tzschimmer befahl, die Ereignisse ausführlich aufzuschreiben, um sie der Nachwelt zu überliefern, spricht für den Modellcharakter der Veranstaltung, und zugleich bezeugt es ein hohes Wertbewußtsein für das, was man künstlerisch, sportlich und in der festlich-repräsentativen Heraushebung seiner selbst damals schon anzustellen in der Lage war. Fraglos hat der sächsische Hof seinerzeit auf diesem Gebiet eine Führung in Europa beanspruchen können.

In Anbetracht aller trivialen Übertreibungen der stolzen sächsischen Nachwelt, die sich viel darauf zugute gehalten hat, in ihren Stammesherrschern schier maßlose gleichwie nicht ungemütliche Esser und Trinker besessen zu haben, die teilweise auch in Liebesdingen virtuos umzuspringen wußten, muß der historischen Wahrheit halber ganz entschieden das große Verdienst um die Anregung und Beförderung der Künste immer wieder betont in Anschlag gebracht werden, soll ein stimmiges Bild entstehen. Freilich sind mit höfischen Festessen Todesfälle wegen gastronomischer Unmäßigkeiten aufgetreten. Aber was sich um die Festtafel herum alles noch abspielte, die Opernballette, die Komödien, die Musikvorführungen, die Aufzüge, die Leibesübungen und die Jagden, das alles verrät eine hohe höfische künstlerische Kultur. Der Dresdner Hof konnte auf diesem Felde durchaus für sich beanspruchen, »Weltniveau« zu bieten. Wenigstens gibt es zu jener Zeit keinen zweiten deutschen Hof, der sich damit hätte messen können.

Auch im Februar 1678 waren es die sieben Planeten, die das Festtreiben wie ein roter Faden durchzogen und zusammenhielten. Den vitalisierenden Ansporn bildete zu beinahe allen Gelegenheiten die Musik. Mit dem Opernballett von der »Wirckung der sieben Planeten« war ein Aufzug der sieben Planeten verbunden, dem sich ein Ringrennen der sieben Planeten anschloß. Um sich eine Vorstellung von der bunten Fülle musikalischer Darbietungen zu machen, muß man sich das Regime dieses Aufzuges vor Augen führen, wo »Musen / in antiquischen Jungfrauen Habit / gelb und weiß gekleidet / als 3. mit Posaunen / 2. mit Cornetten / 1. mit einem Fagott / 2. mit Violinen / und 1 mit einer Viola da Gamba« daherzogen, wo der Göttin Diana Auftritt im Zuge »3. Nymphen so französische Hörner bliesen« verkündeten und wo der Triumphwagen des Mars durch »Zwey kleine Schallmey-Pfeiffer und das Türckische Päuckgen / im Türcken-Habit zu Fuß« angeführt wurde. (zit. n. Becker-Glauch, a. a. O., 77) Schließlich ziehen auch Bäuerinnen und Bauern »mit allerhand Music« mit.

Die Blütezeit, die Zeit der vollen Entfaltung des Dresdner Festwesens, dauerte siebzig Jahre. Sie setzte mit den Februarfeierlichkeiten 1678 ein, indem hier alles, was vorher in einer mehr als hundertjährigen Vorbereitungszeit ausprobiert und zur Anreicherung der Sinnenfreuden hinzugefügt worden war, zusammengefaßt in Erscheinung trat. Von ihnen führt der Weg über Stufen der inneren Wandlung vor allem durch eine immer tiefgreifendere Verkunstung der einzelnen Bestandteile und der wachsenden Vorherrschaft der Oper zu den Septemberfeierlichkeiten des Jahres 1719, dem absoluten Höhepunkt. Mit den Festen aus Anlaß der doppelten Vermählung im Juni 1747 findet diese Blütezeit ihr Ende. Danach vereinnahmt die Oper den Festgedanken immer mehr, was sich in unvergleichlich verschwenderischen Ausstattungen und einem heute kaum noch vorstellbaren maschinell-technischen Aufwand äußert. War sie bis dahin das umworbene gleichwie verhätschelte Lieblingskind der sächsischen Kurfürsten und Könige gewesen, die bestimmten, zu welchen Anlässen welche Werke auf welche Art gegeben werden sollten, dann erhielt im gleichen Jahr die Dresdner Öffentlichkeit ihr Mitspracherecht, indem Opernkarten von nun an verkauft wurden. Zuerst betraf das ein 1746 errichtetes und ein Jahr später schon wieder abgebranntes Theatergebäude, welches von der Mingottischen Operntruppe bespielt wurde. Ob man deshalb, wie es Hans Schnoor wagt, schon sagen kann: »Die Hofoper wirbt um die Gunst des Volkes« (Schnoor, a. a. O., 119) scheint zweifelhaft. Um solches behaupten zu können, müßte erst einmal klargestellt sein, wer »das Volk« damals in Dresden war. Die Karten waren keinesfalls billig. Am Montag, Dienstag, Donnerstag und Sonnabend wurde gespielt. Eine Loge kostete für die ganze Spielzeit im ersten und zweiten Rang vierundzwanzig Dukaten, im dritten Rang zwölf Dukaten. Logierte man sich nur für einen Abend darin ein, dann waren für die Logen im ersten und zweiten Rang zwei und für die im dritten Rang ein Dukaten zu berappen. Ein einzelner Platz in der Loge kostete sechzehn beziehungsweise zwölf Groschen. In den vierziger Jahren des 18. Jahrhunderts geriet Sachsen zwischen die feindlichen Mächte Preußen und Österreich. In der Schlacht bei Kesselsdorf wurden Ende 1745 die Sachsen von den Preußen besiegt, die daraufhin in Dresden einfielen. Einhunderttausend Taler verlangte der preußische König den Dresdnern an Kontributionen ab. Der Rat der Stadt geriet tief in die Schulden, um von der geforderten Summe wenigstens zwei Drittel aufzubringen. Diese Schuldenlast drückte die Dresdner Bürger viele Jahre lang, so daß sich leicht ausrechnen läßt, daß sie zu dem »Volk«, um dessen Gunst die Hofoper buhlen sollte, kaum gehören konnten. In den Straßen der Stadt lagen erfrorene und verhungerte Menschen herum, der König befahl dem Rat der Stadt, dafür zu sorgen, daß bei den Festumzügen der Anblick des Stadtelends den hohen Herrschaften erspart bleiben möchte. Es hätte ihnen die Festeslaune verderben können. Graf von Brühl hieß für den König das Zauberwort. Vom Obersteuereinnehmer Augusts des Starken und Revisor aller Staatskassen hatte er sich in fünfzehn Jahren zum Premierminister Sachsens hochgearbeitet. Drei Jahre später, 1749, fielen auf die sächsischen Landstände siebenundzwanzig Millionen Taler Steuerschulden. Der Verkauf der Sitzplätze in der Oper hatte sehr handfeste Gründe, und wie sich das »Volk«, das sie erwarb, zusammensetzte, kann man angesichts dieser Wirtschafts- und Finanzlage leicht vermuten. Trotzdem eröffnet der Vorgang eine neue Denkweise im Dresdner Opernleben, als deren spätere Höhepunkte die Semperbauten anzusehen sind, zumal der zweite, aus dem die aristokratischen und königlichen Privilegien zugunsten größerer Gerechtigkeit der Bürgerschaft gegenüber herausprojektiert worden sind, obwohl sich das Unternehmen noch »Hofoper« nannte.

Das Zustandekommen eines der glänzendsten Hoffeste im Jahre 1747 setzt, betrachtet man das gesamte Umfeld an Voraussetzungen, in Erstaunen. Am 13. Juni heiratete Prinzessin Maria Anna den Kurfürsten von Bayern. Am 20. Juni zog die ebenfalls neuvermählte Kurprinzessin Maria Antonia in Dresden ein. Die Feste anläßlich der Doppelhochzeit begannen am 10. Juni, dem kurbayrischen Anwerbungstag, und sie endeten am 3. Juli.

Ihrer Üppigkeit und ihres Glanzes wegen sind sie in die Geschichte eingegangen. Offenbar schlug dem seit 1746 als Premierminister regierenden Grafen von Brühl mit ihnen seine große Stunde der Bewährung vor dem König und dessen unstillbarem Geltungs- und Geldhunger. Graf von Brühl nahm, als die Steuereinnahmen nicht mehr ausreichten, um die Carnevale, Feste, Opernaufführungen, Ankäufe von Kunstwerken u. a. m. zu bezahlen, sogar Auslandsanleihen auf. Jedenfalls war die Kunde von dem bevorstehenden Fest der Doppelhochzeit in ganz Europa bekannt geworden, so daß, ähnlich wie im Jahre 1719 und zu den Carnevalen, Tausende von überallher nach Dresden kamen. Verglichen mit den Festen anläßlich der Zusammenkunft des Hauses Sachsen im Jahre 1678 ist die Oper nunmehr vollständig ins Zentrum der Geschehnisse gerückt. Zur Eröffnung führte die Operntruppe Mingottis vor dem Hofe im kleinen Theater Scalabrinis Oper *Didone* auf. Johann Adolf Hasse, der seit 1733 fest an den Dresdner Hof engagiert war, zusammen mit seiner Frau, der legendären Sängerin Faustina Bordoni-Hasse, wartete am 14. Juni im großen Opernhaus mit der neuen Oper *La Spartana generosa ovvero Archidamia* auf, deren verschwenderische Ausstattung größtes Aufsehen erregte und Riesensummen verschlang. Für die tänzerische und choreographische Gestaltung der Ballette in dieser Oper Hasses war extra Jean Georges Noverre, der große Reformator der Tanzkunst im 18. Jahrhundert, der das höfische Schauballett durch Handlung und Ausdruck im Bühnentanz ersetzte, gewonnen und von Berlin nach Dresden geholt worden. Einer Wiederholung der *Didone* Scalabrinis am 19. Juni folgte am 25. Juni dessen Oper *Demetrio*.

Von musikhistorisch größerer Bedeutung ist der Aufenthalt Christoph Willibald Glucks in Dresden. Dresden wurde damit eine der wichtigen Stationen der letzten Phase seines Wanderdaseins. Seine Anwesenheit bezeugt eine Quittung der Reisekammerkasse über 412 Taler 12 Groschen, ausgezahlt an den »Sänger Christoph Gluck zu seiner Abfertigung ohne Berechnung.« Das Geld erhielt er für eine »serenata teatrale«, ein zweiaktiges Festspiel mit dem Titel: *Le Nozze d'Ercole e d'Ebe, Dramma per musica, da rapresentarsi nella villa Real di Pillnitz in occassione delle doppie Auguste Nozze celebrata in Dresda. L'Anno 1747. La Musica del Sigr. Christoforo Gluck.*

Den Zeus sang der berühmte italienische Tenor Settimio Canini, den Herkules die gleichermaßen gefeierte Sängerin Regina Mingotti, für die gerade eine, modern ausgedrückt, »Weltkarriere« begann, die sie nach 1752 nach Spanien, England und Italien führte, bis sie im Jahre 1808 in Neuburg an der Donau als »verwitwete Kgl. sächsische Kommerzienrätin« starb. Sie war damals, als in Pillnitz auf einer Gartenbühne die Uraufführung von Glucks Oper am 29. Juni 1747, vor zweihundertvierzig Jahren, stattfand, »des Prinzipals Frau Eheliebste«, die Gattin des Direktors der Operntruppe Pietro Mingotti, der möglicherweise auch Christoph Willibald Gluck als Substitut im Orchester unter der Leitung Paolo Scalabrinis angehörte.

Wie die Gründung der Dresdner Musikfestpiele im Mai 1978 genau dreihundert Jahre nach der Formierung eines spezifischen Dresdner Musenfesttyps erfolgte, fällt die Feier ihres zehnjährigen Bestehens mit dem zweihundertvierzigsten Jahrestag des letzten großen, prächtigen Dresdner Musenfestes und der Uraufführung einer dafür komponierten Festoper Christoph Willibald Glucks zusammen. Die Leitung der Feste hatte offensichtlich in den Händen des Grafen Heinrich von Brühl selbst gelegen. Denn der dritte Intendant der Oper und Directeur des plaisirs, Kammerherr Heinrich August von Breitenbauch, seit 1733 Nachfolger des zwischen 1727 und 1733 tätigen zweiten Intendanten, des Geheimen Kriegsrats Freiherr Peter von Gaultier, war Anfang 1747 verstorben und der vierte Directeur des plaisirs, von Dießkau, wurde erst nach dem Fest der großen Doppelhochzeit berufen. Fürstenau gibt einigen Aufschluß über Brühls Rolle im Dresdner Kunstleben: »Außer dem Könige und der Königin, dem Kurprinzen und der Kurprinzessin interessierten sich auch die natürlichen Brüder und Schwestern Friedrich August II. für die Kunst, wie denn ein glänzender Hofkreis die größte Freude an Musik und Theater fand. An der Spitze derselben stand der allmächtige Graf Heinrich von Brühl, seit 1730 bereits Kämmerer, 1731 Geh. Rath, Generalaccisdirektor, Direktor der Domestikenaffairen, 1732 Vicesteuerdirektor und wirkl. Geh. Rath, 1733 Cabinetsminister u. s. w. Er, dem Alles daran liegen mußte, den König mit anderen als Staatsangelegenheiten zu beschäftigen [um sich politisch zum mächtigsten Manne Sachsens aufzubauen, G. S.], sorgte unermüdet für immer neue Opern und Künstler. Er war ein Freund von Musik und Poesie, hielt sich seit 1735 eine eigene musikalische Kapelle und hatte sowohl in seinem Palais auf der Augustusstraße wie in Friedrichstadt (das jetzige Krankenhaus) Theater- und Concertsäle einrichten lassen.« (Fürstenau, a. a. O., II, 193)

Zwischen den herausragenden Hoffesten, die Marksteine in der Dresdner Festesgeschichte verkörpern, wurden jährlich, bis auf die Kriegszeiten, die Carnevale nach dem Vorbild Venedigs und die Operncarnevale, wo der König das Publikum kostümiert im Opernhaus zu erblicken wünschte, unvergleichlich üppig und prächtig gefeiert. Um sich davon ein Bild wenigstens in Andeutung und groben Umrissen zu verschaffen, sei die Darstellung wörtlich von Fürstenau übernommen, die er von einer Carnevals-Opernaufführung des Jahres 1753 vermittelt: »Am 5. Februar 1753 gab man in Dresden zum ersten Male die Oper ›Solimano‹ von Migliavacca und Hasse, ›zu allgemeinem Vergnügen einer unglaublichen Menge hoher und niederer Zuhörer, die theils von weit entfernten Orten allhier deserwegen anhero gereiset‹. (Anmerkung von Fürstenau: Solimano – Amorevoli. Selim – Monticelli. Narsea – Todeschini. Emira – Pilaja. Osmino – Putini. Acomate – Belli. Rusteno – Führich. Unter den Musikstücken der Oper gefiel namentlich eine große Arie des Soliman (Recit. obl. e Aria, Andante c-dur) mit obligater Oboe, letztere ausgeführt durch Meister Besozzi. Der Deutschfranzose sagt mit Bezug hierauf: ›Der Mann mit Hautbois er woll' die Leute zeigen, Wie mit sein Athem er kann biß in Wolken steigen.‹) Die Oper, welche während des Carnevals (Montags, Mittwochs und Freitags) dreizehnmal wiederholt wurde, machte ganz besonderes Glück und das Publikum staunte über die darin entfaltete noch nie gesehene Pracht. Die ›Curiosa Sax.‹ (1753 S. 66 flg.) berichteten über dieses ›abermahlige Meisterstück‹ Hasse's ausführlich. Die neuen Decorationen von Bibiena wurden besonders gelobt, namentlich die Schlußverwandlung, welche ›das türkische Lager bei nächtlicher Beleuchtung am Tigris, auf dem viele Schiffe zu sehen waren, mit der Ansicht Babylons‹ darstellte. Nicht minder gefielen die Ballets, welche Pitrot arrangiert hatte. ›Zwischen jeder Haupthandlung wurden von denen Königl. Täntzern die allerinventieusesten Täntze vorgestellet, welche die Augen derer hohen und niedern Zuschauer in Bezauberung gleichsam setzen, indem deren Täntzer und Täntzerinnen Bewegungen, Sprünge, Figuren und Geschwindigkeit, auch Artigkeit nur zu admirieren, mit keiner Feder aber auszudrücken, welche Täntze auch größtentheils in allen Opern (Vorstellungen) verändert werden.‹ Am Schlusse der Oper trat Pitrot als Bassa mit einem großen Gefolge auf; dabei erschienen vier große, ›von närrisch gekleideten lustigen Zwärgen‹ geführte Elefanten mit Thürmen, auf deren jedem sich 2 Tänzer und 2 Tänzerinnen befanden, die ›mit bewunderungswürdiger Geschwindigkeit‹ herabstiegen und durch besonderes Tantzen der Opera allezeit nach 8 Uhr ein vergnügtes Ende‹ machten. Diese Elefanten waren nur Puppen, denn der Deutsch-Franzos sagt ausdrücklich: ›Und swei so Elefant von so Invention. (Anmerkung von Fürstenau: Die zum Theil witzigen, oft aber auch plebejen und meist fuchsschwänzerischen Gedichte, welche der als Schöpfer der Ostraallee denkwürdige Postmeister und Straßencommissarius Joh. Christian Trömer (geb. 1698, gest. in Dresden 1756) seit 1740 in den Curiosa saxonica im Sprachgewande eines emigrirten Franzosen (Toucement) erscheinen ließ, machten ein in unseren Zeiten unbegreifliches Glück.) Dagegen kamen beim Einzuge des Selim im 1. Akt (sc. VII.) (Anmerkung von Fürstenau: Hasse wendete bei dem Marsch und Chor dieser Scene noch ein Orchester auf der Bühne an: Waldhörner, Oboen, Fagotten und ›Timp. piccoli.‹ Das gewöhnliche bestand außer dem Streicherquartett aus 2 Trompeten, Pauken, Waldhörnern und Oboen.) lebendige Elefanten, Pferde, Kameele etc. vor; in den Cur. sax. heißt es: ›Der Einzug, welcher wirklich zu Pferde geschieht und außer denen ungemein kostbar angelegten Türckischen und Persianischen Pferden, auch verschiedene andere lebendige Thiere, als Elephanten, Cameele und Dromedaires, so insgesamt der Königl. Stall hierzu gegeben, nach Asiatischen Gebrauch, aufs prächtigste ausgeputzt, mit im Gefolge hat‹ u. s. w. Das stumme Comparsen-Personal war nicht minder groß, als das vierbeinige. Es gab da von Solimans Gefolge: ›Bassen, Veziers und andere adelige Wachen, Leibwachen oder Bogenschützen, sogenannte Solachi, Edelknaben oder sogenannte Icogliani, Gesetzausleger oder sogenannte Imams‹, Mohren als Edelknaben bei Narsea und Emira; in Selims Gefolge erschienen: ›Aja und Baßen zu Pferde, persianische Gefangene beiderlei Geschlechts, Sclaven und Mohren, Feldmusik, Janitscharen oder Wache zu Fuß, Spahis oder Wache zu Pferde.‹ Noch kamen vor: ›Soldaten aus verschiedenen asiatischen und europäischen Orten mit ihren Baßen, Officieren und anderen zur Feldmusik nöthigen Personen, Pauken, Trommeln, Fahnen, Roßschweife etc., die anfangs in zween Hauffen getheilet sind, sich aber hernach mit den Janitscharen vereinigen, und das gantze Ottomanische Heer ausmachen.‹ Der Zudrang und Beifall bei dieser Oper war außerordentlich. Noch bei der zwölften Vorstellung mietheten sich Damen vom Hofe Schweizergardisten, um bis zu ihrer Ankunft Plätze besetzt zu halten, worüber sich dann die Stadtdamen nicht wenig aufhielten. (Anmerkung von Fürstenau: Bei diesen Vorstellungen war das Opernhaus zum ersten Male mit einer neu erfundenen Art gegossener Lampen erhellt, welche heller als die bis dahin gebräuchlichen Wachslichter leuchteten und die Feuersgefahr verminderten.)«

Wenn bereits die Rede davon war, daß die Oper mehr und mehr den Festgedanken absorbierte und sich selbst dadurch ins Festlich-Monumentale steigerte, dann beleuchtet diesen Vorgang die lebendige Beschreibung Fürstenaus, die er über die Uraufführung von Hasses Oper *Ezio* am 20. Januar 1754 im Rahmen des Operncarnevals gibt: »Die Ausstattung der Oper überbot Alles, was man bis dahin gesehen hatte, selbst die des *Soliman*. Dieser *Ezio* gehört übrigens wohl zu den besten Opernbüchern des Metastasio, weshalb ihn Hasse mit besonderer Vorliebe componirt haben soll; Hiller hält ihn wegen des mannichfaltigen und charakteristischen Ausdrucks für eine der gelungensten Opern Hasse's. Er füllte daher auch ganz allein den Carneval hindurch das Haus ›bis zum Bersten.‹ Im Gesang und Spiel zeichnete sich vor Allen die Signora Albuzzi aus, eine zweite Faustina, welche – sagt Törmer – keiner Oboe, auch jener des jüngeren Besozzi nicht, den Rang an Höhe lasse und so lange Triller schlage, daß dem Zuhörer bange werde um ihr Leben. Im 3. Akte (10. Sc.) hatte nämlich Hasse eine Arie mit obligater Oboe geschrieben, welche die Albuzzi und F. Besozzi meisterhaft ausführten. Hiller (Lebensb.) erinnert sich dabei lebhaft des schönen Tones und der meisterhaften Spielart seines eben aus Italien zurückgekehrten Freundes Besozzi. Auch die Pilaja, Monticelli, Amorevoli, Belli und Rochetti gefielen sehr und insbesondere die Kapelle, welche großen Ruhm erntete. – Unter den Decorationen zeichneten sich besonders aus: Rom bei nächtlicher Beleuchtung, ein Garten mit natürlichen Springbrunnen und Wasserfall (damals ungemeines Aufsehen machend), sowie das Capitol. Die Maschinen, gefertigt und geleitet durch den Theatermaschinenmeister Reuß, gingen vortrefflich, erforderten aber auch, nebst der Beleuchtung durch mehr als 8000 Lichter und Lampen, an 250 Personen zur Anstellung. Im Triumphzuge des Aetius, der Alles, was Dresden bis dahin gesehen, überstrahlte, erschienen 400 Menschen, 102 Pferde, 5 Wagen, 8 Maul- und 8 Trampelthiere in folgender Ordnung: 1 römischer Offizier mit einem römischen Feldzeichen; 6 Velites (leicht bewaffnete Soldaten); 30 lorbeerbekränzte Musiker mit Trompeten, Krummhörnern und anderen Instrumenten; 2 römische Offiziere mit Feldzeichen und 24 Soldaten mit Piken (hastati); 12 gefangene Hunnen, 23 Principes (schwer bewaffnete Soldaten); 8 Maulthiere und 8 Kameele mit kostbaren Decken, Waffen und Beute, geführt von je 1 Sclaven; 4 Wagen (mit je 2 Pferden, 1 Knecht und 2 Soldaten), schwer mit Beute beladen, deren noch jetzt ein Theil im grünen Gewölbe prangt; 14 Triarii (Kernleute); 3 römische Feldzeichen von Offizieren getragen; 4 Soldaten mit 2 Tragen voll Beute und 4 Soldaten ebenso, insbesondere mit massiv goldenem Geschirr; 6 Soldaten mit Siegeszeichen; 4 lorbeerbekränzte Römer mit einer Trage, auf welcher ein alter, liegender Mann, gestützt auf ein dem Anscheine nach Wasser ausgießendes Gefäß, der den Marne-Fluß darstellte; 2 lorbeerbekränzte Römer mit einem Bilde, den Sieg des Aetius bei Chalons darstellend; das Decret des Kaisers Valentinian III., die Bewilligung des Triumphzugs an Aetius enthaltend, an einer Stange befestigt, getragen von einem ebenfalls mit Lorbeer bekränzten Römer; 26 Prätorianer; 6 Handpferde des Aetius mit kostbarem Geschirr und je 2 Knechten; 28 Ritter auf lauter schwarzen Pferden; 5 römische Feldzeichen, worunter eins mit des Kaisers Brustbild; 1 römischer Adler, getragen von einem römischen Offizier; 8 Lictoren; 9 Senatoren mit Lorbeerzweigen; 3 Römer mit Lorbeerkränzen und Rauchfässern; 12 römische Musiker; der Triumphwagen des Aetius, von 4 prächtigen Isabellen gezogen, neben einander gespannt, begleitet von Offizieren und Soldaten; 9 Musiker; 3 Römer mit Lorbeerkränzen und Rauchfässern; 9 bekränzte Freunde und Anverwandte des Triumphators; 28 leichte Reiter; 20 Lixe Calones (Troßknechte); 20 schwerbewaffnete römische Soldaten, deren 60 überdies noch den prächtigen Thron des Kaisers umgaben. Dieser Zug dauerte 25 Minuten; er wurde im Zwingergarten aufgestellt, weshalb sich dort immer Tausende von Menschen versammelten. Es war eine genaue Beschreibung desselben zum Gebrauche der Zuschauer gedruckt. – Die Tänze hatte Pitrot arrangirt; das Schlußballett, welches 3 Viertelstunden dauerte, wurde von 42 Gefangenen der 4 Welttheile ausgeführt, die jedoch nach und nach durch neue ›Corps‹ verstärkt wurden, so daß zuletzt 300 Personen auf der Bühne waren.«

Ein Jahr später neigt sich Dresdens Festesfreude endgültig ihrem Ende zu. Das Land lag schon wirtschaftlich und militärisch mit zerrütteten Staatsfinanzen darnieder, als am 9. September 1756 die Preußen einmarschierten. Drei Jahre später mußten die Preußen den österreichischen Truppen weichen.

General von Schmettau, der preußische Stadtkommandant hatte 1758 die Pirnaische Vorstadt abbrennen lassen, um die Österreicher besser beschießen zu können. Ein Jahr später brannte er auch die Wilsdruffer Vorstadt ab. Nun preßten die Österreicher zu ihrer Versorgung aus den Dresdnern noch heraus, was von den Preußen nicht requiriert worden war. Hungersnöte brachen aus. Seuchen suchten die Stadt heim. Der König, die Prinzen und der Premierminister Graf Brühl waren derweil nach Warschau geflohen. 1760 rückten die Preußen wieder an und beschossen die Stadt, so daß sie zu ihrem größten Teile in Flammen aufging und verwüstet wurde. Mit dem Ende des Siebenjährigen Krieges war Sachsens Macht und Glanz und Ansehen vollends dahin. Die Notwendigkeit der Wiederbelebung der Wirtschaft des Landes und der Stadt führte neue politische Kräfte auf den Plan, die, aus bürgerlichen Kreisen stammend und an den Ideen der Aufklärung geschult, auf eine Reorganisation des Staatswesens drängten. Dadurch wurden der manufakturkapitalistischen Entwicklung in Sachsen sowie dem Handel und Gewerbe großzügigere Bedingungen geschaffen. Die Kapitalisierung Sachsens schritt immer stürmischer voran.

Das vitale sächsisch-dresdnerische Festesgebaren von ehedem hatte keine Grundlagen mehr. 1763 waren die geldaufwendige italienische Oper, das Ballett und die Komödie entlassen worden. Die Verstrickungen Dresdens in die Eroberungsunternehmen Napoleons und die Maiaufstände von 1849 verhinderten ein Wiederaufblühen alten Festesglanzes. Nach 1849 herrschte auch in Dresden die finsterste Reaktion. Hatte es mit den bürgerlich-patriotischen Opernbestrebungen in der ersten Hälfte des 19. Jahrhunderts einen Neuansatz und einen vor allem mit dem Wirken von Carl Maria von Weber und Richard Wagner verbundenen Aufschwung gegeben, der Dresden wieder als Musikstadt zu hohem Ansehen in der Welt verhalf, folgte der Niederlage des Maiaufstandes 1849 auch ein noch nie dagewesener Niedergang von Kultur und Kunst. Erst der 1872 von Graz nach Dresden berufene Ernst von Schuch vermochte dem Dresdner Musikleben mit der Oper im Mittelpunkt wieder einen Aufstieg zu verschaffen, der in Verbindung mit den aufsehenerregenden Uraufführungen von *Salome* und *Elektra* seine Weltgeltung erneut unter Beweis zu stellen vermochte. An die Ausrichtung von Festspielen konnte vorerst in Dresden nicht gedacht werden. Im Rahmen seiner Tonkünstlerfeste führte der Allgemeine Deutsche Musikverein im Jahre 1907 in Dresden ein Musikfest durch, das eine einmalige Veranstaltung blieb. Im Jahre 1928 unternahm Dresden den ersten Großversuch im 20. Jahrhundert, ein Musikfest mit internationaler Geltung auf die Beine zu stellen. Es bleibt bei den ersten Sommerfestspielen 1928, in deren Rahmen die Uraufführung der *Ägyptischen Helena* von Richard Strauss stattfand. Das Vorhaben fiel der Weltwirtschaftskrise zum Opfer.

1936 finden in der Zeit vom 16. bis 26. August in Dresden Opernfestwochen statt. Der Dresdner Musiksommer im Juni 1939 läßt eine größere Komplexität des Veranstaltungsprogrammes erkennen. Den Kern bildeten die Richard-Strauss-Tage der Sächsischen Staatsoper. Auf dem Spielplan standen *Der Rosenkavalier* (11. Juni), *Ariadne auf Naxos* (13. Juni, Gastdirigent: Richard Strauss), *Die Frau ohne Schatten* (15. Juni), *Daphne* (17. Juni), *Arabella* (18. Juni, Gastdirigent: Richard Strauss), *Elektra* (20. Juni), *Feuersnot/Josephslegende* (22. Juni), *Couperin-Suite/Friedenstag* (25. Juni), Strauss-Konzert (27. Juni), *Der Rosenkavalier* (29. Juni). Die Festaufführungen dirigierte Karl Böhm. Ein großes geschlossenes Sängerensemble stand zur Verfügung: Mathieu Ahlersmeyer, Margarete Bäumer, Kurt Böhme, Maria Cebotari, Hilde Clairfried, Rudolf Dittrich, Ludwig Ermold, Marta Fuchs, Helene Jung, Inger Karén, Anni Konetzni, Martin Kremer, Sven Nilsson, Torsten Ralf, Marta Rohs, Erna Sack, Arno Schellenberg, Paul Schöffler, Margarete Teschemacher, Willy Treffner und Elsa Wieber. Die Dresdner Philharmonie steuerte unter ihrem Leiter Paul van Kempen sechs Festkonzerte »Reger – Pfitzner – Strauss« bei mit den Solisten Karl Weiß, Ludwig Hoelscher, Siegfried Borries, Lubka Kolessa, Wilhelm Kempff, Georg Kulenkampff. Solist eines Liederabends mit Orchester war Helge Roswaenge. Neben Zwinger- Serenaden der Dresdner Philharmonie »mittwochs und sonnabends« unter Mitwirkung hervorragender Solisten und des Kreuzchores veranstaltete die Dresdner Philharmonie vier Beethoven-Konzerte unter der Leitung von Eugen Jochum (Hamburg) 4. Juli, Paul van Kempen (Dresden) 11. Juli, Franz Konwitschny (Frankfurt am Main) 18. Juli und Herbert von Karajan (Berlin und Aachen) 25. Juli. Der Kreuzchor gab am 26. Juni unter Rudolf Mauersberger mit Herbert Collum an der Orgel ein Chorkonzert, ebenso am 16. Juni der Sophienchor unter der Leitung von Hans Heintze mit Joseph Haydns *Die Schöpfung*. Im Garten des Schlosses Albrechtsberg fanden Teekonzerte unter Mitwirkung des Balletts der Dresdner Staatsoper statt. Kammermusik erklang in den Sälen des Lingnerschlosses, des Schlosses Albrechtsberg und des Rathauses.

Abgesehen von diesen einzelnen Initiativen konnte sich zwischen 1755 und 1978 kein großes Musikfest mit periodischem Rhythmus etablieren. Sofern die Vorläuferschaft der Dresdner Musenfeste mit den Dresdner Musikfestspielen in Zusammenhang gebracht wird, besteht zwischen beiden keine Kontinuität des Überganges. Unter den neuen gesellschaftlichen Verhältnissen erst wurde es wieder möglich, Musikfeste zu veranstalten und zu finanzieren, die sich an Fülle, Mannigfaltigkeit, Niveau, Internationalität im gewissen Sinne auf die dresdenspezifische Tradition berufen können.

Das Wiederaufleben des Festspielgedankens und seine historischen Traditionen lückenlos darzustellen, stößt auf eine Reihe von Schwierigkeiten. Eine, über die es noch tiefer nachzudenken lohnt, beruhte auf der beinahe ungezügelten Kunstwollust, die in Dresden über Jahrhunderte vorherrschte. Von einem hochgezüchteten Gelehrtentum, wie es Friedrich II. später mit seinen künstlerischen Ambitionen zu verbinden vermochte, hielten die Dresdner Fürstlichkeiten wenig oder möglicherweise gar nichts. Das aber hat ihre Verdienste um die Künste im Blickfeld der Geschichtsbetrachtung, das sich mehr an der Entwicklung des bürgerlich-aufklärerischen Denkens orientierte, verblassen lassen. Selbst die Nacherfindung des Porzellans wurde keinesfalls durch wissenschaftliche Bestrebungen verursacht, sondern entsprang einem rein praktischen und in entscheidendem Maße politischen Kalkül. In Ermangelung des echten sollte das weiße Gold die von Festivität und Kunst fortwährend geplünderten Kassen wieder auffüllen helfen.

Weltweit anerkannt wird allerdings heute ein glückliches Ergebnis dieses Kasseneifers. Es betrifft die reichen Kunstsammlungen, die in Dresden alles andere als beiläufig zusammengetragen worden sind. Wieder galt demnach das Sinnen und Trachten den Künsten, nicht aus Selbstlosigkeit im Interesse der Kunst an und für sich, sondern gewiß auch aus Repräsentationsgründen, doch liegt es an dieser, man ist fast geneigt zu sagen: Mentalität, die immer wieder mit nicht erlahmender Kraft sich im Künstlerischen auslebte. Wer sich wissenschaftlich der sächsischen Geistesgeschichte widmet, wird diesem besonderen Umstand Rechnung tragen müssen und wird sie nicht messen können an dem, was bürgerlich-aufklärerische Gelehrsamkeit der Menschheit an Fortschritt eingebracht hat. Das geschah an anderen, dafür geeigneteren Plätzen Europas. Darauf beruht jedoch ein Dilemma, in das sich zwangsläufig jeder begibt, der über die historische Einordnung des Dresdner Anteils an der allgemeinen Entwicklung zu forschen angehalten ist. Die Klage darüber, daß ausgerechnet die Kunststadt Dresden über keine auch nur einigermaßen ihren künstlerischen, zumal musikalischen Verdiensten und Leistungen angemessene Geschichtsschreibung verfügt, findet darin ihre Erklärung.

Jedermann sind heute Gütezeichen Dresdner Musiktraditionen geläufig: Kreuzchor, Staatskapelle, Oper, Philharmonie, Hochschule, dazu ein gutes Dutzend weltbedeutender Komponistennamen wie Schütz, Lotti, Hasse, Naumann, Weber, Wagner, Strauss, der wachsende internationale Ruf der heutigen Tonschöpfer, des weiteren ein gewaltiger Faszikel mit glänzenden Namen von Sängern, Virtuosen, Dirigenten, Kreuzkantoren, und ein Musikpublikum von Ruf, ein Fall, der seinesgleichen sucht.

Fragt man jedoch, nunmehr genauer, worin denn die Dresdner Musiktraditionen ihrem Wesen nach bestehen, welche Impulse von ihnen ausgegangen sind, welche historische Hypothek diesbezüglich gegenwärtig und künftig auf dieser Stadt lastet, in welche Richtungen sie gewirkt haben und noch wirken, worin ihre Stärken zu suchen sind, was sie unverwechselbar macht, wie sie die allgemeine menschliche Emanzipation in deren Fortschritt merklich befördert haben, so sind mehr Ausrufe staunender Bewunderung von außerhalb der Mauern und solche emotional überwältigenden Selbstgefühls von innerhalb zu vernehmen als wissenschaftlich schlüssige Antworten.

Darauf beruht jedenfalls eine der hauptsächlichen Merkwürdigkeiten Dresdner Musiktraditionen, daß sie seit Jahrhunderten, eigentlich seit dem Anbruch der Neuzeit, fortdauernd intensiv und auf kaum vergleichbare Weise produktiv geblieben sind, durch verheerende Katastrophen hindurch wie den Dreißigjährigen Krieg und die Weltkriege unseres Jahrhunderts, ohne daß sich die unmittelbar Beteiligten um ihr eigenes historisches Selbstverständnis nennenswert gekümmert haben.

Eine weitere Schwierigkeit besteht deshalb in folgendem: Als die deutsche Musikgeschichtsschreibung im 19. Jahrhundert an Ansehen und meinungsbildendem Einfluß gewann, geschah das im Nachhall patriotischen Aufschwunges in den Befreiungskriegen und gleichzeitig mit der Konstituierung eines deutschen bürgerlich-demokratischen Nationalbewußtseins. Der Woge lohender Begeisterung folgte die Gefahr der nationalistischen Überspitzung auf dem Fuße. Mit der vollständigen Ausprägung der kapitalistischen Produktionsweise und der Verquickung ökonomischer Interessen mit politischem Weltmachtstreben erlag die deutsche Musikgeschichtsschreibung diesem verhängnisvollen Zug, den Fortschritt in der Musik im Sieg des Deutschen über das Welsche zu suchen. Die Dresdner Musikgeschichte geriet dabei ohne sonderliches Federlesen gleich mit unter den Hammer. So kommt es, daß man bis auf unsere Tage noch hört, wie der Höhepunkt sächsisch-dresdnerischen Musiklebens mit Webers Wirken um die deutsche Nationaloper veranschlagt wird. Schütz und Hasse paradieren sodann als eigentümlich zwitterhafte, wiewohl nicht unansehnliche Vorläufer, Wagner und Strauss demgegenüber als grandiose Nachläufer. Hasse, der große Aufklärer unter den Opera-seria-Komponisten, wird dabei als »König der italienischen Oper« von den Deutschen abserviert, wohingegen die Italiener in ihm den »göttlichen Sachsen« feierten. Auch Schütz hat alles andere als nationalen Verrat verspürt, als er nach Italien ging, um dort das seinerzeit Beste zu holen, wo die aufgeklärtesten Köpfe in Wirtschaft, Kunst und Politik dem Lande europäische Anziehungskraft zu verschaffen vermocht hatten. Im Sieg des Deutschen übers Welsche geht die Geschichte der Dresdner Musiktraditionen und Musikfeste jedenfalls nicht auf. Der wohl beschlagenste Kenner ihrer Besonderheiten, Moritz Fürstenau, schreibt im Mai 1862: »Häufiges Reisen in's Ausland und vielseitige anderweitige Verbindungen mit demselben brachten den Gebildeten der Nation Empfänglichkeit für Gegenstände bei, die man bisher in der Heimat nicht gekannt und nicht geehrt hatte.« An gleicher Stelle formuliert er mit noch schärferer Deutlichkeit folgende entscheidende, die »Siegeskonzeption« entkräftigende Gedanken: »Die Pflege ausländischer Kunst am sächsischen Hofe war übrigens von größtem Einflusse auf die Entwickelung deutscher Talente und deutscher Tonkunst. In Dresden sah Friederike Caroline Neuber französische Tragödien und französische Schauspieler, – in Dresden hörten Graun's, Benda's u. A. die Meisterwerke Italiens, bildeten sich danach und schufen so, Deutschlands und Italiens Muse vermählend, eine Schule, aus welcher gar viele tüchtige Meister hervorgingen. . . . Man wende nicht ein, daß durch solche Pflege ausländischer Kunst die Entwicklung der einheimischen aufgehalten worden wäre. Die Geschichte hat darüber entschieden. Das Capital, welches fremde Künstler für ihre Leistungen dem deutschen Vaterlande entnahmen, trug dem letzteren wucherische Zinsen.« Und beiläufig bemerkt er dazu: »Wien und Dresden waren damals in Deutschland wahrhafte musikalische

Lehranstalten, denen sich später Berlin anschloß, nachdem Friedrich der Große 1728 zum erstenmale Kapelle und Oper in Dresden gehört hatte.« (Fürstenau, a.a.O., II, 1) Die Dresdner Musiktraditionen schöpften demnach Größe und Kraft aus der Vermittlung zwischen Südeuropäischem und Nordeuropäischem. Wir treffen den Erz-Dresdner Heinrich Schütz in Italien wie auch in Kopenhagen an. Und der in Dresden-Blasewitz gebürtige Johann Gottlieb Naumann studierte in Italien, folgte aber schon 1777 als Dresdner Hofkapellmeister einem Ruf nach Kopenhagen und nach Stockholm, um ». . . dem schwedischen König zu helfen, eine Nationaloper zu schaffen, nach der er so eifrig strebte«. (Aulin/Connor, Svensk musik, Lund 1974, 181)

Fürstenau bemerkt: »Dresden war damals der Wallfahrtsort vieler, namentlich norddeutscher Musiker, welche der Drang nach Wissen und Aufklärung über die gerühmte italienische Musik dorthin trieb.« (Fürstenau, a.a.O., II., 150) Graf Jacob Heinrich von Flemming teilt unter dem 6. Oktober 1719 einem Fräulein von Schulenburg mit, daß Mister Händel in Dresden sei, um, wie ebenfalls durch Fürstenau zu erfahren ist, von den Mitgliedern der Dresdner Oper »die Besten für die von ihm gestiftete sogenannte königliche Academie nach London« zu holen. (a.a.O., 151) Händel ließ sich bei dieser Gelegenheit für ein Honorar von hundert Dukaten als Klavierspieler hören.

Die Vermittlung zwischen Südländischem und Nordischem erweist sich weniger völkerpsychologisch aufschlußreich, wie das die bürgerliche Musikwissenschaft gewöhnlich ausdeutet, sondern vielmehr historisch, weil der Süden und Norden Europas als aufgeklärt bürgerlich denkende und zeitig frühkapitalistisch wirtschaftende Regionen ein feudal beharrendes Binnengebiet umschlossen, in welchem das sächsische Kurfürstentum in besonderem Ansehen stand, hatte es sich doch im modernen Sinn international und quasi demokratisch zu öffnen vermocht. In Italien, Frankreich, den Niederlanden, England und Dänemark waren Bürgergeist und Bürgerfleiß zu wirtschaftlicher Macht und politischer Initiative von Ausmaß gediehen, floß humanistische Gesinnung mit dem Anspruch auf Freiheit zusammen, anerzog die Kunst dem Menschen unmerklich das Empfinden sozialer Verantwortlichkeit, was in Klassenordnungen den Stachel auf soziale Veränderungen in sich trägt. Bis zu welchem Grade der Selbstbewußtheit diese Vermittlerschaft den Dresdnern gediehen ist, spielt angesichts der Tatsache, daß ihr Inhalt vom historischen Fortschritt gespeist war und diesem zu Buche schlug, eine nebensächliche Rolle. Renaissance und Reformation markieren grob gesprochen die Eckpfeiler der Weltanschauung eines Heinrich Schütz, aus der heraus er eben nicht bloß Musik von Italien nach Dresden transportierte, sondern hier wie dort eigenständig sein Jahrhundertwerk erschuf. Hasse, dem die Deutschen sein Nichtherausfinden aus dem Italienischen als Mangel anzulasten geneigt waren, hat sein eigentliches Verdienst auf ganz anderem Gebiet, im Eingehen nämlich auf die aufklärerischen Zeichen der Zeit in ethisch-moralischer Wirkensabsicht. Aus patriotischer Überzeugung mit ausgesprochen politischem Sinn schufen, als die Zeiten dazu auch in Dresden herangereift waren, Weber und Wagner, wobei letzterer sogar anarchistisch-revolutionäre Ambitionen an den Tag legte. Offensichtlich sind sich die Dresdner Fürstlichkeiten bis zur revolutionären Explosion 1848 über diese musikgeschichtliche Kontinuität über ihren Häuptern, welche die sozialhistorischen Fundamente unter ihren Sitzen aushöhlen halfen, angefangen bei Schütz, im unklaren gewesen.

Der Umgang mit Kunst nährt generell die Vorstellung von einer alternativen freien Lebensweise und schürt das Verlangen nach allgemein menschlicher Emanzipation besonders dort, wo unter dem Zwang äußerer Verhältnisse die dem Gattungswesen eigene Selbstverwirklichung des Menschen beschnitten oder genommen ist. Karl Marx' Ausführungen in den »Ökonomisch-philosophischen Manuskripten« zur Entfremdung legen diese verallgemeinerte Folgerung nahe. Kunst befördert jene Antriebe, welche auf die Überwindung des unnatürlichen Zustandes der Entfremdung drängen, welche im Menschen Tatbereitschaft erzeugen, die Verhältnisse außerhalb des künstlerischen Verhaltens ebenfalls wieder so zu gestalten, daß eine dem Menschen und seinem Bilde gemäße Wirklichkeit entsteht. Diesen Humanisierungsprozeß betreiben alle Künste auf ihre Weise, besonders anschaulich auch jene, die menschliche Aktion in der dieser eigenen Bewegung und Bewegungsrichtung und in der dieser eigenen verpflichtenden Inhaltlichkeit mit den Mitteln der Vorführung des bewegten Menschen selbst zeigt, wo sich der leibliche Mensch selbst zum bewegten Darstellungsgegenstand der Kunst erhebt, verkörpert in der Gestik und Gebärdensprache des künstlerischen Tanzes und des szenischen Arrangements. Bereits in den mimetischen Riten urgemeinschaftlicher Jäger bildet er sich heraus, und sogar noch dort, wo er sich der Rollen von Najaden, Nymphen, Satyrn und Göttern bemächtigt, bleiben seine Bewegungsformen und gestischen Ausdrucksmittel ihrer Verwurzelung in den menschlichen freien Verhaltens- und Tätigkeitsabläufen zutiefst verhaftet. Künstlerischer Tanz bedeutet solchermaßen bewußt im freien Selbstzweck ausgeführte menschliche Tätigkeit. Angesichts dessen tritt die reale objektive Einbegriffenheit auch von Politik in Kunst zutage, selbst dann noch, wenn dieser keine ausdrücklich auf Politik zugeschnittene Fabel zugrunde gelegt ist.

Den Dresdner Fürstlichkeiten erblühte dieses Wissen von den Zusammenhängen erst, als ihr Kunstfanatismus ihnen als negative politische Erfahrung aufging. Die steckbriefliche Verfolgung Richard Wagners konnte daran nichts mehr ändern. Als schließlich die bürgerliche Musikkultur Dresdens im Weltbürgertum eines Richard Strauss sich zu erfüllen schien, traten Kräfte auf den Plan, an denen der Vollendungstraum zerbrach. Eine neue Qualität von revolutionären Bewegungen begann die bürgerliche Ordnung in Frage zu stellen und zu negieren. Die Flucht in den poetischen Schein von einer heilen Welt verweist durch das Prisma der Sehnsucht in Richard Strauss' Musik auf den von ihm mehr erahnten als erkannten klaffenden Riß in der Welt seines Weltbürgertums. Diesseits davon sind auf dem Boden des Vollzugs der sozialistischen Revolution die Jüngsten in den Dresdner Musiktraditionen vehement angetreten. Der Glanz der früheren Jahre verlor sich nicht, auch nicht, als der Faschismus die Stadt an den Rand der Auslöschung ihrer physischen Existenz gebracht hatte, sondern er begann vitaler noch als jemals zu erstrahlen, reicher und in einem neuen Schein. Westlich unserer Landesgrenzen wird angesichts dessen von einem Wunder gesprochen; wir wissen die Erklärung dieses Wunders.

Auf einen Umstand sei jedoch besonders aufmerksam gemacht: Die Jahrhunderte währende befruchtende Polarisation Süd-Nord hat sich im neuen Weltgefüge um neunzig Grad gedreht. Die aktuellen Auseinandersetzungen um das Wohl der Menschheit finden zwischen zwei Weltlagern statt, die geographisch östlich und westlich angesiedelt sind. Sie weisen den Dresdner Musiktraditionen ihr gegenwärtiges und künftiges Bewährungsfeld an.

Plötzlich wird die Erinnerung daran erheblich, daß Dresden auch ein Berührungspunkt für polnische, böhmische Musik mit deutsch-italienischer gewesen ist. Hier befindet sich die Forschung noch vor einer verpflichtenden Aufgabe, denn mit der Herzählung von ein paar Namen ist es nicht getan. Diese fernen Verwurzelungen wuchsen zu starken Bindungen heran. Wenn Peter Rösel, Christian Funke und viele andere ihre Meisterschaft an sowjetischen Konservatorien erwarben, dann werden die neuen Möglichkeiten, aus denen die Dresdner Musiktraditionen zunutze ihres blühenden Fortbestehens und Wachstums heutzutage schöpfen können, besonders augenfällig. Zu einem schönen Sinnbild verdichtet sich das Gedenken an Dmitri Schostakowitsch, als er in der Nähe Dresdens in seiner Huldigung an die Stadt eines seiner ergreifendsten Werke schuf. Und wieder ist die Stadt in den Zug des menschheitlichen Fortschritts eingespannt, und wieder werden ihr die gewaltigsten Anstrengungen abgefordert, und wieder fühlt sie sich einer Stadt besonders verbunden: Leningrad; zu übersehen ist aber auch die Schicksalsgleichheit mit Coventry nicht; mit beiden Partnerstädten im symbolischen Bunde wirkt Dresden in die Zukunft, daß niemals wieder solches Leiden den Menschen widerfahren möge.

Als Dresden sich vordem aus den angedeuteten Gründen vor allem Venedig zugetan fühlte, hing Moritz Fürstenau dem folgenden Gedanken nach: »Welche Lust, Freude, Pracht und Ueppigkeit mag damals in Dresden geherrscht haben. Der Ruf der Septemberfestlichkeiten, welcher Tausende von Neugierigen nach Dresden gezogen hatte, erschallte zu jener Zeit durch die ganze Welt.« (Fürstenau, a.a.O., II, 149) Geändert hat sich daran Grundsätzliches, nicht an der Lust, Freude, Pracht und Üppigkeit so sehr, denn die Schlösser, Parks und Gärten müssen noch genauso dafür herhalten, wie der Semperbau, sondern insofern die jetzigen Dresdner Musenfeste die ureigenste Sache eines jeden Einwohners der Stadt sind. Der Umgang mit den Schätzen der Kunst birgt hier und heute seiner Anlage nach die Möglichkeit zum Massenverhalten in sich. Das hat es, solange Klassengesellschaften existieren, nicht mehr gegeben.

Wie demnach der »Siegesgedanke« vom Deutschen übers Welsche als musikhistorisches Fortschrittskriterium bezogen auf die sächsisch-dresdnerischen Musiktraditionen nicht aufrechterhalten werden kann, so auch nicht sein vulgär-materialistisches Gegenstück, in Dresden hätten sich höfisch-reaktionäre Musikkultur und bürgerlich-fortschrittliche kämpfend gegenübergestanden. Fürstliches Repräsentationsstreben und bürgerliches Selbstbewußtsein hielten sich die Waage und zusammenhängend damit Weltaufgeschlossenheit und Entfaltungswillen eigener Potenz. Die fortdauernde Anziehungskraft der Dresdner Musikkultur entspringt der Dialektik von Heranziehung befähigter Köpfe und eigenem Leistungsstreben. Bedeutende Musiker wurden seßhaft, und die Dynamik der Entwicklung von Neuem aus Anregungen von überallher verband sich mit Beharrlichkeit fürs Reifen und Gedeihen. Seit jeher haben die Dresdner Fürstlichkeiten und späterhin die Regierenden ein exzellentes Geschick darin bewiesen, begabte Männer nach Dresden zu engagieren, ohne es diesen sodann besonders leicht zu machen. So bietet sich uns das seltsame Bild eines Widerstreites in der Brust des einzelnen, geehrt und geachtet zu leben und sich dennoch energisch durchsetzen zu müssen. Jedem war auf diese Weise die höchste Anspannung seiner Kräfte abgefordert, was bekanntlich die Voraussetzung für höchste Leistungen darstellt. Doch auch darin steckt nicht die Laune der Fürsten, sondern eine historische soziale Bedingtheit.

Die Heinrich Schütz beispielsweise zugedachte Funktion, die Hofmusik zur Mehrung des Ansehens des sächsischen Hofes nach bestem Vermögen zu betreiben und sie unter zwar wechselnden Bedingungen im Grunde auch so betreiben zu können, kollidierte mit einer durch Schütz' Herkunft und Gewissen veranlagten inhaltlich-schöpferischen Haltung, der im Keime plebejisch-rebellische Züge anhaften, in ihren Anhaltspunkten vor allem greifbar in seinen Eingaben, Forderungen und Gesuchen. Bei Weber rundet sich eine ähnliche Grundeinstellung regulär zum patriotischen Programm. Wagner schließlich verhält sich bürgerlich-revolutionär. Musik war im Gefolge dieser wachsenden Politisierung einer antifeudalen Einstellung niemals bloß ergötzliche Klanglichkeit schlechthin, sondern das im musikalischen Fühlen vermittelte besondere Interesse der Bürgerklasse.

Wer annimmt, die sächsisch-dresdnerische Musikkultur habe sich in der miefigen Abgeschiedenheit aristokratisch-zopfiger Residenzatmosphäre entwickelt, isoliert von den führenden geistigen und sozial-revolutionären Prozessen der Geschichte, irrt. Allerdings ist dazu eine stärkere Gewöhnung daran vonnöten, daß Kunstbetrieb, der sich an den fortschrittlichsten Gegebenheiten der jeweiligen Zeit außerhalb der Landesgrenzen schult, durchaus Fortschritte im eigenen Lande vorbereiten und bewirken helfen kann. Wer nämlich außerdem annimmt, die Dresdner Musiktraditionen wären auf einen gemütlich-genüßlichen Einvernehmensakt mit sächsischem Kurfürsten- und Königstume hinausgelaufen, irrt sehr. Durchgängig war bürgerliches Selbstbewußtsein unter höfischer Etikette der Substanz nach tonangebend. Das nimmt vermutlich nicht erst bei Schütz seinen Anfang.

Diese dem historischen Fortschritt verhaftete innere Dynamik erlangt nach der Staatsgründung der DDR eine neue Qualität und neuen Auftrieb, insofern nunmehr die ehemals unteren Klassen und Schichten, vor allem die Arbeiter und Bauern, die potentiellen Nutznießer aller Kunstleistungen werden. Dem Kulturleben erwachsen daraus Konsequenzen von Ausmaß. Nicht mehr gegen eine herrschende Klasse gilt es durch die Blume der Kunst zu opponieren, denn das bedeutete nichts anderes als Opposition gegen sich selbst, sondern die neuen Herren des Landes wachsen mit ihren Zielen, Haltungen, Verhaltensweisen, mit ihrem Denken, Fühlen und Handeln auch in die Rollen der Helden und Akteure der Kunst hinein. Das Verhältnis zur Geschichte selbst erscheint plötzlich in gewaltiger Dimension zum Gegenstand künstlerischen Gestaltens erhoben, die episodischen Geschichten und Geschichte ersetzend, die Geschichte in ihrem universellen Bewegungszug von der Klassengesellschaft zur klassenlosen, dem Ausbruch des Menschen aus dem Joch in die Freiheit, phantastisch versinnbildlicht im Fluge des Schuhu und der Prinzessin durch die Zeiten und Welten mit ihrer Ankunft auf dem Berge Kaukasus, der Erlösungsstätte des Menschen durch das Feuer des Prometheus, die auf ebenso wunderbare Weise durch die revolutionäre Tat des Menschen zugleich zum Land des ersten sozialistischen Staates der Welt gehörig ist.

Bereits durch Schütz gelang den Dresdner Musiktraditionen der Anschluß an die fortschrittlichste und zugleich zukunftsträchtigste Kunstform: das Musiktheater. Seitdem hat Dresden seine Hauptleistungen schöpferisch gleichwie nachschöpferisch auf diesem Gebiet vollbracht. Seitdem schwingt Musiktheater wie ein berückender Hauch im Atem dieser Stadt.

Um das zu begreifen, genügt es nicht, Musikgeschichte nur als eine Summe von Partituren und anderem Notenmaterial zu interpretieren. Zumal die Dresdner Musiktheatergeschichte gilt es daran zu messen, was die einzelnen Werke an Kunstleben allgemein anzuregen und dem ganzen Umfang nach in Gang zu setzen vermocht haben. Auch nicht die perfekteste Analyse einer Opernpartitur von Lotti oder Hasse sagt etwas darüber aus, wie Musiktheater Lebensbestandteil eines Staates war.

Die Handwerke bekamen reichlich und in hohen Ansprüchen zu schaffen. Das Schweigen der historischen Quellen über ihre Leistungen täuscht nicht über die Tatsache hinweg, daß sie die kompliziertesten Maschinerien zu bauen und zu betreiben und alle weiteren materiellen Zurüstungen den beinahe täglich abwechselnden Themen entsprechend phantasiereich auszuführen hatten. Hier bot sich ihnen Gelegenheit, Blick und Geschick und vor allem ihren Geschmack zu kultivieren und aus der Arbeit für die Kunst im weitesten Sinne geistigen Fortschritt zu profitieren, indem sie durch die Tätigkeit ihrer Hände und Hirne ein Anflug von Freiheit und Selbstverwirklichung anwehte. In dieser mannigfaltigen Vollkommenheit konnte darin das eifrigste bürgerlich-städtische Collegium musicum nicht mithalten.

Bedenken wir überdies: Was einen die europäische Kunstwelt überstrahlenden Namen besaß, war über kurz oder lang auch tätig in Dresden. Der Geist des Fortschritts aus den Kunstzentren damaliger Zeit verpflanzte sich durch die Zusammenarbeit mit den einheimischen Künstlern auf die eigenen Verhältnisse und bewahrte diese vor Zurückgebliebenheit. Gleichzeitig wirkte Dresdner Kunst eigenständig in ihrer Eigenart wieder auf diese Kunstzentren zurück und auf andere sich entwickelnde ein, besonders auf jene in Polen, Dänemark und Schweden. Offenbar vollzog sich die besondere Form quasi-demokratischer Öffnung des sächsischen Kurfürstentums außer unter dem Druck sich verschiebender wirtschaftlicher Machtverhältnisse vor allem im Sog dieses umfassenden Kunstprozesses.

Das erste Dresdner Opern- und Komödienhaus, das im Jahre 1667 eröffnet worden war, bestand aus »Pirnaischen harten Steinen«, wie Weck berichtet, und war »so hoch und groß ausgeführet, daß 2000 Menschen füglich darinne zuschauen können«. (Fürstenau, a.a.O., I, 220). Das ins Verhältnis zur Bevölkerungszahl Dresdens von heute gesetzt, würde bedeuten, die Semperoper müßte mit annähernd vierzigtausend Sitzplätzen ausgestattet werden. Der ungeheure Ansturm der Dresdner »Bürger und Weiber« auf das Opern- und Komödienhaus gab Anlaß zu einer Reihe von Befehlen und Kabinettsordern, die einen Außenstehenden sprachlos machen. Fürstenau schreibt: »Gegen die Mißachtung der Wachen, gegen das unbefugte Besuchen der Bühne, sowie gegen das muthwillige Verletzen der Decorationen und Theaterutensilien wurden gedruckte Befehle erlassen.« (Fürstenau, a.a.O., I, 261)

Berittene wurden durch die Stadt geschickt, um die Leute anzuschnauzen, damit sie sich im Opernhaus ordentlich benehmen lernen. Noch ein dreiviertel Jahrhundert nach der Eröffnung mußte die Billettausgabe rigoros auf eintausenddreihundert Stück eingeschränkt werden, um Insolentien vorzubeugen, und trotzdem kamen bei glanzvollen Vorstellungen zweitausendzweihundert Zuschauer zusammen. Sichtlich setzen sich diese Traditionen heutzutage in Leuten fort, die mit Schildern vor der Brust »Suche eine Karte« vor den Eingängen der Theater- und Konzertsäle herumlauern. Die Volkspolizei hat hingegen die Tradition, die Leute eines besseren Benehmens im Opernhaus halber anzuschnauzen, fahren lassen können.

Die Spielpläne strotzten vor Mannigfaltigkeit: Antike Mythologie, biblische Geschichte, bukolische Idyllik, Schwänke aus dem Bürger- und Bauernleben, Phantastisches aus Götter- und Geisterwelt, Symbolistik aus Natur und Universum, Heldenstorys, historische Ereignisse, menschliche Schwächen, Liebeshändel, Entführungen und Verführungen; im Grunde wurde nichts ausgelassen, was das Lebensgefühl lustvoll zu beflügeln angetan war.

Dieses Theaterspiel zeichnet ein deftiger Schuß Naivität aus. Führen wir uns das anhand der hochberühmten Oper *Il Paride* vor Augen. Dort gehet Paris ». . . in die Gemächer der Helena und wird von ihr gescholten: der sich aber, als einen Fürsten, und in sie verliebet, angiebt, um Verzeihung der Kühnheit, und Labsal seiner Brunst bittet. Helena überwunden, von so mächtigem Anfalle, wirfft sich auff das Bette, und macht aus ihren Armen eine Liebes-Kette, um des Paris Hals; Und indem sie einander küssen, macht Amor die Fürhänge zu, und gehet aus den Gemächern«. (Fürstenau, a.a.O., I, 210); beachte: wirfft, gleichsam als wäre in den zwei ff der Affekt der Handlung verdeutlicht.) Eine musiktheatralische Behandlungsweise eines hehren klassischen Themas auf gut Sächsisch!

Feieranlässe wurden am sächsischen Hof mit ausschweifender Kunstbetätigung identisch gesetzt, wodurch Schmerz und Lust, Begräbnis und Hochzeit, Kirchenfest und Karneval ihre sattsam durchgeistigte, selbstbewußte Gehobenheit erhielten, daß die Anlässe, auch die gewöhnlichsten, ihrer ausgefallenen künstlerischen Erfülltheit halber in die Geschichte eingegangen sind. Wünschen wir dies unseren Musenfesten auch!

Die Kapitalisierung Sachsens verlief zögernd. Aber sie machte um Dresden keinen Bogen. Allerdings wurde hier das Auseinanderbrechen dieser scheinbar vollkommenen, mit sich annehmlich beschäftigten, auf sich beruhenden Welt jäher und schmerzlicher empfunden als dort, wo der Kapitalismus schon tiefere Wurzeln geschlagen hatte. Die kapitalistische Entfremdung vermochte nichts Gleichwertiges mehr aufzubieten. Desto gewaltigere Anstrengungen unternahmen die Sachsen auf der Suche nach wieder heilen Welten, als die sich die verlorene in ihrer Erinnerung befestigt hatte, aber diese mußten ihnen zwangsläufig romantisch geraten. Dieser Widerspruch, der sich zwischen Wirklichkeit und Kunst auftat, wurde in seinen Antrieben zur Überwindung der Entfremdung dem Fortgange der Geschichte äußerst fruchtbar. Er trieb einer Lösung im bewußten politischen Handeln zu. Nicht von ungefähr finden wir Weber und Wagner unter den Romantikern dabei auf vorderem Posten.

Jedenfalls lassen sich die Dresdner Musiktraditionen keineswegs auf eine Summe überlieferter Notenwerke abstrahieren, auch nicht auf das sterile Ritual akademistischen Aufführungswesens mit andächtig lauschender bildungsbeflissener Hörerelite auf der einen und einer devot angebeteten Künstlerschar auf der anderen Seite. Vielmehr verkörpern sie etwas, was sich selbst einmal »Musenfest« genannt hat, was das Staatswesen total erfaßte, auch die »Bürger und Weiber«, auch die Soldaten, auch die Jagdtreiber.

In dieser Kunstpraxis ist ein schöner Schein von Gerechtigkeit und Harmonie lebendig, gleichsam die Überwindung menschlich-sozialer Unzulänglichkeit in einer totalen Kunstwelt. Nur zeigt sich diese Totalität eben nicht frei von innerem Widerspruch. Historischer Fortschrittswille ist dieser Kunstwelt als treibender Bodensatz immanent, denn sie nährt sich aus dem Kunstwirken realer Kunstproduzenten von den wirtschaftlich und geistig progressivsten Zentren Europas in bodenständiger Anverwandlung durch einheimische Künstler, die plebejisch-rustikalen Schichten entsprossen. Zugleich stachelt die künstlerisch hinreißend vorgeführte Totalität ein Verlangen auf Selbstverwirklichung an, das in den benachteiligten sozialen Schichten ein erwachendes wachsendes Bedürfnis auf Überschreitung der sozialen Schranken hervorruft.

Unsere gegenwärtigen Dresdner Musenfeste finden unter gesellschaftlichen Verhältnissen statt, in denen die sozialen Schranken der Klassenordnung beseitigt sind und der Weg zu Selbständigkeit und Selbstverwirklichung jedem offensteht. Der schöne Schein von Gerechtigkeit und Harmonie von einst hat sich seinen sozialen Voraussetzungen nach in gesellschaftliche Wirklichkeit verwandelt. Benachteiligungen aus sozialen Gründen gibt es nicht mehr. Jeder besitzt gleiche Chancen. Allein seine Leistungsfähigkeit ist ausschlaggebend. Die objektiven Beeinträchtigungen erwachsen heute schon in erheblichem Maße aus der begrenzten Zahl der Kapazitäten, speziell im Musiktheater der Sitzplatzkapazitäten. Jedoch ist das kein Problem der sozialen Ordnung, sondern eine Frage ihres Entwicklungsstandes im Bereich der materiellen Möglichkeiten und Bedingungen. Angesichts dieser totalen Freisetzung von Möglichkeiten verbietet es sich von selbst, den Dresdner Musikfestspielen eine Konzeption zugrunde zu legen, die nur partiellen Neigungen einzelner Bevölkerungsgruppen Rechnung trüge, etwa den Opernfreunden im engeren oder womöglich den Richard-Strauss-Verehrern im engsten. Hier verpflichtet die Besinnung auf die Tradition. Sie beweist eben, daß die Dresdner Musenfeste mit allem aufwarteten, wonach künstlerisches Bedürfnis in Verbindung mit Musik sich regen mochte. Welche Lust am Spiele herrschte da, am Spiel mit den Fabeln, mit den merkwürdigen Gestalten, die, zu neuem Leben erweckt, den eigenen Daseinskreis bereichern, mit den fremden Schicksalen, die die Lebenseinsicht schärfen, mit den Rührungen und Leidenschaften, die das Selbstgefühl dermaßen wunderbar kräftigen. Nichts von Geschmäcklertum, praller Genuß ist alles! In diesen bunten Spielen schaute diese Welt sich selbst an und befand sich im Spiel im Einvernehmen mit sich selbst.

Gerechtigkeit und Harmonie sind heute nicht mehr nur zum schönen Schein verdammt, sondern reale Möglichkeit geworden. Insofern bedeuten unsere Dresdner Musenfeste die endliche sozialhistorische Verwirklichung einer seit Jahrhunderten dem Sinne nach angelegten Form demokratischen Umgangs mit Kunst. Diese umfassende Erneuerung in der gesellschaftlichen Ordnung ermächtigt die Ausführenden der Festspielidee, all jene Gattungen wieder ins Licht gleichberechtigter Geltung zu rükken, die in Akademismus bildungsbürgerlichen Kunstbetriebs in den Schatten geraten waren. Das Geheimnis dieser Breitenwirkung und des Erfolges unserer heutigen Dresdner Musenfeste besteht in dieser Ermächtigung durch die Tradition und die neuen gesellschaftlichen Verhältnisse zur Totale.

Festliche Eröffnung der Dresdner Musikfestspiele 1980
mit dem Dresdner Kreuzchor und der Cappella Sagittariana
im Festsaal des Neuen Rathauses

Galeriekonzert der Pioniere
im Gobelinsaal der Sempergalerie

»Dresden singt und musiziert«
Kinder- und Jugendchor des Pionierpalastes
(Leitung Manfred Winter)
im Stallhof

Klanghaus petit 1985 im Kulturpalast

Staatsoper Dresden, Arnold Schönberg *Moses und Aron* im damaligen Großen Haus

HORST SEEGER

Dresdner Dramaturgie

Zu sagen, was »Dramaturgie« sei, macht manchmal selbst einem Dramaturgen Schwierigkeiten, und er erklärt sich lieber am praktischen Arbeitsbeispiel als theoretisch verallgemeinernd. – Recht hat er! Denn es gab und gibt soviel Dramaturgien wie es je verkündete und durchgesetzte Kunstabsichten gab. Geschichtsgebundene und aktuelle Komponenten kreuzen sich da aufs Lebendigste, Lokales tritt bedeutsam hinzu.

Die beteiligten, ja tragenden künstlerischen Institute, die Leitung der Musikfestspiele selbst werden in diesem Buch ihre Konzepte erläutern und sie aus dem eigenen Sein und aus der Entwicklung begründen. Die »Dramaturgie« eines Opernhauses, eines Konzertorchesters, einer Chorvereinigung erwächst aus der Verbindung von deren Traditionen mit den Leistungen und Aufgabenstellungen der Gegenwart und zielt dabei auf eine anreichernde Fortführung des Überlieferten. Es geht also um planvolle, proportionierte künstlerische Produktion und um deren ästhetischen Fortschritt.

Die Dresdner Staatsoper zum Beispiel folgte bei der Wiedereröffnung der Semperoper ihrer seit vielen Generationen aufgebauten Dramaturgie, indem sie Carl Maria von Weber und Richard Strauss an den Beginn setzte und eine Wagner-Premiere noch im Eröffnungsjahr folgen ließ, so jene Dresdner Opernmeister betonend, die seit je dem Spielplan den Akzent gaben. Zugleich aber verwies sie mit der Uraufführung einer Auftragsoper von Siegfried Matthus und einem Gegenwartsballett von Udo Zimmermann mit Nachdruck auf zwei neue tragende Komponenten, die sie sich in ihrer jüngsten Entwicklung angeeignet hat: das repertoirefähige neue Opernwerk; das abendfüllende neue Ballett als ständige Spielplanposition.

Das »Dramaturgische« an diesen vier ersten Aufführungen im neuen Hause war – und damit sei der Begriff definiert –, daß sie keineswegs Ausnahmen waren, Fest-Aufwände, die danach kaum mehr wiederkehrten, sondern seither so zum Dresdner Opernalltag gehören, wie sie in den Jahren vor der Wiedereröffnung der Semperoper dazu gehört hatten.

Nun aber eine *Dresdner* Dramaturgie! – Kann, was so offensichtlich an Einzelkonzepte gebunden ist, städtisch zusammengefaßt werden? Und sind jährlich sechzehn Festspieltage der Ort und Raum, das zu leisten?

Durchaus! Wenn zwei Bedingungen erfüllt sind: Erstens müssen die Einzelkonzepte der die Festspiele tragenden Kunstinstitute gemeinsam (wiewohl in Varianten) deutliche und bedeutsame Bindungen an den Ort und die, wie Goethe es nannte, »gesellschaftliche Lebensbildung« zeigen, so daß vom Unikalen über das Panorama der Vielfalt zum Vereinten der Weg genommen werden kann. Dies spiegelt der vorliegende Band in seinen Einzeldarstellungen. Zweitens muß der Reichtum der künstlerischen Kräfte eine gemeinsame, aufdeckbare Wurzel im benannten Heimatboden haben. Hiervon muß (am Beispiel des Musikdramatischen als des Hauptgegenstandes der Dresdner Musikfestspiele) noch die Rede sein.

Unser Titel okkupiert den Dramaturgie-Begriff mit jener Selbstbewußtheit für das Musikalische, die bislang das Schauspiel für sich beanspruchte. Und er ist natürlich an Lessing und dessen *Hamburgischer Dramaturgie* orientiert. Von ihm führen nicht zufällig die verschiedensten Verbindungslinien zur Dresdner Musikkultur der klassischen Epoche, und sie führen nicht nur zu den Lessing-Medaillons, die bereits den gemalten Vorhang des damaligen Societätstheaters (nahe der Dreikönigskirche) von 1779 schmückten, sodann den der zweiten Oper Gottfried Sempers, und die auch heute den wiedererstandenen zieren.

Sie sind vor allem musikdramaturgischer Natur.

Dabei billigt die Lessing-Forschung selbst ihrem epochemachenden Literatur-Heroen nur ein anekdotisches Verhältnis zur Musik zu. Natürlicherweise! Noch eine Generation vor Lessing, zu Beginn des 18. Jahrhunderts, war das Verhältnis von Operntext- zu Schauspieldrucken gleich dreizehn zu eins! Da hat etwas von der Heftigkeit und Ausschließlichkeit, mit der man damals gegen solche »Opernschwemme« agitierte, auf das heutige Verständnis abgefärbt.

Umso mehr sind wir veranlaßt, das scheinbar Musikanekdotische bei Lessing genauer zu inspizieren. Dabei wird sich herausstellen, daß sein ästhetisches Konzept in unserem Zusammenhang von grundlegender Bedeutung ist. Grundlegend auch im Hinblick auf die Dresdner Traditionen: dies bei weitem nicht nur, weil Lessing sich in Marpurgs *Critischem Musikus an der Spree* alexandrinisch ». . . über die Regeln der Wissenschaft zum Vergnügen, besonders der Poesie und der Tonkunst« äußert und dabei ein Loblied auf den gerade im Zenit seines Ruhmes stehenden Dresdner Opernchef Hasse anstimmt – nicht ohne zugleich den vom preußischen Hofe besoldeten Carl Heinrich Graun ebenso auszuzeichnen. Dieser zunächst lediglich geschickt anmutende Versuch, der sächsischen *und* der preußischen Metropole gerecht zu werden, war (nebenbei bemerkt) dialektisch begründet, denn die Adaption der italienischen Oper wurde hier wie dort von deutschen Komponisten-Kapellmeistern betrieben.

Aus dem Jahre der Arbeit bei Marpurg, 1749, aus Lessings Frühzeit also, stammt sein wenig bekanntes Libretto-Fragment *Tarantula*. Gleich fällt einem die für das damalige deutsche Drama so unangenehme Proportion von eins zu dreizehn wieder ein, wenn der kritische Autor sich unter dem ariosen Pseudonym »Leopolda di Vittati, Poeta di sua Maestà« zwar in der Vorrede als »Erneuerer des deutschen Operntheaters« ausgibt, dem Leser dann aber in den drei Szenen des Textbuch-Fragments ein Chor von Amputierten, Buckligen und Hinkenden entgegenschleicht, von denen eine Gesangskraft sich ihres Verstandes bereits soweit entäußert hat, daß sie den Kopf unter dem Arm trägt. Der Arzt, der diese hoffnungsvolle Mannschaft betreut, bekennt Opernästhetisches: »Darum habe ich auch in meinem Haus ganz weislich verordnet, daß fein alles gesungen wird. Es klingt noch einmal so gut. Ich singe auch meistenteils bei den Kranken, wenn ich Arzneien verordne. Es haben mich zwar einige ausgelacht, aber die Narren wissen nicht, daß ich es nur deswegen tu, damit man doch einen wahrscheinlichen Grund angeben könne, warum in dieser Oper alles gesungen wird.« Ist das nicht gar der Geist jenes Voltaire, der über die Oper spottet: »Was zu albern ist, um ausgesprochen zu werden, das läßt man singen?« – Zumindest scheint der Professor Gottsched nahe mit seiner Abkanzelung der Oper als des »ungereimtesten Werks, das der menschliche Verstand jemals erfunden«.

Von den Tarantel-Stichen, die der junge Hasse-Verehrer Lessing aufklärerisch der Hasse-Oper versetzte, gehen wir über zur zweiten, vermehrten Auflage des *Laokoon* (von 1788), die seine Pläne zur Ausdehnung der Untersuchungen über die Grenzen der Malerei und Poesie auf Musik und Tanzkunst enthält. – Zu jener Zeit war Hasse übrigens, nach Italien gewissermaßen heimgekehrt, seit fünf Jahren tot, und in Dresden ging es nicht mehr um die Barockoper, wohl aber um die Durchsetzung des bürgerlichen Elements auf der Musikbühne, um die Etablierung schließlich ihrer eigenen klassischen Epoche.

Eine Zentralfigur, was die künstlerische Potenz wie die Kraft der Anregung und Ausstrahlung betrifft, war dabei der in Blasewitz geborene und in

Dresden gestorbene Johann Gottlieb Naumann. Unsere Stadt hat ihn, dessen zweihundertfünfzigster Geburtstag sich nähert, leider frühzeitig aus ihrem Gedächtnis gestrichen. Vielleicht, weil er der einzige Einheimische unter den großen Komponisten Dresdens war und nicht von weit her wie Schütz, Hasse, Weber, Wagner oder Strauss? – Wir wollen darüber nicht rechten, vielmehr festhalten, daß dieser Schüler und Nachfolger Hasses es war, der zunächst die italienische Operntradition aufnahm, sich sodann in seinem Schaffen an der Ideenwelt der französischen Revolutionsepoche orientierte und schließlich – in Mozarts Opernjahrzehnt – im Rahmen antikischer Sujets der deutschen Oper geschichtlich wesentliche Anstöße gab.

Kehren wir im Rondo zum *Laokoon* und dessen durch musikalische Konzepte ergänzte Ausgabe von 1788 zurück, so befinden wir uns zugleich in der Zeit, da Gottfried Körner mehrfach von Dresden aus versucht, Schiller mit Naumann in der Arbeit an einer großen deutschen Oper zu verbinden. Die Jahre auch sind es, in denen Naumann für Kopenhagen einen dänischen *Orpheus* und eine *Medea* schreibt. Die Anregung zu solch einer Verknüpfung altklassischer Stoffe mit den modernen, national betonten Kunstzielen kommt von bürgerlich-dresdnischer Seite: Schon in den Siebzigerjahren taucht in Kreisen des hiesigen Societätstheaters der Gedanke an eine deutsche Orpheus-Oper mit Naumann als Komponisten auf. Das Libretto, von einem Hofrat Lindemann verfertigt, wird später der dänischen Oper Naumanns als Grundstein dienen.

Das Societätstheater, das uns als schlichter Bau im Hofe der heutigen Straße der Befreiung Nr. 19 erhalten ist, war als eines der frühen feststehenden bürgerlichen Liebhaber- und Gastiertheater Zentrum unverwechselbarer Dresdner Bestrebungen, bei denen man noch verweilen muß.

Die erste Vorstellung im hier bezeichneten eigenen Gebäude fand im Nathan-Jahr 1779 statt, und der neue Schmuckvorhang räumte, wie schon gesagt, eines seiner vier Dichter-Medaillons keinem anderen als Lessing ein. Der Kamenzer Pfarrerssohn stand hier in einer Reihe mit Shakespeare, Molière und – Friedrich Wilhelm Gotter. – Welch ungleiches Quartett, wird jeder meinen, der nicht daran erinnert wurde, daß Gotter, einer aus Goethes Wetzlarer Tafelrunde, Shakespeares *Sturm* im Geiste Wielands zu einem deutschen Opernlibretto *Die Geisterinsel* umgeformt hatte und nicht zuletzt Textautor der Benda, Schweitzer, Reichardt für deren Singspiele und Melodramen war, den damals modernsten Formen hiesigen musikalischen Theaters.

Daß Lessing auf der Kurtine des Societätstheaters so scheinbar bunt plaziert wurde, sagt viel aus über die Art des künstlerischen Anspruchs, der hier waltete. Einer der führenden Köpfe des Societätstheaters, Gottlieb Meißner aus Bautzen, rührig um die Untermischung dramatischer und musikalischer Kunst bemüht, dürfte gleichermaßen das Konterfei Gotters wie dasjenige Lessings auf dem Theatervorhang veranlaßt haben. Er war es auch, der Moses Mendelssohn und Lessing als Gäste mit dem neuen Freundschaftlichen Theater der Dresdner Bürger in Verbindung brachte, um so jene »Begegnung der Künste« zu fördern, die sich wie ein Programm durch die Arbeit dieser Kenner und Liebhaber aus allen künstlerischen Bereichen zieht und dem Hauptziel diente, Aufführungen zu ermöglichen, in denen das Publikum das künstlerische Anliegen voll und verständlich wahrnehmen konnte. – So drückt es der Übersetzer von Naumanns Oper *Cora* im Vorwort der deutschen Ausgabe aus, und so werden wir später Carl Maria von Webers umfangreiche musikpublizistische Arbeit in Dresden zu verstehen haben, die Wagner aufnahm.

Als Sozietät verstand man sich in der damaligen neustädtischen »Allee« und im kunstbeflissenen Dresden überhaupt bei weitem nicht nur im Sinne eines Vereins. Soziiert waren hier auch die Künste, und dabei war der Anteil der Dresdner Maler und Architekten an den theatralischen Bemühungen bei weitem nicht der geringste. Einer von ihnen hat das in einem Memorial politisch begründet und geschrieben: »Der Theatermaler hat einen entschiedenen Einfluß auf die bildenden Künste und den Geschmack der Nation.« In Sozietät brachten hier Komponisten, Librettisten, Übersetzer, Darsteller und Maler aber nicht zuletzt *die Poesie und die Musik*, und damit sind wir bei Lessing und seinem Laokoon-Nachtrag, der in der Feststellung gipfelt, daß »die Natur selbst sie [die eben genannten Schwesterkünste nämlich – H. S.] nicht sowohl zur Verbindung, als vielmehr zu einer und eben derselben Kunst bestimmt zu haben scheinet.« –

Also werden wir nicht nur durch Titel wie *Orpheus, Medea, Laokoon* auf die griechische Antike zurückgeführt. Jetzt leuchtet hinter solchen Wegweisern der Gedanke der Einheit von Musik und Drama auf, der Einheit von Musik und poetischem Wort, die, wie Lessing es sah und niederschrieb, bei den Alten nur *eine* Kunst ausmachten.

Daß Lessing von dem in der damaligen deutschen Luft liegenden klassizistischen Postulat in seiner »Laokoon«-Vermehrung direkt zur Betrachtung des Musik-Poesie-Verhältnisses in der Oper übergeht, verdient nun aber drei Ausrufezeichen!!! Mag seine Erörterung von Rezitativ und Arie als Schulbeispiel für das Verhältnis von Dienen und Herrschen, mag seine Klassifizierung der europäischen Sprachen nach dem Grad ihrer Brauchbarkeit für Operntexte, mögen seine phonetischen Überlegungen neben den berühmten Abhandlungen des 18. Jahrhunderts verblassen, so ist diese eine Gedankenverbindung, an so zentraler kunstästhetischer Stelle wie dem *Laokoon* ausgesprochen, von unikaler Bedeutung: Das Musik-Drama-Verhältnis der Antike als Maßstab gegenüber den Prima-la-Musica-Kämpfen des klassischen Opernzeitalters! Es deutet sich sofort an, daß Gluck und Wieland und auch Goethe, ohne die ja die weitere Entwicklung der deutschen Oper nicht zu denken ist, die nationale Idee deshalb erfolgreich befestigen konnten, weil sie diese Idee mit einem musikalischen Konzept verbanden, das zugleich ein dramaturgisches war. Oder, um den einfachen und an sich geläufigen Tatbestand nochmals zu präzisieren: Sie lösten die Frage der nationalen Oper, die eine Grundsatzfrage des sich seine politische Position erobernden Bürgertums war, in der Einheit von Text und Musik, sahen sie nicht als bloßes Problem des neuen Sujets oder bloßes Problem des musikalischen Stils; erkannten oder spürten, daß jede teilweise künstlerische Lösung der Aufgabe eine halbe, also keine gewesen wäre. – Wie aktuell und lehrreich!

Und immerhin standen die musikalischen Klassiker, wenngleich sie sich national-nachahmend zu geben wußten, ihrerseits bereits vor der Tatsache, daß das kompositorische Grundmaterial die Grenzen des Nationalen längst überschritten hatte und es neben den nationalen Ausprägungen eine – wenn auch auf die europäischen Zentralländer beschränkte – »Weltmusik« gab, die mit dem nationalen Anliegen textgebundener kompositorischer Großformen wieder in Übereinstimmung zu bringen war.

Nun versteht man, warum zuvor, das klassische Dresden betreffend, auch wenig bekannte Namen, Kleinmeister sozusagen und kleinere Meister, zur Sprache kamen. An dem Schnittpunkt, um den es hier geht und in dem plötzlich eine bis dahin verborgen geflossene Dresdner Dramaturgie zutagetritt – Lessing leistet uns dabei den Dienst eines »Verfolgers« (ich zitiere die Beleuchtungstechnik des Theaters) – an einem solchen Schnittpunkt wird das Eigene mit einem Male ganz deutlich. Die Poeten, Komponisten, Literaten und Maler, die um das Societätstheater geschart waren, haben nicht nur theoretisch und journalistisch oder als theaterspielende Dilettanten das komplexe Wesen des Problems erahnt, vor dem sie mit ihren neuen Kunstabsichten standen. Sie haben es vielmehr als Mitorganisatoren eines halben Jahrhunderts Dresdner Theatergeschichte praktisch zu lösen verstanden. Die Gesellschaft des Societätstheaters, die in Webers Todesjahr, 1826, bereits ihr Halbjahrhundert feiern konnte und 1832 beileibe nicht aus Mangel an bürgerlichem Theaterinteresse, sondern aus Gründen aufgelöst wurde, die mit der Umstrukturierung des Dresdner Theaters überhaupt zusammenhängen: so klein ihr Gebäude auch war, regte es damals von seinem progressiven Nerv her die wesentlichen Entwicklungen aller Dresdner Bühnen an.

Was im Hoftheater nicht zugelassen war, kam hier mit Sicherheit heraus, aber ebenso wurde organisiert, daß die Mitglieder jene neuen Sing- und

Schauspiele zu sehen und zu hören bekamen, die bei Seyler, Bondini und Seconda nicht im Spielplan erschienen. Das waren von 1776 bis 1798 allein fünfundvierzig Positionen – also im Durchschnitt wenigstens zwei selbständige Novitäten im Jahr!

Die Gründung des Bürgertheaters, dem wir hier, wie manchem scheinen mag, übertriebene Aufmerksamkeit widmen, fiel übrigens in eben jene Jahre, da besonders die Seylersche Truppe – es ist jene, die in engem Zusammenhang mit dem frühen Versuch der Gründung eines deutschen Nationaltheaters stand und als Mit-Anreger der Hamburgischen Dramaturgie gesehen werden darf – da die Seylersche Truppe Zug um Zug die damals brandneuen Melodramen und Singspiele Georg Bendas von Gotha oder Leipzig nach Dresden verbrachte, darunter eine *Medea*, die als »Ein mit Musik vermischtes Drama« klassifiziert wurde (wir sahen, daß es in solchem Falle um mehr als Klassifizierung ging), oder eine Adaption von Shakespeares *Romeo*. Textautor all dieser Werke war eben jener theaterpraktische Gotter, dessen Namen viele hier zum erstenmal lesen und der dennoch an der Seite Lessings, mit Shakespeare und Molière, auf dem Schmuckvorhang unseres Societätstheaters prangte.

Von dem selbstbewußten, sich abhebenden Spielplan des Hauses, das unser Lieblingstheater geworden ist, weil in seiner Arbeit in nuce die klassische Dresdner Dramaturgie enthalten ist, war zuvor die Rede. Nun ist davon zu sprechen, daß sich diese Dramaturgie nicht nur innerstädtisch präzisierte, sondern offensichtlich auch im deutlichen Kontrast zu anderen nationalen Entwicklungen. Zum Beispiel: Wenn wir das Singspiel, das innerhalb des Jahrzehnts zwischen 1782 und 1791 in Mozarts *Entführung aus dem Serail* und seiner *Zauberflöte* die absolute Krönung erfahren sollte, als ein Hauptfeld der klassischen deutschen Opernepoche auffassen, so ist zugleich auf wesentliche Unterschiede in seiner Verbreitung aufmerksam zu machen. Alle bedeutenden Melodramen Georg Bendas, jene stürmischen Versuche einer neuen Synthese von Wort und Musik, drangen zwar noch in den Siebzigerjahren vom Sächsischen her erfolgreich nach Süddeutschland und auch nach Wien vor, und des Dresdners Josef Schuster berühmtes Singspiel *Der Alchymist* kam innerhalb eines Jahres nach der hiesigen Uraufführung von 1778 über Mannheim nach Wien. – Dagegen war der umgekehrte Weg für das Wiener Singspiel offenbar nicht selbstverständlich. Umlauffs *Bergknappen*, mit denen Wien 1778 sein »National-Singspiel« im damaligen Burgtheater eröffnete, kam in der klassischen Singspielepoche weder nach Dresden noch nach Leipzig. Noch überraschender ist, daß die wichtigsten Singspiele Glucks, die in Wien bereits in den Sechzigerjahren herausgekommen waren, auf Jahrzehnte hinaus um Sachsen geradezu einen Bogen machen mußten und erst in den Achtzigern in Norddeutschland auftauchen – auch dann nur in Hamburg und Berlin.

Doch wäre nichts falscher, als von solcher Beobachtung aus die Herausbildung des Nationalen und den dresdnischen Anteil daran als eine bloße Frage des Sprachlichen oder Stilistischen zu sehen. Da würde uns der Spielplan des Societätstheaters im zuvor genannten Zeitraum schlechte Belege liefern, denn hier gab es neben sechsundsechzig inländischen, »originalen« Stücken, wie man damals unter Hintansetzung des nationalsprachigen Adjektivs sagte, siebenundvierzig ausländische. Ein stattlicher Prozentsatz! Und davon wiederum kam die Hälfte aus dem Französischen. Natürlich spielte man deutsch, nur waren diese deutschen Sprech- und Singstücke dann eben nicht »original«. Dieser richtigerweise als minimal erachtete Mangel wurde bei weitem durch die inhaltlichen und ästhetischen Qualitäten aufgehoben, die man bei Schauspielen und Opern französischen Ursprungs empfand.

Zwei Blicke in das 19. Jahrhundert Dresdens: Carl Maria von Weber, dessen sogenannten Kampf um die deutsche Oper wir endlich differenzierter und historisch richtiger zu sehen beginnen, eröffnete die Deutsche Oper in Dresden mit einem selbstübersetzten »deutschen« Werk, Méhuls *Jakob und seine Söhne*, dessen kleiner Schönheitsfehler darin bestand, daß es eine französische Oper war.

Daß Richard Wagner seinen Dresdner Einstand mit zwei Opern gab, an denen man in diesem Zusammenhang lobend hervorheben darf, daß sie im operngeschichtlichen Sinne nicht mehr französisch und noch nicht deutsch – wiewohl in deutscher Sprache gedichtet – waren, ist alles andere als eine apercu-hafte Zuspitzung. Es charakterisiert jene ungeschriebene klassisch-dresdnische Dramaturgie, die zur Wagner-Zeit bereits ein Dreivierteljahrhundert alt war und sich auch an den Kunst-Generationen und geschichtlichen Epochen davor wie seither – wenngleich mit anderen Akzenten – ohne weiteres nachweisen läßt.

Ihre Grundlage ist die Bereitschaft zur künstlerischen Synthese bei sozial, also weltanschaulich begründeter Fähigkeit zu Auswahl und Akzentsetzung. Hinzu kommt – keineswegs geringzuschätzen – ein seltener Grad des Traditionsbewußtseins und die Fähigkeit, stetigen Entwicklungen über lange Zeiträume hinweg Boden und Raum zu bieten. Das hängt natürlich mit der damaligen staatlichen Konstitution, mit der sozialen Struktur der Stadt und deren Beharrungsvermögen eng zusammen – beides hatte bekanntlich geschichtlich nicht nur positive Auswirkungen. Nicht zuletzt erkennen wir als Grundlage einer zentralen Dresdner Dramaturgie die hochgradige Verquickung der Künste, ihrer Haltung,ihrer Methode, ihren Pflegestätten und auch den Personen nach und die damit verbundene enge Praxisbezogenheit aller Beteiligten. – Keiner dieser Faktoren, der nicht auch anderswo zu finden wäre! Aber es geht um deren Beieinander, ihr Versammeltsein auf engstem Raum, so konzentriert, wie wir ihn bildhaft im Hofe der »Neustädter Allee« Nr. 19 fanden.

Das Recht zu solcher Typisierung einer Detailerscheinung gewinnen wir im Blick nach vorn. Er kann hier natürlich nur ein Panorama erfassen.

Bis zu *Rienzi* und *Holländer* waren wir vorgedrungen. Ist es ein Zufall, daß der *Tannhäuser*, die nun auch biografisch volldresdnische Oper, die ethische Seite jener in unserer Stadt profilierten Sozietät der Künste abhandelt, von der wir ausführlich gesprochen haben, also das weiterreichende Problem der menschlichen und sozialen Partnerschaft des Künstlers? Erinnern wir uns, daß Hindemiths *Cardillac* in Dresden aus der Taufe gehoben wurde. – So hebt sich eine Durchführung ab ...

Die subjektive Künstlerproblematik wird grundiert durch den Gedanken von der Universalität der Künste, die allein ja deren Sozietät ermöglicht. Ein Charakteristikum der Dresdner Romantik leuchtet da auf, und wir dürfen fragen, ob nicht Wagners Idee des Gesamtkunstwerks hier ihren eigenen Boden hatte. Zumindest ist daran zu erinnern, daß im Zeitraum zwischen Weber und Wagner Ludwig Tieck der maßgebliche dramaturgische Sachwalter des Dresdner Theaters war, ein Schauspielmann zwar, aber universaler Anreger des Theaters und aufs äußerste musikträchtig. Seine Theorien einer »Universaldichtung« als Synthese der poetischen Elemente verläuft natürlich haargenau auf der Linie dessen, was wir als Motiv der Dresdner Entwicklung in der nach-hassischen Ära herausarbeiten wollten. Und nun liegt auch eine andere, durchaus parallel laufende Ader frei: Das antikische Sujet als Objekt spezifisch Dresdner, wie es hier hieß »ernsthafter«, Bemühungen um die nationale Oper, wie wir ihm in der Naumann-Epoche erstmals in einem nichtbarocken Zusammenhang begegneten und an dessen Aufnahme wir mit Lessing die dramaturgische Nutzung des Wort-Ton-Verhältnisses beobachtet hatten. Das Altklassische wird zu einem Gegenstand der Dresdner Oper immer dann, wenn sie in ihrer künstlerischen und gesellschaftlichen Rolle neuen Ufern zustrebt. Das hängt eng mit ihrer historisch gewachsenen Neigung zum Philosophieren, zum »Ernsthaften«, zusammen: Bekanntlich wurde die Dresdner Strauss-Opernepoche, die mit *Salome* und *Elektra* anhob, durch Bungerts Tetralogie *Homerische Welt* vorbereitet, einer Art Gegenentwurf zu Wagners *Ring*, und die Umstände wollten es, daß die Reihe der Dresdner Strauss-Uraufführungen mit der *Daphne* schloß. Nun ist es nicht mehr so erstaunlich, daß Schönbergs *Moses und Aron* in unserer Stadt ein Publikum fand, wie es diese Oper der Quantität und der Qualität des Interesses nach sonst nirgends in der Welt erlangt hat.

Kehren wir in der Coda noch einmal zu Lessing zurück, so zeigt sich hoffentlich, daß es uns nicht darum ging, kunstvoll an vereinzelten Bezugspunkten entlangzuhangeln und sie zu großartigen Querverbindungen aufzuwerten. Der umfassende ästhetische Anspruch des ganzen Lessing waltet in allen Einzelheiten, auf die hier hingewiesen wurde – mögen sie nun direkt mit dem Kamenzer in Verbindung zu bringen sein oder nur indirekt. Die Parallelität zwischen der nationalen Opernentwicklung und dem Antiken-Verständnis, die Lessing im *Laokoon* anlegte und deren ästhetisch-praktische Verwirklichung aus Gründen einer besonderen Tradition in die Hände der Dresdner Oper gelegt war (was uns veranlaßt, in historischem Zusammenhang Naumann in einem Atem mit Wagner und Strauss zu nennen), diese Parallelität bedurfte womöglich sogar des Querstandes der »französischen Frage«, der dann zur Betonung des wesentlichen dialektischen Bezugs wird: Hand in Hand mit Webers Franzosen-Begeistertheit in der Dresdner Deutschen Oper geht Lessings Lob für die welsche Oper (ganz unerwartet bei seiner Abneigung gegenüber dem französischen theatralischen Klassizismus) mit der Begründung, daß in ihr das Poesie-Musik-Problem auf dramaturgische Weise gelöst sei.

Vom Dramaturgisch-Begrifflichen zum Greifbaren. Ein Dresdner Lokaltermin aus eben dieser Zeit. Wie Richard Wagner einst die Gebeine des verehrten Carl Maria von Weber nach Dresden zurückholen ließ, so wollen wir Webers *Oberon* zwar nicht aus dem englischen Traditionszusammenhang lösen, doch aber darauf aufmerksam machen, wie eigenständig er auch im Dresdnischen wurzelt, Komponente hiesiger klassischer »gesellschaftlicher Lebensbildung« ist.

Im Jahre 1792 erschien ein Band über »Das Seifersdorfer Thal«, zu dem sich Wilhelm Gottlieb Bekker (1753–1813), er war ehemals Professor an der Dresdner Ritter-Akademie und im Dresdner Galeriewesen hoch beamtet, und der Hof-Kupferstecher Christian Gottfried Schulze verbunden hatten; das Werk liegt seit 1977 in einem Leipziger Reprint vor. In diesem Buch atmet der Boden, auf dem später die Dresdner romantische Oper wachsen sollte; es ist signifikant auch für hiesige geistige Grundlagen, die in Webers *Oberon* mündeten.

Schulzes vierzig Kupferstiche und der kommentierende Text Beckers kennzeichnen das Spezifische jener klassischen Epoche Dresdens weit umfassender als es selbst die bemerkenswerteste Einzelpartitur vermöchte. – Der Sache nach handelt es sich um das Röder-Tal nahe Seifersdorf, das mit seinen alpinesken Wirkungen und verfallenen Denkmälern ein bis heute beliebtes Ausflugsziel am Rande der Dresdner Heide ist und damals mit dem Dorf zum Feudalbesitz des Grafen Moritz von Brühl gehörte. Dieser, hauptsächlich aber seine Frau »Tina« und sein Sohn Carl, widmeten sich von ihrem nahe gelegenen Seifersdorfer Landsitz aus der Umgestaltung des Tals zu einer Anlage im Stile Englischer Gärten, und zwar dergestalt, daß die freie Entwicklung der Natur »zweckmäßig« gegliedert wurde durch Monumente, Tempelchen, Inschriften und Ähnliches, das einer ideal verstandenen »Verschönerung« der Natur diente.

Beckers Beschreibung, der zweifellos eine vollkommene Kenntnis der Auffassungen und Absichten der Brühls zugrundelag, arbeitet gradlinig die Kunstanschauung heraus, um die es hier ging, und die wir als eine auf Dresdner Verhältnisse zugeschnittene Variante der Ideen Rousseaus erkennen. Einleitend läßt sich der Autor so vernehmen: »Heil dir, erhabener Genius, der du die göttliche Kunst erzeugtest, der Natur die Geheimnisse ihrer unaussprechlichen Reize zu entlocken, durch ihre Nachahmung das Auge zu täuschen, alle die Schönheiten, auf welchen es so gern verweilet, zu sammeln, und Paradiese auf Leinwand oder hölzerne Tafeln zu zaubern, in die wir uns, durch einen angenehmen Betrug, wie hingerissen fühlen! – So schafft die wohltätige Kraft der Einbildung der hoffenden Seele in romantischen Träumen ein Elysium. Sie sieht sich am Ziel ihrer Wünsche, fühlt sich glücklich und genießt, wenn auch nur auf kürzere Augenblicke, als in den Stunden des wirklichen Lebens.« – Überlesen wir hier nicht die tiefere Meinung von Formulierungen wie »der Natur die Geheimnisse ihrer unaussprechlichen Reize entlokken«, »Schönheiten . . . sammeln«, »angenehmen Betrug«, »Kraft der Einbildung«, »hoffende Seele« . . ., so tritt uns in diesen Sätzen eine Kunsttheorie aufgeklärter Naturnachahmung entgegen, wie sie der Epoche wohl ansteht.

Becker wandert sodann mit seinen Lesern das Seifersdorfer Tal entlang und charakterisiert die von den Brühlschen Familienmitgliedern der behutsam gelenkten Natur eingegliederten Denkmäler ausführlich. Eines davon – in späteren Zeiten offenbar verändert und verdeutlicht – ist »Den Sängern des Thales« gewidmet und trug zu Beckers Zeiten auf seiner Rückseite (während die Front mit Leier und Hirtenschalmei geschmückt ist) den Buchstaben »N«. – Das bedeutete damals Naumann und Neumann zugleich; ein späterer Steinmetz hat stattdessen Naumanns vollen Namen eingemeißelt, und so bietet sich uns die umgestürzte Säule noch heute unweit der Mühle dar.

Festzuhalten ist der geschichtlich wie kunstästhetisch beziehungsvolle Gebrauch des Begriffs »romantisch« in Beckers Schrift. Er ist durchaus antizipierend, in ihm kündigen sich Auffassungen an, die erst Jahre später künstlerisch die Gestalt annehmen sollten, welche hier vorgezeichnet wird. Wir wandeln den oft schmalen und undeutlichen, oft aber überraschend breiten und gradlinigen Pfad, der vom Dresden Winckelmanns zu dem der C. D. Friedrich, Clausen Dahl, E. Th. A. Hoffmann, Weber oder Marschner führt.

Der Bedeutungswandel, die poetische Erweiterung des »Romantischen« wird mit einem Überraschungsmoment zur Dresdner Leitmotivik gepaart, wenn wir erfahren, daß sich in einem ehemaligen Tempel, der »den Musen« gewidmet war, zehn perspektivisch angeordnete Sitze, Apoll und seinen ihm untergebenen neun Musen bestimmt, befanden und die Stirnseite eine Büste Wielands zierte, unter deren Inschrift sich Lorbeer und Leier Apolls auf eigene Weise mit dem Horn, dem Becher und dem Lilienstab Oberons verquickten. Becker zitiert die Anfangsstrophen von Wielands Oberon-Gedicht mit dem »Ritt ins alte romantische Land«. Noch ein Menschenalter sollte vergehen, und Weber wird von Dresden aus seinen *Oberon* in neuer, »romantisch«-poetischer Gestalt der Dresdner und der internationalen Operngeschichte einfügen, und es wird kein Ritt in ein »altes« Land sein!

Becker widmet längere Darstellungen und Nacherzählungen den Gedenkplätzen, die ihre Themen von Yoricks *Empfindsamer Reise* und Marmontels *Adelaide* herleiten. Vielfach schließen sich Gedankenkreise: Mit der »englischen« Landschaftsgestaltung kommt naturgemäß Lessings Übersetzungsvorschlag für das englische »sentimental« ins Spiel, jedoch verspätet um die Zeitspanne, in der sich im Dresdner nachklingenden Barock das Empfindsame erst kristallisieren konnte. Weit aktueller ist, daß Marmontel, der noch im Opernbereich Rameaus (für den er vier Libretti schrieb) aufgewachsen war, Jünger Rousseaus wurde, Sekretär der Académie française vor der Revolution, Grétry-Librettist, Gluck-Gegner und Verfasser des aufklärerischen Inka-Romans, dem Naumann (1782) und ein Jahrzehnt später der von Weber, Direktor der Deutschen Oper, favorisierte Méhul den Stoff für ihre *Cora*-Opern entnahmen.

Der Synthese englischer und französischer Motive mit den dresdnischen, die hier vielfach Gestalt wurde und die uns als ein Prinzip der Dresdner Dramaturgie nicht fremd ist, gesellt sich in der »zweckmäßigen Verschönerung« des Seifersdorfer Tals sehr eindeutig und bewußt ein national-deutsches hinzu, das bezeichnenderweise historisch bei Herrmann dem Cherusker (also in weiterem Sinne anti-»welsch«) abgeleitet wird, das wir aber auch im Kult Wielands und Herders wiedererkennen (dem eine eigene Stätte gewidmet ist). – Wer dächte da nicht sofort an das Gegenstück im *Oberon*-Libretto, die dramaturgisch heikle geschichtskonkrete Gestalt Karls des Großen? –

Auf hoffentlich einleuchtendem Umwege wird hier von Randerscheinungen her für eine präzisere Sicht auf Webers *Oberon* geworben, der nach wie vor ein Stiefkind der Weber-Betrachtung ist. – Stiefkind auch insofern, als die Abhandlung der vielschichtigen Quellen des Stoffs und die Diskussion der nachweberschen Operation am Werk meist übermäßigen Raum einnehmen und man im übrigen durchblicken läßt, es handle sich hier um ein Notprodukt der Muse Webers.

Was der *Oberon* unserer heutigen Bühen zu bedeuten vermag, ist jetzt nicht das Thema. Mit Nachdruck aber wollen wir sagen, daß Webers letzte Oper ein vollgültiger Bestandteil der Trias *Freischütz/Euryanthe/Oberon* ist, und dies nicht nur, was die musikalisch-dramaturgischen Nachwirkungen betrifft.

Die operngeschichtliche Parallelität ist überraschend wie bedenkenswert: Während Mozart mit der *Entführung aus dem Serail* und der *Zauberflöte* die Bestrebungen seines Wiener Meisterjahrzehnts konzeptionell umfaßt und dabei jeweils das gesamte musikdramaturgische Reservoir der klassischen Epoche in die Synthese nimmt, kann Weber neben der Arbeit am *Oberon* – seiner *Zauberflöte* gewissermaßen – die als Weiterführung der *Entführungs*-Tradition gedachten *Drei Pintos* nur noch im Kopfe gestalten, da es an Partnerschaft der Dresdner Kunstöffentlichkeit mangelt. Dem volkstümlich-balladesken Sagen-Gleichnis des *Freischütz* und der mittelalterlichen Ritterthematik der *Euryanthe* mußte im Sinne des »romantischen« Konzepts die Zauberoper noch folgen – bewußt oder unbewußt strebte Weber hier eine Ganzheit an. Nicht zufällig ist in Deutschland die Richtung der phantastisch-zauberischen Oper aber nach dem *Oberon* ausgeklungen; auch Wagner fand nicht mehr zu ihr hin oder zurück, so sehr er den Weg zeitweilig suchte.

Aus der in der Literatur durchweg kritisch-entschuldigend beschriebenen Tatsache, daß das Textbuch Planchés Weber in Raten zuging, darf nicht geschlossen werden, daß ihm Sujet und Ausführung nicht genehm waren. Von London her hatte man – wie das im Jahrbuch »Musikbühne«, Berlin 1976, veröffentlichte Originaltextbuch erkennen läßt – keineswegs ausschließlich an die Billigkeiten der englischen Ballad-opera-Tradition gedacht. Man machte dem zu internationaler Berühmtheit gelangten deutschen Komponisten ein »deutsches« Angebot, den *Faust* zuerst, von dem Weber aber, nicht nach den Sternen greifend, meinte zugunsten Spohrs zurücktreten zu müssen – wäre das überhaupt eine Vorlage für ihn gewesen? Und dann eben jenes sowohl »englische« wie »deutsche« und wenn man will auch »französische« Sujet, das Wieland in der deutschen Literatur neuerdings verankert und das sich als Opernstoff auch im deutschen Sprachbereich schon mehrfach bewährt hatte.

Daß das *Oberon*-Thema, wie John Warrack zusammenfassend dargestellt hat, sich entstehungsgeschichtlich in seinen Figuren und Konstellationen mit der Nibelungen-Tradition berührt und sich demgemäß Fäden bis zu Wagner spinnen lassen, ja daß eine Linie von der mehr spielerischen Erlösungsmotivik bei Titania und Oberon auch direkt hin zu der Tristanschen führt, ist vornehmlich für den späteren Beobachter interessant. Für Weber muß interessant gewesen sein (und so selbstverständlich, daß er sich dazu gar nicht äußern mußte), daß mit dem *Oberon* ihm ein multinational gespeister Stoff in die Hand gegeben war, in dessen librettistischer Bearbeitung er die Möglichkeit erkannte, seine synthetischen kompositorischen Absichten zu verfolgen, ganz und gar gemäß seinen Erfahrungen im Umgang mit der französischen, deutschen und italienischen Oper als Praktiker in Prag und Dresden wie auch zuvor.

Planché hat durchaus nicht nur musikalische Kurzformen vorgezeichnet, und demgemäß tritt der *Oberon* auch als Oper der Ensembleformen zumindest nicht zurück hinter seine beiden Vorgänger. Weber wollte ihn, heißt es, für die deutsche Bühne mit »Rezitativen« versehen. Wie das? – Wollte er ihn damit von der deutschen Tradition wieder entfernen? Wäre ihm vergönnt gewesen, das Vorhaben zu verwirklichen, so hätte er damit zweifellos keinen Schritt zurück ins 18. Jahrhundert getan, sondern das dramatische Orchesterrezitativ des 19. Jahrhunderts auf seinem frühen Weg befördern helfen.

Der Dresdner Erfahrungs- und Traditionsbezirk, aus dem Webers *Oberon* hervorwuchs, darum ging es uns, ist nicht nur an der hiesigen Konstellation zwischen deutscher und italienischer Oper zu messen und ebensowenig nur an dem biografischen Alltag seiner Entstehungsumstände. *Oberon* hat in Dresden auch philosophische und kunstanschauliche Grundlagen, mit denen er eingebettet ist in die Bestrebungen der klassischen deutschen Nationalliteratur und ihrer internationalen Bezugswelt.

Er ist signifikant für die Dresdner Dramaturgie!

Das Eigene der gegenwärtigen Dresdner Musik- und Theaterkultur stellt sich im vorliegenden Band eigens vor. – Wir kommen demgegenüber auf die oben angesprochene »internationale Bezugswelt« hiesiger Kunstleistungen zurück und zielen auf die weiter hinten im Band dokumentierten internationalen Gastspiele.

Was bedeuten die Vitamingaben von hochkultivierten italienischen Gesangsopern, was Einblicke in fremde Repertoires überhaupt, und was bedeuten uns Haltungen in Werk und Interpretation, wie sie uns mit den Gastspielen entgegentreten? – Es glückte bisher, bei den ausländischen Operngastspielen überwiegend unserem Repertoire nicht eigene Werke heranzuführen. Wie italienische, sowjetische, englische traditionsgetragene Ensembles sich zu der Forderung bekennen, ihr Repertoire auf den Grundpfeilern der nationalen Opernkultur ruhen zu lassen, das sollte uns besonders nachdenklich machen. Was wir bei den Festspielen als Chance empfanden, ein »seltenes Werk« in originaler Aufführung kennenzulernen, sollten wir zunehmend verstehen als Versuch des betreffenden Opernhauses oder Ballettensembles, ihr nationales Repertoire erweiternd zu befestigen. Uns vermittelt es zugleich einen Eindruck von der meist nicht bekannten, stark vernachlässigten Gesamtpalette des internationalen Werkvorrates. Das ist umso wichtiger, als die Beispiele in sorgsam behandelten Aufführungen zu uns gelangen, deren Leiter eigens bemüht sind, das Eigene daran zu unterstreichen. Uns war vieles daran fremd – seltene Britten-Opern etwa, neue sowjetische Werke oder italienische Spezialitäten. Wir sollten es uns in seinem Kenntniswert praktisch aneignen.

Wenn es gelänge, Opern- und Ballettgastspiele künftig hauptsächlich in diese Richtung zu lenken, so wäre der Gewinn für Publikum und Fachkollegen gleichermaßen groß: Die Dresdner Dramaturgie bekäme Nahrung.

Das Interpretorische ist selbstredend eng mit dem Werktypus verbunden, wächst aus ihm hervor. Zunächst überraschend, dann aber verständlich und eigenen Bemühungen verwandt erschien die starke Theatralisierung, die sowjetische Inszenierungen anwenden, wenn es um die Gewinnung neuer Werke als Repertoirestücke geht. Der Gedanke kommt auf, ob wir das ästhetisch komplizierte Verhältnis zwischen »Oper und Drama« in der Praxis zu einschichtig sehen, etwa bei der Absicht, wechselseitig Möglichkeiten »hereinzunehmen«, anstatt die dramatischen wie die musikalischen Chancen in den beiderseitigen Genres selbst aufzuspüren und aus ihnen zu gewinnen.

Angesichts der bemessenen Sängersituation, in der wir uns befinden, mag es als Ausrede mißverstanden werden oder gar als Ablenkungsmanöver. Dennoch: Sängerische Genüsse, die geboten wurden und berechtigte Akklamation fanden, werden erst in dem Augenblick wesentlich, da sie eine eigene, in sich geschlossene und ablesbare ästhetische Auffassung vom Musikdramatischen kundtun. Das war vielfach der Fall, bei italienischen Truppen mit kräftigen und schlagenden Mitteln, bei den Opernleuten aus Wales fast noch bedeutsamer in ihrem Bekenntnis zu einem Britten (nicht »dem Komponisten«, sondern dem Musikbühnenautor Britten) den Vortritt lassenden Darstellungstil. – Im Grunde, wenn auch mit ganz anderen Vorzeichen, war es die selbe Haltung, mit der »The Fires of London« das hiesige Publikum wahrhaft in ihren Bann zogen.

Bei einem Augenblick der »Rast« nach an Erfahrungen wahrlich nicht armen ersten zehn Jahren, den nächsten Aufgaben entgegenschauend, sehen wir uns nicht so sehr vor die Frage gestellt, ob nun künftig »dieser« oder »jener« Weg eingeschlagen werden muß. Unser Weg bleibt der eigene, seine Dramaturgie haben wir festgelegt!

Gastspiele:
Hamburgische Staatsoper 1985
Richard Strauss *Arabella*

Wiener Puppenoper 1984
Joseph Haydn *Die Feuersbrunst*

Warschauer Kammeroper 1979
Elzbieta Sikora *Ariadna*
DDR-Erstaufführung der
im Carl-Maria-von-Weber-Wettbewerb 1978
ausgezeichneten Kammeroper

Staatliches Moskauer Kinder-Musiktheater 1982
Michail Rauchwerger *Rotkäppchen*
Die Gründerin und Leiterin Natalja Saz
mit ihrem Ensemble beim Applaus.

Das Kammerorchester der Hochschule für Verkehrswesen Friedrich List (Leitung Egbert Steuer) im Stallhof

MATTIS DÄNHARDT

Lebenslinien

Ein Versuch über das Dresdner musikalische Volkskunstschaffen

Zwei Tage zu zeitig, will man dem meteorologisch ermittelten Durchschnitt Vertrauen schenken, wehten die Nordwestböen der Schafkälte im Juni 1986 ins Dresdner Land. Was bisher kaum einer zu sagen wagte, wurde plötzlich Wirklichkeit: »Dresden singt und musiziert«, das Musikfest unter freiem Himmel, eingebettet in die durch alte und neue Bauwerke und Denkmale, Springbrunnen und Parkanlagen unverwechselbare Stadtlandschaft, belebt durch weit über tausend Mitwirkende und noch viel mehr Zuschauer, mußte des scharfen Windes und der zu erwartenden Nässe wegen erstmals abgesagt werden. Trotzdem ließen sich einige Unermüdliche, Künstler wie Publikum, nicht von ihrem Vorhaben abbringen. Man traf sich wieder im Windschatten des Hotels Bellevue und der Häuser an der Straße der Befreiung, singend, applaudierend. Und auch am Abend fand sich eine beträchtliche Anzahl von Sängern an der Freitreppe zur Brühlschen Terrasse zum ursprünglich vereinbarten Termin ein, – vielleicht würde doch noch etwas aus dem Festlichen Chorkonzert, das traditionsgemäß den Tag beschließen sollte?

So war es diesmal nicht die Sonne, die es an den Tag brächte: Mit »Dresden singt und musiziert« war fünf Jahre zuvor ein kulturelles Ereignis ins Leben gerufen worden, das den Dresdnern ans Herz gewachsen ist, vielleicht sogar schneller als erwartet. Die »Premiere« des in so kurzer Zeit zur Tradition gewordenen Veranstaltungskomplexes am 30. Mai 1981 war aus Anlaß des 775jährigen Bestehens der Stadt in das Programm der Dresdner Musikfestspiele aufgenommen worden. Hinter dieser Entscheidung stand die seit vielen Jahren von Stadtvätern und Kulturschaffenden gleichermaßen gehegte Absicht, die demokratisch geprägten Entwicklungslinien der Dresdner Musikkultur auf neue Weise zu demonstrieren und sie in ihrer besonderen Bedeutung für die Gegenwart lebendig werden zu lassen. Bei aller Vielgestaltigkeit des Dresdner Musiklebens gab es doch – sieht man einmal von den beiden hier veranstalteten Arbeiterfestspielen ab – noch nie ein vergleichbares, künstlerisch so anspruchsvolles musikalisches Fest, bei dem Arbeiter, Angestellte, Angehörige der Intelligenz und vieler anderer sozialer Gruppen als Vertreter der Massen des werktätigen Volkes in Erscheinung traten. Sie alle erhielten nun zum ersten Mal in so großem Umfange die Möglichkeit, sich als Träger eines bedeutenden und erstaunlich vielfältigen Teils der kulturellen Potenzen Dresdens zu beweisen, Seite an Seite mit Musikern der berühmten Ensembles der Stadt oder anderen Kunstschaffenden. Ein Fest wie dieses, gleichsam aus einer inneren Notwendigkeit heraus geboren, gehört wohl in die Reihe der besonders glücklichen Fügungen im Musikleben: Die Gunst des aktuellen Anlasses nutzend, reißt es historische Dimensionen auf und wird sogleich ihr Bestandteil. Das ist das Geheimnis, das wohl für einen Dresdner leichter zu fühlen als wortreich zu erklären ist. »Dresden singt und musiziert« jedenfalls lebt davon.

Die Spuren einer im Volke verwurzelten Musikkultur reichen sehr weit zurück. Wie überall in Deutschland, ja in allen Teilen Europas, hatte sich auch in Dresden schon im Mittelalter, gewissermaßen als eine zur höfisch-aristokratischen und klerikalen Musiziersphäre parallele Schicht ein weitgefächerter Bereich der von den unteren Schichten der Bevölkerung getragenen Musikkultur entwikkelt. Hier gab es kaum einen Lebensbereich, in dem die Musik nicht eine bedeutende Rolle gespielt hätte. Heute freilich läßt sich nur noch ahnen, wie diese Musikpflege in der Praxis betrieben wurde, stand sie doch niemals im Zentrum des Interesses höfischer Chronisten. Augen- und ohrenfälligstes Merkmal der Musikausübung des Volkes war, im Gegensatz zu der bei Hofe, ihre Orientierung auf breiteste Öffentlichkeit. Sie war eine der im Leben des Volkes wichtigsten Kommunikationsformen und sowohl auf die Bewahrung von Traditionen als auch auf die Reflexion unmittelbarer gesellschaftlicher Ereignisse gerichtet. In der sich allmählich entwickelnden städtischen Struktur mit all ihren Lebensformen hielt beispielsweise die Musik der Bauernschaft uralte, zum Teil bis in heidnische Zeiten zurückreichende Sitten und Bräuche lebendig, und sie war daher häufig heftigen Anfeindungen des Klerus ausgesetzt. Die Lieder der Handwerkerzünfte gaben der Sphäre der täglichen Arbeitswelt künstlerischen Ausdruck, aber auch dem sich entwickelnden Selbstbewußtsein des Stadtbürgers. Um 1600 mögen sich auf dieser Basis des neuen gesellschaftlichen Bewußtseins die ersten Gesellenvereine konstituiert haben, die mit Gesang und Lautenspiel auch vor die Tore der Stadt zogen. Kirchliche Feiertage waren ebensolche musikkulturellen Höhepunkte wie die in noch dichterer zeitlicher Folge abgehaltenen weltlichen Feste auf Straßen und Plätzen. So wurden Schützenfeste, Gesellenstechen, Kirchweih oder Johannistag und viele andere Gelegenheiten mit Reigen und Gesängen begangen, auf den Jahrmärkten herrschte die verwirrende akustische Vielfalt von Rufen und Gesang, von Trommelwirbeln und dem Getön von Fideln und Pfeifen. So spärlich die konkreten Nachrichten hierüber auch sind, läßt sich doch ohne Mühe erkennen, daß die von den Massen des arbeitenden Volkes ausgeübte Musikkultur des Alltags und der Feste, das von Generation zu Generation hierin vermittelte Gut in all seiner Bodenständigkeit, in seiner direkten Lebensverbundenheit, aber auch in der sich ständig erneuernden Bereitschaft zur Assimilation fremder, auch sozial anders verwurzelter Elemente, weitaus dynamischer und vielfältiger und daher auch von innen heraus entwicklungsfähiger sein konnte, als man dem ersten Anschein nach vermuten wird. Hierin steht sie der Musikkultur der herrschenden Klasse nicht nach, ist sie ihr sogar voraus. Das eigenschöpferische künstlerische Gestalten der Erfahrungen des Lebens und seiner Widersprüche, der Wünsche, Sehnsüchte, Forderungen des einfachen Volkes war hierfür ein nicht versiegender Kraftquell. So entpuppten sich nicht die gelegentlich vom Hofe inszenierten Belustigungen für ein tausendköpfiges Menschenspalier als die eigentlich und wahrhaft demokratischen Volksfeste, – so attraktiv und erregend sie gewesen sein mögen –, sondern die im Bewußtsein des Volkes lebendigen und von ihm selbst veranstalteten Feste vor den Schenken, auf Straßen und Plätzen.

Nach und nach setzten sich bereits im 17. Jahrhundert relativ strengere Organisationsformen der Musikausübung durch. Im Zuge der immer deutlicheren Herausbildung der kapitalistischen Produktionsweise und der damit verbundenen Konzentration größerer Gruppen von Menschen in Produktionsstätten und Wohngegenden gewannen die örtlichen Kantoreien beispielsweise eine Bedeutung, in der sie über ihre eigentlichen Aufgaben im Bereich der kirchenmusikalischen Praxis weit hinauswirkten. In ihnen steckte der Keim musikalischer Bildungsanstalten, in denen auch Nicht-Berufsmusiker im Gesang und im Gebrauch der Instrumente unterwiesen wurden und in denen die Überlieferung der Musizierpraxis einen starken Rückhalt hatte. Neue Impulse, die zu einem nicht unbedeutenden Teil auch religionsphilosophisch intendiert waren, erhielt auch das häusliche Musizieren. Durchweg gewannen die künstlerischen Leistungen der professionellen Musikausübung immer mehr an Reiz und Anziehungskraft, so daß zum Element des Eigenschöpferischen und dadurch Kommunikativen nun deutlich das zielgerichtete Streben nach einer Darbietungsqualität trat, die den Vergleich mit dem musikalisch »Besten« nicht zu scheuen brauchte. Dies ist durchaus als ein Ausdruck der Emanzipation des sich entfaltenden Bürgertums zu werten, und es bot wiederum die geistige Grundlage für die Herausbildung von immer mehr miteinander musizierenden Gruppen, die über den familiären Bereich hinaus regelmäßig in der Öffentlichkeit wirksam wurden. Bis heute künden Namen wie »Collegium musicum« von jener Zeit früher »Volkskunstensembles«, die alsbald aber allein vom Bürgertum beansprucht wurden. Indem sich die bürgerliche Musikpflege aber immer stärker an den bisher durch Hof und Klerus geförderten Leistungen der besten aus- und inländischen Künstler orientierte, entfernte sie sich in Wesen und Erscheinung, also auch in bezug auf die Wertvorstellungen, von denen der Musiker aus dem Volke. Es war der Bürgerstolz, der das Dilettantenwesen erfand, – Stolz darauf, nicht ganz, aber doch beinahe so gut zu sein wie die Berufsmusiker, Stolz darauf, eine größere gesellschaftliche Kraft zu verkörpern als diese, Stolz schließlich darauf, mit dem »dritten Stande« nichts gemein zu haben.

In Wien erschien 1771 eine Abhandlung des Theorbisten, Komponisten und Musiktheoretikers Johann Friedrich Daube mit dem Titel »Der musikalische Dilettant, eine Abhandlung des Generalbaßes«, in der von folgendem die Rede ist: ». . . auch den Dilettanten freuet es, wenn er von der Güte eines Stückes, von der besten Wirkung und wahren Eigenschaft eines Instruments zu urtheilen weis, und es nicht auf das Vorurtheil und Ausspruch andrer darf ankommen lassen.«

Natürlich ist dieser Anspruch ein großer Fortschritt, doch wer konnte ihn sich leisten? Solch erfreulichen Dingen nachzugehen, dazu bedurfte es der Muße, vor allem aber der sozialen Sicherheit, die dem Bürgertum das private Kapital in genügendem Maße bot. Für die Volksmassen aber war dies eine unzugängliche Art künstlerischer Betätigung, doch vermochte das Gedankengut der bürgerlichen Aufklärung tief und langanhaltend zu wirken.

Kaum einhundert Jahre darauf trugen die Bemühungen des um einige geschichtliche Erfahrung reicher gewordenen Volkes um das Gemeingut der Kunst, diesmal untersetzt von sozialen und politischen Absichten, entscheidend zur Herausbildung einer proletarischen Musikkultur bei.

Eine für das Zeitalter der Aufklärung typische Erscheinung, nämlich das Aufblühen gelehrter Gesellschaften und Societäten, erfuhr im 19. Jahrhundert – angeregt durch die Ideen der französischen Revolution von 1789 und ihrer geistigen Verfechter – eine deutliche Ausweitung auch auf naturwissenschaftlichem, historischem, pädagogischem und künstlerischem Gebiet. Als Massen- und Volksvereine hatten vor allem die Turn- und die Sängervereine großen Zulauf. Günstige Voraussetzungen für die Entstehung und Entfaltung von Vereinen in Dresden waren duch eine Reihe politischer Ereignisse und Erscheinungen der historischen Entwicklung der Stadt gegeben. Von besonderer Bedeutung waren dabei, wie Eberhard Stimmel in einem dem Dresdner Vereinswesen gewidmeten Aufsatz verdeutlicht, die Verfassung von 1831, die Städteordnung von 1832, der Anschluß an den Zollverein 1833, die Revolution von 1848/1849, schließlich die Einführung der Gewerbefreiheit 1862 und vieles andere. 1877 gab es in Dresden bereits 240 Vereine unterschiedlicher Zielsetzungen, 1906 gar mehr als 1000. In ihren Statuten weisen sich die meisten Vereine als der »humanitas« verpflichtet aus, nicht nur durch ihre konzeptionell fixierte Wirkungsabsicht, sondern oft durch die besondere Verbundenheit der Mitglieder untereinander. So wurden in Not geratene Mitglieder unterstützt, für Krankheits- und Todesfälle gab es ebenfalls spezielle Hilfsmaßnahmen. Wenn in einigen dieser Vereine auch Anfänge einer organisierten Arbeiterbewegung in Dresden gesehen werden können, haben andere ihren ursprünglich progressiven Charakter bald verloren, sind zerfallen oder wechselten in reaktionäre Kreise über. Aufgrund hoher Eintrittsgebühren und monatlicher Beiträge war es in bestimmten Vereinen unmöglich, daß Arbeiter oder Handwerksgesellen Fuß fassen konnten.

Das musikalische Vereinswesen während des 19. Jahrhunderts zeichnete sich neben seiner genrebezogenen Vielfalt vor allem durch den starken Anteil von Männergesangvereinen aus. Sie waren meist Mitglieder übergeordneter Sängerbünde wie des Elbgausängerbundes oder des Dresdner Sängerbundes. Als erstes bedeutendes Ensemble musizierender Laien in Dresden wurde 1807 von dem Hoforganisten Anton Dreyssig die Dreyssigsche Singakademie gegründet. Bereits im ersten Jahr ihres Bestehens hatte sie einundvierzig aktive Mitglieder, nach zehn Jahren dreiundneunzig. Unter der Leitung damals bekannter und international geschätzter Musiker wie Johann Gottlieb Schneider, Adolf Blaßmann und Adolf Hagen erreichte der Chor ein künstlerisches Niveau, das ihm die Aufführung der bis dahin wohl anspruchsvollsten Werke der musikalischen Weltliteratur für Chor und Orchester ermöglichte. Beim ersten öffentlichen Konzert 1812 erklang Mozarts *Requiem*, die Dresdner Erstaufführung von Bachs *Matthäus-Passion* 1833 und die deutsche Erstaufführung von Beethovens *Missa solemnis* 1839 sind geradezu sensationelle Leistungen gewesen. Das Repertoire beinhaltete darüber hinaus eine stattliche Anzahl Händelscher Oratorien sowie eine ganze Reihe der damals zeitgenössischen Kompositionen von Mendelssohn Bartholdy, Schumann, Draeseke und Brahms, die zum Teil unter der Leitung der Komponisten aufgeführt wurden.

Mit dem ersten sächsischen Sängerfest ging 1842 ein Impuls von Dresden über ganz Deutschland aus. Neben vielen regionalen Sängerfesten wurden 1845 in Würzburg (mit eintausendneunhundert Mitwirkenden!) und 1862 in Nürnberg allgemeine deutsche Sängerfeste abgehalten. Das für 1848 in Frankfurt am Main geplante Sängerfest mußte der politischen Ereignisse wegen ausfallen. Auf einem Sängertag in Coburg wurde 1862 die Gründung des Allgemeinen Deutschen Sängerbundes beschlossen, dem einundvierzig Sängerbünde aus allen Teilen des Landes angehörten. Aber auch diese war eine durch und durch bürgerliche Angelegenheit, befanden sich doch im Ausschuß des Bundes ausschließlich Vertreter folgender Berufsgruppen: höhere und mittlere Beamte, Wissenschaftler, Juristen, Ärzte, Kapellmeister, Kantoren. Als ein Jahr später in Dresden der Allgemeine Dresdner Sängerverein gegründet wurde, gehörten ihm zunächst die Sängerbünde Orpheus, Liedertafel, Liederkreis, Germania, Sängerkreis, Liederkranz und Stradella an. Der Vorstand setzte sich wieder aus Vertretern des städtischen Kleinbürgertums zusammen: Kantoren, Lehrer, Kaufleute, Juristen, ein Schneidermeister, ein Feuerversicherungsbeamter.

»Das erste deutsche Sängerbundesfest in Dresden« fand vom 22. bis zum 25. Juli 1865 statt und wurde in der Öffentlichkeit wie ein Nationalfest begangen. Am Elbufer in Höhe des Waldschlößchens wurde eigens eine Sängerhalle errichtet, die Stadt war allerorten mit Bändern, Fahnen, Standarten geschmückt, Kleinunternehmer und Händler hatten sich mit ihrem Warenangebot diesem Ereignis angepaßt. Spektakulär muß die Ankunft der Gäste aus dem Ausland gewesen sein: Auf dem Leipziger Bahnhof traf die Delegation aus Philadelphia (USA) ein; der stürmischen Begrüßung durch die Bevölkerung folgte ein Festzug in die Innenstadt. Der Ankunft eines Teils der österreichischen Abordnung auf der Elbe mit zwei Dampfbooten aus Tetschen wohnten zeitgenössischen Angaben zufolge sogar mehr als zwanzigtausend Menschen bei.

Mit der Gründung des Dresdner Lehrergesangvereins im Juni 1884 trat ein Ensemble ins Licht der Öffentlichkeit, dessen Entwicklung bis in unsere Gegenwart hinein verfolgbar ist. Zunächst als Männerchor geschaffen, vereinte er sangesfreudige Lehrer, die auf den Königlich-Sächsischen Lehrerseminaren eine solide musikalische Ausbildung erhalten hatten. Ähnlich wie die Dreyssigsche Singakademie stellte sich auch diese Chorgemeinschaft von Anfang an den hohen künstlerischen Ansprüchen, die sich aus der Musikkultur der Stadt ergaben. Der damalige Dresdner Kreuzkantor, Friedrich Oskar Wermann, wurde der erste »Liedermeister« des Chors. Schon bald war der Lehrergesangverein an großen Aufführungen geistlicher Musik beteiligt, geschult auch von anderen namhaften Dirigenten und Chorerziehern. Für die vokalsinfonischen Aufführungen hatte der Chor in dem Dresdner Gewerbehausorchester, dem Vorläufer der Dresdner Philharmonie, einen hervorragenden Partner. Ursprünglich hieß es in der Satzung des Vereins, daß nur Lehrer dem Chor angehören dürften. Dieses starre Prinzip begann sich ab 1900 etwas zu lockern, als der Satz geprägt wurde: »In der Regel können nur Lehrer Sänger werden.« Es war immer noch ein Privileg, dem Lehrergesangverein anzugehören, ein Privileg, zu dessen Erlangung nicht allein die künstlerische Befähigung ausreichte, für das man nach wie vor die »Zeichen« eines Standes mitbringen mußte. Die Chronik des Chors berichtet über ein sehr reges und vor allem geselliges Vereinsleben, in dem die großen Konzerte natürlich die Höhepunkte darstellten. Zum »Preissingen Sächsischer Männerchöre« 1901 war der Chor mit zweihundertzweiundzwanzig Sängern angetreten, darunter siebenundvierzig ersten Tenören, dreiundfünfzig zweiten Tenören, dreiundsechzig ersten und neunundfünfzig zweiten Bässen.

1922 kam Fritz Busch als Generalmusikdirektor nach Dresden. Ein Jahr darauf übernahm er auch die Leitung des Dresdner Lehrergesangvereins als »Chormeister«. Es folgte eine Zeit der Profilierung und des künstlerischen Aufschwungs. Hierzu trug auch die Ergänzung des Chors durch Frauenstimmen wesentlich bei. In der neuen Zusammensetzung wirkte der Chor erstmalig 1929 bei einer Aufführung des Requiems von Hector Berlioz mit. Zu einem besonderen Ereignis aber wurde die Mitwirkung bei Strawinskys *Oedipus Rex* im gleichen Jahr unter der Leitung des Komponisten. Daran erinnert noch heute eine der schönsten Gedenkbucheintragungen ... Die Vertreibung von Fritz Busch durch die Nazis 1933 war eine der schwersten Bewährungsproben für den Chor. Die künstlerische Arbeit wurde unter Paul van Kempen und anderen Dirigenten auch während der Zeit des Faschismus fortgesetzt, und sogar während des »totalen Krieges« fanden noch Proben statt. Als sich der Chor nach 1945 als Volkschor Dresdner Lehrer wieder konstituierte, gehörten ihm nicht mehr nur Lehrerinnen und Lehrer an, sondern Vertreter verschiedenster Berufsgruppen. Unter den neuen gesellschaftlichen Voraussetzungen war es nun möglich, einen erneuten künstlerischen Aufschwung unter Einbeziehung von interessierten und begabten Menschen aller Schichten des werktätigen Volkes in Angriff zu nehmen. In enger Verflechtung mit dem Dresdner Musikleben profilierte sich der Chor nicht nur auf dem Gebiet vorklassischer oder klassischer Vokalsinfonik, sondern besonders auch im Hinblick auf die Interpretation neuester Werke der musikalischen Gegenwart. 1953 erhielt der Chor den Namen Beethoven-Chor Dresden. Seit 1969 wird das Ensemble, mittlerweile mehrfach mit hohen gesellschaftlichen Auszeichnungen geehrt, von Christian Hauschild geleitet. Zu den Verdiensten dieses Volkskunstensembles zählen eine Reihe von Erstaufführungen vokalsinfonischer Werke und auch Uraufführungen. So errangen die DDR-Erstaufführung des Volksoratoriums *Axion esti* von Mikis Theodorakis unter Leitung des Komponisten in Dresden zu den Festspielen 1982 und die Uraufführung seiner *Frühlingssinfonie*, eines Auftragswerks für die Dresdner Musikfestspiele 1984, höchste internationale Anerkennung. Darüber hinaus hat der Beethoven-Chor in vielen großen Konzerten immer wieder von seinem außerordentlichen künstlerischen Niveau Zeugnis gegeben. Die Mitwirkung dieses historisch am längsten existierenden Ensembles musizierender Laien in Dresden an dem eingangs erwähnten musikalischen Volksfest »Dresden singt und musiziert« ist für die Sängerinnen und Sänger selbstverständlich und wohl auch eine Sache der Ehre.

Seit 1972 erhielt der Beethoven-Chor durch einen Trägerbetrieb, den VEB Elektromaschinenbau Sachsenwerk Dresden, umfangreiche gesellschaftliche und ökonomische Unterstützung. Mit der Gründung der Singakademie Dresden 1985 wurde der Chor zum Kern des neuen, der Bezirksmusikschule »Paul Büttner« angegliederten Instituts, zu dem ebenfalls ein Kinder- und ein Jugendchor gehören. Sie bilden einen Teil des Nachwuchses für den Beethoven-Chor aus eigenen Kräften heran, werden darüber hinaus aber für die weitere Entfaltung der Chormusik im gesamten Bezirk wirksam.

Die hier nur knapp umrissene Geschichte des Beethoven-Chors als eines der bedeutendsten Dresdner Volkskunstkollektive steht als Beispiel für einen kulturgeschichtlichen und gesellschaftlichen Prozeß, den in diesen Ausmaßen nur wenige heute noch existierende Volkskunstensembles durchlaufen haben. Historikern und Musikwissenschaftlern bleibt noch viel zu tun, die zahlreichen »weißen Stellen« in der Geschichte der Dresdner Volkskunst auszufüllen. So wird es erst nach und nach möglich sein, einen genaueren Überblick über die Entwicklung von Genres und Ensembles zu gewinnen und weitere Beziehungen zwischen Vergangenheit und Gegenwart aufzuhellen.

Zwei große Volkskunstkollektive, die auf eine lange Tradition zurückblicken können, sind das Dresdner Mozartorchester des VEB Mikromat Dresden, das 1896 gegründet wurde, und der im Jahre 1915 von dem damaligen Chordirektor der Dresdner Oper, Karl Maria Pembaur, ins Leben gerufene Sinfoniechor Dresden und Extrachor der Staatsoper Dresden. Pembaur, vielfach auch als Komponist hervorgetreten, war seit 1901 Solorepetitor an der Dresdner Hofoper und Hoforganist, seit 1903 Dirigent der Dresdner Liedertafel und wurde als Opernchordirigent überaus bedeutsam für die Chorgeschichte der Oper und für das Chorwesen Dresdens. Der Sinfoniechor, der bis in die Gegenwart hinein bei vielen Musiktheateraufführungen der Dresdner Oper mitwirkte, wird seit vielen Jahren von Professor Hans-Dieter Pflüger, dem Direktor des Staatsopernchors, geleitet.

Ebenso, wie sich der Wandel der Zeiten in der Geschichte der einzelnen Ensembles widerspiegelt, hat er auch die musikalischen Feste beeinflußt. Wenn das schon beschriebene »Erste deutsche Sängerbundesfest in Dresden« von 1865 ein durchaus volksverbundenes, besser: ein volkstümliches, aber durch und durch bürgerliches Musikfest war, so stand das »Sachsentreffen« des Deutschen Arbeitersängerbundes am 18. und 19. Juli 1931 ganz unter dem Zeichen der proletarischen Bewegung. Chöre aus den Gauen Ostsachsen, Leipzig, Chemnitz und Vogtland nahmen daran teil, Ensembles aus allen Stadtteilen Dresdens, Chöre der Glasarbeiter, Buchdrucker und anderer Berufszweige kündeten in ihren Liedern vom Kampf einer ganzen Klasse um die Befreiung von Ausbeutung und Unterdrückung. Schon in seiner interessanten kleinen Arbeit von 1913 über »Die Entwicklung der Arbeiterchöre in Deutschland« hatte Lenin auf die besondere Stellung der Arbeitergesangsvereine im politischen Kampf der Werktätigen hingewiesen. Danach waren 1912/13 allein in Dresden 4700 Mitglieder in Arbeiterchören organisiert. In Anbetracht der damaligen politischen Situation schrieb Lenin weiter: »Doch keine Polizeischikanen können verhindern, daß in allen großen Städten der Welt, in allen Arbeitersiedlungen und immer häufiger auch in den Katen der Landarbeiter einhellig das proletarische Lied von der nahen Befreiung der Menschheit aus der Lohnsklaverei erklingt.« Die Tradition der Männerchorvereine hatte einen neuen Inhalt bekommen, das politische Lied und mit ihm die brennenden Fragen des gesellschaftlichen Alltags waren in den Vordergrund getreten und ergriffen die Massen des Volkes. Das Teilnehmerbuch des »Sachsentreffens« schon fordert den Leser auf, den Kampfgesang nicht über allem Volks- und Kunstgesang zu vernachlässigen:

»Die Rücksichtnahme auf meine Klasse, die Arbeiterschaft, mein Zugehörigkeitsgefühl zum werktätigen Volke verlangt von mir, dem Werktätigen, von dir, der Werktätigen, daß wir unsere Kräfte vereint in den Dienst unserer Klasse stellen. Begnügen wir uns nicht wie der Bürger, der Bildung und Besitz als Privileg seiner Klasse, seiner Person betrachtet – zu bleiben was wir gewesen sind, sondern trachten wir danach, uns zu erziehen, uns zu bilden, so schwer es uns auch gemacht wird. Bemühen wir uns aber darüber hinaus, alles das, was wir uns an Selbstbildung, an geistigem Besitz in harten Arbeitsstunden nach Feierabend erworben haben, wiederum an unsere Klassengenossen weiterzugeben!«

Deshalb ist man Mitglied des Arbeitersängerbundes, und diesem ersten revolutionären Bekenntnis in der Geschichte der musikalischen Volkskunst ist noch ein Gedicht beigefügt:

Wir

Nicht für den satten Müßiggänger
Klingt unser Lied als Zeitvertreib.
Wir balzen nicht wie Minnesänger
Im Tanz um Ruhm und Gold und Weib.

In unserm Lied ersteht in Tönen,
Was in der Brust des Volkes lebt,
Sein Glück und Schmerz, sein tiefstes Sehnen,
Das machtvoll auf zur Sonne strebt.

Wir sind ein Teil der großen Masse
Und leiden ihre Not und Qual.
Doch in dem Freiheitskampf der Klasse
Ist unser Lied das Schlachtsignal.

Auch aus den allertrübsten Tagen
Steigt zukunftgläubig unser Chor
Und mahnt die Trägen, stärkt die Zagen:
Wacht auf! Hindurch! Zum Licht empor!

Als eine der bedeutendsten Persönlichkeiten der Dresdner Arbeitersängerbewegung ist der Musikerzieher, Komponist, Chor- und Orchesterleiter und Kritiker Paul Büttner hervorzuheben. Über vier Jahrzehnte lang leitete er Volkschöre von Dresden und aus der Umgebung der Stadt. Seit 1905 trat er als Dirigent des Arbeitersängerbundes Dresden in großem öffentlichen Rahmen auf. Vor allem durch die Tätigkeit als künstlerischer Direktor des Dresdner Konservatoriums von 1923 bis 1933 hatte er die Möglichkeit, besonders auf die Jugend erzieherisch einzuwirken. Mit Begeisterung, Hingabe und dem ihm eigenen Pflichtbewußtsein erfüllte er diese Aufgabe, die zutiefst seiner demokratischen Haltung und sozialistischen Weltanschauung entsprach, bis zu seiner Entfernung aus dem Dienst durch die nationalsozialistischen Machthaber.

Bereits 1927 hatten die in den Vereinigten Kletterabteilungen Sachsen (VKA) des Touristenvereins »Die Naturfreunde« organisierten Mitglieder beschlossen, eine Gesangsabteilung zu bilden. Fünfundvierzig Bergsteigersänger nahmen im Dezember im Dresdner Hotel Stadt Petersburg die Probenarbeit auf. Anfang 1930 konnte der Chor im Keglerheim mit einem »Heiteren Liederabend« den ersten Erfolg erringen. Doch der Inhalt des Programms unterschied sich nicht von ähnlichen Veranstaltungen bürgerlicher Organisationen. Kurt Schlosser war es, der an der Spitze einer kleinen Gruppe von Genossen der KPD dem Chor den richtigen Weg wies. Zu dem ständig anwachsenden Repertoire von Bergliedern, Wander- und Volksliedern kamen Gesänge, die unter dem Banner der Arbeiterklasse zum Kampf riefen. Nun fehlte der Chor bei keinem der großen politischen Ereignisse in der sächsischen Arbeiterbewegung. Die Sänger, die in Lied und Wort immer schon vor der Gefahr des heraufziehenden Faschismus gewarnt hatten und zur Einheit der Arbeiterklasse aufriefen, traten am 4. März 1933 zum letzten Mal auf. Einen Tag später gingen sie in die Illegalität. Viele Chormitglieder traten anderen Vereinen und Klubs bei, dort als mutige Antifaschisten weiterwirkend. Über den Kampf der Roten Bergsteiger im Gebiet der Sächsischen Schweiz beispielsweise wird oft voller Stolz berichtet. Doch die Faschisten verhafteten neununddreißig Mitglieder des Chores, ermordeten zehn. Der Bergsteigerchor »Kurt Schlosser« aber lebte weiter. Als eines der ersten Ensembles trat er schon am 7. Juli 1945 wieder öffentlich auf. Seine Mitglieder gehörten zu den Aktivisten der ersten Stunde, die mit ihrer Hände Arbeit den Wiederaufbau Dresdens begannen. Seit 1964 gehört dem Bergsteigerchor, der unter der verdienstvollen Leitung von Werner Matschke steht, auch ein Pionier- und Jugendchor an. In allen Teilen der Republik und auch im Ausland hoch geschätzt, pflegt das traditionsreiche Ensemble sowohl den Männergesang, der in Dresden ja eine besondere Heimat hat, als auch den Kampfgeist der Arbeiterklasse im Lied.

Nach der Zerschlagung des Hitler-Faschismus und vor allem mit dem Aufbau der sozialistischen Gesellschaftsordnung in der Deutschen Demokratischen Republik begann auch im musikalischen Volkskunstschaffen ein ganz neues Kapitel. Das werktätige Volk, nun im Besitz der politischen und ökonomischen Macht, bekam die notwendigen Voraussetzungen, ein reiches kulturelles Leben auf neuem Boden zu entfalten und eine eigene sozialistische Nationalkultur gedeihen zu lassen. Unter Führung der Partei der Arbeiterklasse gingen viele gesellschaftliche Kräfte, vor allem aber Massenorganisationen wie der Freie Deutsche Gewerkschaftsbund, die Freie Deutsche Jugend oder der damalige Kulturbund zur demokratischen Erneuerung Deutschlands (heute: Kulturbund der DDR) daran, ein demokratisches und wirklich volksverbundenes Musikleben zu entwickeln. So wurde am 4. Mai 1950 im Auftrag des damaligen Ministeriums für Volksbildung des Landes Sachsen mit dem Aufbau der Volksmusikschule Dresden begonnen. Musikalisch besonders interessierte Schüler und Werktätige sollten die Möglichkeit erhalten, in einer langfristigen und systematischen Ausbildung zu hohen künstlerischen Leistungen zu gelangen. Die Bildungseinrichtung, die seit 1962 den Namen Paul Büttners trägt, hat einen großen Teil des Nachwuchses der Ensembles der DDR, vor allem aber Dresdens herangezogen und sich auch in der Orientierung auf die Ausbildung von Gesangs- und Instrumentalsolisten Verdienste und einen guten Ruf erworben. Aber auch jene Schüler, die die Musikschule nicht als zukünftige Berufsmusiker verlassen haben, verdanken ihren Lehrern viel: die Freude am eigenen Musizieren, die Fähigkeit künstlerischen Empfindens und musikalischen Gestaltens, die Anregung zu weiterer musikalischer Selbstbetätigung in Chören, Orchestern, Kammermusikvereinigungen oder auch Tanzgruppen.

Bedeutende politische Ereignisse haben das Volkskunstschaffen immer wieder angeregt. So bereiteten sich im Frühjahr 1951 in allen Teilen der Republik Kulturgruppen und Chöre auf ihre Teilnahme am Kulturwettstreit während der Weltfestspiele der Jugend und Studenten im August in Berlin vor. Die sächsischen Landesausscheide, die der Delegierung zum zentralen Ausscheid vorausgingen, waren ein großer Erfolg der Bemühungen vor allem auch der Freien Deutschen Jugend um die vielfältige Entwicklung der Volkskunst. Zwölftausend Mitwirkende aus über dreihundert Kulturgruppen des Landes Sachsen tanzten, sangen und spielten während der Pfingstfeiertage 1951 in Dresden. Nach der Bewertung ihrer Arbeit in den einzelnen Veranstaltungsräumen zeigten sie im Großen Garten ihre Darbietungen und begeisterten dort viele Tausende von Zuschauern.

1951 ist auch das Jahr der Gründung des Neuen Chors Dresden der Gewerkschaft Unterricht und Erziehung, der in der Zeit seines Bestehens über die Grenzen unserer Stadt hinaus bekannt wurde. Sein Dirigent Manfred Winter ist gleichzeitig auch der künstlerische Leiter des Knabenchors Dresden und des Kinder- und Jugendchors des Pionierpalastes Dresden. Daß diese Ensembles in Dresden oft mit dem Kurztitel »Winter-Chöre« bedacht werden, ist wohl ein untrügliches Zeichen für Unverwechselbarkeit und Unentbehrlichkeit im gegenwärtigen Musikleben der Stadt.

Vor allem in den sechziger Jahren entstanden in rascher Folge viele Volkskunstkollektive, die in Dresden, in der DDR und im Ausland sehr schnell große Anerkennung finden konnten. Das war die Reaktion auf die wichtigen Impulse der Bitterfelder Konferenz von 1959, die letztlich darauf gerichtet waren, Kultur und Kunst als gesamtgesellschaftliches Anliegen zu betrachten und deren Entwicklung auf breitester Basis voranzutreiben. Das Sinfonieorchester der Technischen Hochschule (heute: Sinfonieorchester des Zentralen FDJ-Studentenklubs der Technischen Universität Dresden), der Chor, das Blasorchester und das Tanzensemble der bedeutenden Bildungsstätte gewannen eine Perspektive, die sie bis heute zu den beachtetsten Volkskunstensembles gehören läßt. Immer wieder werden die künstlerischen Qualitäten zum Beispiel des Sinfonieorchesters hervorgehoben, in dem Studenten und Wissenschaftler gemeinsam unter der Leitung von Universitätsmusikdirektor Wolfgang Müller musizieren, und dessen Repertoire bedeutende Werke der Sinfonik von der Wiener Klassik bis hin zur Gegenwart umfaßt.

Auf dem Gebiet der sinfonischen Musik hat sich auch das Arbeiter-Sinfonieorchester des VEB Kombinat Robotron Dresden einen beachtlichen Ruf erworben. Der Klangkörper, der von Peter Doß, dem Solocellisten der Dresdner Philharmonie, geleitet wird, ging im Herbst 1971 aus dem ehemaligen Haydn-Kammerorchester der Medizinischen Akademie »Carl Gustav Carus« hervor. Seit Ende des Jahres 1973 besteht ein Freundschaftsvertrag mit der Dresdner Philharmonie, der dazu beitrug, daß sich eine enge schöpferische Zusammenarbeit zwischen Berufs- und Laienkünstlern entwickeln konnte. Nach einem Konzert des Arbeiter-Sinfonieorchesters anläßlich der Dresdner Musikfestspiele 1981 waren auch ausländische Berichterstatter des Lobes voll, und einer von ihnen meinte sogar, das Konzert habe ihm *das* Mozart-Erlebnis der Musikfestspiele beschert . . .

Seit 1959 besteht die Arbeiteroper des VEB Elektromaschinenbau Sachsenwerk Dresden. Ihre ersten Schritte unternahm sie unter der Patenschaft des Generalintendanten der Staatstheater Dresden, Dr. Heinrich Allmeroth. Seither standen in dichter Folge Premieren des Musiktheaters auf dem Programm: Webers *Abu Hassan*, Glucks *Der betrogene Kadi,* Cherubinis *Der Wasserträger,* Mussorgskis *Der Jahrmarkt von Sorotschinzy* und seit den Dresdner Musikfestspielen 1980 die Märchenopern *Mann und Frau im Essigkrug* von Joachim-Dietrich Link, *König Drosselbart* von Dieter Noll und *Von einem, der auszog, das Gruseln zu lernen* von Joachim-Dietrich Link. Alle diese Produktionen – hier konnte nur eine Auswahl genannt werden – wären jedoch undenkbar, gäbe es nicht die langjährige Partnerschaft der Arbeiter-Künstler zu den Kollegen aus den künstlerischen und technischen Bereichen der Dresdner Theater, die mit dem Ensemble die Einstudierung vornehmen, Kostüme und Bühnenbilder entwerfen und herstellen. Das bereits erwähnte Mozart-Orchester des VEB Mikromat Dresden (Leitung Hans Thiem) ist der von Christian Pötzsch betreuten Arbeiteroper ein langjähriger und daher im besten Sinne »eingespielter« Partner.

Das zwanzigjährige Bestehen beging 1987 das Bläserkollegium der Hochschule für Verkehrswesen »Friedrich List« Dresden, – wie übrigens auch sein »Bruder«, das Kammerorchester ohne Dirigenten. Am Anfang bestand das Kollegium aus lediglich vier Blechbläsern, im Laufe der Jahre sind es aber mehr als fünfundsiebzig Mitglieder geworden, die in wenigstens zwölf einzelnen Gruppen auftreten können. Neben erlebnisreichen Reisen durch die DDR und auch ins Ausland feiert das Bläserkollegium, geleitet von Heinz Biskup und Peter Ringel, natürlich auch in Dresden große Erfolge. Dazu gehörte die einmalige Gelegenheit, anläßlich der Festveranstaltung zum Jubiläum »150 Jahre deutsche Eisenbahn« 1986 in der Semperoper aufzutreten. Das Repertoire des Bläserkollegiums übrigens beweist bei näherem Hinschauen, daß sich auch Volkskunstkollektive intensiv mit der Dresdner Musikgeschichte befassen und Werke aufnehmen, die selten gespielt werden und eine Bereicherung des musikalischen Angebots darstellen. So macht das Ensemble von Jahr zu Jahr neue Vorschläge für Konzerte, die auch den programmatischen Schwerpunkten der Dresdner Musikfestspiele gerecht zu werden versuchen und in ihrer Art einmalig sind.

Es wird auffallen, daß viele der Dresdner Volkskunstkollektive in ihrer Bezeichnung auch den Namen eines Dresdner Betriebes führen. Dies ist der Ausdruck neuer Beziehungen zwischen der Arbeiterklasse und der Kunst, beispielgebend für ein enges, durchaus schöpferisches Verhältnis. In der Regel sind es leistungsfähige sozialistische Großbetriebe, die sich für die Entwicklung von Volkskunstensembles verantwortlich fühlen und als sogenannte »Trägerbetriebe« fungieren. Sie gewähren den Ensembles vielfältige Unterstützung, indem Instrumente, Saiten, Notenmaterial, technische Ausrüstungsgegenstände und Probenräume zur Verfügung gestellt werden, und sie nehmen natürlich Anteil an den Höhen und Tiefen des Ensemblelebens. Als kleine »Gegengabe« treten die »hauseigenen« Volkskunstgruppen gerne zu Veranstaltungen des Betriebes auf, ohne sich aber darauf beschränken zu müssen. Die Förderung der Volkskunst in dieser Art ist eine nicht zu unterschätzende kulturpolitische Aktivität, die sich bei Betrieben und Volkskünstlern gleichermaßen großer Beliebtheit erfreut und schon viel Früchte getragen hat.

Aber am besten ist es, man überzeugt sich selbst an Ort und Stelle: In jedem Jahr während der Dresdner Musikfestspiele, bei »Dresden singt und musiziert« am Nachmittag und am Abend, kann man sie alle sehen und hören, den Philharmonischen Chor Dresden, den Friedrich-Wolf-Chor des VEB Zentrum für Forschung und Technologie Mikroelektronik, das Violinen-Ensemble Dresden des VEB Transformatoren- und Röntgenwerk »Hermann Matern«, die Capella ma non grossa des VEB Starkstromanlagenbau »Otto Buchwitz« Dresden, das Akkordeonorchester beim Haus der Lehrer »Richard Schallock«, das Streichorchester des Pionierpalastes Dresden, das Blasorchester der Bauarbeiter, die besten Singegruppen der Stadt und die vielen, vielen hier ungenannten, aber ebensosehr engagierten Ensembles, alles in allem mehr als vierzig der besten Volkskunstkollektive.

Gerade durch diese Vielfalt ist »Dresden singt und musiziert« eine der wichtigsten Säulen der Dresdner Musikfestspiele geworden, ein Ereignis, das vor allem auswärtige Besucher tief beeindruckt. Die Musikfestspiele sind eben wirklich ein Fest des Volkes, und die Dresdner Volkskünstler wissen das.

Man macht sich also gemeinsam wieder an die Planung, damit nichts schiefgeht, und man hofft darauf, daß auch das Wetter nie mehr einen Strich durch die Rechnung macht . . .

»Dresden singt und musiziert«
Das Jugendblasorchester der Stadt Dresden
(Leitung Werner Häßlich)
am Goldenen Reiter

»Dresden singt und musiziert«
Das Blasorchester der Bauarbeiter
(Leitung Friedrich-Karl Seebald)
in der Straße der Befreiung

Das Violinenensemble des Transformatoren- und Röntgenwerkes »Hermann Matern«
(Leitung Adelgund Renelt)
am Georg-Treu-Platz

Das Berliner Philharmonische Orchester, an seiner Spitze Herbert von Karajan, ist unendlich dankbar dafür, das es bei den 1. Dresdner Musikfestspielen 1978 mitwirken konnte.
Dresden ist und bleibt eine Stadt großer künstlerischer Traditionen, besitzt von jeher ein Publikum, das allerhöchste Ansprüche stellt, und beglückt seine Besucher auch durch Liebenswürdigkeit, Gastfreundschaft und jene besondere Atmosphäre, die dem »Elbflorenz« eine einzigartige Stellung in der ganzen Welt verliehen hat.
Das Konzert der Berliner Philharmoniker am 30. Mai 1978 bedeutete einen unvergeßlichen Höhepunkt in der Geschichte unseres Klangkörpers.

Dr. Wolfgang Stresemann
Intendant des Berliner Philharmonischen Orchesters

Die Musiktradition

ECKART KRÖPLIN

Die Staatsoper Dresden

Dresden gehört seit Menschengedenken zu den berühmtesten und wichtigsten Opernstädten Europas und der Welt. Die Voraussetzungen lagen wohl auch denkbar günstig. Es war ein geographischer Umkreis, in dem unentwegt neu Musik »geboren« wurde: Die sächsischen Lande vom musikalischen Thüringen über das klingende Vogtland und das singende Erzgebirge bis in die sorbisch tönende Lausitz zeigten sich als ein unversiegbarer Quell volksmusikalischen Schaffens, der von Generation zu Generation auch lebendige Transponierung in die Kunstmusik erfuhr. Sachsen lag als ein dichtbesiedeltes Land mit hochentwickelter Wirtschaft und Kultur im Herzen des Kontinents, wo sich, wie die Handelswege, auch Kunsteinflüsse aus Nord und Süd, Ost und West kreuzten und stets neue Entwicklungen hervorriefen. Das sächsische Herrscherhaus zudem erwies sich als ein Fürstengeschlecht, das eigentlich in jeder seiner Generationsfolgen die Kunstmusik, seit sie im späten Mittelalter die Klöster und Kirchen verlassen hatte, ins weltlich höfische Geschehen repräsentierend einbezog und sie mäzenierend besonders förderte.

Ein Umstand sei zu Beginn einer Betrachtung über Dresdner Opernentwicklung sogleich als Spezifikum hervorgehoben: Musik zur Gestaltung festlich begangener gesellschaftlicher Höhepunkte, Musik im Festspiel oder festliche Spiele mit Musik gab es in Dresden bereits vor jenem vielzitierten Datum einer ersten deutschsprachigen Opernaufführung im Jahre 1627 mit Heinrich Schütz' und Martin Opitz' *Dafne* (anläßlich einer Fürstenhochzeit im Torgauer Schloß Hartenfels). Hochzeiten, Siegesfeiern, fürstliche Geburten, Jahrestage, Reitturniere, Jagdfeste, Ballveranstaltungen und vieles andere mehr boten Anlässe für prachtvoll in Szene gesetztes, musikalisch gerahmtes Schaugepränge von oftmals phantastischen Ausmaßen. Ein erster Höhepunkt ward erreicht, als Kurfürst August im Jahre 1575 den italienischen Bildhauer und Festinszenator Giovanni Maria Nosseni nach Dresden verpflichtete. »Inventionen« waren nun solche Festlichkeiten zumeist benannt, die sich oft über viele Tage hinweg erstreckten und in meisterhafter Form Bilder der Welt, des Universums, der sozialen Hierarchie in ausladender Allegorie, doch durchaus immer aktuell bezogener Weise darstellten: aufwendige dekorative, malerisch-kostümliche Gestaltung in gesungener wie pantomimisch-tänzerischer Ausführung war gänzlich durchdrungen von lebensvoller Musik. Diese Schaustellungen vor einem großen Publikum – frühe Variante eines »Gesamtkunstwerks« der Neuzeit – bargen in sich bereits wesentliche Ingredenzien der künftigen Oper. In solcher Weise aber, und unabhängig auch von der dann entstehenden Oper, erhielt sich das Phänomen festlicher Spiele mit Musik, Tanz und Schaustellung in Dresden über Jahrhunderte hinweg, mit nochmaliger Hochblüte in der ersten Hälfte des 18. Jahrhunderts, bis in die Gegenwart hinein, wenn natürlich auch die Inhalte, die Darstellungsweisen, die öffentlichen Anlässe und die gesellschaftlichen Träger wechselten.

Innerhalb eines solchen Umfeldes mag es nun als nicht besonders erstaunlich erscheinen, daß Dresden einer der ersten Orte wurde, wo die neue italienische Mode musiktheatralischer Aufführungen, wie sie seit Ende des 16. Jahrhunderts sich von Florenz, Rom und dann Venedig aus grassierend und mit größtem Publikumserfolg verbreitete, auch nördlich der Alpen Fuß faßte.

Der Poet Ottavio Rinuccini und der erste Großmeister der »Oper« (diese Gattungsbezeichnung setzte sich allerdings erst Jahrzehnte später allmählich durch), Claudio Monteverdi, können als die unmittelbaren künstlerischen Vorbilder für Opitz und Schütz gelten, als diese ihre *Dafne* schufen. (Die Musik des Werkes muß leider als verloren betrachtet werden.) Das herausragende nationale Verdienst jener *Dafne* war es, daß sie, wie selbstverständlich, in deutscher Sprache verfaßt war (über Jahrhunderte hinweg war das dann gar nicht mehr selbstverständlich).

Dafne als erste deutsche Oper – welch eine Entwicklung hätte sich von hier aus vollziehen können, ähnlich der in Italien und Frankreich. Dies aber geschah, trotz einiger weiterreichender Bemühungen, nicht. Geschuldet den großen sozialen und politischen Widersprüchen in Deutschland (Dreißigjähriger Krieg, jahrhundertelange nationale Zersplitterung, künstlerische und auch sprachliche Überfremdung aus dem Ausland), konnte eine deutsche Oper sich sehr spät, eigentlich erst seit dem 19. Jahrhundert, auch in Dresden etablieren.

Das Jahr 1638 bringt dann, wiederum von Schütz komponiert, ein erstes Ballett für Dresden mit dem *Orpheus*-Stoff als Grundlage (auch hiervon ist die Musik nicht erhalten). Die letzten Textworte dieses Werkes, das auch Vokalmusik einbezog, lauten beziehungsvoll: »Ihr großen Helden hofft, die Tugend nicht verfällt: Sie steiget Himmel an, und leuchtet durch die Welt.«

Die Zeitläufte allerdings waren anders. Der Dreißigjährige Krieg ließ die »Tugend« beileibe nicht himmelhoch steigen. Seine grausamen Auswirkungen zwangen den Musen auch in Dresden auf Jahre hin äußerste Beschränkungen auf. Erst nach dem Friedensschluß von 1648 konnte auch Sachsen wieder aufatmen, konnten die Künste neues Leben entfalten. Von 1650 ist das Szenarium eines Balletts *Paris und Helena* (Schütz war daran beteiligt) überliefert; in einem andern Ballett, betitelt *Der Moren Gefängniß*, trat der dreijährige Johann Georg III. als Cupido auf. Freiberger und englische Komödianten spielten am Hofe, französische Tanzmeister wurden verpflichtet. Als nach dem Tode Johann Georgs I. die kurfürstliche mit der kurprinzlichen Kapelle vereinigt wurde, entstand eine musikalische Korporation von hoher künstlerischer Meisterschaft. Neben Schütz wirkten an ihrer Spitze die Italiener Giovanni Andrea Bontempi und Vincenzo Albrici, später Marco Giuseppe Peranda und der der venezianischen Opernschule angehörende Carlo Pallavicini sowie die Deutschen Christoph Bernhard und Adam Krieger (als Organist). 1662 ist dann das Jahr, da mit Bontempis *Il Paride* im großen Festsaal des Schlosses die erste italienische Oper (und sie ist uns auch in der Musik erhalten) zur Uraufführung kam; in deutscher Übersetzung war sie betitelt als *Paris, ein Gedicht zur Musica*.

Am 1. August 1664 – und das ist für die Dresdner Operngeschichte ebenfalls ein wichtiges Datum – erfolgte die Grundsteinlegung zum ersten Opernhaus am Taschenberg. Als Architekt und Baumeister wirkte Wolf Kaspar von Klengel. Dieses Theater war nach München das zweite eigens als solches errichtete in Deutschland. Die festliche Eröffnung fand am 27. Januar 1667 mit Giovanni Andrea Moneglias *Il Teseo* (in deutscher Sprache bezeichnet als *Theseus, Theatrum-Froh*) statt. Zu einem Höhepunkt gestaltete sich 1671 (wiederholt 1672) die Aufführung der »deutschen Musicalischen Opera von Apollo und Dafne«, komponiert von Bontempi und Peranda (die textliche Vorlage bot die bereits 1627 von Schütz vertonte Opitzsche Dichtung). Ein anderes wichtiges Ereignis war 1678 die Präsentation des »Balletts von Zusammenkunft und Wirckung deren VII. Planeten«, kurz *Planetenballett* genannt. Es galt als eine der aufwendigsten Theaterinszenierungen jener Zeit. Kastraten und Primadonnen, Virtuosität und Maschinenzauber begannen fortan, die Opernbühne auch in Dresden zu beherrschen. Kurfürst Johann Georg III. ließ gar unter abenteuerlichen Umständen eine kapriziöse Primadonna,

Margerita Salicolo, aus Venedig nach Dresden entführen. Sie ward in der sächsischen Residenz zu einer hochgefeierten Sängerin und geschickten Diplomatin.

Die große Epoche des Dresdner Barocks mit seinem Hang zu architektonischer Selbstdarstellung und festlicher Ausgestaltung begann unter Friedrich August I., seit 1697 auch König von Polen. Dieser August »der Starke«, letzter bedeutender Vertreter einer sächsischen Großmachtpolitik in europäischem Maßstab, hinterließ mit dem Zwingerbau (1711/12) eines der schönsten Baudenkmäler barokker Baukunst. Die Architektur des Zwingers hat theatralischen Zuschnitt – die großen Schau-Inszenierungen der Hoffestlichkeiten fanden nun ihren entsprechenden Ort. Das innere Gelände des Zwingers ist – durchaus an antiken Vorbildern orientiert – geeignet als Szene prachtvoller Schaustellungen. Der Architekt dieses bedeutenden Baus war Matthäus Daniel Pöppelmann, und ihn beauftragte Friedrich August I. dann auch mit der Errichtung eines dem Zwinger angegliederten neuen Opernhauses (nachdem bereits 1696/97 auf dem Zwingergelände ein kleines Komödientheater gebaut worden war). 1717 bis 1719 entstand, unter maßgeblicher Beteiligung der Theaterarchitekten Alessandro und Girolamo Mauro, das große neue Opernhaus. Es faßte bis zu zweitausend Besucher. Am 3. September 1719 wurde es mit Antonio Lottis *Giove in Argo* festlich eröffnet. Dem glanzvollen Dresdner Opernsäkulum, dem 18. Jahrhundert, war die Bühne errichtet, waren Tür und Tor geöffnet.

Berühmte Musiker wirkten als Kapellmeister und Kapellmitglieder in Dresden, so neben Lotti unter anderen der Komponist Johann David Heinichen, die Geigenvirtuosen Francesco Maria Veracini und Johann Georg Pisendel, der Kontrabassist und Komponist Jan Dismas Zelenka, der Kapellmeister Giovanni Alberto Ristori, die Sängerinnen Santa Stella-Lotti, Maria Antonia Laurenti, Vittoria Tesi, Margerita Catterina Zani, die Sänger Francesco Bernardi-Senesino, Matteo Berselli, Giuseppe Maria Boschi und Francesco Guicciardi. Bach, Händel und Telemann kamen als Gäste nach Dresden zur berühmten Hofkapelle. Dresdens Musik und Oper waren ein strahlender Mittelpunkt europäischen Musiklebens. Und dieser Ruf befestigte sich in den folgenden Jahrzehnten, als es gelungen war, den bereits namhaften Johann Adolf Hasse im Jahre 1731 nach Dresden zu holen. Gemeinsam mit seiner Frau, der berühmten Primadonna Faustina Bordoni, bestimmte er über drei Jahrzehnte, bis 1763, das Geschick Dresdens als Opernstadt. Hasse, geboren in Hamburg, kam aus Venedig. Er hatte in Italien über Jahre hinweg die moderne Oper kennenlernen können, zeitweise als Schüler von Nicola Porpora und Alessandro Scarlatti. Die großen Traditionen Venedigs und die gerade aufblühende Kunst der neapolitanischen Oper vereinigte Hasse in faszinierender Weise. Und immer wieder war seine Frau die gefeierte Hauptdarstellerin in seinen Werken – »La nuova sirena« nannte man sie bewundernd, oder auch schlicht ein »Weltwunder« (wie Johann Mattheson sie apostrophierte).

Cleofide war 1731 das umjubelte Antrittswerk Hasses in Dresden. Eine Hochblüte der Opera seria setzte ein. Dresdens glanzvolle Barockarchitektur und deren pompöse Theatralität hatten ihren musikalischen König gefunden. *Semiramide riconosciuta* (1744), *Arminio* (1745), *Demofoonte* (1748) sind weitere herausragende Opern Hasses in jenen Jahren.

Der Siebenjährige Krieg (1756–1763) brachte einen einschneidenden politischen und wirtschaftlichen Niedergang in Sachsen, die große absolutistische, die augusteische Zeit mit ihrem Hang zum aufwendigen »Festa teatrale« war zu Ende gegangen. Auch Hasses Stern erlosch, obwohl er gerade nach 1750 noch einen merkbaren Stilwandel erkennen ließ – die Reform der Opera seria, die quasi »in der Luft« lag, zog auch ihn in ihren Bann. *Attilio Regolo* (1750), *Solimano* (1753) oder *Olimpiade* (1756) legen beredtes Zeugnis davon ab. Hasses Verabschiedung aus Dresden allerdings war unwürdig. Am 7. Oktober 1763 wurde er im Zuge drastischer Sparmaßnahmen aus dem Hofdienst einfach entlassen. Zweiunddreißig Jahre musikalisch-theatralischer Triumphe legte man karg und stillos ad acta.

1769 fand mit Johann Gottlieb Naumanns *La clemenza di Tito* eine letzte Festopern-Aufführung im Großen Opernhaus am Zwinger statt – ein Nachklang nur noch auf vergangene Zeiten.

Schon 1746 hatte der Theaterimpresario Angelo Mingotti im Zwingerareal, nahe dem Waldpavillon, ein neues kleines Opernhaus eröffnet (es stand allerdings nur bis 1748) und damit einem neuen Zeitgeist ersten Einzug in Dresden verschafft, dem Geist der Aufklärung, der demokratischen, der bürgerlichen Verpflichtung und Bindung des Kunstschaffens. Dieses Theater war öffentlich, also nicht primär an die höfische Repräsentation gebunden. Gemeinsam mit seinem Bruder Pietro und dessen Gattin, der Sängerin Regina Valentini, war Angelo Mingotti zeitweilig gefährlicher Rivale Hasses. 1747/48 wirkte in Dresden (wahrscheinlich in der Mingotti-Gesellschaft) auch der junge Christoph Willibald Gluck; sein Frühwerk *Le Nozze d'Ercole e d'Ebe* erlebte im Sommer 1747 auf einer Freilichtbühne des Schlosses Pillnitz ihre Uraufführung. Den Mingottis folgte ein anderer Unternehmer, Pietro Moretti. Ihm ist der Bau eines neuen Hoftheaters zu danken, des später sogenannten »Moretti-Theaters«, in dem noch Weber wirkte. Von 1754 bis 1841 war es die Stätte, auf deren Bühne sich eine Opernentwicklung von so großer Spannweite wie nur irgend denkbar, nämlich die von Hasse zu Wagner, vollzog. Die Opera buffa, die Opéra comique und das deutsche Singspiel hielten in Dresden Einzug, unterhaltsame Kost auch für das immer stärker ins Operntheater drängende bürgerliche Publikum.

Das »Theater auf dem Linckeschen Bade« (eröffnet 1776) wurde bis ins 19. Jahrhundert hinein ein populärer Spielort; dort trat in der Folgezeit auch die bekannte Gesellschaft Joseph Secondas mit deutschen und französischen Opern auf. Der äußere Aufwand im Theater ward geringer, gab sich bescheidener, und die musikalische Sprache klang zeitgemäßer, empfindsamer und volkstümlicher, aber auch in stärker spürbarer dramatischer Spannung. Typische Dresdner Vertreter des deutschen Singspiels waren Joseph Schuster mit seinem 1778 in Dresden uraufgeführten *Alchymist* und Franz Seydelmann mit seiner *Schönen Arsene* (1779), während Theatertruppen unter Giuseppe Bustelli, Pasquale Bondini und Andrea Bertoldi die italienische Operntradition fortführten.

Ein neuer Aufschwung des Hoftheaters begann 1776 mit der Berufung Naumanns zum Hofkapellmeister. Seine Oper *Cora*, 1782 in Stockholm uraufgeführt, erregte damals Aufsehen und kündete von der großen musikalischen Begabung dieses Komponisten. Neben seiner Dresdner Tätigkeit prägte er übrigens auch entscheidend die Musikentwicklung an den Höfen in Kopenhagen und Stockholm. Für Stockholm entstand 1786 seine Oper *Gustaf Wasa*, für Kopenhagen im selben Jahr *Orpheus og Euridike*. Unter Naumann erhielt die Dresdner Kapelle ihren klassischen »Schliff«. Ausgezeichnete junge Musiker wurden verpflichtet (unter ihnen Cristofori Babbi, dann die ersten Mitglieder der weit bis ins 19. Jahrhundert in Dresden wirkenden Musikerfamilien Morgenroth, Schubert, Kummer sowie der berühmte Oboist Begozzi); es gehörten Gesangsvirtuosen von europäischem Ruf zum Dresdner Opernensemble, so die Kastraten Sassaroli und Ceccarelli und die Sängerin Charlotte Häser.

In Naumanns Amtszeit fällt auch der Einzug Mozartscher Werke auf die Dresdner Bühnen. Schon 1785 spielte die Secondasche Truppe im Theater auf dem Linckeschen Bade die *Entführung*. Im April 1789 machte Mozart auf der Durchreise in Dresden Station, schloß mit Naumann herzliche Bekanntschaft (obwohl er dessen Musik als »mittelmäßig« bezeichnete), ließ sich in Konzerten hören und – fällte ein recht abschätziges Urteil über die Dresdner »Oper, welche wahrhaft Elend« sei. (Nun, so mögen die Dresdner sich trösten, Mozarts bisweilen äußerst kritische Einschätzungen sind bekannt, und vielleich hatte er auch einen wirklich schlechten Abend in der Oper erlebt.) Bertoldi führte 1791 im Hoftheater *Cosi fan tutte* auf; 1793 ließ Seconda die *Zauberflöte* folgen, derer sich dann 1794 auch das Hoftheater (allerdings in einer italienischen Version als *Il Flauto Magico*) annahm.

1796 ist Beethoven in Dresden zu Gast und gibt ein Hofkonzert.

Naumann stirbt 1801. 1804 übernimmt Ferdinando Paër die Position des Hofkapellmeisters und führt im selben Jahr seine Oper *Leonora* auf, eine frühe Opernfassung des berühmten Stoffes von Bouilly, den wenig später dann auch Beethoven komponierte. Paërs Tätigkeit in Dresden endete aber bereits 1807, da Napoleon ihn als Hofkapellmeister nach Paris holte. Es war dann der 1810 verpflichtete Francesco Morlacchi, der die Geschicke der italienischen Oper in Dresden noch über zwei Jahrzehnte in hoher Kultur fortzuführen verstand, bis sie – in europäischem Maßstab nun schon ein Anachronismus – mit dem 31. März 1832 endgültig als eigene Institution aufgelöst wurde.

Große, neue Dinge in der Welt und in der Kunst hatten längst andere Primate gesetzt. Die Folgen der Französischen Revolution von 1789, die napoleonische Fremdherrschaft und die Befreiungskriege, die einsetzende Restauration und der beginnende Kapitalismus, die kämpferische Humanität eines Beethoven, die altersweise Klassizität eines Goethe, das sensible und zunehmend schmerzhafte Weltgefühl der Romantikergeneration zeichneten die Zeit. Dresden ward wiederum zu einem Kreuzpunkt politischer und künstlerischer Entwicklungen und auch Umbrüche. Das von Napoleon in den Königsstand erhobene sächsische Herrscherhaus verlor 1815, infolge seiner Verbündung mit Napoleon, auf dem Wiener Kongreß die Hälfte seines Territoriums; Sachsen geriet endgültig in die politische Unbedeutendheit. Zugleich wurde die Residenz Dresden aber auch zeitweilige Heimstatt romantischer Künstler wie E.T.A. Hoffmann und Carl Maria von Weber, Heinrich von Kleist und Ludwig Tieck, Caspar David Friedrich und Carl Gustav Carus, schließlich Heinrich Marschner, Robert Schumann und Richard Wagner.

Mit dem 17. Januar 1817 erfolgte das Engagement Webers als Direktor der deutschen Oper und (wenig später) als Hofkapellmeister am Dresdner Hoftheater. Wie schwierig er es in dieser neuen Position hatte, wird nicht nur an den gelegentlich heftigen künstlerischen Auseinandersetzungen oder in der mühevollen Suche nach Verständigung mit der italienischen Oper unter Morlacchi (die vom Hof eindeutig favorisiert war) deutlich, sondern auch an dem Umstand, daß keine seiner in der Dresdner Zeit entstandenen Opern hier zur Uraufführung gelangte. Der *Freischütz* hatte 1821 in Berlin Premiere, die *Euryanthe* und der *Oberon* waren Auftragswerke für Wien bzw. London. In den neun Jahren seiner Dresdner Tätigkeit konnte Weber dennoch wichtige Entwicklungsschritte am Theater durchsetzen oder wenigstens einleiten, so die Begründung eines fest engagierten Opernchors, die Ausprägung einer modernen Klangkultur in der Kapelle, die mehr und mehr nationale und populäre Ausrichtung des Repertoires und die Verpflichtung bedeutender Sänger. Wilhelmine Schröder-Devrient, die wohl berühmteste dramatische Gesangskünstlerin Deutschlands in jener Zeit, wurde auf Webers Betreiben 1823 nach Dresden verpflichtet und bestimmte bis in Wagners Dresdner Kapellmeisterjahre das Profil des Hoftheaters entscheidend mit. Weber verhalf den Meisterwerken Mozarts und Beethovens zu neuem und dauerhaftem künstlerischen Leben auf der Dresdner Bühne, er nahm Opern von Zeitgenossen ins Repertoire auf und konnte schließlich auch den Erfolg seiner eigenen Werke *Freischütz* und *Euryanthe* seit 1822 bzw. 1824 in Dresden noch miterleben. In Webers Nachfolge bestimmten Heinrich Marschner, wenn auch nur kurzzeitig, und dann (ab 1826) vor allem der verdienstvolle Carl Gottlieb Reißiger das musikalische Geschick der Dresdner Hofoper.

Den künstlerischen Anforderungen der romantischen Oper und der in Mode kommenden französischen Grand opéra, aber auch dem merklich gesteigerten Repräsentationsbedürfnis von Hof und Bürgertum, konnte das alte Moretti-Theater, trotz mehrfacher Umbauten, nicht mehr genügen. Der 1834 nach Dresden gekommene Architekt Gottfried Semper, einer der wichtigsten Vertreter des Kunst-Historismus im vergangenen Jahrhundert, erbaute seit 1837 ein Opernhaus, renaissancehaft-prunkvoll und doch auch in klarer Formgebung und schlichter Zweckmäßigkeit, das 1841 eröffnet wurde. In diesem ersten Opernbau Sempers fand 1842 die Uraufführung von Wagners *Rienzi* mit unbeschreiblichem Erfolg statt, so daß der noch nicht dreißigjährige und weitgehend unbekannte Komponist wenig später, im Februar 1843, als zweiter Hofkapellmeister (neben Reißiger) engagiert wurde. Beispielhaft waren seine künstlerischen Aktivitäten während seiner Dresdner Tätigkeit. Neben der Pflege des Mozartschen, des Gluckschen und des Weberschen Erbes sowie Aufführungen neuer Opern, darunter auch sein *Fliegender Holländer* (1843) und sein *Tannhäuser* (1845), fand Wagner Mittel und Wege, Abonnementskonzerte der Kapelle ins Leben zu rufen; auf größten Widerhall stießen auch seine exemplarischen Aufführungen der neunten Sinfonie von Beethoven in den Jahren 1846, 1847 und 1849. Er entwarf – wie vor ihm bereits Weber – Reformvorschläge für die Kapelle und für das Theater, die sehr zeitgemäß auf Demokratisierung und Erneuerung des Kunstbetriebs hinzielten. Letztlich begab sich Wagner – ein unerhörter Vorgang für einen königlichen Kapellmeister – direkt ins politische Leben, er engagierte sich für die bürgerlich-demokratische Revolution, er beteiligte sich am Maiaufstand 1849 in Dresden (in dessen Wirren übrigens auch das alte Opernhaus am Zwinger ein Opfer der Flammen wurde) und mußte nach dessen Niederschlagung fliehen.

Die Jahrzehnte danach weisen teilweise einen künstlerischen Rückgang bzw. Stillstand auf. Es fehlte eine so beflügelnde und geniale Künstlerpersönlichkeit an der Spitze des Instituts, wie es Weber oder Wagner gewesen waren. Carl August Krebs trat 1850 Wagners Nachfolge an, für den 1859 verstorbenen Reißiger wurde 1860 Julius Rietz eingestellt. Dem Sängerensemble wiederum mangelte es an einer so unikalen dramatischen Begabung wie der Schröder-Devrient, wenn auch mit Joseph Tichatschek noch einer der Großen aus der Wagner-Zeit dem Theater bis zum Ende der sechziger Jahre angehörte. Der hochbegabte Tenor Ludwig Schnorr von Carolsfeld, Sohn des Malers und Wagners erster Tristan in München, war einige Jahre Mitglied der Dresdner Hofoper, bis er, viel zu früh und überraschend, 1865 starb. Für Rietz kam dann 1877 aus München Franz Wüllner als Hofkapellmeister nach Dresden. Inzwischen war aber infolge eines verheerenden Brandes 1869 der Semperbau zerstört worden. Die Jahre des Neuaufbaus in veränderter Gestalt, wiederum nach dem Konzept Sempers, zogen sich von 1871 bis 1878 hin.

Der eigentliche Wechsel auf die Zukunft war 1872 (in der Nachfolge von Krebs) das Engagement des jungen musikalischen Feuerkopfs Ernst Schuch aus Graz. Innerhalb weniger Jahre wurde er zur führenden Persönlichkeit und brachte die Oper und die Kapelle zu neuem Glanz und Ruhm. Er verstand es, ein ausgezeichnetes Sängerensemble nach Dresden zu verpflichten, dem im Lauf der Jahre unter anderen angehörten: Therese Malten, Heinrich Gudehus, dann Marie Wittich, Eva von der Osten, Karel Burian, Minnie Nast, Margarethe Siems, Karl Scheidemantel, Karl Perron und Friedrich Plaschke. Die Konzerte und die Opernaufführungen erreichten ein beispielhaftes musikalisches Niveau. Dresden wurde mit Schuch auch zu einem »Dorado für Uraufführungen«, wie Strauss es einmal bezeichnete. Über dreißig Opern hat Schuch in den reichlich vier Jahrzehnten seines Dresdner Wirkens uraufgeführt, viele weitere zur Erstaufführung gebracht. Neben der heute bereits vergessenen Tetralogie *Homerische Welt* von August Bungert gehören vier Strauss-Opern – *Feuersnot* (1901), *Salome* (1905), *Elektra* (1909) und *Rosenkavalier* (1911) – zu den Werken, die er mit größtem Erfolg aus der Taufe hob. Er setzte endgültig für Dresden das Wagnersche Musikdrama durch, verhalf Puccini, Mascagni, Leoncavallo, d'Albert, Massenet, Wolf-Ferrari und anderen neuen Komponisten in Dresden zum Durchbruch.

Mit Schuchs Tod im Jahre 1914, mit dem Ausbruch des ersten Weltkriegs und dann dem Zusammenbruch des Kaiserreichs, auch der Abdankung der deutschen Fürsten im Jahre 1918, ging eine ganze Ära dahin.

Nach und neben den Kapellmeistern Adolf Hagen (bis 1913), Hermann Kutschbach (bis 1921),

Kurt Striegler (seit 1913) und Fritz Reiner (seit 1914) war es dann Fritz Busch, 1921 vom neuen Generalintendanten Alfred Reucker engagiert, der die Dresdner Oper in die neue Zeit hinüberleitete. Beispielhaft war sein Einsatz für das große Erbe von Gluck über Mozart, Beethoven, Weber bis hin zu Wagner und sein Engagement für das neue Werk; unter seiner Leitung fanden wichtige Uraufführungen und Erstaufführungen statt – so Richard Strauss' *Intermezzo* (1924) und *Ägyptische Helena* (1928), Ferruccio Busonis *Doktor Faust* (1925), Paul Hindemiths *Cardillac* (1926), Kurt Weills *Protagonist* (1926), Othmar Schoecks *Penthesilea* (1927), Ermanno Wolf-Ferraris *Sly* (1928) oder Max Brands *Maschinist Hopkins* (1929), Hindemiths *Mörder, Hoffnung der Frauen* (1922), Ernst Křeneks *Jonny spielt auf* (1927), Hans Pfitzners *Palestrina* (1922) und *Armer Heinrich* (1929), Puccinis *Turandot* (1926), Igor Strawinskys *Petruschka*-Ballett (1922), Modest Mussorgskis *Boris Godunow* (1923) und *Chowanstschina* (1927). Buschs prononcierter Einsatz für Verdi (*Othello* 1922, *Falstaff* 1924, *Macbeth* 1928, *Maskenball* 1929) leitete für Deutschlands Opernbühnen eine Renaissance des großen italienischen Komponisten ein. Buschs Repertoirepolitik war ein großartiges Beispiel engagierten Einsatzes für neue Opern; Autorennamen und Werktitel stellen einen repräsentativen Querschnitt durch das zeitgenössische Musiktheater der zwanziger Jahre dar.

Politische Machenschaften der Nationalsozialisten vertrieben Busch 1933 aus seinem Amt; er ging in die Emigration. Sein Nachfolger wurde Karl Böhm. Ihm gelang es in der Folge, einen künstlerisch hochwertigen Fortbestand der Dresdner Oper unter Wahrung ihres humanistischen Wesenszuges zu gewährleisten. Mit einem glanzvollen Solistenensemble behauptete Dresden seinen Weltruf: Meta Seinemeyer, Tino Pattiera, Elfriede Trötschel, Mathieu Ahlersmeyer, Christel Goltz, Josef Herrmann, Margarete Teschemacher, Paul Schöffler, Martha Fuchs, Torsten Ralf, Tiana Lemnitz, Kurt Böhme, Maria Cebotari, Bernd Aldenhoff, Inger Karén, Gottlob Frick – eine schon legendäre Sängerphalanx. Wichtige Uraufführungen sind noch Richard Strauss' *Arabella* (1933), *Schweigsame Frau* (1935) und *Daphne* (1938), Rudolf Wagner-Régenys *Günstling* (1935) sowie Joseph Haas' *Hochzeit des Jobs* (1944). Nach Böhms Verpflichtung an die Wiener Staatsoper (1943) übernahm Karl Elmendorff das Amt des Operndirektors. Die Schließung des Hauses erfolgte nach einer *Freischütz*-Aufführung am 31. August 1944. Der »totale Krieg« ließ auch der Opernkunst keinen Raum mehr. Am 13. Februar 1945 sanken die Semperoper und mit ihr große Teile Dresdens und seiner herrlichen Kultur nach angloamerikanischen Bombenangriffen in Schutt und Asche.

Sowjetische Kulturoffiziere waren es, die, wenige Wochen nach der Kapitulation des faschistischen Deutschlands, im Sommer 1945 die Wiederbelebung des Dresdner Theaterlebens initiierten. Im Juni wurde die ehemalige Tonhalle, das heutige Kleine Haus, als Theater umgebaut, da sämtliche früheren Bühnenspielstätten zerstört waren. Am 12. Juli fand ein erstes Opernkonzert statt. Und am 10. August erlebte die Tonhalle die erste szenische Opernaufführung – Mozarts *Hochzeit des Figaro*. Mit der *Ariadne auf Naxos* (12. Oktober 1945) stand dann auch zum ersten Mal wieder eine Strauss-Oper im Repertoire. Joseph Keilberth war nun der musikalische Chef. Mit dem Regisseur Heinz Arnold und dem Bühnenbildner Karl von Appen bestimmte er bis zu seinem Weggang 1951 das neue künstlerische Gesicht der Oper. Dieses Künstlerteam schuf mit bescheidensten Mitteln in Behelfsspielstätten (es gesellte sich bald das ehemalige Kurhaus Bühlau dazu) unvergessene Opernaufführungen. Nach der ideologischen Überfremdung durch den Nationalsozialismus war nun alles darauf gerichtet, den humanistisch-demokratischen Wesenskern in den Opern der Vergangenheit und der Gegenwart sichtbar und erlebbar zu machen. Geistige Konzentration, szenische Klarheit und menschlich motivierte Darstellungskunst zeichneten die Inszenierungen jener Jahre aus.

Am 4. März 1947 brachte die Staatsoper mit Boris

Blachers *Die Flut* die erste Uraufführung nach dem Kriege heraus. In der Bühlauer Spielstätte wurde am 14. September 1947 die Premiere von Strauss' *Salome* zu einem herausragenden Ereignis – mit Christel Goltz, Bernd Aldenhoff und Josef Herrmann in den Hauptpartien. Weitere siebenundzwanzig Werke konnten bis 1948 ins Repertoire aufgenommen werden (darunter viele Opern, die während des Faschismus nicht aufgeführt werden durften), bis am 22. September desselben Jahres das wiederaufgebaute Schauspielhaus als »Großes Haus der Staatstheater Dresden« mit Beethovens *Fidelio* seine Pforten öffnete. Das Große Haus war dann bis 1984 gemeinsame Spielstätte von Oper und Schauspiel. Es war auch der Ort jener berühmten und viel diskutierten Erstaufführung von Carl Orffs *Antigonae* (27. Januar 1950), die, wiederum mit der großartigen Christel Goltz in der Titelpartie, zu einem theaterhistorischen Ereignis wurde.

Zu den Inszenierungen von Mozarts, Beethovens und Webers Meisterwerken traten weiterhin die Opern von Strauss, die seit Beginn unseres Jahrhunderts, seit dem Wirken Ernst von Schuchs, nicht mehr aus dem Dresdner Opernleben wegzudenken sind; dann natürlich Richard Wagners Musikdramen vom *Holländer* über *Tannhäuser, Lohengrin, Rheingold, Walküre, Tristan und Isolde* bis zu den *Meistersingern.* Das deutsche Repertoire wurde stetig ausgebaut und bereichert auch durch Opern von Haydn, Dittersdorf, Lortzing, Nicolai, Cornelius oder Humperdinck. Ebenso fand die italienische Oper mit Werken von Verdi und Puccini entsprechende Berücksichtigung. Einen besonderen Akzent aber erhielt das Dresdner Opernleben nach 1945 durch die prononcierte Einbeziehung musikdramatischer Werke aus den slawischen Nachbarländern, insbesondere auch aus der russischen und sowjetischen Oper. Glinkas *Iwan Sussanin* oder Mussorgskis *Boris Godunow,* Chrennikows *Im Sturm,* Prokofjews *Liebe zu den drei Orangen, Semjon Kotko* sowie die Ballette *Aschenbrödel, Romeo und Julia* und *Die steinerne Blume,* Cikkers *Fürst Bajazid,* Janáčeks *Aus einem Totenhaus* gehörten dazu. Auch Zeitgenossen fanden in stärkerem Maße Eingang ins Repertoire, so Werner Egk mit seinem *Revisor,* dem *Abraxas*-Ballett und der *Zaubergeige,* Orff mit der *Klugen,* dem *Mond* und den *Catulli carmina,* Karl Amadeus Hartmann mit dem *Simplicissimus,* Robert Kurka mit dem *Braven Soldaten Schwejk,* Benjamin Britten mit *Albert Herring;* in den sechziger Jahren folgten dann Inszenierungen so bedeutender Werke wie Hans Werner Henzes *Der junge Lord* oder Paul Dessaus *Verurteilung des Lukullus* und *Lanzelot* (1971).

Überhaupt sah es das Opernensemble als eine seiner wichtigsten Aufgaben an, mit Komponisten unseres Landes, mit Komponisten auch, die Dresden besonders eng verbunden waren, neue Werke zu entwickeln und aufzuführen. Fidelio F. Finkes *Zauberfisch* gehört dazu, weiterhin Karl Friedrichs *Tartuffe,* Karl-Rudi Griesbachs *Marike Weiden* und *Der Schwarze, der Weiße und die Frau* oder Rainer Kunads *Maitre Pathelin.*

1951 war Rudolf Kempe Generalmusikdirektor in Dresden geworden, ihm folgten 1953 Franz Konwitschny, 1956 Lovro von Matačić, 1960 Otmar Suitner, 1964 Kurt Sanderling, 1967 Martin Turnovsky und 1975 Herbert Blomstedt als musikalische Chefs der Staatsoper und der Staatskapelle. Neben ihnen wirkten und wirken bis in die Gegenwart so ausgezeichnete Dirigenten wie Rudolf Neuhaus (seit 1953) und Siegfried Kurz (seit 1960). Unter ihrer Leitung nahmen die Staatskapelle und das Opernensemble eine vorzügliche künstlerische Entwicklung, die sich unter anderem in der Einladung zu vielen Gastspielen und internationalen Musikfestivals ausdrückte. Es sei auch namentlich erinnert an die vielen großen Sängerpersönlichkeiten, die nach 1945 das musikalische Bühnenleben in Dresden bestimmten: Christel Goltz, Ruth Lange, Elisabeth Reichelt, Dora Zschille, Lieselotte Enck, Brünnhild Friedland, Gisela Schröter, Eleonore Elstermann sowie Bernd Aldenhoff, Josef Herrmann, Gottlob Frick, Kurt Böhme, Heinrich Pflanzl, Arno Schellenberg, Helmut Schindler, Rudolf Dittrich, Hans Löbel, Manfred Huebner, Wilfried Krug und, bis in die Gegenwart hinein, Theo Adam und Peter Schreier.

Von 1972 bis 1982 wirkte Harry Kupfer als Chefregisseur an der Dresdner Staatsoper. Sein phantasievoll-realistischer Inszenierungsstil bedeutete für das Opernensemble und auch für das Dresdner Opernpublikum neue Anregung und Herausforderung. Beispielhaft waren seine Einstudierungen von Mozarts *Figaro, Entführung* und *Zauberflöte,* von Wagners *Tristan und Isolde* und *Tannhäuser,* von Berlioz' *Fausts Verdammung* oder Tschaikowskis *Eugen Onegin.* Kupfer inszenierte bedeutende Werke des spätbürgerlichen Musiktheaters als DDR-Erstaufführungen, so Schönbergs *Moses und Aron* und Debussys *Pelléas und Mélisande.* Aufgeschlossen und fördernd verhielt er sich stets dem zeitgenössischen Opernschaffen gegenüber. Dank der Initiativen von Kupfer und dem Leiter der Staatsoper, Horst Seeger, konnten in den siebziger Jahren eine Reihe interessanter Opern führender Komponisten unseres Landes, aber auch des Auslandes, uraufgeführt werden: 1973 *Levins Mühle* und 1976 *Der Schuhu und die fliegende Prinzessin,* beides von Udo Zimmermann, 1973 weiterhin Juri Buzkos *Weiße Nächte* und 1979 Rainer Kunads *Vincent.*

Die ersten sieben Festspieljahre sahen das Ensemble der Staatsoper noch im Großen Haus beheimatet. Und hier fanden ausstrahlungskräftige Aufführungen vor dem internationalen Festivalpublikum statt: glanzvoll polierte Beispiele aus dem Repertoire – *Rosenkavalier, Pelléas und Mélisande, Fidelio, Freischütz, Der Schuhu und die fliegende Prinzessin, Zar Saltan, Tristan und Isolde, Die Entführung aus dem Serail, Tannhäuser, Zauberflöte, Moses und Aron, Schweigsame Frau, Vincent, Simone Boccanegra, Don Pasquale, Eugen Onegin, Fausts Verdammung, Lohengrin, Bohème, Così fan tutte* – und, so ist der Brauch seit 1982, jeweils eine Premiere direkt zu den Musikfestspielen – *Ariadne auf Naxos* (1982), *Così fan tutte* (1983) und *Wozzeck* (1984). Die drei letztgenannten Werke inszenierte der seit 1982 als Chefregisseur an der Dresdner Staatsoper tätige Joachim Herz.

Wichtige Gastspiele bereicherten darüber hinaus das künstlerische Profil der Festspiele: es präsentierten sich mit großem Erfolg die Opernhäuser aus Genua, Leningrad, Antwerpen, Berlin, Wrocław, Cardiff, Leipzig, Venedig, Budapest, Moskau, Warschau; weiterhin Ballettensembles aus Kuba, Moskau, Berlin, Kopenhagen und Perm; sowie die Kammeropern aus Wien, Warschau, Moskau und Budapest.

Lang schon erwartet von den Dresdnern und den Opernliebhabern aus nah und fern konnte am 13. Februar 1985, genau vierzig Jahre nach ihrer Zerstörung, die Semperoper wiedereröffnet werden – die »dritte« nunmehr. Von 1977 bis 1984 hatte der Wiederaufbau gedauert, nachdem in den Jahrzehnten zuvor umfangreiche Maßnahmen zur Erhaltung der Bausubstanz realisiert und sehr verschiedenartige Konzeptionen zur Rekonstruktion diskutiert worden waren. Mit einer der heutigen Zeit angemessenen und modernisierten Technik erstrahlt das Haus in neuem alten Glanz. Von aller Welt bewundert ist die aufwendige und sorgsame Restaurationsarbeit durch unzählige Bauarbeiter, Spezialisten und Künstler unseres Landes an diesem repräsentativen Theaterbau des vergangenen Jahrhunderts.

Für das Ensemble der Staatsoper (nunmehr eigenständig; der alte Verband mit dem Schauspiel im gemeinsamen »Staatstheater« wurde 1983 aufgelöst) war es wohl der einschneidendste Vorgang in seiner Geschichte seit 1945. Der langersehnte Einzug in die Semperoper konnte festlich und mit künstlerisch hochwertigen Einstudierungen vollzogen werden. Zur Eröffnung standen vier Premieren (jeweils in Doppelbesetzungen) auf dem Programm: Webers *Freischütz,* Strauss' *Rosenkavalier* (beide in der Regie von Joachim Herz) sowie die Uraufführungen von Harald Wandtkes Choreographie *Brennender Friede* (auf Musiken von Udo Zimmermann) und von Siegfried Matthus' Opernvision *Weise von Liebe und Tod des Cornets Christoph Rilke* (Regie: Ruth Berghaus). Seither hat sich das Repertoire in der Semperoper durch weitere Neuinszenierungen und durch eine Reihe von Übernahmen auf fast dreißig Opern und Ballette erweitert. Ausgewogen und gleichwohl auch in spannungsvoll produktivem Verhältnis vereinen sich hier Altes und Neues miteinander, stehen verschiedene Dirigentenpersönlichkeiten – wie Chefdirigent Hans Vonk (seit 1985), Siegfried Kurz, Hartmut Haenchen oder Hans-E. Zimmer – sowie solch verschiedene Regiehandschriften – wie von Joachim Herz, Harry Kupfer, Ruth Berghaus, Wolfgang Wagner und Christine Mielitz – in künstlerischem »Wettstreit« und vermitteln dem Zuschauer ein interessantes, vielschichtiges und aussagekräftiges Bild heutiger Musiktheaterarbeit.

Den Dresdner Musikfestspielen war mit der Semperoper nunmehr der zentrale Ort gegeben, an dem Spitzenleistungen unserer Opernkunst im Vergleich mit Gästen aus aller Welt alljährlich vielen Besuchern Zeugnis ablegen können von der Lebendigkeit, Popularität und Zeitverbundenheit des Musiktheaters. Mit Verdis *Traviata, Otello* und *Falstaff* als Premieren zu den Musikfestspielen der letzten drei Jahre wie auch mit weiteren neuen Inszenierungen von Wagners *Meistersingern,* Tschaikowskis *Schwanensee,* Mozarts *Don Giovanni,* Strauss' *Elektra,* Schostakowitschs *Nase,* Rossinis *Barbier von Sevilla* oder Strawinskys *Feuervogel* und Strauss' *Josephslegende,* von Goldmanns *Hot* und Zimmermanns *Weißer Rose* prägte das Staatsopernensemble seither die Programme der Festspiele; hervorragende Sänger stehen auf der Bühne: so Barbara Hoene, Andrea Ihle, Helga Thiede, Ingeborg Zobel, Olaf Bär, Rolf Haunstein, Hans-Joachim Ketelsen, Klaus König, Andreas Scheibner, Karl-Heinz Stryczek, Armin Ude sowie als ständige Gäste Magdalena Falewicz, Lia Frey-Rabine, Ana Pusar, Gisela Schröter, Maria Temesi, Ute Vinzing, Sylvia Voinea, Theo Adam, Reiner Goldberg, Peter Schreier, Ekkehard Wlaschiha. Eine wesentliche Erweiterung erfuhren die Festspielprogramme durch Gastensembles wie die Berliner Staatsoper und Komische Oper, das Leipziger Opernhaus, das Moskauer Bolschoi-Ballett, die Hamburgische Staatsoper, das Nationaltheater Prag, das Teatro San Carlo Neapel, das Züricher Opernhaus, das Teatr Wielki Warschau, die Kiewer Oper, die Oper aus Rom und das Łodzer Opernensemble.

Zwei Momente, die Dresdens Operngeschichte von Anfang an auszeichneten, sind heute bei den Musikfestspielen und den Aufführungen in der Semperoper neu belebt – die festliche Repräsentanz des gesellschaftlich verpflichteten Kunstereignisses und dessen humanistisch-demokratischer Wesenszug. Eine solche Kontinuität – in der produktiven Bewahrung und Interpretation des Erbes sowie im freudigen, auch risikovollen Einsatz für das Neue – ist zugleich auch die entscheidende Voraussetzung für ein weiteres künstlerisch bedeutsames Mitwirken der Staatsoper Dresden bei den künftigen Musikfestspielen.

Siegfried Matthus *Die Weise von Liebe und Tod des Cornets Christoph Rilke*

Dmitri Schostakowitsch *Die Nase*

Günther Fischer/Emöke Pöstényi *Der Dompteur*

ISOLDE MATKEY

Das Ballett der Staatsoper

Wie die Staatskapelle und die Oper, so kann auch das Dresdner Ballett auf eine mehr als dreihundertjährige Tradition zurückblicken. Die erste Dresdner Ballettaufführung ist für den 19. 11. 1638 verbürgt: Im Riesensaal des Schlosses kommt *Orpheus und Euridice*, Ballett in »italienischer Manier« von Heinrich Schütz mit einer »wohldisponierten Action« aus der Feder des Wittenberger Professors August Buchner zur Aufführung. Die Choreographie stammt vom deutschen Tanzmeister Gabriel Mölich.

Ab 1667 wurden im Riesensaal des Dresdner Schlosses regelmäßig Opern- und Ballettaufführungen gezeigt. Als Ausführende – damals Springer und Tänzer genannt – sind nicht nur die Namen deutscher, engländischer und italienischer Komödianten überliefert, sondern auch die fürstlicher Personen. Frühzeitig hielt man deshalb einen Tanzmeister. 1620 hatte der Hof den Dresdner Tanzmeister Mölich zur Ausbildung nach Frankreich geschickt.

Die Ballettaufführungen fanden, wie auch die zahlreichen anderen theatralischen Vorstellungen, vor allem bei festlichen Gelegenheiten statt, bei Namens- und Geburtstagen, bei Hochzeiten und fürstlichen Besuchen.

Ein mehrtägiges großes Hoffest gab es anläßlich eines Treffens der sächsischen Herrscherlinie im Jahre 1678. Zu einem kulturhistorisch wichtigen Höhepunkt dieser Festlichkeiten wurde die Aufführung des *Balletts von Zusammenkunft und Wirkung deren VII. Planeten/auf Ihr Churfl. Durchl. zu Sachsen großem Theatro gehalten den 3. Februarii Anno 1678*.

Überliefert sind zahlreiche Beschreibungen und teilweise auch Partituren von Balletten, die nach 1719 im von Pöppelmann erbauten Großen Opernhaus am Zwinger zur Aufführung kamen. 1747 weilte der berühmte französische Ballettreformator Jean-Georges Noverre in Dresden: Hinweis auf einen herrschenden französischen Geschmack in Ballettdingen.

Auch wenn im 18. und 19. Jahrhundert neben der dominierenden Oper Tanzkunst gepflegt wurde – zur »Stadt des Tanzes« entwickelte sich Dresden erst zu Beginn des 20. Jahrhunderts. 1910 gründete Emile Jaques-Dalcroze in Hellerau bei Dresden seine Bildungsanstalt für rhythmische Gymnastik. Er stellte Körperbewegung in den Dienst der Freude und Beglückung, erlebbar für jedermann. Der Andrang vorwiegend weiblicher Interessenten war groß. – Neben den Ballettaufführungen in der Oper boten Gastspiele auf verschiedenen Bühnen der Stadt den Dresdnern die Möglichkeit, die führenden Tänzerpersönlichkeiten ihrer Zeit zu erleben. In Dresden tanzten die Pawlowa, die Schwestern Falke und Wiesenthal, Clothilde von Derp mit ersten Ausdrucksstudien und viele andere.

1919 kommt auch Mary Wigman nach Dresden und erregt mit ihren Solotanzabenden die kunstinteressierte Öffentlichkeit. Am 26. Mai 1920 gibt sie im Opernhaus einen Soloabend, der fast zu einem Vertragsabschluß als Ballettdirektorin führt. In der Bautzener Straße 107 gründet Mary Wigman eine eigene Schule. (Dieses Gebäude diente nach 1945 dem Dresdner Ballettensemble für mehr als drei Jahrzehnte als Probestätte.) Zu ihren ersten Schülerinnen gehört Gret Palucca. Gemeinsam mit ihren begabtesten Schülerinnen entwickelt sie in den Folgejahren den Modernen deutschen Ausdruckstanz und trägt durch Gastspiele den Ruhm ihrer Dresdner Schule bis nach Amerika. Ihre revolutionären Ansichten von der Tanzkunst wirkten auch auf die traditionellen Ballettensembles an den Theatern.

Unter der Leitung von Ellen Cleve-Petz als Ballettmeisterin wurden in den zwanziger Jahren im Dresdner Opernhaus Tanzkunstwerke geschaffen, die zum eindrucksvollsten gehörten, was man auf deutschen Bühnen sehen konnte. Es sei erinnert an die Inszenierung der *Josephs Legende* von Richard Strauss, an *Coppelia* von Leo Delibes und an *Der große Krug* von Alfredo Casella.

Mit der Zerstörung der Theater im Februar 1945 schien auch Dresdens Ruf als »Stadt des Tanzes« für immer verloren. Bereits am 31. Juli 1945 gab es jedoch in Dresden wieder eine Tanzveranstaltung: Im späteren Kleinen Haus trat Palucca mit einem Tanzabend auf. Mühselig gestaltete sich der Neubeginn für das Ballettensemble des Dresdner Theaters. Nicht nur, daß die Truppe zahlenmäßig geschrumpft war: es fehlte an Übungsräumen, Ballettschuhen und Kostümen. Trotzdem konnte am 7. Dezember 1946 die erste Premiere stattfinden – *Die Puppenfee* von Josef Bayer in der Choreographie von Gertrude Baum-Gründig. Während man sich 1947 dann mit einem »bunten Abend« begnügen mußte – *Solisten des Opernballetts tanzen* – konnte 1948 bereits die Realisierung anspruchsvoller Ballette gewagt werden. So hatten *Der Feuervogel* von Igor Strawinsky und *Der große Krug* von Alfredo Casella in der Choreographie von Alfredo Bortoluzzi a. G. Premiere. Getanzt wurde auf der Bühne des Interimstheaters, aber auch in den vielen Ausweichspielstätten in und um Dresden. 1950 umfaßte das Ballettensemble bereits wieder dreiunddreißig Mitglieder. Mit diesen Kräften fand die DDR-Erstaufführung des Balletts *Aschenbrödel* von Sergej Prokofjew statt.

Im folgenden Jahrzehnt konnte das Dresdner Ballett durch eine ununterbrochene Folge von Uraufführungen und DDR-Erstaufführungen einen gewichtigen Beitrag zur Entwicklung der Tanzkunst in der jungen DDR leisten. Durch den Wiederaufbau des Großen Hauses waren auch für das Ballett wieder bessere Aufführungsbedingungen gegeben. Über die Premiere des Prokofjew-Balletts *Romeo und Julia* (1956, DDR-Erstaufführung, Choreographie Erwin Hansen) hieß es in der Täglichen Rundschau: »Der 16. Juni im Großen Haus gegenüber dem Kronenpavillon des Dresdner Zwingers war einer der schönsten Festabende in der Nachkriegsgeschichte der Dresdner Staatstheater.« Umfangreich waren auch die Aufgaben, die das Ballett im Rahmen der Opernaufführungen zu erfüllen hatte. In *Catulli Carmina* von Carl Orff trug gerade die Mitwirkung des Balletts in der Inszenierung von Heinz Arnold zum Gelingen der DDR-Erstaufführung bei. Um den wachsenden Anforderungen immer besser gerecht werden zu können, richtete man am 1. September 1956 an den Staatstheatern Dresden Ausbildungsklassen für Ballett ein. Unter Leitung von Mola Hillebronn wurden tanzinteressierte Laien oder schon in einer tänzerischen Ausbildung stehende junge Menschen in drei Jahren auf der Grundlage des klassischen Tanzes auf eine Tänzertätigkeit am Theater vorbereitet.

Die nächsten Jahre Dresdner Ballettentwicklung wurden entscheidend durch Tom Schilling geprägt. Seine Inszenierungen und Choreograpien, u. a. die DDR-Erstaufführung von Peter Tschaikowskis *Schwanensee* (1959) und Sergej Prokofjews *Steinerner Blume* (1961), aber auch seine Einstudierung von Werner Egks *Abraxas* (1957) oder die Uraufführung von Otto Reinholds *Die Nachtigall* (1958) fanden große Beachtung. Aufgeführt wurden diese Werke zum Teil auf der Freilichtbühne Junge Garde im Großen Garten. War dies vielleicht nur eine provisorische Lösung, so wurde bei den Freiluftprogrammen im Zwinger aus der Not eine Tugend: vor der reizvollen Architektur des Wallpavillons kamen ab 1965 jährlich im Sommer kleinere Tanzszenen zur Aufführung.

Durch die Choreographin Vera Müller wurden in den sechziger Jahren nun schon bewährte Traditionen fortgesetzt. Sie erschloß durch die DDR-Erstaufführung von *Rodeo* (Aaron Copland) 1968 ein wichtiges Werk der jüngeren amerikanischen Tanzgeschichte. Bei der Uraufführung von *Wir aber nennen Liebe lebendigen Frieden* (Rainer Kunad) arbeitete sie mit Mitteln des Modernen Ausdruckstanzes. Die in diesem Ballett angestrebte Auseinandersetzung um Grundfragen unserer Zeit, um Entwicklungsprozesse der Menschheit, fanden ihre Fortsetzung in dem Anti-Kriegsballett *Der grüne Tisch* von Kurt Jooss und in den Ballettwerken *Apocalyptica* und *Brennender Friede* von Harald Wandtke.

Die Arbeiten von Chefchoreograph Harald Wandtke, er choreographierte 1977 erstmals in Dresden, rückten die Dresdner Ballettarbeit erneut in das Interesse von Publikum und Fachwelt. Das betraf sowohl den Ballettabend *Wandlungen* mit Choreographien zu Paul Dessaus Bach-Variationen und Igor Strawinskys *Orpheus*, als auch die Neusicht der *Coppelia* von Leo Delibes. Unter Wandtkes Leitung entwickelten sich die Improvisationsabende und die Reihe *Tänzerische Kontraste*. Mit diesen Kammertanzprogrammen wurden für Dresden typische Traditionen des Modernen Ausdruckstanzes wieder aufgegriffen.

Das Erbe von Mary Wigman und Gret Palucca wirkt duch viele Palucca-Schüler im Ensemble des Dresdner Balletts ungebrochen weiter. In den Kammertanzabenden konnten aber auch Solisten wie Arila Siegert, Carla Börner und Thomas Hartmann erstmals mit eigenen Choreographien an die Öffentlichkeit treten.

Mit monatlich fünf bis sechs eigenen Ballettabenden in den Spielstätten Großes und Kleines Haus, mit jährlich etwa zwölf bis fünfzehn Aufführungen »Ballett im Zwinger« und zwanzig Ballettstunden für Schüler der sechsten Klassen (gedacht als Einführung in die Welt des Tanzes) erreichte das Dresdner Ballettensemble Anfang der achtziger Jahre ein stabiles künstlerisches Leistungsvermögen. Durch eine Repertoirekonzeption, die von großen abendfüllenden Ballettwerken der klassisch-romantischen Tradition bis zum Einsatz für zeitgenössische Werke reicht, konnten breite Publikumskreise interessiert werden. Kontakte zum Publikum werden über die Aufführungen hinaus bei zahlreichen Begegnungen in Form von Einführungs- und Foyergesprächen, aber auch durch die Zusammenarbeit mit dem Freundeskreis Ballett beim Kulturbund der DDR in unserer Stadt gepflegt. Mehr und mehr fand sich in den letzten Jahren Gelegenheit, gewachsenes künstlerisches Format auch international zu demonstrieren. Das Ballettensemble gastierte mit großem Erfolg u. a. in der VR Polen, beim Carthago-Festival in Tunesien, beim Bosra-Festival in der Syrisch-Arabischen Republik, in Indien, in der BRD, in Korea und China, sowie bei den DDR-Kulturtagen in L'Aquila (Italien).

Mit der Eröffnung der Semperoper im Februar 1985 mußte sich auch das Ballettensemble neuen Ansprüchen stellen. Neben dem planmäßigen Aufbau eines Repertoires auf der Semperbühne (1986 Neuinszenierung von *Schwanensee* durch Konstantin Russu) wurden die Spielstätten Kleines Haus (Kammertanzabende) und Schauspielhaus (Tonbandballette) beibehalten. Damit besteht für das Ballettensemble die Möglichkeit, mit stilistischer und thematischer Vielfalt in vier Jahrzehnten gewachsenes Können zu demonstrieren.

Zu Höhepunkten der künstlerischen Arbeit gestaltet sich jährlich die Teilnahme an den Dresdner Musikfestspielen. Die zurückliegenden Jahre haben bewiesen, daß das Dresdner Ballettensemble diesen internationalen Leistungsvergleich nicht zu scheuen braucht. Beteiligte es sich noch 1978 nur mit je einer Aufführung *Ballett im Zwinger* und dem Ballett *Die Versuchung*, konnte es zu den zweiten Dresdner Musikfestspielen bereits mit einer Premiere *Ballett im Zwinger* und dem ersten Abend der Kammertanzreihe *Tänzerische Kontraste* aufwarten. Im Kulturpalast bestanden Dresdner Solisten in einer Ballettsoiree neben Solisten aus Prag, Bukarest und Berlin.

Im Jahre 1980 waren die Dresdner Musikfestspiele in starkem Maße internationaler Tanzkunst gewidmet. Das Dresdner Ensemble beteiligte sich mit vier eigenen Abenden und machte damit ausdrücklich auf sein Leistungsvermögen aufmerksam. Neben den Kammertanzprogrammen *Tänzerische Kontraste I/II* und *Ballett im Zwinger* wurden erstmals *Improvisationen* vorgestellt – gegründet auf eine gute Resonanz beim Publikum und in der Fachpresse wurde diese Form tänzerischer Äußerung anläßlich der Musikfestspiele weiter gepflegt, jedoch jährlich mit anderer Zielstellung und in anderer Zusammensetzung. So gesellten sich zu den Tänzern Musiker unterschiedlichster Richtungen (als Grundlage wurde Klavier- oder andere Instrumentalmusik gewählt, auch Schlagwerk und elektronische Musik), Schauspieler und Sänger.

Anläßlich der Dresdner Musikfestspiele 1981 hatte ein dreiteiliger Ballettabend *Der Dompteur* Premiere: *Streicherserenade* (Antonin Dvořák) von Konstantin Russu, *Der Rattenfänger* (Vaclav Kucera) von Harald Wandtke und *Der Dompteur* (Günther Fischer) von Emöke Pöstenyi.

Für 1982 hatte das Ballettensemble wieder eine Vielzahl von Veranstaltungen vorbereitet. Neben einer Premiere *Ballett im Zwinger* wurde im Großen Haus die untraditionelle Neuinszenierung von *Coppelia* (Choreographie Harald Wandtke) vorgestellt.

Im Kleinen Haus gab es *Improvisationen*, eine *Solisten-Soiree Ballett* und einen neuen Abend aus der Reihe *Tänzerische Kontraste*. Im darauffolgenden Jahr kamen zwei Ballettwerke in der Choreographie von Harald Wandtke zur Aufführung: *Le Papillon* (Offenbach) und *Apocalyptica* (Kelemen). *Improvisationen* im Kleinen Haus und *Ballett im Zwinger* waren nun schon traditionell bei den Musikfestspielen vertreten. 1984 war das Jahr der intensiven Vorbereitung auf die Wiedereröffnung der Semperoper. Während der Musikfestspiele gab es im Großen Haus eine Aufführung von *Romeo und Julia* (Choreographie Harald Wandtke) und vom *Klassischen Ballettabend*.

Zu den Musikfestspielen 1985 war das Ballettensemble in der Semperoper mit seiner Eröffnungspremiere *Brennender Friede* präsent. Im Großen Haus zeigte es die Tonbandballette *Der Dompteur* und *Phantastische Sinfonie*, Musik Hector Berlioz, Choreographie Konstantin Russu. Im Kleinen Haus stellte sich Arila Siegert, Solistin des Dresdner Ballettensembles, mit einem eigenen Soloabend vor. Neben *Improvisationen* im Kleinen Haus nahmen Tänzer des Staatsopernballetts mit Improvisationen auch am *Klanghaus*-Projekt im Kulturpalast teil.

Zu den Dresdner Musikfestspielen 1986 stellte das Ballettensemble *Schwanensee* zur Diskussion. Auf der Grundlage der Originalchoreographie des zweiten und vierten Aktes von Petipa hatte Konstantin Russu in Zusammenarbeit mit sowjetischen Gästen (Dekoration und Kostüme) eine optisch wirkungsvolle und inhaltlich überzeugende Neuinszenierung erarbeitet. Im Kleinen Haus hatte mit *Reflexionen* ein neuer Kammertanzabend Premiere, der Choreographien von Harald Wandtke und der in Kuba lebenden Chilenin Hilda Rieveros vereinigte. Eine zusätzliche Aufführung dieses Ballettabends wurde innerhalb der Musikfestspiele zu einer Solidaritätsaktion für Chile. Auch ein neuer Improvisationsabend fand das Interesse des Publikums.

Neben international renommierten Ballettensembles konnte das Dresdner Ensemble in den zurückliegenden Jahren zu den Musikfestspielen stets mit eigenständigen Beiträgen bestehen. Hatten in der Vergangenheit bewährte Solisten wie Evelin Beyer, Karin Frenzel, Carola Schwab, Arila Siegert, Gerald Binke, Michael Budach, Reiner Feistel, Hannes-Detlef Vogel-Liebig und Thomas Hartmann das Profil des Ensembles bestimmt, treten mehr und mehr auch jüngere Künstler wie Kathrin Taube oder Ralf Arndt ins Bewußtsein des Publikums. Auch in der Zukunft wird die Vorbereitung auf die Dresdner Musikfestspiele ein Schwerpunkt in der Arbeit des Ballettensembles der Staatsoper Dresden sein.

Konzert in der Semperoper (Leitung Hans Vonk)

ERNST KRAUSE

Die Staatskapelle Dresden

Noten, Taktstriche und Pausen sind noch nicht Musik, nicht einmal flüchtiger Klang. Musik lebt erst in der Ausführung. Musik über große Zeiträume am Leben zu erhalten, resultiert nicht nur aus der kompositorischen Substanz. Musik kann nur im Bewußtsein lebendig fortschreitender Darstellung wirken, bedarf im Wechsel von Werden und Vergehen auf- und absteigender Epochen des festen inneren Haltes aktiver, höher organisierter Musiziergemeinschaften, Opernbühnen, Chöre. Was ist ein Orchester? Eine Institution, im besten Fall ein geistiger Begriff. Die Musiker, aus denen es besteht, wechseln so wie die Dirigenten, die es leiten, wie die Werke, die es aufführt, wie die gesellschaftlichen Anforderungen, die ihm jede neue Zeit mit der ihr verpflichteten Kunst auferlegt. Dennoch gibt es etwas Beständiges: die Tradition. Sie wächst unmerklich aus den ursprünglich gesteckten Grenzen lokaler Musikhistorie hinaus; sie formt den Charakter des Gesamtwesens Orchester und läßt es durch Jahrhunderte sich gleichbleiben.

Man kann Dresdens »Musikalische Kapelle«, am 22. September 1548 von Kurfürst Moritz von Sachsen gegründet (neuesten Forschungen zufolge womöglich noch älteren Ursprungs, jedenfalls aber in ihrem fünften Jahrhundert stehend), nur in diesem großen Zusammenhang kulturgeschichtlicher Kontinuität sehen. Im geistigen Leben der Deutschen Demokratischen Republik nimmt sie einen unantastbaren Platz in der ersten Reihe der Klangkörper ein. Ihre Geschichte ist mitbestimmt von der sozialen und politischen Entwicklung. Aber: noch stärker als die Einflüsse historischer Gegebenheiten erwies sich zu jeder Zeit der künstlerische Eigenwille oder, rückschauend formuliert, die hohe Verantwortung gegenüber dem in Jahrhunderten gewachsenen Musikalisch-Lebendigen. So kommt es, daß Dresdens Kapelle aus den sozialen Stürmen und kriegerischen Katastrophen ihrer neueren Geschichte fast unberührt hervorging, daß sie die bürgerliche Kultur des Kaiserreiches, die Krisen der Weimarer Republik wie die Tyrannei des Hitler-Reiches mit vollkommener künstlerischer Integrität überdauerte und in der Zeit nach 1945, die ein Aufbau aus dem Nichts war, das volle Gewicht ihrer konservierten und doch zukunftseinwirkenden Leistung einzusetzen hatte. Sehen wir: Wenn alle Gegenwart das Produkt ihrer Vergangenheit ist, so stellt sich dieses Heute in der klingenden Spur der Kapelle auf eine einzigartig exponierte und übersichtliche Weise dar. In jeder ihrer Kunstäußerungen nämlich wird das Geschichtliche, aus so vielen gewesenen, einzelnen Momenten der Entwicklung eingeströmt, nochmals aktuell lebendig und gleichsam neu.

An Worten der Bewunderung und Verehrung für die Kapelle, dieses kostbare Instrument von Dresdens weltberühmter Oper, hat es nie gefehlt. Laßt wenigstens einige dieser Zeugnisse großer Geschichte sprechen! Von Anton Schindler gibt es eine Eintragung in Beethovens Konversationsheften vom Februar 1823, die wohl alle Erfahrung der Musikwelt lapidar zusammenfaßt. Es heißt da: »Man hört allgemein, daß die Hofkapelle in Dresden die beste in Europa sei!« Dem läßt sich Rousseaus nicht minder erstaunliche Notiz von 1754 hinzufügen: »Celui qui est le mieux distribué et forme l'ensemble le plus parfait, c'est l'Orchestre de l'Opéra du Roi de Pologne à Dresde, dirigé par l'illustre Hasse«; und nicht weniger bezeichnend ist Berlioz' Urteil über die Kapelle von 1852: »L'Orchestre de Dresde est si admirable et doué d'une telle rapidité de conception, que ce n'est pas lui, qui nous donnera de la peine, surtout si vouz voulez bien me recommander à sa bonne volonté.« Etwas Seltsames ist um die Kapellsphäre, um dieses Kleinod Dresdner Musikkultur, vor dem sich immer wieder erlauchte Geister verbeugten. Allen voran Richard Wagner, neben Weber das größte Musikgenie im Banne der Kapelle. Von ihm stammt nicht nur das stolze Wort vom »kostbarsten und vollkommensten Instrument des deutschen Vaterlandes«; er war es auch, der beim dreihundertjährigen Kapelljubiläum ausrief: »Nun so steht es vollkommen auf der Höhe der Zeit, es hat seine Aufgabe bis hierher erfüllt. Lob und Dank sei denen, die dies herrliche Institut so rüstig erhielten und pflegten – sie haben sich um die Kunst verdient gemacht.«

Es wäre an Richard Strauss' glühendes Bekenntnis zu diesem »ersten Opernorchester der Welt« und an seinen Brief zur 400-Jahr-Feier zu erinnern: »Ich erachte es als ein seltenes Glück, daß es mir noch vergönnt ist, dieser herrlichen Künstlergemeinschaft zu diesem schönen Feste meine aufrichtigen und herzlichen Glückwünsche darbringen zu können . . . Aus der Fülle der herrlichen Erinnerungen meiner künstlerischen Laufbahn rufen die Klänge dieses Meisterorchesters stets von neuem Gefühle innigster Dankbarkeit und Bewunderung wach.« Was Wagner in sein viel zitiertes Epitheton ornans von der »Wunderharfe« faßte, hat der Zeitgenosse Werner Egk hundert Jahre später als »klanggewordenen Triumph der Schönheit« besungen. Merken wir, was hier geschieht? Nicht nur, daß dieser und jener schöpferische Geist europäischer Musikkultur grenzenloser Bewunderung für Dresdens Kapelle in trefflichen Worten Ausdruck verleiht. Wir müssen das Wesentliche darin sehen, wie Berufene in die ureigene Sprache des Orchesters hineinhorchen, das »Geheimnis« von Ursache und Wirkung zu ergründen suchen, seine treibenden Kräfte. So stoßen wir bei Überprüfung dieser menschlich edlen Zeugnisse immer wieder auf dies Zusammenwirken von Ohr und Bewußtsein, auf das Bemühen, den Dingen auf den Grund zu gehen.

Es sind große geschichtliche Zeiträume, die wir überblicken: Aufbruch, Werden, Glanz und Ruhm von Dresdens Kapelle im Laufe der Jahrhunderte! Sonderbar: Im Gegensatz zur Geschichte der Dresdner Oper, in der es, dokumentarisch belegt, mancherlei Perioden der Stagnation gibt, kennt die Entwicklung der Kapelle solche Schwankungen kaum. Durch gute und schlechte, leichte und schwere Zeiten, Krisen und Gefahren hat sie sich bis heute ihr hohes Niveau gleichbleibender Lebensfülle mit verjüngten Trieben bewahrt – Voraussetzung und Ausgangspunkt immer neuer Blütezeiten der Oper. Zwar läßt sich die jeweilige Klangform nicht von der Persönlichkeit des Dirigenten, ihrem künstlerischen Impuls und ihrer Organisationsgabe trennen – der geistigen Existenz des Klangkörpers ist jedoch über alle Zeitläufe hinweg kaum ernstlich Schaden zugefügt worden. Wir dürfen hier jenen »lebendigen, fortwirkenden Geist« erkennen, von dem Ernst von Schuch bei seinem fünfundzwanzigjährigen Amtsjubiläum sprach. Dieser sich ständig erneuernden hohen Qualität bewußt, schuf sich die Kapelle ihre Tradition, die bis heute das Ferment der Entwicklung bildet. Charakteristisch für ihren künstlerischen Bestand ist vor allem dies: die Regeneration geschieht von alters her aus eigenen Reihen, indem die besten Instrumentalschüler Dresdner Ausbildungsstätten, meist unter Anleitung pädagogisch befähigter Kammermusici, in die frei werdenden Kapellpositionen nachrücken. Nur in wenigen Spitzenorchestern besteht heute in diesem Maße die Möglichkeit, eine hochentwickelte Klangkonsistenz durch solche »Blutzufuhr« nicht nur zu erhalten, sondern aufzufrischen. Triumph eines künstlerischen Erziehungsgedankens, einer planvollen Willenslenkung.

Wer die Kapelle als typische Klangerscheinung begreifen will, sollte sich an die Ausstrahlungen der Ära Schuch halten. Schließt die Augen, und ihr seht vor dem geistigen Blick die große Wegstrecke einer Körperschaft, die so spielt und musiziert, wie sie es von diesem großen schöpferischen Musiker gelernt hat. Erst von hier aus datiert jene Sensibilität dynamischer Abstufungen, jene außerordentliche Homogenität der einzelnen Gruppen, jene Perfektion, die sich auf der Grundlage eminenter Musikalität weit über puren »Drill« erhebt. Erst seitdem ist dieser biegsam-füllige Klang des Orchesters so »dresdnerisch«, daß er im Vergleich zu anderen Klangkörpern europäischer Spitzenklasse unverwechselbar erscheint. Der Virtuose, Musikant, Theaterkapellmeister Schuch hat es zweifellos vermocht, an den einzelnen Pulten des von ihm verwalteten Meisterinstrumentes eine für das »Zeitalter der Elektrizität und Nervosität« bezeichnend hochempfindliche Spielkultur zu erwecken. Auf Grund unerschütterlicher Zucht vollzieht sich das Ereignis eines »Tonzaubers«, den man in seiner warmen Rundung, seiner geschmeidigen, höchst verfeinerten Form so gern mit dem Begriff eines »goldenen Tons« umschrieben hat. Die Frage bleibt offen, ob diese für die Dresdner auffallende, oft gewürdigte Eleganz des Musizierens nicht zugleich Ergebnis einer Entwicklung ist, die sich in dieser frappierend beweglichen, zwischen den Instrumenten fluktuierenden »Farbigkeit« als höchstmögliche Sublimierung eines überlieferten »klassischen« Klangideals äußert. Erleben wir doch seit Schuch in nicht abreißender Zwangsläufigkeit, wie Interpretationen der Kapelle gerade im Bereich des Klanglich-Spirituellen, bei Mozart wie bei Strauss, bei Wagner wie bei Bruckner in eine Sphäre rücken, in der Stil-, Auffassungs- und vollends alle technischen Probleme schier bedeutungslos werden und allein das Unwägbare eines souverän waltenden spielerischen Geistes die klangliche Erfüllung hervorbringt.

Wieviel Worte für eine so einfache Sache! In der Zeit des ausgehenden 19. Jahrhunderts, da die Kräfte klassischen Maßes sich verflüchtigen, klaffende Widersprüche von Leben und Gesellschaft sichtbar werden und sich die Fieberstadien des deutschen Imperialismus auswirken, wird das Notenbild zum Spiegel nervös-differenzierter Reizsamkeit, technische Vollendung zum flexiblen Widerschein von Klang und Wirkung. Das mochte, von höherer ästhetischer Warte aus gesehen, nicht ungefährlich sein. Aber in unserem besonderen Falle muß man das Geheimnis des von Schuch erstrebten und erreichten Klangideals zugleich als Verfeinerung der musikalischen Ausdrucksmittel betrachten. Sind wir nicht heute noch Zeugen jener elastischen, wunderbar sprühenden, federnden und funkelnden, von Kopf und Sinnen bewegten Prägnanz, die, fern jeder nur-brillanten »Glätte«, sich vor allem als »Strauss-Orchester« die Bewunderung der Besten erworben hat? Steht nicht die unmittelbare Gegenwart (was das phänomenal artistische Klangwesen der Dresdner angeht) noch durchaus unter der Auswirkung dieser Epoche? Zugleich hat sich die Kapelle das bewahrt, was ein Kritiker nach dem zweiten Salzburger Gastkonzert 1972 als »romantisches Orchester, eine Vereinigung von Traditionalisten besten Charakters« bezeichnete: »Wer auf den spitzen, geraden Ton amerikanischer Ensembles oder auf die geniale Lässigkeit der Wiener eingeschworen ist, muß hier ein wenig umhören . . .«

Glanz und Glorie der Kapelle wie Ruhm der Dresdner Oper sind eins. Sie gehören zusammen. Seit der *Dafne* von Schütz hat es eine kaum je unterbrochene Folge von Kunsttaten gegeben, die, wenn auch für lange, lange Zeit zunächst im Dienst der »italienischen« Oper, über Jahr und Tag hinaus ins geschichtliche Bewußtsein gerückt sind. Es ist schon so: Dresden, durch denkwürdige Uraufführungen vor der Geschichte legitimiert, ist primär Opernstadt und die Kapelle somit vor allem anderen ein Instrument der Oper. Von Dresden und seiner Musikkultur sprechend, denkt man wohl zunächst an die Geburtsstätte des *Rienzi, Holländer, Tannhäuser* und *Rosenkavalier,* der *Salome* und *Elektra.* Das gilt selbstverständlich nicht in jener Ausschließlichkeit, als ob sich die Kapelle nicht auch als Sinfonieorchester im Weltmaßstab bewährt hätte. Dennoch: bevor Reißiger und Wagner eine kontinuierliche Konzertpflege begründen konnten, sollten sie noch so manche Schwierigkeit zu überwinden haben. (Daß es bis 1838 dauerte, ehe Beethovens später regelmäßig am Palmsonntag dargebotene *Neunte* erstmals in Dresden, und zwar im Barocksaal des Palais im Großen Garten erklang, sagt genug über die anfänglichen Widerstände aus.) Erst seit 1858 darf man die Konzerte als unlösbaren Teil des Begriffes Dresdner Oper betrachten, ist ihr Bestand gesichert. Erkennen wir: für ein Orchester von so starker Überlieferung, so wachem Geist und untrüglicher Qualitätsgesinnung ist es von eminenter Bedeutung, sich immer wieder unter entsprechenden Spitzendirigenten als »Solist« bewähren zu können.

Nein, mit bloßer gestochener Perfektion warten die Dresdner nirgends auf. Viel eher erbringen sie stets aufs neue den Nachweis, daß großer spieltechnischer Anspruch, klanglich vitaler Ansturm wie hauchzarte Pianissimi, die der Kapelle nicht so leicht jemand nachzuspielen vermag, in solch hochentwickelter Virtuosität letztlich einen geistigen Sinn zu gewinnen vermögen. Man braucht nur von den Dresdnern ein glänzendes Stück Romantik wie beispielsweise die *Oberon*-Ouvertüre, ein Stück wie Mendelssohns *Italienische Sinfonie* in ihrer stromlinienhaften Helle und Bewegtheit, eine Kraft und Inbrunst des Musizierens herausfordernde Sinfonie wie Bruckners *Siebte* oder das Blendende, Verführerische und Feurige eines anscheinend unzerreißbaren Tonbilderbuchs wie Strauss' *Don Juan* zu hören, um zu verstehen, was hier gemeint ist. Auch bei Haydn, Mozart, Beethoven, Schubert, Brahms, Tschaikowski, Mahler erleben wir einen klanglichen Schliff, der wohl vom technischen Können jedes einzelnen Spielers bestimmt wird, sich aber fürs Ohr als Äußerung eines geschlossenen Kollektivs kundgibt. Trotzdem haben die Dresdner natürlich ihre Spezialitäten. Da gibt es Komponisten, nennen wir neben den Ahnherren Weber und Wagner noch Strauss, Reger und die sowjetischen Meister Prokofjew und Schostakowitsch, die sie »wie im Schlaf« spielen, deren Darstellungen exemplarisch sind.

Ein Orchester der Streicher? Man hat es oft genug angesichts ihres seidigschimmernden Tons, ihrer Homogenität, ihres Glanzes und Charmes gesagt. Aber man hat genauso häufig die duftige, irisierende Luzidität des Holzes und die Feuerstöße eines vielfältig gestuften Blechs als für die Kapelle typisch hervorgehoben. Wir möchten es so formulieren: die Dresdner besitzen untrügliches Gespür für das jeweilig Richtige in der Organisierung des Klangbildes, für die Kunst, das Spezifische des klassischen und romantischen Orchesters nach vorn zu holen und vor dem Hörer auszubreiten – ein gemeinsamer Herzschlag für alles, was das musikalische Werk fern jeder akademischen Einengung und Einebnung an wohlproportionierter Kunstfertigkeit und wohlüberlegter Gestaltung durchpulst.

Wie oft machen übrigens nicht nur die wesentlichsten Köpfe der Orchesterfamilie, Konzertmeister und Vorspieler der einzelnen Gruppen, von sich reden: auch die seit jeher von Virtuosen ihres Fachs verwaltete Pauke, Baßtuba, Harfe. Die Menschen an den Pulten haben wohl gewechselt, das Klima der Musiziergemeinschaft ist jedoch geblieben – eine sich über viele Wandlungen erhaltende Zauberkraft edelster Integration, die zum Schlüssel der Gesamtwirkung wird. Eine einzige Einschränkung wäre zu machen: dies Orchester bedarf der geistig-sinnlichen Führung eines entsprechenden Dirigenten. In langer Kapellgeschichte gibt es, wie wir wissen, zahlreiche Glücksfälle musikalischer Chefs, auf die Dresden mit Stolz blicken kann; wie die Meister des Taktstocks wiederum sich stets der Ehre bewußt waren, einem Klangkörper solcher Art vorstehen zu dürfen.

Ein Opernorchester? – Darüber wird in diesem Buch an anderer Stelle Bericht gegeben. Vergegenwärtigt man sich, daß es in der Musikwelt zwischen Moskau und New York eine nicht geringe Zahl von Spitzenorchestern, aber erfahrungsgemäß nur eine verschwindend kleine Gruppe wirklich erstklassiger, für die Oper geeichter Körperschaften gibt, wird man hiergegen nur schwer etwas Stichhaltiges vorbringen können.

Eigentlich ein Paradoxon: die Dresdner sind in der Oper vorwiegend nur »begleitend« tätig – aber eben diese »Begleitung« der Singstimmen hat es in sich. Jeder mit wachen Sinnen Hörende wird die Sensibilität dieses Musizierens ohne jeden Schwund an Beseeltheit, Kraft und Wärme, was wir mit klanglichem »Innenleben« bezeichnen, als etwas Unvergleichliches empfinden. Sprechen wir nicht von Begleitung, eher von Partnerschaft – denn es gibt bei den Dresdnern ein dialogisches Musizieren der Art, daß das Schwebende und Differenzierte allenthalben den musikdramaturgischen Zusammenhang zwischen Orchester und Bühne, Instrumenten und Vokalstimmen respektiert. Wird die Übereinstimmung von Geist, Form und Diktion nicht gleichermaßen bei Mozarts Meisteropern (dem blitzenden, geistbeweglichen Charme der großen Finali, dem in vollster Anteilnahme des Gefühls Mit-Atmenden der lyrischen Arienergüsse, dem wie mit Silberstift gezeichneten Gewisper der Monostatos-Arie) und Strauss' psychologischer Opernkunst (dem Leuchtenden, Singenden des *Rosenkavalier*-Terzetts, den zärtlichen Melismen von Daphnes erstem Monolog und Verwandlung) offenbar? Hier wie da gilt: die Klangfarben zu zauberischem Glanz steigern, ein- und unterordnen, ohne in puren »Rausch« zu verfallen. Wie denn auch bei Wagners hochpathetischer Musikdramatik im sinnenwarmen Aufblühen der Geigen, im inbrünstigen Vibrato der Bratschen und Celli, im Nervig-Blutvollen von Holz- und Blechbläsern nichts unterbleibt, die ihm eigene Schwere des Materials zu überwinden.

Wer hätte nicht bei einer Kundgebung Dresdner Opernkunst wahrgenommen, wie sich das Ohr, frei von den Brettern, die die Welt bedeuten, von Aktion und Gesang, allein dem Meisterinstrument unten in der »Wanne« hingibt, lauschend, genießend? (Wenngleich dies ganz sicher eine Sünde wider den Geist des Musiktheaters ist.) Daß im Reich der Oper so zahlreiche Anlässe des alleinigen Orchesterregimentes bestehen, Ouvertüre, Vor-, Zwischen- und Nachspiel, Tänze, bedarf kaum der Begründung. Es gehört zum vielfältigen Wesen der Oper. Jene rätselhafte »Présence«, das Auffüllen des Musikraums mit sinnlichem Konzentrat, tritt hierbei ohne optisches Zutun in Erscheinung. Wann immer sie Oper spielen, erledigen die Dresdner nicht nur ihren »Dienst«, ihr tägliches »Pensum«; sie sind im Geiste ihrer großen Wegbereiter, die fast alle Reformatoren der Oper waren, mit Freude und künstlerischer Spannkraft tätig. Herbert von Karajan sprach nach dem Musizieren mit den Dresdnern von einem »besonderen Enthusiasmus zur Arbeit«. Das gilt bis heute – und gerade heute in dieser unserer Zeit.

Carl Gottlieb Reißiger war nach Webers und Wagners gescheiterten Versuchen mit Abonnementskonzerten der erste, der regelmäßige Sinfoniekonzerte, wenngleich nur zweimal im Jahr, durchführte. Im Gegensatz zu Weber wurde dem neuen Opernreformator Richard Wagner der Weg durch sein eigenes Werk geebnet. Damit nicht genug: Seine Entdeckung des Musikdramatikers Gluck, mit dessen bis dahin in Dresden unbekannter *Armida* er als Hofkapellmeister debütierte, hatte programmatische Bedeutung. Dennoch wird man den Dirigenten Wagner nur an Beethoven, besser gesagt, an der erstmals von ihm am Palmsonntag 1846 im nur noch für diese Zwecke benutzten großen Zwinger-Opernhaus aufgeführten »Neunten« messen können. Ist nicht das poetische Programm, das er dem Werke unterlegte, bezeichnend genug für seinen in Ausdrucksbedürfnis und Klangphantasie unersättlichen Beethoven-Enthusiasmus? Was Wagner speziell für die Kapelle ins Auge faßte, kennen wir aus den berühmten, von der höfischen Reaktion, den »Hofräten und Eseln«, den »Junkern, die als Böcke zu Gärtnern bestellt sind«, mit Unverständnis quittierten Eingaben »Die Kgl. Kapelle betreffend« und »Entwurf zur Organisation eines deutschen Nationaltheaters für das Königreich Sachsen«. Wagner dachte an ein eigenes Konzerthaus und erwog im Hinblick auf umfangreiche Konzertpläne, ob »ein solches Orchester für alle Zukunft nicht noch zu anderen Aufführungen . . . zu benutzen sei«; er dachte an ein Forum, in dem neue und unbekannte Werke erst einmal ausprobiert werden sollten, an eine Orchesterschule, an die Verlegung des Leipziger Konservatoriums in die Nachbarstadt. Immerhin wurde die Kapelle auf seine unermüdliche Initiative hin verstärkt, die Aufstellung verbessert. Daß Wagner nach all den Enttäuschungen mit der engstirnigen Dresdner Intendanz, zweifellos inspiriert von seinem Freund August Röckel, für alle längst gärenden Ideen buchstäblich auf die Barrikaden ging, bedeutete angesichts des Scheiterns des Maiaufstandes von 1849 für den »anrüchigen« Revolutionär zwangsläufig Landesverweis und Verfolgung. Eines der erregendsten Kapitel Dresdner Musikgeschichte war damit vorzeitig zu Ende.

Wer wollte in diesem Augenblick der Ratlosigkeit ein Abgleiten von Dresdens Oper aus wolkigen Höhn in die Senke unverkennbaren Stillstandes übersehen? Zwar wurden nach Wagners Flucht die Geschicke der Hofoper wieder allein in die Hände des gewissenhaften Reißiger gelegt; ihm folgten noch zu seinen Lebzeiten alternierend Karl August Krebs und nach Reißigers Tod an der Seite von Krebs der bisherige Gewandhauskapellmeister Julius Rietz – alles Männer guter handwerklicher Gesinnung, »zünftige Kapellmeisterei«, von denen der konservative Rietz, Dresdens erster »Generalmusikdirektor«, ob seiner wissenschaftlichen Neigungen mit dem Prädikat eines »Philologen unter den Musikern« bedacht wurde. Offenbar blieb die Kapelle in ihrem künstlerischen Bestand unangetastet; in den sechziger Jahren wechselte der Primarius von dem »Dirigenten der Violinen«, dem großen Polen Lipinski, auf den Dresdner Franz Schubert und den Bayern Lauterbach über – mit ihnen begann die neuere Reihe großer Geiger, die im 19. und 20. Jahrhundert den Blick auf Dresden lenkten. Zu den Verdiensten der drei Nachfolger Wagners gehört die Weiterentwicklung des Konzertwesens in seinem Sinne – nur langsam fanden sich die Programme oft recht fragwürdiger Buntscheckigkeit (Bachs *Matthäuspassion* mit Beethovens *Leonore III* gekoppelt oder die *Neunte* gepaart mit Wagner-Bruchstücken) zur Stileinheit heutigen Anspruchs. Es waren übrigens vor allem neben Reißiger und Krebs Vertreter des Orchesters, die 1858 die ersten Konzerte der Kapelle in der sich bis zum Ende des zweiten Weltkrieges bewährenden Gliederung in sogenannte A- und B-Reihen (zunächst im Saal des Hotel de Saxe, später im Gewerbehaus und seit 1878 endlich im Opernhaus) anregten und durchsetzten. Praktisch erlebt man von nun an die Mitinitiative, in einigen Epochen der Kapellgeschichte sogar die souveränen Rechte des Orchesters. (Im folgenden wird man es immer wieder beobachten können).

Wir stehen an der Schwelle der neueren Zeit. Sie begann unter den Vorzeichen feudalen Repräsentationswillens der Gründerzeit, der großbürgerlichen Opernkultur der Residenzstadt; sie endete nach Glanz und Elend des deutschen Imperialismus und des von ihm heraufbeschworenen Weltkrieges mit der Nacht des Faschismus. In Ernst von Schuch tritt uns der erste Operndirigent modernen Stils entgegen, der aber gleichermaßen außerhalb des Theaters seinen Mann stellte. Merkwürdig genug: dieser geborene Österreicher, der als Sechsundzwanzigjähriger nach Dresden geholt wurde und sich sehr rasch das Vertrauen der Kapelle erwarb, wurde später fast ausschließlich mit den weltweit beachteten Strauss-Uraufführungen identifiziert – während praktisch die soviel Glanz verbreitende »Ära Schuch« mindestens 1884, mit dem zweiten großartigen Dresdner Wagner-Erneuerungswerk, mit *Tristan und Isolde* und *Ring*, begann. Am 16. März 1872 hatte der junge Ernst Schuch als Kapellmeister der Italienischen Operntruppe Pollini im Theater im Linkeschen Bad erstmals an der Elbe dirigiert. Nur wenige Monate später stand er am Pult der »Bretterbude«, in jenem hölzernen Behelfsbau neben dem Bellevue, der nach dem unverantwortlich fahrlässigen Verlust des ersten Semperschen Opernhauses, des »schönsten Theaters der Erde«, für acht Jahre Lücken büßte. Damals wirkte Schuch noch neben Franz Wüllner, dem Oper und Kapelle vorübergehende Impulse verdankten, bis sich Schuchs Aufstieg immer unaufhaltsamer vollzog. Das Jahr 1878 gab dem Wirken endlich den gebührenden festlichen Rahmen: Das neue Opernhaus, bis 1896 noch gemeinsame Spielstätte für Oper und Schauspiel, konnte geweiht werden . . .

Schuch war Musikant und Virtuose, begabt mit wachen Sinnen fürs Geschmeidige und Elegante; einer, bei dem die gewachsenen und verfeinerten Mittel des nachwagnerschen Orchesters ihren Meister fanden; der sich in bisher kaum erlebter Weise zur sinnlich-geistigen Welt der Oper bekannte. Daß sich ein solcherart von der Musikwelt bewunderter Dirigent trotz verlockender Angebote für sein ganzes Leben an ein Operninstitut und ein Orchester band – schon dies ist gewiß nicht alltäglich und zählt. Dieser faszinierende Musiker fand freilich in Dresden ein breites Betätigungsfeld für seine ungewöhnlichen musikalischen und organisatorischen Fähigkeiten. Gleich Hasse, Weber und Wagner, seinen großen Vordermännern, war er ein wirklicher »Opernchef«, dessen künstlerischer Wille sich in allen Teilen der vorzubereitenden Aufführung durchsetzte. Nur so ist das Höchstmaß an Disziplin und Leistungsvermögen zu begreifen, das den Dresdner Opernabenden nicht nur bei Wagner, sondern in vielleicht noch vollkommenerer Ausprägung bei der schöpferischen Wiedergeburt italienischer Operntradition (Rossini, Verdi bis hin zu Puccini) den Stempel aufdrückte. So schildert ihn uns Adolf Weißmann in seinem Buch »Der Dirigent im 20. Jahrhundert«: »Ideale Vollendung in allem Technischen, untrügliche Sicherheit des Instinkts für Klang und Wirkung, Zusammenwirken von Gedächtnis- und assoziativen Kräften zeichneten ihn aus. Das Dirigieren Schuchs war Reflexbewegung eines Virtuosen. Allerdings vorbereitet durch genaueste Kenntnis der Partitur. Auf dem Grund unerschütterlicher Zucht vollzog sich das Ereignis des Nachschaffens. Ein Grandseigneur mit gepflegtem Haupt- und Barthaar läßt in seiner vollendeten Haltung nicht eine Spur voraufgegangenen Zweifels spüren.«

Ein Bezauberer also, ein Dirigent, der Auge und Ohr zugleich verführte, und ein Musiker von nicht gewöhnlicher Bedeutung allein schon dadurch, daß er Zeit seines Lebens das Neue aufspürte. Das gilt nicht nur für die Oper. Das hat ebenso seine Berechtigung für Schuchs vorbildliche, gegenüber allen Zeitströmungen aufgeschlossene Konzertplanung mit dem maßgebenden Einsatz für Bruckner, Mahler, Reger, die Slawen und Franzosen. Gleich dem *Freischütz*-Meister widmete er allem Guten, »woher es auch komme«, seine Aufmerksamkeit, war er allem Neuen und Vorwärtsweisenden aufgeschlossen. Was die Kapelle, Schuchs eigentliches Instrument neben dem von ihm liebevoll gepflegten, mit den Namen glanzvoller Sängerpersönlichkeiten verzierten Solisten-Ensemble, betrifft, so hat er sich unermüdlich bemüht, den Klangkörper durch meist junge, entwicklungsfähige Begabungen zu ergänzen und aufzufrischen. Neben Lauterbach traten nun die hochbefähigten Eduard Rappoldi und Henri Petri ans erste Violinpult; der Cellist Friedrich Grützmacher verdiente sich weit über Dresden hinaus Achtung; die Flöten führte noch immer Fürstenau, das historische Gewissen des Orchesters, an; der Fagottist Wilhelm Knochenhauser, der Trompeter Eduard Seifert, der Posaunist Konrad Bruns, der Tubist Kurt Kretzschmer, der Pauker Heinrich Knauer besetzten führende Positionen. Zwei jüngere Kapellmeister, Hermann Kutzschbach und Kurt Striegler, die Dresdens Oper bis in die dreißiger, vierziger Jahre des neuen Jahrhunderts in dienender Treue verbunden blieben, tauchten damals bereits neben Schuch auf.

Kein Zweifel: das Medium, das Dresden und Strauss endgültig zusammenführte, hieß Schuch. Wann Strauss auf die besonderen Fähigkeiten des damals bereits 55jährigen Operndirigenten aufmerksam wurde, wann er ihn in seinem Herzen als seinen »Leibdirigenten« erkor, das läßt sich heute nicht mehr genau feststellen. (Noch 1890 äußerte er höchst geringschätzig: »In Dresden sitzt ein alter Routinier.«) Aber wir wissen: der mit dem jungen Strauss befreundete Cellist Ferdinand Böckmann gab nicht nur 1882 den Anstoß, daß die Bläserserenade aufs Programm eines Übungsabends des Tonkünstler-Vereins gesetzt wurde; er spielte ein Jahr später an gleicher Stelle auch gemeinsam mit dem Komponisten am Flügel die Cellosonate. Inzwischen erschienen in den Kapellkonzerten unter Schuch der Reihe nach die Sinfonischen Dichtungen, von denen vor allem das *Heldenleben* noch allerlei »Widersacher« auf den Plan rief. Schon damals schien Strauss, auf den bestechenden Musikanten, Virtuosen und Theatermann an Dresdens Pult bauend, seiner Sache sicher zu sein.

»Ich bin wahnsinnig gespannt, das *Elektra*-Orchester am 18. Januar erstmalig zu hören«, schrieb er noch kurz vor der Uraufführung an Freund Schuch. Daraus sprach Erwartung, Vorfreude. Und was er dann an grandioser Wucht wie nerviger Leichtigkeit des Klanges, an hohem affektgeladenem Stil wie »äußerster Differenzierung des modernen Orchesters« und »unendlich feinem Tongefühl« erlebte, war alles, das fortan den Begriff »Strauss-Orchester« ins Bewußtsein der Geschichte rückte. Nie hat Strauss als Komponist, als Dirigent seiner Werke aufgehört, das Preislied seiner »lieben Dräsdner« zu singen; und ganz sicher hat er bei den späteren Opernpartituren, von denen er nochmals sechs in Dresden uraufführen ließ, den ureigenen Klang der Kapelle ausgewertet und ausgekostet. Das Geschenk für so viel Hingabe war die »dem Grafen Nicolaus Seebach und der Königlichen Kapelle zu Dresden in Dankbarkeit gewidmete« monströse *Alpensinfonie*. Sollte das Orchester an einem einzigen Werk sein technisches und interpretatorisches Können in allen Nuancen zur Geltung bringen, dann mußte das Werk schon so beschaffen sein wie die klang- und bilderreiche *Alpensinfonie*. Auch bei *Arabella* und *Daphne* dürfen wir in die Widmung an Busch, Reucker und Böhm die Kapelle mit einbeziehen. Noch einmal schrieb der alte Meister für die Dresdner ein Werk, allerdings kleineren, kammermusikalischen Formates: die Bläsersonatine *Aus der Werkstatt eines Invaliden*, deren Uraufführung er ihnen mit der Bestimmung überließ, daß die Wiedergabe zu seinen Lebzeiten »ein für alle Male im verdienstvollen Tonkünstler-Verein zu beschränken sei«.

Mit dem Ableben Schuchs schien sich der Glanz der Dresdner Opernherrlichkeit zu verflüchtigen. Weit tiefer aber schnitten die Jahre des Krieges ein.

1918: der Krieg verloren, der Hof aufgelöst, Proklamierung des Freistaates Sachsen und Eroberung wichtiger demokratischer Rechte und Freiheiten. Das Ende des höfischen Repräsentationstheaters bedeutete zugleich den Beginn einer neuen, an die fortschrittlichen Traditionen der deutschen Bühne anknüpfenden Epoche der Oper. Nach nur kurzem Interregnum als »Landestheater« erhielten Dresdens Bühnen den Status einer »Staatsanstalt« wieder, wie ihn vor mehr als hundert Jahren bereits der russische Fürst Repnin in der Elbestadt vorübergehend eingerichtet hatte. Freilich: an der Spitze der nunmehrigen »Sächsischen Staatstheater Dresden« mit »Staatsoper« und »Staatskapelle« fehlte neben dem neuberufenen Generalintendanten Alfred Reucker noch der führende musikalische Kopf. Er wurde in dem jungen, in Stuttgart wirkenden Fritz Busch gefunden, ein trotz rheinischer Herkunft eher schwerblütiger, der Nervenkunst ferner Dirigententyp, wenn auch ohne schwerdurchschaubare Tiefsinnpose, den man, ursprünglich von der Kapelle nur als Leiter der Konzerte ausersehen, nach großartigem Debüt ein Jahr später als Chef der Oper bestellte. Schon hier zeigte sich eine neue organisatorische Initiative der Kapelle. Es war die Zeit der Inflation, der »größten Wirtschaftskrise aller Zeiten« – Busch und Reucker erklärten in einem Manifest, die »große Tradition der Ära Seebach-Schuch weiterführen« und sich um »erzieherische Aufbauarbeit« und »allmähliche Neugestaltung des Ensembles« bemühen zu wollen. Daß hinter solchen Worten Taten standen, zeigten die folgenden elf segensreichen Jahre. Von Brahms und Reger herkommend, denen er liebevolle Pflege in den Konzerten angedeihen ließ, hat Busch eine erstaunliche Vielseitigkeit bewiesen. Nicht nur, daß er, mit beherrschter Haltung und genauer Taktführung auf das Werk und seinen Geist hinlenkend, als Verfechter klassischer und auch neuer Musik spezifisch deutscher Haltung mit der Kapelle Hervorragendes leistete; er verstand es auch, dem Opernrepertoire suggestive Gestalt zu geben. In Buschs Wirken muß man heute aus noch nicht allzu großer zeitlicher Distanz eine besonders intensive Dresdner Musikpflege, das Praktische mit dem Ethischen verbindend, erkennen. Sonderbar: dieser Mann, der sich ein ungewöhnliches Pensum von Premieren, Konzerten und Reisen zumutete, war zugleich (unterstützt vom gründlichen Kenner der lokalen Musikverhältnisse, dem durch Kunsterziehungsabende und Schulkonzerte pädagogisch erfahrenen Kutzschbach) einer der Aktivsten, wenn es sich um den weiteren Ausbau eines progressiven Opern- und Orchesterwesens handelte. Nur ein paar Daten: Strauss dirigierte damals besonders gern in der Semperoper, nicht nur die *Neunte*, auch auf Einladung zu Wagners fünfzigstem Todestag den *Tristan*, Strawinsky brachte seinen konzertanten *Oedipus Rex* zur deutschen Erstaufführung, Menuhin, zwölfjähriger Bub in kurzen Hosen, debütierte unter Buschs Fittichen in Europa, Klemperer, Blech, Abendroth, Dobrowen und mancher andere betätigten sich als Gastdirigenten. (Daß neben dem einheimischen Chef nun auch hin und wieder Gäste zur Leitung der Konzerte herangezogen wurden, war ein Novum, wie es auch neu war, sich für einzelne Opernproduktionen die Mitwirkung von Inszenatoren und Bühnenbildnern oft kühner expressionistischer Haltung zu sichern.)

Verheißungsvoll war die mit Takt und Umsicht betriebene weitere Verjüngung des Kapellkörpers: als Konzertmeister lenkten Max Strub und seit 1923 der unvergleichliche Jan Dahmen die Aufmerksamkeit auf sich, als Primarii der Cellogruppe kamen Georg Wille und Karl Hesse, als Bratscher Georg Spitzner, Richard Rokohl und Georg Seifert, als Kontrabassist Alwin Starke, als Flötist Fritz Rucker, als Klarinettist Karl Schütte, als Oboer Johannes König, als Trompeter Wilhelm Simon hinzu. Ein Stück Kapellgeschichte, das, wenigstens bei den Letztgenannten, bis in die Zeit nach dem zweiten Weltkrieg hinüberreicht. Wer konnte ahnen, daß es mit dieser Glanzzeit solch beschämendes Ende nehmen sollte? Von heute auf morgen waren Kunstpflege und somit auch Theater Gnade oder Ungnade eines antihumanen braunen Klüngels ausgeliefert. Im März 1933 war jener schwarze Tag neuerer Dresdner Musikgeschichte: als Busch von vertraglich zugesicherter Amerikareise ans Pult einer *Rigoletto*-Aufführung zurückkehrte, wurde er von randalierenden SA-Horden am Dirigieren gehindert und gezwungen, das Haus zu verlassen. Ein Wiedersehen mit ihm, dem Frühvollendeten, war den Dresdnern leider nicht vergönnt. Zu sehr brannte das ihm angetane Unrecht in seinem Herzen.

Busch hatte sich mit Beethoven und Brahms in Dresden vorgestellt. Sein Nachfolger Karl Böhm eroberte sich die Kunststadt an der Elbe mit einem feuertrunkenen *Tristan*, an den man wohl erinnert wird, wenn man sich die viel später entstandene Bayreuther Schallplatten-Einspielung des Wunderwerkes anhört. Wieder stand der Kapelle ein Österreicher vor, Grazer gleich Schuch, aus Hamburg kommend. Da er erst im Laufe des Jahres 1933 für Dresden gewonnen werden konnte, hatte die groteskerweise ohne ihre Widmungsträger Busch und Reucker kreierte *Arabella* der aus Wien herbeigerufene Clemens Krauss übernehmen müssen; für die nächsten beiden Strauss-Uraufführungen, die bereits nach der vierten Wiedergabe gänzlich zum »Schweigen« verurteilte *Schweigsame Frau* und die Böhm zugeeignete *Daphne*, stellte sich der Dirigent mit all seinem hochempfindlichen Klangsinn und vitalem Impuls zur Verfügung. Das Planmäßige, Gründliche, Exakte, das für Böhms Direktionsjahre bezeichnend war, trug insofern Früchte, als der Bestand der Kapelle trotz des immer grausiger um sich greifenden Krieges ungefährdet blieb. Selbst *Tristan* und *Ring*, *Elektra* und *Frau ohne Schatten*, Bruckners Monumentalsinfonien und andere gewichtige Partituren erklangen, mit Macht an die Seelen rührend, bis zu Böhms Scheiden Ende 1942 im Semperbau. Was »ernst gemeint und gekonnt« ist, erregte sein Interesse – auch in den von ihm fast ausnahmslos selbst geleiteten Konzerten, in denen neben Badings, Pepping, Wagner-Régeny bereits der Name des jungen Dresdners Thilman auftauchte.

Nun also: ein Mann verließ in bedrückender Zeit das gemeinsame Boot. Wie weiter? Bestand nicht damals schon die Absicht, den jungen, seit einiger Zeit in Prag wirkenden Joseph Keilberth nach Dresden zu holen? Da man zögerte, gewann die Kandidatur Karl Elmendorffs die Oberhand: ein Musiker Bayreuther Erfahrung, nicht mehr ganz jung, gediegen, strebsam, mit dem idealistischen Konzept eines dem Werden der deutschen Oper von Händel bis Orff gewidmeten Zyklus, der innerhalb eines Mehrjahresplans auch Unbekanntes wie Webers *Euryanthe* und Schumanns *Genoveva* einschließen sollte. In den achtzehn Monaten seiner Dresdner Amtstätigkeit hat Elmendorff so Produktives wie die Erstaufführungen von *Jenufa* und *Capriccio* und die Uraufführung von Haas' *Die Hochzeit des Jobs*, der letzten in der Semperoper, geleitet. Immer gravierender wurden die Eingriffe in den Spielbetrieb; immer mehr Vorstellungen mußten, die Menschen während der Aufführungen vor Verdunkelung, Keller und Luftangriffen bewahrend, in den Nachmittag verlegt werden. Als die Proklamierung des »totalen Kriegs« à la Goebbels die Schließung der Theater erzwang, setzte Elmendorff alle Hebel in Bewegung, um Dienstverpflichtungen der Musiker in die Rüstungsindustrie und damit ein Auseinanderfallen der Kapelle zu verhindern. Das Ende, der Verlust des zweiten Semperschen Opernhauses in der Schreckensnacht vom 13. zum 14. Februar, erlebte er nicht mehr – über Nacht, aber (wie wir heute wissen) unter Umständen, die ihn zu rascher Entscheidung zwangen, verließ er Dresden und die Kapelle. Der Zurückgebliebenen nahm sich Kurt Striegler an; er führte die Kapelle in die Lazarettorte Bad Elster und Bad Brambach, wo sie Zeuge des Einmarsches der amerikanischen Truppen wurde.

Die Zeit schreitet weiter, macht es uns, die wir sie miterlebt haben, nicht leicht, den nötigen Abstand von der jüngsten Kapellgeschichte zu gewinnen. Oder besser: immer schwieriger wird es, jene Bilder zu erkennen, die sich im Wandel der Gestalten eingeprägt haben. Was 1945 geschah, ist erstaunlich und wird unvergessen bleiben: Überschreiten des Nullpunktes unmenschlicher Verwüstung, Neubeginn unter starker, rastlos ordnender Hand, Bewußtsein neugewonnener Freiheit, Aufbruch einer dem ganzen Volke verpflichteten Musikkultur, Wiederherstellung jenes einmaligen Kulturbegriffs »Dresden«, der mehr ist als bloße Erhaltung vorhandener Werte – sozialistischer Aufbau!

Verweilen wir kurz bei jenem Provisorium am Weichbild der ausgebrannten Stadt: vielzitiert, beschimpft und geliebt, ist die »Kunstscheune« geradezu zum Symbol des wiedererweckten Lebens geworden. Ein Gasthaussaal, schmucklos, primitiv hergerichtet – Kulissen, Pulte, Instrumente, wie beim Vorspiel auf dem Theater der *Ariadne*, an den Wänden lehnend. Die »Stimmung« hatten die Besucher in ihr karges Ausweichquartier mitzubringen. Sooft wir mit der Tram, quer durch die Ruinenlandschaft der Alt- und Neustadt, den Berg hinauf zum Weißen Hirsch und weiter zur Endstation in Bühlau zuckelten, in drangvoll fürchterlicher Enge eingepfercht zwischen Musikern, Geigen, Flöten und Enthusiasten, stöhnten wir nicht schlecht über die Strapazen der vielstündigen Landpartie. Aber die Kapelle spielte wieder, die Sänger traten an die Rampe – wir waren glücklich: Beethovens *Neunte*, Mahlers *Vierte* (wiedergewonnen nach »tausend« Jahren), Hindemiths *Mathis*-Sinfonie, die erste Begegnung mit dem sowjetischen Sinfoniker Schostakowitsch (die *Fünfte*), eine aufsehenerregende von Heinz Arnold und Karl von Appen antikisch vereinfachte *Salome*, alles mit dem jungen Joseph Keilberth am Pult – nein, es war keine Flucht vor den Wesenszügen der zerstörten Stadt; es war das uralte und bleibende Abenteuer Kunst, die auch dann ihre menschliche Stimme erhebt, wenn sie den Kreis der Gewohnheit durchbricht. Die drei Jahre Bühlauer »Scheune« waren eine solche Erfahrung.

Zugegeben: der neue Mann, der nach Zerschlagung des Faschismus vor die Staatskapelle Dresden trat und schützend die Hände über sie hielt, war längst als Dirigent geschätzt. Ihn in dieser ungewöhnlichen Stunde, von Prag kommend, in der ihres Kapellchefs beraubten Stadt festgehalten zu haben, war das Verdienst so Weitsichtiger wie Hermann Matern und Arthur Tröber; vor allem der seit 1919 der Kapelle angehörende Geiger, Pädagoge und spätere Orchesterdirektor erwies sich fortan als guter Geist in schwierigen Dirigentenverhandlungen. Was Keilberth damals schon rein physisch bewältigte, verdeutlicht die Statistik: 144mal wirkte er gleich beim ersten Anlauf der Spielzeit 1945/46 am Pult von Oper und Konzert! Die Zahl der Orchestermitglieder wurde auf hundert erhöht; Musiker wie Erich Mühlbach, Willibald Roth, Clemens Dillner, Alfred Tolksdorf, Hans Wappler, Alois Bambula, Heinz Forker und Hans-Peter Sondermann rückten in den nächsten Jahren nach vorn. Der Umzug ins neuerrichtete Große Haus, dem einstigen Schauspielhaus am Postplatz, fiel Herbst 1948 mit der 400-Jahr-Feier der Kapelle zusammen.

Und immer wieder Konzerte, die jetzt im neuen Haus ihre alte Beliebtheit in den öffentlichen Generalproben am Vormittag und den Aufführungen am Abend wiedergewannen, immer neue Publikumskreise erfassend, kaum zu befriedigende Kartenwünsche, Schlangen an der Kasse, Annoncen in der Lokalpresse (»Anrecht Sinfoniekonzerte Staatskapelle gesucht«). Verkörperte Keilberth nicht in seiner Haltung den Typ des gesunden, deutschen Musikanten, in vielem Busch vergleichbar, wenn auch in allen Dingen des Klanges sensibler und gedämpfter, sich nie ins intellektuell Spektakuläre verlierend, in der nachschöpferischen Disposition von unwägbaren Stimmungen abhängig? Schubert, Schumann, Weber, Bruckner, bis hin zu Strauss und Pfitzner, die Hüter klassisch-romantischer Überlieferung, waren ihm nah; mit Strawinsky, Prokofjew, Schostakowitsch, Bartók, Hindemith kam die klassische Moderne europäischer Musik, einem demokratischen Kunstbedürfnis entsprechend, zu Wort. Wieviel Hoffnungen schienen begraben, als Keilberth, der bei jung und alt soviel Vertrauen genoß, 1949 von Dresden schied! Er hat diese Stadt nie wiedergesehen, aber die Kapelle später nochmals in Salzburg dirigiert.

Aus Weimar empfahl sich ein junger, von der Oboe herkommender Dirigent zunächst als sein Stellvertreter und bald schon als sein Nachfolger: Rudolf Kempe. Durch ihn, einen Musiker nerviger Brillanz und farbigen Reizes, und darin vielleicht der am meisten an Schuchs Eleganz anknüpfende Dirigiertyp, erhielten Oper und Kapelle neuerlich frische Impulse; es sei nur an die Begründung der seit 1958 regelmäßig am Jahrestag der Zerstörung Dresdens erfolgten Darbietungen eines Requiems oder die DDR-Erstaufführung der späten Strauss-Oper *Die Liebe der Danae* erinnert. Übrigens gegen jede Regel ein Dresdner als Chef, ein Novum der Kapellgeschichte. Er hatte es mit wachsend stabileren Verhältnissen, mit den Gegebenheiten des Großen und Kleinen Hauses, natürlich leichter; der junge sozialistische deutsche Staat schuf nun jene Voraussetzungen, die es Oper und Kapelle (die Anzahl der Musiker war nochmals erhöht worden) ermöglichten, an die großen Leistungen früherer Zeiten anzuknüpfen. In die Amtszeit Kempes fiel das erste Auftreten des großen sowjetischen Geigers David Oistrach, der später als häufiger Gast der Kapelle auch zum Taktstock griff. Wohl mochte es bei jedem Dirigentenwechsel scheinen, als ob es nun erst mal nicht weiterginge – eine Kluft tat sich für Beteiligte und Instanzen auf, gewiß war es so. Aber die Realitäten erwiesen sich meist als stärker: noch immer war der Ruf der Kapelle so ungebrochen stark, daß sich die für das Institut geeignete leitende Musikerpersönlichkeit meist bald fand. Daß es den hochvermögenden Gewandhauskapellmeister Franz Konwitschny mit seiner alten Liebe zur Oper lockte, die Leipziger Konzerttätigkeit mit der vielseitigeren Dresdner Position zu verbinden – wen konnte es überraschen? Er, der leider wegen einer ehrenvollen Berufung an die neue Berliner Deutsche Staatsoper Unter den Linden nur zwei Jahre in Dresden wirken konnte, empfand es als Auszeichnung, »in der bedeutenden Ahnenreihe Schütz-Hasse-Weber-Wagner-Schuch zu stehen«. Wenngleich Konwitschny heute in historischer Retrospektive in erster Linie als hervorragender, in der natürlichen Beherrschung der Ausdrucks- und Klangmittel frisch und kräftig zupackender Interpret Beethovens, Wagners, Bruckners und Strauss' gelten darf, hat er in Dresden auch mit Mozart-Opern Meisterliches geboten. Noch unter seiner Ägide trat der seitdem aus gediegener Erfahrung schöpfende, für Prokofjews Opern besonders aufgeschlossene Abendroth-Schüler Rudolf Neuhaus als Staatskapellmeister hinzu; er und der junge, zunächst für die Schauspielmusik zeichnende und zusehends ins Metier der klassischen und neuen Oper hineinwachsende Siegfried Kurz, bisher letzter in der langen Reihe komponierender Hauskapellmeister, sorgten am Opernpult für Kontinuität.

Nur Durchgang, flüchtige Episode blieben die zwei Jahre Lovro von Matačićs. Das heißt: die Konzerte wurden zwar zum Teil von ihm dirigiert, auch für die Publicity der Auslandsreisen fühlte er sich zuständig; in der Oper gab er jedoch nur Stippvisiten. Die von ihm musikalisch und szenisch betreute Neuinszenierung von Glucks *Orpheus und Eurydike* ist wohl das einzige, das haften blieb. Gerade damals und in der Folge in wachsendem Umfang gab es eine starke Fluktuation der Dirigenten, vor allem in den Konzerten. Immer noch und immer wieder wirkte es auf die Ersten ihres Faches verlockend, mit der berühmten Kapelle musizieren zu können: Knappertsbusch, Kondraschin, Jansons, Markevitch, Gauk, Sawallisch, Bongartz, Neumann, Krenz, Baudo, Czyz . . . Einen Kurt Sanderling, nach Temperament und Kunstanschauung primär zum sinfonischen Musizieren geboren, hatte es zu einer kurzen festen Bindung an die Elbe verführt. Daß er von Berlin kam, war wider alle Norm. Nach drei Jahren kehrte er auf eigenen Wunsch zum heimatlichen Orchester zurück, dessen Leitung er beibehalten hatte. Mit gesammelter männlicher Energie setzte er sich für Mahler und vor allem Schostakowitsch ein; auch Brittens *War-Requiem* fand in ihm einen glühenden Anwalt. Nur: der Oper blieb er bis auf eine einsame *Turandot* fern.

Endlich 1975 wieder ein ständiger Chef: der Schwede Herbert Blomstedt war in den frühen siebziger Jahren schon mehrfach als Gast mit der Kapelle zusammengetroffen, hatte künstlerische Sympathien gefunden und empfunden. Er übernahm *Fidelio*, leitete auch dessen Neuproduktion durch Harry Kupfer, mit dem er später *Pelleas und Melisande* und *Eugen Onegin* erarbeitete. Doch ein Operndirigent, ein Mann, der in beiden »Sparten« zu Hause ist, wurde er nicht. Die sinfonische Arbeit blieb sein Hauptfeld. Das war wichtig genug für die Kapelle, nicht zuletzt angesichts der sich mächtig ausdehnenden internationalen Tätigkeit, die mit Gastdirigenten allein kaum mehr zu bewältigen war. Wenigstens zwei, nicht selten drei, ja vier meist mehrwöchige Auslandstourneen waren von der Mitte der siebziger Jahre an zu disponieren und künstlerisch zu bewältigen. Hier wie bei umfangreicher Schallplattenarbeit und mindestens der Hälfte der heimatlichen jährlichen Sinfoniekonzerte (bald im neuerrichteten Kulturpalast am Altmarkt) war Blomstedt ein Jahrzehnt lang ein dankbar akzeptierter Partner der zuletzt mit 142 Positionen ausgestatteten Staatskapelle. Blomstedt rückte das große singuläre Werk in den Mittelpunkt seiner Programme, flankiert von Ur- und Erstaufführungen sowie von Auftritten erster Solisten. Ansonsten blieb die Oper, zumal seit Eröffnung der rekonstruierten Semperoper in unmittelbarer Nähe von Zwinger, Kathedrale und Elbe die Domäne des Orchesters. Als neuer Chefdirigent wurde der Niederländer Hans Vonk gewonnen; er führte sich mit *Freischütz* und *Rosenkavalier* ein. Neben ihm wirken in Oper und Konzert regelmäßig Hiroshi Wakasugi und Hans-E. Zimmer sowie weiterhin zahlreiche Gäste aus dem In- und Ausland.

Man sagt von der Kapelle, daß sie sich, unaufhaltsam alternd, doch ständig verjüngt. Ein schwerwiegender, sich stets aufs neue bewahrheitender Satz! Peter Glatte, Peter Mirring, Roland Straumer, Clemens Dillner, Jan Vogler, Johannes Walter, Eckart Haupt, Kurt Mahn, Manfred Weise, Peter Damm, Kurt Sandau, Jutta Zoff und mancher andere erwiesen sich zur rechten Zeit als Verstärkung einer »Mannschaft«, in der es nun im Zuge gesellschaftlicher Entwicklung auch mehrere junge »Frauen« gibt und deren Orchesterdirektor heute Gerhard Pluskwik heißt.

Mag die Kapelle, allem Wechsel der Erscheinungen zum Trotz, ihren Beitrag zur Entwicklung fortschrittlicher Traditionslinien geleistet haben – unschwer ist seit dem Neubeginn von 1945 eine stärkere und bewußtere Akzentuierung der Opernarbeit und Konzertprogramme auf Geschichte und Neuerertum als wesentliche Kräfte sozialistischer Musikkultur zu beobachten. Das gilt für eine verantwortungsvolle, kritische Aneignung des Erbes von Haydn und Mozart bis zu Mahler, Reger, Strauss wie für die Auseinandersetzung mit der Musik dieser unserer Epoche, mit den Lebenden. Die Liste der zeitgenössischen Komponisten, die jetzt in den Konzerten, Aufführungsabenden und Kammerabenden mit neuen Werken, Erst- wie auch Uraufführungen, zu Gehör kommen ist lang . . .

Natürlich war der Nachholebedarf von lange Zeit »verfemter« Komponisten groß.

Daß die Kapelle für so manche Partitur neuerer Musikgeschichte als schöpferischer Impuls, Anregung und Anreiz gewirkt hat, ist eine Binsenweisheit. Seit Strauss, Draeseke, Büttner bis hin zu Gersters *Dresdner Bildern*, Matthus' *Dresdner Sinfonie* und Dessaus *Orchestermusik Nr. 4* reißt die Kette der Werke für und mit der Kapelle nicht ab. Erst recht gehört es zu ihrem Anliegen, die heute in Dresden Schaffenden, die jungen und die älteren, zu fördern.

So betrachtet geschieht auf dem Unterbau progressiver Gesinnung alles, um die Musikpflege von Staatsoper und Staatskapelle vor dem Odium eines Säulentempels elitärer Exklusivität zu bewahren und zum Instrument lebendigen Volksgeistes zu machen. Was dazu gehört, erweist sich für unsere ganze Kultur wichtig: Orientierung auf das neue Publikum, Kontakt zu den Betrieben, Einführungen und Aussprachen mit Arbeitern und Jugendlichen mit dem Ziel, neuer vielfältiger Beziehungen zwischen Kunst und Werktätigen. Ist es zu viel? Es ist nötig.

Staatskapelle Dresden
und Herren
der Rundfunkchöre Berlin und Leipzig,
der Staatsoper Dresden und des Sinfoniechors
(Leitung Hans Vonk)
Richard Wagner *Das Liebesmahl der Apostel* 1983

Nach der Uraufführung von Udo Zimmermanns *Sinfonia come un grande Lamento*
(Leitung Herbert Blomstedt) 1978

Maurice Ravel *Das Kind und der Zauberspuk* 1980

DIETER HÄRTWIG

Die Dresdner Philharmonie

Obgleich die Dresdner Philharmonie, erst im letzten Drittel des 19. Jahrhunderts gegründet, neben Kreuzchor, Staatskapelle und Staatsoper das jüngste Glied in der Kette der traditionsreichen Dresdner Musikinstitute darstellt, entwickelte sie sich im Verlauf ihrer nunmehr allerdings auch bereits mehr als hundertjährigen Geschichte längst zu einem repräsentativen Klangkörper von Weltruf, zu einem untrennbaren Bestandteil des Begriffes »Musikstadt Dresden«. Als Sendbote Dresdner Musikkultur trat das Orchester bereits frühzeitig, als das Zeitalter der reisenden Orchester noch gar nicht begonnen hatte, im Ausland in Erscheinung: so 1871 und 1872 bei Gastspielen in Petersburg, 1879 in Warschau und 1883 in Amsterdam und anderen holländischen Städten, 1907 in Dänemark, Schweden und Norwegen und 1909 sogar in den USA und in Kanada. Prominente Dirigenten und Solisten, die als Gäste des zunächst nach seiner Spielstätte »Gewerbehausorchester« genannten und aus vierhundertfünfzigjähriger Dresdner Ratsmusiktradition hervorgewachsenen Institutes wirkten, förderten den steilen künstlerischen Aufstieg des Klangkörpers.

Sein erster Chefdirigent war der letzte Dresdner Stadtmusikdirektor, Moritz Erdmann Puffholdt. Sein »Stadtmusikcorps« war vom Gewerbeverein gewonnen worden, am 29. November 1870 den ersten großzügig angelegten Konzertsaal in Dresden, den Gewerbehaussaal auf der Ostra-Allee, einzuweihen, mit dem die Entwicklung des öffentlichen, von Hof und Adel unabhängigen bürgerlichen Konzertwesens im 19. Jahrhundert in Dresden in ein neues Stadium eintrat und womit auch die Geschichte der Dresdner Philharmonie beginnt. Aus diesem »Stadtmusikcorps«, das bei der Einweihungsfeier des Saales »in einer Stärke von über 50 Mann« Beethovens Ouvertüre *Die Weihe des Hauses* und Webers *Jubel-Ouvertüre* musizierte und in der Folgezeit für eine kontinuierliche Konzertpflege in dem neuen Hause sorgte, wuchs organisch das Philharmonische Orchester heraus, das von da an, ohne sogleich so zu heißen, als eine wesentliche Kraft des Dresdner Musiklebens neben der Hofkapelle zu wirken begann und damit die alte Stadtkapelle, Nachfolgerin der in Dresden erstmals um 1420 nachweisbaren Stadtpfeifer, ablöste.

1885 richtete der Berliner Konzertdirektor Hermann Wolff nach dem Muster seiner von ihm seit 1882 in Berlin veranstalteten Philharmonischen Konzerte auch in Dresden derartige Konzerte ein, mit denen – sie standen anfangs unter der Leitung des Komponisten und Dirigenten Jean Louis Nicodé – erstmalig in die Geschichte des Dresdner Konzertwesens der Begriff »philharmonisch« einzog, der schließlich jener Konzertinstitution den endgültigen Namen gab, die sich allmählich aus dem Gewerbehausorchester entwickelte: der Dresdner Philharmonie. In der Spielzeit 1888/89 dirigierte Peter Tschaikowski seine 4., Antonin Dvořák seine 5. Sinfonie. Da musizierten mit dem Orchester, um nur einige Namen herauszugreifen: Johannes Brahms, Hans von Bülow, Moritz Moszkowski, Emil Sauer, Joseph Joachim, Teresa Carreño, Eugen d'Albert, Richard Strauss, Anton Rubinstein, Felix Mottl, Ferruccio Busoni, Sergej Rachmaninow, Arthur Schnabel, Pablo de Sarasate, Fritz Kreisler,

Jacques Thibaud, Carl Flesch, Pablo Casals, Eugène Ysaye und Sangesgrößen wie Maria Ivogün, Lotte Lehmann, Sigrid Onegin, Leo Slezak und viele andere mehr.

Unter dem dänischen Chefdirigenten Willy Olsen kam es 1912 zur Gründung der Städtischen Volkssinfoniekonzerte vor allem für Arbeiter- und Berufsvereinigungen. Auch im Rahmen der Kulturarbeit der Sozialdemokratischen Partei wurde das Orchester wirksam. Besondere Verdienste erwarb sich hierbei der Dresdner Komponist, Dirigent, Pädagoge und Musikkritiker Paul Büttner. Ab 1912 veranstaltete er mit dem Orchester Sinfoniekonzerte für den »Jugendbildungsverein der Arbeiterschaft von Dresden und Umgegend« in mehreren Jahrgängen. Neben den Volkssinfoniekonzerten demonstrierten diese ersten Dresdner Jugendsinfoniekonzerte für die Arbeiterjugend die ganze Breite musikalischer Bildungsarbeit, die das Orchester schon damals leistete. Der österreichische Dirigent Edwin Lindner (1915–1923) verlieh schließlich dem Klangkörper den ihm gebührenden Namen und Rang. Er verstand es auch, bedeutende Gäste – wie seinen Lehrer Arthur Nikisch – an das von ihm geleitete »Dresdner Philharmonische Orchester« zu verpflichten. Gewiß waren die Kapellmeister, die vor Edwin Lindner als Chefdirigenten am Pult des Orchesters gestanden hatten – so Moritz Erdmann Puffholdt (1870/71), Hermann Gustav Mannsfeldt (1871–1885), M. Zimmermann (1885/86), Ernst Stahl (1886–1890), August Trenkler (1890–1903), Willy Olsen (1903–1915) –, mehr oder weniger tüchtige, solide Musiker gewesen, die ihr Handwerk verstanden. Lindner erhob sich fraglos über diese und damit zugleich auch das Leistungsvermögen des Orchesters über sein früher gezeigtes. 1921 führte der ungarische Dirigent und Komponist Alexander László die Philharmoniker auf eine erfolgreiche Schweden-Tournee.

Nachdem immer wieder wirtschaftliche Gefährdungen des Institutes aufgetreten waren, brachte das Inflationsjahr 1923 größte Existenzschwierigkeiten für die Musiker, die unter der Leitung eines neuen Chefs, des Dresdner Komponisten und Dirigenten Joseph Gustav Mraczek, ihren in materieller Hinsicht schwersten Konzertwinter erlebten (1923/24). Doch erhielt der Klangkörper nunmehr den Namen, unter dem er Weltgeltung erlangte: Dresdner Philharmonie. 1924 wurde das Institut nach dem Vorbild der Berliner Philharmoniker auf genossenschaftliche Basis gestellt. Chefdirigent war Eduard Mörike (1924–1929), ein international gefragter Künstler, insbesondere Beethoven- und Wagner-»Spezialist«, der mit seinen Dresdner Volksbühnenkonzerten und der Einführung von Schulkonzerten hervorragende künstlerisch-soziale, kunsterzieherische Taten vollbrachte. Mörike wirkte nicht nur als Dirigent in weite Kreise des Publikums, sondern vermittelte mit ebensoviel Wissen wie pädagogischem Geschick die Kenntnis klassischer und moderner Musikwerke durch seine einführenden Vorträge vor den musikalischen Darbietungen. In Auswertung des erzieherischen Aspektes der einstigen »Historischen Concerte«, wie sie Hermann Gustav Mannsfeldt 1883 eingerichtet hatte, um musikgeschichtliche Entwicklungsprozesse beispielsweise von Bach bis Wagner für den Hörer erlebbar zu machen, und der Volkssinfoniekonzerte, wie sie unter Olsen eingeführt worden waren, kam Mörike zu einem neuen, für die Dresdner Philharmonie später, in der Ära Heinz Bongartz, noch größere Bedeutung erlangenden Konzerttypus: dem mit zyklischer Programmgestaltung.

Als Eduard Mörikes Nachfolger fungierten Paul Scheinpflug (1929–1932) und Werner Ladwig (1932–1934), ehe im Jahre 1934 der Holländer Paul van Kempen an die Spitze der Dresdner Philharmonie trat und dem Orchester, das er zu einem der namhaftesten Konzertinstitute Deutschlands entwickelte, Weltruhm verschaffte. Aber auch bedeutende Gastdirigenten standen immer wieder in näherer Verbindung zu den Dresdner Philharmonikern, so vor allem Siegfried Wagner, Max von Schillings, Erich Kleiber, Fritz Busch (der das Orchester u. a. 1932 zum Internationalen Musikfest nach Venedig führte und 1928 in einem denkwürdigen Sonderkonzert u. a. mit der *Alpensinfonie* von Richard Strauss beide Dresdner Orchester im Gewerbehaussaal dirigierte), Carl Schuricht, Willem Mengelberg, Hermann Scherchen und Hermann Abendroth. Schikanen der nationalsozialistischen Behörden veranlaßten Paul van Kempen 1942, sein Dresdner Amt niederzulegen. Von dem künstlerischen Höchststand, den sich das Orchester unter seiner Leitung erarbeitet hatte, künden zahlreiche, inzwischen historische Bedeutung besitzende Schallplattenaufnahmen, zu denen die Dresdner Philharmoniker seit 1937 verpflichtet wurden.

Nach Paul van Kempens Weggang teilten sich vornehmlich Carl Schuricht, Otto Matzerath, Bernardino Molinari und Kurt Eichhorn in die Leitung der Konzerte. Schließlich wurde Carl Schuricht als neuer Chef verpflichtet; doch konnte dieses Engagement nicht mehr zur Auswirkung gelangen, da die Faschisten inzwischen den totalen Krieg proklamiert hatten und die Dresdner Philharmonie im September 1944 aufgelöst wurde.

Bereits einen Monat nach dem Ende des zweiten Weltkrieges – erstmals am 8. Juni 1945 unter Gerhart Wiesenhütter, der bis zum Frühjahr 1946 Chefdirigent war – musizierte das Orchester wieder, das bei der Zerstörung Dresdens am 13. Februar 1945 seine langjährige Wirkungsstätte, das Gewerbehaus, sowie Archiv und Notenbibliothek verloren hatte.

Am 1. Juli 1947 übernahm Heinz Bongartz die künstlerische Leitung der Dresdner Philharmonie, die er siebzehn Jahre, bis 1964, innehatte. Seiner tatkräftigen, kontinuierlichen und zielgerichteten Aufbauarbeit sowie umfassender staatlicher Unterstützung war es zu danken, daß der Klangkörper binnen kurzem zu neuer künstlerischer Höhe aufstieg, ja die bisher erfolgreichste und fruchtbarste Etappe seit seiner Gründung erlebte. Als ein international hochgeschätztes Spitzen- und Tourneeorchester mehrt es seither das Ansehen der Musikstadt Dresden und der Deutschen Demokratischen Republik als eines Staates, in dem humanistische Kunstpflege zu den ersten Anliegen gehört. Unter der Leitung von Heinz Bongartz, der selbst in der Zusammenarbeit mit seinen Musikern immer mehr zu einem Dirigenten von internationalem Format, zu einer der namhaftesten Dirigentenpersönlichkeiten seiner Generation reifte, legte das Orchester so häufig wie nie zuvor in seiner Geschichte glänzende internationale Bewährungsproben ab, so bei ausgedehnten und zum Teil wiederholten Tourneen in der BRD, in Frankreich, Rumänien, Italien, Spanien, Portugal, in der Schweiz, in Polen, China, Jugoslawien, Bulgarien, in der ČSSR, im Libanon und in Ägypten.

Wenige Monate nach Gründung der DDR – vom 1. Januar 1950 ab – wurde die Dresdner Philharmonie ein staatliches Institut. Damit war ein im Grunde acht Jahrzehnte währender Kampf der Musiker um eine tragfähige Rechts- und Finanzgrundlage nunmehr endgültig abgeschlossen. Ihre Kunst in einer und für eine Gesellschaft ausüben zu können, die der Funktion der Kunst, der Künstler, die ihnen gebührende Rolle nicht nur einräumte, sondern auch für eine entsprechende soziale und materielle Sicherstellung sorgte, das war schon längst einer der größten und begreiflichsten Wunschträume der Musiker gewesen. In der Deutschen Demokratischen Republik, die der Zahl ihrer Orchester nach mit an der Spitze in der Welt steht, wurde er Wirklichkeit, waren die Voraussetzungen geschaffen, daß eine Blütezeit wie nie zuvor in der Geschichte des Klangkörpers einsetzen konnte.

Rundfunk, Fernsehen, Schallplatte und die umfangreiche Reisetätigkeit sorgten neben der regen und erfolgreichen künstlerischen Arbeit in der Heimatstadt dafür, daß die imponierende Aufwärtsentwicklung der Dresdner Philharmonie seit Gründung der Deutschen Demokratischen Republik weithin bekannt wurde. Auch die staatliche Anerkennung blieb für die Philharmoniker und ihre Dirigenten nicht aus:

Am 7. Oktober 1958 und 1984 wurden die hervorragenden künstlerischen und kulturpolitischen Leistungen des gesamten Kollektivs mit der Verleihung des Vaterländischen Verdienstordens in Silber bzw. in Gold gewürdigt. 1961 wurde die Dresdner Philharmonie zum Gründungsmitglied der Prager Dvořák-Gesellschaft ernannt (für einen umfassenden Dvořák-Zyklus) und 1966 für ihre Verdienste um das Schaffen Gustav Mahlers mit der Goldenen Mahler-Medaille der Internationalen Gustav-Mahler-Gesellschaft Wien geehrt.

Als Nachfolger von Heinz Bongartz wirkte von 1964 bis 1967 Horst Förster. Danach trat Kurt Masur an die Spitze des Orchesters, ein Künstler von internationalem Ruf und eine der prominentesten Dirigentenpersönlichkeiten der DDR, der bereits 1955 bis 1958 überaus erfolgreich als zweiter Dirigent hier tätig gewesen war. Masur führte sogleich einen neuen Aufschwung in der Orchesterarbeit herbei und prägte dem Klangkörper binnen kurzem den Stempel seiner vitalen, energiegeladenen Persönlichkeit auf. Mit großer Initiative trat der Dirigent sein Amt an, wissend um die Tradition, die internationale Ausstrahlung der Dresdner Philharmonie, die sich unter seiner zielstrebigen Leitung sogleich für das Jubiläum ihres hundertjährigen Bestehens zu rüsten begann. Auslandserfolge konnten unter Kurt Masur in der ČSSR, in Bulgarien, Polen, der Sowjetunion, in Italien, Belgien, Luxemburg und Frankreich errungen werden. Neben dem neuen Chefdirigenten nahm in der Spielzeit 1967/68 zugleich ein neuer zweiter Dirigent – in Nachfolge Gerhard Rolf Bauers – seine Dresdner Tätigkeit auf: Lothar Seyfarth.

Mit Amtsantritt von Kurt Masur konnte ein langjähriger Plan, den schon seine Vorgänger Heinz Bongartz und Horst Förster gehegt hatten, in die Tat umgesetzt werden. Der Dresdner Philharmonie wurde ein Philharmonischer Chor angeschlossen, eine Laiengemeinschaft, bestehend aus einem Erwachsenen- und einem Kinderchor. Erster verdienstvoller Chordirektor war Wolfgang Berger, der sich seit 1974 ausschließlich der Leitung des Kinderchores widmet. Kurze Zeit stand Hartmut Haenchen, in den Jahren 1973 bis 1976 zweiter Dirigent des Orchesters, dem Erwachsenenchor vor; seit 1980 wirkt Matthias Geissler als neuer Leiter des inzwischen mehrfach mit dem Titel »Hervorragendes Volkskunstkollektiv« ausgezeichneten Philharmonischen Chores, der zu den volkskünstlerischen Spitzenensembles der DDR zählt. Der Chor wirkte u. a. mit am Festkonzert der Dresdner Philharmonie zur Eröffnung des Dresdner Kulturpalastes am 7. Oktober 1969 in Beethovens *Neunter* unter Kurt Masur.

An diesem denkwürdigen Abend erhielt die Dresdner Philharmonie zu Beginn ihrer 99. Spielzeit, nachdem sie seit 1946 im einigermaßen heilgebliebenen Steinsaal, seit 1958 im neuerbauten Kongreßsaal des Dresdner Hygiene-Museums ihre ständige Wirkungsstätte hatte, eine neue künstlerische Heimstatt. In seiner Besetzung bedeutend verstärkt, weihte das Orchester den größten und zugleich repräsentativsten Konzertsaal ein, den es seit seiner Gründung besaß.

2400 Hörer können nun pro Abend einem Philharmonischen Konzert beiwohnen. Hatte Heinz Bongartz einst 1947 mit einer Abonnentenzahl von 725 seine Dresdner Tätigkeit begonnen, die bei seinem Ausscheiden als Chefdirigent 1964 auf rund 6500 angewachsen war, so sind es heute 13 630 Anrechtsbesucher, die den festen Hörerkreis des Orchesters bilden, ohne daß damit die vielen Tausende von Musikfreunden, die die teilweise im freien Kartenverkauf stattfindenden Außerordentlichen Konzerte besuchen, erfaßt wären. Mit dem Einzug der Dresdner Philharmonie in den Festsaal des Kulturpalastes Dresden schloß sich zugleich ein historischer Ring, denn die Einweihung des ersten großen Konzertsaales, den sich die Dresdner Bürgerschaft 1870 geschaffen hatte, des Gewerbehaussaales, hatte die Gründung des Orchesters ausgelöst.

Dem hundertjährigen Gründungsjubiläum der Dresdner Philharmonie im Jahre 1970 war eine repräsentative Festwoche gewidmet, die eines der bemerkenswertesten künstlerischen Ereignisse in der bisherigen Orchestergeschichte war und national wie international stark beachtet wurde. Über die Festwoche hinaus besaß die gesamte Jubiläumsspielzeit 1970/71 ein besonders festliches Profil, zu dem bedeutende Gastdirigenten wie der Japaner Seiji Ozawa und eine internationale Solistenelite beitrugen. Neben zahlreichen Erstaufführungen gelangte eine Reihe neuer, im Auftrag der Dresdner Philharmonie geschaffener Werke zur Uraufführung, darunter die Kantate *Goethe-Briefe* des polnischen Komponisten Tadeusz Baird.

Nachdem Kurt Masur 1972 endgültig als Gewandhauskapellmeister nach Leipzig gegangen war (in dieses Amt berief man ihn bereits 1970) wurde Günther Herbig Künstlerischer Leiter der Dresdner Philharmonie. Hatte Masur durch die emotionale Expressivität, die Suggestivkraft seiner Musizierweise beeindruckt, so vertrat Herbig den mehr kühlen, intellektuell-analytischen Dirigententypus, nacherlebbar beispielsweise an seiner Schallplatteneinspielung aller zwölf Londoner Sinfonien Joseph Haydns mit den Dresdner Philharmonikern (im Kontrast dazu stehen etwa die Schallplattenaufnahmen Kurt Masurs von sämtlichen Klavierkonzerten Mozarts mit Annerose Schmidt als Solistin). Er kam vom Berliner Sinfonieorchester nach Dresden, an das er fünf Jahre später als Chefdirigent zurückkehrte. Auch Heinz Bongartz blieb bis zu seinem Tode im Jahr 1978 »seinen« Philharmonikern als ständiger Gastdirigent verbunden. Sein letztes Konzert gab der Dreiundachtzigjährige im November 1977 anläßlich seines sechzigjährigen Dirigentenjubiläums.

Die internationale Tätigkeit der Dresdner Philharmonie verstärkte sich nun von Jahr zu Jahr. Unter Günther Herbigs Leitung ging es nach Rumänien, Jugoslawien, Polen, England, Österreich, in die Schweiz, BRD, nach Italien, Spanien, in die Sowjetunion, ČSSR, nach Bulgarien und erstmals 1976 nach Japan. Noch in seiner Amtsperiode, 1976, erfolgte auch ein Wechsel auf der Position des zweiten Dirigenten. Nachfolger Hartmut Haenchens wurde – erst sechsundzwanzigjährig – Johannes Winkler, wie Haenchen einstiger Kruzianer, der – bis 1983 im Engagement – beachtliche Erfolge im In- und Ausland mit der Dresdner Philharmonie errang.

Unübersehbar fast ist die Zahl der prominenten Gäste aus aller Welt, Dirigenten wie Solisten, die nach dem zweiten Weltkrieg zur Dresdner Philharmonie kamen, mit dem Orchester entweder in seiner Heimatstadt oder auf Reisen musizierten. Viele von ihnen konzertierten nicht nur einmal, sondern wiederholt mit den Philharmonikern, waren bzw. sind zum Teil Jahr für Jahr gern gesehene Gäste. Entsprechend dem internationalen Rang des Klangkörpers fehlen im Gästebuch auch nicht die berühmtesten Namen heutiger Virtuosen, Namen aus fast allen Ländern der Erde; unmöglich, sie hier aufzuzählen.

Die jahrzehntelange enge künstlerische Partnerschaft mit dem Dresdner Kreuzchor setzte sich auch unter Kreuzkantor Martin Flämig fort, dem Nachfolger Rudolf Mauersbergers seit 1971, und führte zu gemeinsamen Gastspielreisen nach Japan, in die Schweiz, nach Österreich und Westberlin.

Von 1977 bis 1985, dem Jahr seiner Pensionierung, war Herbert Kegel Chefdirigent, der dank seiner unerbittlichen Probenarbeit das technische Niveau des Orchesters weiter zu heben vermochte und sich besondere Verdienste durch exemplarische Interpretationen von Großwerken der Chorsinfonik, der Oper und durch seinen Einsatz für das zeitgenössische Musikschaffen erwarb. Seine reichen Erfahrungen in der Schallplattenpraxis bewirkten zudem eine erhebliche Zunahme der Arbeit für dieses Medium. Unter Herbert Kegels Leitung wurden bisher von den Dresdner Philharmonikern Werke von Beethoven, Brahms, Berlioz, Mahler, Schönberg, Hindemith, Strawinsky, Blacher, Penderecki, Siegfried Matthus, Manfred Weiss, Christfried Schmidt u. a. eingespielt. Die Produktion sämtlicher Beethoven-Sinfonien bei Capriccio (Delta Music, BRD) war 1983 die erste digitale Gesamteinspielung dieser Werke überhaupt, die außerdem zugleich auf drei Tonträgern vorlag: auf CD (Compact-Disc-Verfahren), als Digital-Langspielplatten und als Tonkassetten. Die Repertoiregestaltung des Orchesters erhielt neue Akzente durch Herbert Kegels Neigung zu Meisterwerken des 20. Jahrhunderts, denen er ein besonders engagierter Interpret ist. Des weiteren bestand zu Mahler – wie einst bei Heinz Bongartz, der einen ganzen Mahler-Zyklus veranstaltete – eine bemerkenswerte Affinität, brachte er doch in den Jahren seines Dresdner Wirkens einen Großteil des Mahlerschen Œuvres zur Aufführung. Auch nachdem 1986 der junge Jörg-Peter Weigle, einstiger Thomaner und zuletzt Chefdirigent des Rundfunkchores Leipzig, als sein Nachfolger in das verantwortungsvolle Amt des Chefdirigenten der Dresdner Philharmonie berufen wurde, blieb Herbert Kegel dem Orchester als Gastdirigent verbunden. In seiner Amtszeit führten Gastspielreisen die Philharmoniker wiederholt in die BRD, nach Italien, Frankreich, Spanien, Österreich, in die Schweiz, nach Polen, in die ČSSR, nach Ungarn und Bulgarien sowie in die Sowjetunion, nach Rumänien, Norwegen, Dänemark, Schweden und Großbritannien.

Seit Jahrzehnten schon ist die Dresdner Philharmonie über den lokalen Rahmen hinausgewachsen und durch ihre Auslandstourneen, ihre Schallplatten- wie Rundfunkaufnahmen in aller Welt bekannt. Wo immer sie konzertiert, vor internationalem Publikum oder vor den Musikfreunden in Dresden, demonstriert sie die aus ihrer Geschichte überkommenen progressiven Traditionen ebenso wie ihre neue, aus den gewandelten Aufgaben einer gewandelten Gesellschaft hervorgegangene Qualität. Die Dresdner Philharmonie ist ein begehrter Gast bei internationalen Festspielen und war unter anderem – zum Teil wiederholt – beteiligt an Festivals in Ascona, Barcelona, Belgrad, Bregenz, Brighton, Brno, Budapest, Bukarest, Dubrovnik, La Chaise-Dieu, Lille, Macerata, Ostrava, Prag, Ravello, Rom, Russe, San Sebastian, Santander, Schaffhausen, Siena, Sion, Strasbourg, Sofia, Swansea, Vercelli, Warschau, Wien und Wrocław.

Und die Dresdner Philharmonie ist natürlich von Anfang an neben den anderen Institutionen des Dresdner Musiklebens eine wesentliche Säule der seit 1978 alljährlich veranstalteten internationalen Dresdner Musikfestspiele, betrachtet sie doch ihre Festspielbeiträge als Schwerpunkte der jeweiligen Spielzeit und hat schon manchen Höhepunkt im bisherigen Festspielgeschehen geschaffen. Bereits 1949 waren in der Elbestadt Musiktage ins Leben gerufen worden, bei denen sie regelmäßig – wie auch bei vielen Musikfesten in der DDR – mit bedeutungsvollen Programmen vertreten war, desgleichen bei den seit 1969 veranstalteten Dresdner Sommerfesttagen, innerhalb derer Kurt Masur den Carl-Maria-von-Weber-Wettbewerb der Stadt Dresden neu belebte, der nunmehr im Rahmen der Dresdner Musikfestspiele international ausgeschrieben wird.

Besonders mit dem Namen Herbert Kegels sind eine Reihe denkwürdiger philharmonischer Festspielaufführungen verbunden. Zu den ersten Dresdner Musikfestspielen im Jahre 1978 bot er Beethovens 9. Sinfonie in der für ihn bezeichnenden Kopplung mit Arnold Schönbergs *Ein Überlebender aus Warschau* dar. Im zweiten Festspieljahrgang leitete er eine sensationell erfolgreiche konzertante Wiedergabe von Richard Wagners *Parsifal*. Bei dieser ersten Dresdner Parsifal-Aufführung nach 1945 wirkten Gesangssolisten mit wie Sven Olof Eliasson in der Titelrolle, Ulrik Cold (Amfortas), Siegfried Vogel (Gurnemanz), Reid Bunger (Klingsor), Ludmila Dvořáková (Kundry), Fred Teschler (Titurel) u. a. »Die Aufführung war eine künstlerische Tat. Der Schlußbeifall nahm Ausmaße an, wie sie nur bei einzigartigen künstlerischen Ereignissen zu konstatieren sind«, schrieben die Sächsischen Neuesten Nachrichten. Und die Sächsische Zeitung meinte: »Wenn Festspielhöhepunkte – dann war dieser beeindruckende *Parsifal* auf alle Fälle einer.«

Im Sinne des Festspielprofils als Opernfestival steuerte Herbert Kegel auch in den Folgejahren konzertante Opernaufführungen bei und begründete damit bei der Dresdner Philharmonie eine neue Tradition: 1980 *L'Enfant et les Sortilèges* von Maurice Ravel, 1982 *Der Mond* von Carl Orff (mit Eberhard Büchner in der Partie des Erzählers) und 1984 – als triumphaler Ausklang der Festspiele – das Erfolgswerk *Porgy and Bess* von George Gershwin, das er in Dresden überhaupt erstmalig vorstellte. Aus der Vielzahl der Mitwirkenden seien John Waddell und Diane Jacqueline Johnson in den Titelrollen sowie Eric Lee Johnson als Sporting Life und Ekkehard Wlaschiha als Crown genannt.

Mit der imposanten Wiedergabe der *Achten* von Gustav Mahler, der *Sinfonie der Tausend*, mit einem geradezu monumentalen Chor- und Orchesteraufgebot (von zirka sechshundert Mitwirkenden), mit prominenten Solisten, wie der italienischen Sopranistin Celestina Casapietra, dem Tenor René Kollo sowie Helga Termer (Sopran), Annelies Burmeister (Alt), Heidi Rieß (Alt), Siegfried Lorenz (Bariton) und Hermann Christian Polster (Baß) schuf Herbert Kegel zum Ausklang der Festspiele 1981, wie in der Nationalzeitung Berlin zu lesen war, »ein unbestrittenes einmaliges Festtagsereignis« (das Werk war fünfzig Jahre nicht in Dresden erklungen). Das Sächsische Tageblatt Dresden sprach in diesem Zusammenhang von einer »Sternstunde des Konzertlebens«. Dies sei wohl ebensosehr »dem ungewöhnlichen Werk wie der hervorragenden Wiedergabe zuzuschreiben. Der Beifallssturm am Schluß der Aufführung zeigte, daß die Hörer sich des Besonderen dieses Erlebnisses bewußt waren«.

Nachdem sich Herbert Kegel 1985 in einem Festspielkonzert mit Georg Friedrich Händels *Judas Maccabäus* als Chefdirigent der Dresdner Philharmonie verabschiedet hatte, wartete er im folgenden Jahr – nunmehr als Gastdirigent – mit einer weiteren interpretatorischen Großtat auf: der enthusiastisch aufgenommenen DDR-Erstaufführung von Arnold Schönbergs *Gurreliedern*, einem »Oratorium der Tausend«, wie ein Kritiker das Werk treffend bezeichnete, und wahrhaft »grandioser Auftakt« des Festspieljahrganges 1986, wie die Sächsischen Neuesten Nachrichten feststellten.

Die Berliner Zeitung Der Morgen schrieb darüber u. a.: »Was schon vor Jahr und Tag Kegels konzertantem *Parsifal*, was seiner Deutung von Mahlers 8. Sinfonie die Überzeugungskraft verlieh, gab auch dieser Schönberg-Interpretation ihren Glanz: Kegels Vermögen, über dem äußeren Aufwand das Anliegen des Werkes, sein humanistisches Engagement nicht aus dem Auge zu verlieren, selbst mit 400 Mitwirkenden noch poetische Wirkungen, ja, wo es sich ergibt, sogar sensible Klangschattierungen zu erzielen und der innerlich klaren Logik eines äußerlich hochkomplizierten Werkes nachzuspüren. Freilich standen dem Dirigenten in seinen Philharmonikern und Mitgliedern des Leipziger Rundfunksinfonieorchesters auch Musiker, in den Mitgliedern des Leipziger und Berliner Rundfunkchores sowie denen des Männerchores Prag auch Sänger, Solisten vom Format Manfred Jungs (Waldemar), Ulrik Colds (Bauer) und Wolf Appels (Klaus-Narr), vom Rang Rosemarie Langs (Waldtaube) und Eva-Maria Bundschuhs (Tove) auch Weltstars zur Verfügung, die nicht nur technisch ungemein potente, sondern auch musikalisch sehr einfühlsame Helfer waren.«

Der Eindruck der von Radio DDR und dem Dänischen Rundfunk Kopenhagen original übertragenen Aufführung, die außerdem für zirka zwanzig ausländische Rundfunkstationen sowie auf Schallplatte aufgezeichnet und im Berliner Schauspielhaus wiederholt wurde, war von bezwingender Klanggewalt und machte einmal mehr deutlich, daß Herbert Kegel in der chorsinfonischen Arbeit neue Qualitätsmaßstäbe für Dresden gesetzt hat. Das trifft auch zu für die Zusammenarbeit der Philharmonischen Chöre mit hervorragenden Berufschören wie vor allem dem Leipziger Rundfunkchor oder dem Dresdner Staatsopernchor unter seiner Leitung in anderen hier genannten Aufführungen.

Das traditionelle Zusammenwirken der Dresdner Philharmonie mit dem Dresdner Kreuzchor unter Martin Flämig hat dem Festspielgeschehen ebenfalls schon manchen gewichtigen Programmakzent verliehen, so mit Werken von Bach und Schubert (1978), mit Händels selten zu hörendem Oratorium *Belsazar* in einer Gemeinschaftsaufführung mit dem Leipziger Thomanerchor (1979) oder mit Kompositionen von Rainer Kunad, Sándor Veress und Mozart (1981). Gemeinsam mit dem Philharmonischen Chor, dem Dresdner Staatsopern- und dem Berliner Rundfunkchor gab Martin Flämig mit seinen Kruzianern dem Eröffnungskonzert der Dresdner Musikfestspiele 1984 im Kulturpalast mit der Uraufführung der im Philharmonie-Auftrag geschaffenen 5. Sinfonie *Pro Pace* op. 70 von Siegfried Köhler, die den Einwohnern der Stadt Dresden gewidmet wurde »in der Hoffnung, daß nie wieder ein Krieg diese schöne und kunstreiche Stadt zerstört«, ferner mit dem Te Deum von Dvořák und dem 100. Psalm von Max Reger ein besonderes, festliches Gepräge. (Der Mitschnitt der Uraufführung der 5. Sinfonie Köhlers – schöpferisches Vermächtnis des bald danach plötzlich verstorbenen Komponisten – erschien inzwischen als Schallplatte.) Im gleichen Festspieljahrgang warteten die Philharmoniker noch mit einer weiteren, großangelegten chorsinfonischen Uraufführung auf, der *Frühlings-Sinfonie* von Mikis Theodorakis, Auftragswerk der Direktion der Dresdner Musikfestspiele, dirigiert von Christian Hauschild unter Mitwirkung des von ihm geleiteten, durch weitere Volkskünstler verstärkten Beethoven-Chores und des Berliner Rundfunkchores sowie eines Solistenquartettes (Ana Pusar, Elisabeth Wilke, Klaus König, Gunther Emmerlich). 1983 wurde mit dem Beethoven-Chor unter Christian Hauschild Rainer Kunads Oratorium *Stimmen der Völker* uraufgeführt. (Auch Herbert Kegel hatte 1980 mit der Kantate *Metai* ein Werk des Komponisten aus der Taufe gehoben; die Solopartie sang Peter Schreier).

Schließlich setzten prominente internationale Gastdirigenten (im Zusammenwirken mit hervorragenden Solisten) ebenfalls echte Festspielakzente. Diesen Reigen eröffnete im Jahre 1978 Gewandhauskapellmeister Kurt Masur, der mit den Philharmonikern Regers *Mozartvariationen* und Sinfonische Fragmente aus *Romeo und Julia* von Prokofjew sowie mit Peter Schreier als Solisten Benjamin Brittens *Nocturne* op. 60 eindringlich musizierte. Dem Italiener Giuseppe Patané dankte man 1979 u. a. eine klanglich hochdifferenzierte, inspirierte Interpretation der 9. Sinfonie Dvořáks. Liana Issakadse, die sowjetische Meistergeigerin, setzte sich vital und musikantisch für Hindemiths Violinkonzert ein. Im Jahr darauf war der Finne Paavo Berglund zu Gast, der mit der Erstaufführung der Sinfonischen Dichtung *Die Okeaniden* von Sibelius und der leidenschaftlich gestalteten 10. Sinfonie von Schostakowitsch beeindruckte; Theo Adam sang sechs Rükkert-Lieder von Mahler. 1981 lernte man in einem interessanten Konzert unter Leitung des französischen Dirigenten Jean Fournet die Sinfonie B-Dur op. 20 von Ernest Chausson als Erstaufführung kennen, während sich der berühmte amerikanische Pianist Andor Foldes mit Beethovens 1. Klavierkonzert hören ließ.

Zwei Jahre hintereinander, 1982 und 1983, begeisterte Karajan-Preisträger Wassili Sinaiski aus der Sowjetunion, Chefdirigent der Rigaer Philharmonie, das Festspielpublikum: zunächst mit einer aufsehenerregenden Wiedergabe der 1. Sinfonie Mahlers (in diesem Konzert schuf die Japanerin Hiroko Nakamura mit Chopins *Klavierkonzert f-Moll* einen weiteren Höhepunkt), dann mit einem glanzvollen, geradezu jugendfrischen Wagner-Abend als Beitrag zum Festspiel-Leitmotiv jenes Jahres, »Dresdner Operntraditionen«. Stimmprächtige, erfahrene Vertreter des Wagner-Faches, Magdalena Hajossyová und Theo Adam, sekundierten dem jungen Dirigenten mit tieflotenden Gestaltungen Wagnerscher Partienausschnitte. Auf eine Aufführung von Beethovens *Neunter* unter Siegfried Kurz (1983) folgte 1984 ein Konzert mit Jiři Bělohlávek, Chefdirigent der mit den Dresdner Philharmonikern seit 1962 durch einen Freundschaftsvertrag eng verbundenen Prager Sinfoniker. Hier standen unter anderem anläßlich des 100. Todestages von Bedřich Smetana dessen bei uns kaum gespielte frühe Sinfonische Dichtungen *Hakon Jarl, Richard III.* und *Wallensteins Lager* auf dem Programm. Der Wiener Mozart-Spezialist Paul Badura-Skoda spielte das *Klavierkonzert Es-Dur* KV 482 des Salzburger Meisters.

Ein umjubeltes Festspielereignis von 1985 stellte das temperamentvolle Dirigat des Japaners Ken-Ichiro Kobayashi mit dem *Heldenleben* von Richard Strauss dar. Guy Touvron aus Frankreich brachte das apart-eigenwillige *Trompetenkonzert Nr. 2* seines Landsmannes André Jolivet zur DDR-Erstaufführung. Ein weiterer Gast aus Frankreich, der Dirigent Jean-Claude Casadesus, überraschte 1986 mit einer atemberaubenden Interpretation der *Symphonie fantastique* von Hector Berlioz, die dem viel gespielten Stück ganz neue Züge abgewann, französische Clarté, Transparenz, Eleganz und Sensibilität selbst im massiertesten Orchesterklang, in der frenetischsten Steigerung. Klangschönheit und Kultur bestimmten auch den Vortrag des jungen Westberliners Kolja Blacher, der Louis Spohrs *Violinkonzert Nr. 8* »in Form einer Gesangsszene« musizierte.

Unser Rückblick auf zehn Jahre Festspielereignisse bei und mit der Dresdner Philharmonie wäre nicht vollständig ohne Hinweis auf die selbstverständliche Mitwirkung auch von Kammermusikensembles des Orchesters, so z. B. des Philharmonischen Kammerorchesters und des Kinder-Kammerchores (mit der Wiener Cembalistin Isolde Ahlgrimm als Solistin) im Jahre 1978, des Kammerorchesters mit einer konzertanten Aufführung von Mozarts *Bastien und Bastienne* im Schloßpark Pillnitz 1980 oder des Barock-Collegiums 1986 auf reizvoller historischer Spielstätte in der Albrechtsburg Meißen. Und last not least leitete Johannes Winkler einige bemerkenswerte Festspielkonzerte, in denen er (1979 und 1982) unter anderem zwei interessante Werke des Dresdner Komponisten Wilfried Krätzschmar ur- bzw. erstaufführte *(Ballets imaginaires* und *Explosionen und Cantus* = Sinfonie Nr. 2) und eine mitreißende Wiedergabe der *2. Sinfonie* von Sibelius bot. Solisten dieser Abende waren Eckart Haupt (Flöte), Ludwig Güttler (Trompete) und Janis Marshelle Coffman (Trompete) aus den USA. 1980 war dem Künstler ein Abend mit dem namhaften österreichischen Geiger Thomas Christian anvertraut, der Strawinskys Violinkonzert interpretierte. Mit Dvořáks *Siebenter* fand das Konzert einen bewegenden Ausklang.

Zu den zehnten Dresdner Musikfestspielen im Jahre 1987 gedachten die Philharmoniker unter František Vajnar, Chefdirigent des Prager Nationaltheaters, des 50. Todestages von Maurice Ravel und George Gershwin und brachten das ihnen gewidmete Werk *Animation* des slowakischen Komponisten Dušan Martinček zur erfolgreichen Uraufführung. Annerose Schmidt spielte das *1. Klavierkonzert* von Béla Bartók. Radio Moskau und Belgrad übertrugen direkt die für mehr als 20 weitere internationale Rundfunkstationen und das Fernsehen der DDR aufgezeichnete konzertante Aufführung der Oper *Iphigenia in Aulis* von Christoph Willibald Gluck anläßlich des 200. Todestages des Meisters unter der souveränen Leitung des österreichischen Dirigenten Miltiades Caridis, der sich für die wirkungsvolle Dresdner Fassung Richard Wagners von 1847 entschieden hatte. Die Hauptpartien verkörperten überzeugend Eva-Maria Bundschuh (Iphigenia), Daphne Evangelatos (Klytämnestra), Peter Schreier (Achilles), Siegfried Lorenz (Agamemnon) und Hans-Martin Nau (Kalchas). Maßgeblich wirkte der Philharmonische Chor mit.

Daß der Anteil der Dresdner Philharmonie an der Gestaltung der Dresdner Musikfestspiele im ersten Jahrzehnt ihres Bestehens von erheblichem Gewicht und hohem Rang war, vermochte unser Überblick wohl deutlich zu machen.

Gustav Mahler *8. Sinfonie* 1981
(Leitung Herbert Kegel)

Richard Wagner *Parsifal* 1979
(Leitung Herbert Kegel)

Herbert Kegel, Eva-Maria Bundschuh und Rosemarie Lang
nach der Aufführung von Arnold Schönbergs *Gurreliedern* 1986

1979
Dresdner Musikfestspiele

HANS JOHN

Der Dresdner Kreuzchor

Der Dresdner Kreuzchor ist die älteste bis zum heutigen Tage ununterbrochen existierende Dresdner Musikinstitution überhaupt. Er wurde seit der Zeit der Reformation von hervorragenden Kantoren geleitet, die sich neben ihren weitaufgefächerten musikerzieherischen und interpretatorischen Aufgaben auch der Kompositionskunst widmeten und hierin Hochbeachtliches leisteten.

Die Entwicklung von Kreuzchor und Kreuzschule ist aufs engste mit der Geschichte der Stadt Dresden verbunden. Durch die Markgrafen von Meißen wurde wahrscheinlich schon nach 1142 am linken Elbufer auf dem hochwasserfreien Taschenberg eine Burg errichtet. Dresden wird 1206 (in einer Urkunde mit Datum vom 31. März, unterschrieben von Markgraf Dietrich dem Bedrängten) erstmalig erwähnt und 1216 als »civitas« (= Stadt) bezeichnet.

Das älteste sakrale Gebäude innerhalb der Dresdner Stadtbefestigung war die Nikolaikirche. Ihr erster Bau erfolgte um die gleiche Zeit wie die Anlage der erwähnten Burg. Die Kirche war dem Schutzpatron der Schiffer, Fischer und Händler geweiht. Markgraf Heinrich der Erlauchte schenkte der Nikolaikirche um 1235 aus der Mitgift seiner ersten Frau Constantia von Österreich »ein merklich schön Partikel vom Heiligen Kreuz«, das, als Reliquie verehrt, Scharen von Wallfahrern anzog. Sie erhielten einen speziellen päpstlichen Ablaß.

Zur Aufbewahrung der Reliquie wurde im Südteil der Nikolaikirche eine besondere Kapelle angebaut, die Capella sanctae crucis. Dieser Name erscheint 1319 erstmals in einer Urkunde.

Im Laufe der Zeit trat die Bezeichnung Nikolaikirche immer mehr in den Hintergrund, und 1388 wurde der Patrozinienwechsel durch den Bischof von Meißen offiziell vollzogen. Die Kirche trug seit diesem Datum den Namen Zum Heiligen Kreuz.

Im Gegensatz zum Leipziger Thomanerchor existiert keine Gründungsurkunde des Dresdner Kreuzchors. Wahrscheinlich wurde letzterer aber bereits in der 1. Hälfte des 13. Jahrhunderts unter Markgraf Heinrich dem Erlauchten als kleine liturgische Schola ins Leben gerufen. Neben dem kirchenmusikalischen Dienst oblagen den Sängerknaben auch profanmusikalische Aufgaben.

Die Kreuzschule ist urkundlich erstmals am 6. April 1300 erwähnt. In diesem Zusammenhang wird ein Kaplan der Burggrafen von Dohna, Cunradus, als »rector puerorum« (= Erzieher der Knaben) genannt. Eine Rechnung des Brückenamtes von 1370 bezeugt, daß außer dem »magister scholae« bereits ein »orgilmeister« vorhanden war.

Der Dienst des Chores erweiterte sich, als infolge zahlreicher Altarstiftungen immer mehr Messen auch musikalisch ausgestaltet werden mußten. Im 15. Jahrhundert fielen in der Kreuzkirche wöchentlich einhundertsechsunddreißig Messen an, zuzüglich sechsundzwanzig in der Frauenkirche. Hinzu kam die Mitwirkung der Chorknaben bei Nebengottesdiensten, Begräbnissen, Hochzeiten, Prozessionen und anderen Feiern. Die chorischen Verpflichtungen nahmen also ständig zu, und als Folge wurde die Zahl der Choristen öfters erhöht.

Den amtlichen Rechnungen ist zu entnehmen,

daß die Schola crucis um 1400 eine Gelehrtenschule wurde und somit auf den Universitätsbesuch vorbereitete. Sie hatte ein eigenes Gebäude in unmittelbarer Nähe der Kirche, mit Wohnungen für den Schulleiter und die Sängerknaben. Der Stadtschreiber Nicolaus Thirman verfaßte um 1420 die erste Schulordnung der Kreuzschule.

Die sogenannte »Thirmansche Schulordnung« gibt Aufschlüsse über den Ablauf des Schuljahres, die Einteilung der Knaben in bestimmte Leistungsgruppen, Lehrbücher und Gepflogenheiten an der Kreuzschule. Bemerkenswert ist die Praxis, Schüler wohlhabender Eltern stärker mit Gebühren für den Unterricht zu belasten als Kinder aus sozial schlecht gestellten Familien.

Aus den Bestimmungen geht des weiteren hervor, daß die Kreuzschule den Bildungsstoff der »Septem artes liberales« vermittelte und auf den Universitätsbesuch vorbereitete.

Die Kreuzschul-Alumnen waren weitgehend auf kirchliche und weltliche Stiftungen angewiesen. Sie mußten sich durch allerlei Nebenbeschäftigungen wie »Türsingen«, Läuten, Kirchenkehren, Transporte von Holz und Ziegeln, Heumachen weitere Einnahmen verschaffen.

Um 1412/13 war die Kreuzschule Mittelpunkt der vorreformatorischen Bewegung in Dresden. Die Anschauungen von John Wiclif und Jan Hus beeinflußten nachhaltig das geistige Leben an der Schola crucis. Peter von Dresden, ein Anhänger der Hussiten, ursprünglich Geistlicher und Universitätslehrer in Prag, verließ nach dem dortigen Universitätsstreit die Alma mater, ging nach Dresden und übernahm hier bis 1413 die Leitung der Kreuzschule sowie die Stelle eines Stadtschreibers. Wegen seiner »ketzerischen Ansichten« und des Versuchs, aus dieser Lehranstalt eine Art Hochschule zu machen, befahl der Bischof von Meißen, »Peter und seine Anhänger auszuschließen und aus dem Bistum zu vertreiben«. 1421 starb Peter den Märtyrertod.

Zu gleicher Zeit mit Peter lehrte an der Kreuzschule Nikolaus von Dresden, ein Prediger der Armen und Anhänger der Hussiten. Auch er endete auf dem Scheiterhaufen.

Ihr gemeinsamer Schüler, Johann von Drähndorf, der erste namentlich nachweisbare Kreuzschüler überhaupt, gehörte den Taboriten an. 1425 wurde er in Heidelberg der Ketzerei angeklagt und mußte im Alter von sechsunddreißig Jahren sein Leben lassen.

Daß die humanistischen Ideen solcher Männer die Kreuzschüler beeinflußten, liegt auf der Hand. Vermutlich ist in diesem Umstand einer der Gründe für den in vorreformatorischer Zeit auffallend häufigen Wechsel der Schulmeister an der Kreuzschule zu erblicken, die sich durch ihren Weggang dem Verdacht zu entziehen suchten, Förderer der »Irrlehre« zu sein.

Als 1539, nach dem Ableben Herzog Georgs, in Dresden die Reformation eingeführt wurde, änderte sich zwar vieles im geistig-kulturellen Leben der sächsischen Residenzstadt, das Miteinander von Kreuzschule und -chor wurde aber dadurch nicht berührt. Der erste evangelische Gottesdienst in der Dresdner Kreuzkirche fand am 6. Juli 1539 statt, wobei auch die »Cantorei (= Kreuzchor) den introitum, Kyrie eleison und die prosa de sancta trinitate auf dem Chore stattlich musiciret und figuriret«.

Nach Einführung der Reformation bewirkten mehrere Schulordnungen und Erlasse eine allmähliche Besserung der Arbeits- und Lebensbedingungen von Lehrern und Schülern. 1586 besuchten etwa 200 Schüler die Dresdner Kreuzschule. 1659 war die Zahl der Kreuzschüler sogar auf 238 angestiegen.

Die vor einigen Jahren publizierte Matrikel der Kreuzschule, angelegt und begonnen unter Rektor Johann Bohemus (1639–1676), ermöglicht interessante Einblicke in die Herkunft und den sozialen Status der darin erwähnten Personen. Demnach sind bei den Kreuzschülern einerseits Söhne von Adligen, Hofräten und sonstigen gesellschaftlich hochgestellten Personen vertreten, andererseits finden sich unter den Schülervätern auch Schuhmacher, Postillione, Tagelöhner, Seifensieder und Leineweber. Hinsichtlich der lokalen Herkunft dominieren Schüler aus Dresden und der näheren Umgebung. Im übrigen sind zahlreiche Orte des In- und Auslands vertreten, und das spricht für den guten Ruf der Dresdner Kreuzschule. 1671 werden z. B. ein Alumnus aus Warschau, 1675 ein Ungar und 1679 ein Pomeranus sowie ein Scandinaviensis als Kreuzschüler erwähnt.

Die Schulordnung von 1568 regelt unter anderem die chorischen Verpflichtungen von Alumnen und Kurrendanern. Demnach waren sämtliche Kreuzschüler in fünf Chöre eingeteilt, die in den Stadtvierteln Dresdens Singumgänge auszuführen hatten. Zwei Chöre stellten die Alumnen, drei die Kurrendaner. Beide Gruppen mußten am Sonntag, Mittwoch und Freitag nachmittag um drei Uhr »ohne Stillstehen in der Ordnung« durch die Straßen ziehen und »deutsche Gesänge nach jetziger Zeitgelegenheit« singen.

Auch die Schulordnung von 1575 widmet der Chorarbeit und Musikerziehung an der Kreuzschule verhältnismäßig breiten Raum. So wird der Rektor verpflichtet, ab und an sowie an hohen Festtagen selbst »den Chor zu regiren«. Auch der Supremus, der Konrektor, soll über gediegene Kenntnisse »in eruditione (gelehrter Bildung) et musica« verfügen. Der Cantor fungierte als Collega III und war in die Lehrerschaft vollkommen integriert.

Im Alumnat konnten damals höchstens »34 einheimische und fremde Knaben« untergebracht werden, da nur siebzehn Doppelbetten zur Verfügung standen. Arme Kinder Dresdner Einwohner sollten vor fremden Knaben bevorzugt werden. Der »Regens«, ein älterer Schüler, führte über das gesamte Alumnat die Aufsicht. Der Quintus hatte für die Verpflegung der Schüler zu sorgen.

Die Kurrende bestand aus einer lateinischen und einer deutschen Gruppe. Der lateinischen Kurrende gehörten Sängerknaben ab Quarta an. Sie mußten täglich die angeordneten Responsorien sowie alle vier Wochen eine figurierte Motette vor den Bürgerhäusern singen. Die deutsche Kurrende war in mehrere Untergruppen eingeteilt. Ihr oblagen die gewöhnlichen Singumgänge in allen Straßen der Stadt.

Im Zuge der Schulordnung von 1575 entstanden auch die Ämter der Präfekten, Dekane und »Observatores morum«. Letztere übernahmen zur Unterstützung der Lehrer die Schulaufsicht. Insbesondere sollten sie darauf achten, daß die Knaben nach Schulschluß »sittsam nach Haus gingen«.

Nach Einführung der Reformation wandte sich der Dresdner Rat an Philipp Melanchthon in Wittenberg mit der Bitte um Vermittlung geeigneter Kräfte für die Leitung von Kreuzschule und -chor. Melanchthon empfahl hierauf Magister Nikolaus Caesius für das Rektorat und Sebaldus Baumann, »einen geschickten Cantorem, zur Regierung der Pfarrkirche«. In den Akten ist allerdings erst seit 1542 von einem »Kantor« die Rede.

Sebaldus Baumann (1540–1553) war der erste Dresdner Kreuzkantor überhaupt. Er bekleidete im Lehrerkollegium die dritte Stelle. Naturgemäß gehörte die gesamte musikerzieherische Ausbildung der Kruzianer zu seinen Amtspflichten. Daneben unterrichtete er auch Latein. Montags und dienstags erfolgte die Unterweisung in Musiktheorie. Chorproben wurden täglich zwischen dreizehn und vierzehn Uhr abgehalten. Der Kantor war verpflichtet, seine Schüler so »abzurichten«, daß sie ihre Stimmen zu »artig und lieblich Lautten formiren mögen«.

Bei der Anstellung der Kreuzkantoren achtete der Dresdner Rat nicht allein auf deren musikalische und musikpädagogische Fähigkeiten, sondern auch auf eine bestimmte wissenschaftliche Qualifikation. Die Kreuzkantoren waren ausnahmslos vielseitig gebildete Persönlichkeiten, die zumeist an der Universität Wittenberg oder Leipzig ein Theologiestudium absolviert hatten und den Magistergrad nachweisen konnten.

Während der Zeit ihres Kantorats unterhielten sie zumindest bis ins 18. Jahrhundert gute Beziehungen zur kurfürstlich-sächsischen Hofkapelle, und nicht selten wurden sie nach Aufgabe des Kreuzkantorats wegen ihrer vorzüglichen musikalischen und musikpädagogischen Qualitäten in die Hofkapelle verpflichtet. Hier erhielten sie eine Besoldung, die weitaus attraktiver als die des Kreuzkantors war. Zudem erfreuten sie sich hier größerer sozialer Annehmlichkeiten und einiger Privilegien.

Die Klagen über die schlechte soziale Lage der Kreuzschüler und -kantoren füllen im 16., 17. und 18. Jahrhundert ganze Aktenbündel. So bat z. B. Johannes Selner, der 1553 von Melanchthon an die Kreuzkirche empfohlen wurde, in einer Eingabe darum, als Äquivalent für sein geringes Kantoreneinkommen, eine freie Amtswohnung zu erhalten. Der Rat vertröstete ihn damit jedoch vier Jahre lang und teilte ihm schließlich mit, daß er zwar selbst, nicht aber seine Familie ins Schulgebäude einziehen könne.

Daß die sozialen Mißstände nicht dazu beitrugen, die Schülerdisziplin und das Verhältnis von Kantor bzw. Lehrern zu den Schülern zu verbessern, versteht sich von selbst. Die Fluktuation der älteren Schüler war daher in Not- und Krisenzeiten recht groß. Die Kantoren mußten, um den Chor in den Männerstimmen überhaupt singfähig zu erhalten, gelegentlich sangesfreudige Bürger, sogenannte Stabilisten, zur Verstärkung heranziehen. Als Kuriosum sei vermerkt, daß Kantor Selner deshalb in einem Schreiben den Rat zu Dresden um einige Faß Bier anging, »damit diejenigen, so unsere Musicam Zieren helffen, desto williger bleiben«. Dieses »Kantaten- und Stabilistenbier« wird bis in das 18. Jahrhundert hinein erwähnt.

Unter Kreuzkantor Basilius Köhler (1586–1589) muß der Chor ein hohes Niveau besessen haben, erklangen doch Werke von Senfl, Josquin, Pierre de la Rue, Isaac, Palestrina, Lassus und anderen.

Magister Christoph Neander, von 1615 bis 1625 Kreuzkantor, führte gar »mit etlich 30 Knaben« zwölf- bis sechzehnstimmige Motetten auf.

In dem Falle der Berufung von Michael Lohr (1625–1654) erfahren wir das erste Mal davon, daß ein Kreuzkantor vor seiner Anstellung eine Probe ablegen mußte. Bedauerlicherweise stand aber den Kreuzkantoren fortan nur die vierte Besoldungsgruppe zur Verfügung.

In den letzten Jahren der Amtsführung von Lohr wurde eine Neuregelung der Kirchenmusiken für die Stadtkirchen Dresdens vorgenommen. Demnach hatte der Kreuzkantor an jedem ersten und dritten Sonntag in der Kreuzkirche und am vierten in der Frauenkirche Vokalmusik aufzuführen. In der Sophienkirche sollten anspruchsvolle Kirchenmusiken nur an hohen Festtagen erklingen.

Lohr war ein hervorragender Komponist von geistlichen Werken und ein ausgezeichneter Pädagoge. Unter besonderer Berücksichtigung der Verhältnisse seiner Amtstätigkeit während des Dreißigjährigen Krieges müssen die kirchenmusikalischen, musikerzieherischen und kompositorischen Leistungen dieses Heinrich-Schütz-Zeitgenossen hoch eingeschätzt werden.

Der Dreißigjährige Krieg mit seinen verheerenden Folgen, Not, Teuerungen, Seuchen, Glaubensstreitigkeiten, wirkte sich auch auf den Dresdner Kreuzchor äußerst nachteilig aus. Nicht selten schien die Existenz des Chors bedroht. Auch versuchten einige Rektoren und Lehrer, die chorische und musikerzieherische Ausbildung an der Kreuzschule zu reduzieren und die Bildungsschwerpunkte in Richtung der wissenschaftlichen Disziplinen zu verschieben. Dadurch sahen sich die Kantoren zusätzlichen Schwierigkeiten gegenübergestellt. Daß aber allen ungünstigen Bedingungen und allen Widerständen zum Trotz das künstlerische Leistungsniveau des Kreuzchors im wesentlichen gehalten werden konnte, zeugt von dem Können, der Einsatzbereitschaft und der zielstrebigen Amtsführung tüchtiger Kirchenmusiker während des 17. und 18. Jahrhunderts. Zu ihnen gehörte Jacob Beutel (1654–1694), der beim Rat zu Dresden 1655 für Knabensolisten die Einrichtung zweier Ratsdiskantisten-Stellen durchsetzte und sich seinerseits bereiterklären mußte, auf Kosten des Rats die hierfür in Frage kommenden »tüchtige Subiecta hiesiges Orts ... mit Tisch, Kleidung, Bett und Information zu recipiren«. In einer Verordnung des Rates und des Superintendenten vom 22. Juni 1664 wurde die Einrichtung der Ratsdiskantistenstellen sanktioniert und blieb bis in unsere Zeit bestehen. Die Ratsdiskantisten werden heute »Ratser« genannt und sind unter anderem für die Ausgabe und Ordnung der Chornoten verantwortlich.

Über das Chorrepertoire der Kruzianer im 16., 17. und 18. Jh. geben einige Nachrichten über Revisionen der Kreuzschulbibliothek interessante Aufschlüsse. So finden sich zur Amtszeit von Kantor Samuel Rüling 1615 in den Beständen Motetten von Vulpius, Michael Praetorius und Demantius. Unter Kreuzkantor Christoph Neander (1615–1625) sind Werke von Schein, Scheidt, Schütz, Lassus, Regnart und Dedekind verzeichnet. Zu Michael Lohrs Zeit wurden auch einige Instrumente angeschafft.

Bei einer Revision der Notenkammer der Kreuzschule im Jahre 1716 tauchten zahlreiche neuerworbene Kompositionen bedeutender Meister der Musica sacra auf, darunter Werke von Schütz, Andreas Hammerschmidt und Jacobus Gallus. Ein großer Teil der Musikalien und Instrumente ist jedoch bei dem Bombardement der Kreuzkirche am 19. Juli 1760 während des Siebenjährigen Krieges vernichtet worden.

Unter der Regierung Augusts des Starken erlangten Musikpflege, Kapell- und Opernkunst eine hohe Blüte, die auch unter Augusts Nachfolgern gehalten werden konnte. In der 1717 gegründeten Italienischen Oper wirkten hundert Jahre lang Kruzianer als Choristen mit, bis Carl Maria von Weber 1817 einen eigenen Opernchor gründete.

Der Hochblüte höfischer Musikkultur stand im 18. Jahrhundert die bürgerliche Musikpflege gegenüber. Sie wurde unter anderem durch bedeutende Kreuzkantoren repräsentiert, unter denen Theodor Christlieb Reinhold (1720–1755), Gottfried August Homilius (1755–1785) und Christian Ehregott Weinlig (1785–1813) besonders herausragen. Leider waren sie im Pädagogenkollegium der Kreuzschule nur noch als Collegae quinti eingestuft.

Einer der bedeutendsten Dresdner Kreuzkantoren in der gesamten Geschichte dieses traditionsreichen Instituts war der Bach-Schüler Gottfried August Homilius. Er wirkte von 1742 bis 1755 als Organist an der neuerbauten Silbermannorgel der Dresdner Frauenkirche und fungierte von 1755 bis zu seinem Tode 1785 als Kreuzkantor, Collega V der Kreuzschule und Director musices an den drei Dresdner Hauptkirchen (Kreuz-, Frauen- und Sophienkirche).

Der Kreuzchor erreichte unter seiner Leitung einen künstlerischen Leistungsstand, wie er vorher nicht zu verzeichnen war.

In die Amtszeit von Homilius fällt der Siebenjährige Krieg mit all seinen entsetzlichen Folgen (Zwangsrekrutierung der älteren Kruzianer, Bombardierung und Einäscherung der Kreuzkirche im Jahre 1760). Der Kreuzchor fand nun bis zum Jahre 1792 sein Hauptwirkungsfeld in der Dresdner Frauenkirche.

Die Verbindung des Kreuzkantorats mit dem Schulamt brachte für Homilius und seine Nachfolger eine starke Arbeitsbelastung mit sich. Laut Stundenplan hatten die Kreuzkantoren im 18. Jahrhundert wöchentlich vierundzwanzig Stunden Unterricht zu erteilen (neben der Musik in Theorie und Praxis auch Latein und Griechisch). Den Schwerpunkt ihrer schulischen Tätigkeit bildeten allerdings die musikalischen Disziplinen, darunter täglich eine Stunde »exercitium musicum«.

Homilius genoß als Pädagoge einen vorzüglichen Ruf. Aus seinem großen Schülerkreis gingen bedeutende Musiker hervor, unter anderen Johann Adam Hiller, der spätere Singspielkomponist, Thomaskantor und Gewandhauskapellmeister, Daniel Gottlob Türk, der Verfasser einer bekannten Klavierschule, Johann Gottlieb Naumann, der spätere Dresdner Hofkapellmeister und bedeutende Komponist, sowie der Singspiel- und Liederkomponist Johann Friedrich Reichardt.

Homilius hinterließ ein umfangreiches kompositorisches Werk, das neben einigen kammermusikalischen Opera nahezu alle Gattungen der evangelischen Kirchenmusik umfaßt. Hierzu gehören zahlreiche Orgelwerke, etwa sechzig Motetten, über zweihundert Kirchenkantaten, Oratorien und Passionsmusiken.

Der Stilwandel evangelischer Kirchenmusik spiegelt sich besonders im kompositorischen Schaffen des Nachfolgers von Homilius im Kreuzkantorat, Christian Ehregott Weinlig, wider. Johann Christian Hasche, ein bekannter Dresdner Chronist, hebt hervor, daß Weinligs kirchenmusikalische Kompositionen vor allem dramatische, opernhafte Züge aufwiesen. Weinlig verliebte sich nach Hasche zuletzt

»so sehr in den Theaterstil«, daß er »die vorher gewöhnlichen Chorarien des Singechors in Gassenhauer verwandelte«.

In derartigen Erscheinungen manifestiert sich die Säkularisierung evangelischer Kirchenmusik nach 1750. Johann Gottfried Herder, der Weimarer Generalsuperintendent, sah sich angesichts der Häufung ähnlicher Phänomene veranlaßt, die Kirchenkomponisten zur Mäßigung aufzurufen. Er schreibt im Jahre 1802: »In mehreren unserer Landkirchen ist dieser Geschmack . . . zum Teil so eingedrungen, daß mich, den Generalsuperintendent, bei Einführung der Geistlichen bisweilen so lustige Opernarien, denen geistliche Worte unterlegt sind, empfangen, daß es mich Wunder nahm, wie nicht die christliche Gemeinde dazu tanzte.«

Weinlig, der auch mehrere Opern komponierte, war der erste Kreuzkantor, der »Kirchenkonzerte«, bei denen namhafte Vokalsolisten und Instrumentalisten mitwirkten, in Dresden einführte. Den Höhepunkt seiner Amtszeit bildete die Einweihung der neuerbauten Kreuzkirche am 22. November 1792. Hierbei wirkten die Hofkapelle und der verstärkte Kurrendaner- und Alumnenchor der Kreuzschule mit.

Seit dem Beginn des 19. Jahrhunderts gab es vielfache Bestrebungen, die Kruzianer stärker als bisher in das weltliche und öffentliche Musikleben Dresdens zu integrieren. Den Dresdner Hofkapellmeistern waren Mitglieder des Kreuzchores als Aushilfen bei Opernaufführungen höchst willkommen. Auch bei Konzerten anderer Musikvereinigungen wußte man sich die Unterstützung der Kruzianer zu sichern, beispielsweise bei der Dresdner Erstaufführung von Haydns *Schöpfung* im Jahre 1800. Auch bei Singspielaufführungen der Secondaschen Truppe im Linckeschen Bade wirkten Kruzianer mit.

Infolge der umfangreichen chorischen Verpflichtungen lag damals die schulische Disziplin im argen. So bezeichnete Johann August Hagen, Alumnus seit 1796, seine Schulzeit als »lustiges Elend«. Rektor M. Christian Olpe war derart kurzsichtig und schwerhörig, daß sich die Primaner während seines Unterrichts »vom Barbier hinter dem Ofen rasieren lassen konnten«. Als Hofkapellmeister Johann Gottlieb Naumann in einer Opernprobe die mitwirkenden Kruzianer wegen ihrer schlechten Leistungen und mangelhaften Disziplin tadelte, blieben sie das nächste Mal einfach der Probe fern.

In zunehmendem Maße wurde damals Kritik an den Singumgängen laut. Bedenken gegen das gesundheitsschädigende Singen im Freien äußerten vor allem Ärzte und Pädagogen. Kreuzchor und -schule waren jedoch auf die finanziellen Einnahmen, die aus dem Kurrendesingen resultierten, angewiesen.

Immer stärker erscholl nun auch an der Kreuzschule der Ruf nach Modernisierung des schulischen Lebens. Eine neue Lehrergeneration verlangte energisch nach Reformen in Bildung und Erziehung. Sie forderte fortschrittliche Unterrichtsmethoden, verbesserte Lehrbücher und maß besonders den naturwissenschaftlichen Disziplinen und modernen Fremdsprachen größere Bedeutung bei. Die Folgen waren heftige Fehden zwischen konservativen und fortschrittlichen Pädagogen an der Kreuzschule. In diese unliebsamen Auseinandersetzungen wurden nicht selten auch die Schüler mit hineingezogen. Darunter mußte besonders das chorische Leben leiden.

Unter den Bedingungen der napoleonischen Fremdherrschaft und der kriegerischen Ereignisse von 1813 verschlechterten sich die Verhältnisse an der Kreuzschule weiter. Die Schülerzahl sank beständig. 1808 waren von den achtunddreißig Alumnatsplätzen nur noch dreißig besetzt. Die Zahl der Kurrendaner betrug achtzehn statt vorher sechzig. In dieser soeben geschilderten Situation übernahm Christian Theodor Weinlig, ein Neffe von Christian Ehregott Weinlig, das Kreuzkantorat. Bereits nach dreijähriger Amtsführung ließ er sich jedoch wegen »dauernder Erkältungen während des Dienstes in der Frühkirche zur Winterszeit« vom Dienst suspendieren. Der wahre Grund seines Ausscheidens bestand in fortwährenden Differenzen mit dem Rektor der Kreuzschule, Ernst August Gröbel. Weinlig wirkte sodann in Dresden als Privatmusiklehrer und Leiter der Dreyssigschen Singakademie. 1823 wurde er zum Leipziger Thomaskantor berufen und waltete neunzehn Jahre lang mit großem Erfolg und Gewissenhaftigkeit seines Amtes.

In Weinlig manifestiert sich der historisch einmalige Fall, daß ein tüchtiger Musiker die zwei bedeutendsten evangelischen Kirchenmusikerstellen Deutschlands nacheinander innehatte.

Weinlig schuf eine Reihe weltlicher und geistlicher Kompositionen und trat auch als Musiktheoretiker mit einigen Publikationen hervor. Namentlich seine sechsunddreißig Singübungen für die Sopran-Stimme gehören noch heute zu dem unentbehrlichen Rüstzeug angehender Kreuz-Choristen, und manch ein Kruzianer kann von den schwierigen Treff-Sing-Übungen auf den Text »Ave, Mater, alma« ein Lied singen.

Berühmte Komponisten und Musiker zählten zu den Schülern Weinligs, unter anderen Clara Wieck, der spätere Kreuzkantor Julius Otto und Richard Wagner.

Wie bereits betont, beeinträchtigten die kriegerischen Ereignisse von 1813 in erheblichem Maße das Leben in Kreuzschule und -chor. Erst unter Rektor Ernst August Gröbel besserten sich allmählich wieder die Verhältnisse. Gröbel, ein hervorragend befähigter, weitsichtiger Pädagoge, verfügte über ausgezeichnete Leitungsqualitäten und setzte seinen Ehrgeiz darein, das wissenschaftliche Niveau der Kreuzschule zu erhöhen. So machte er 1819 aus der mittelalterlichen Alumnatsschule ein Gymnasium neuhumanistischer Prägung mit verbesserten wissenschaftlichen Lehrinhalten. Die eingeleiteten Reformen zeitigten auch bald greifbare Ergebnisse: Schon 1828 wurde die stattliche Schülerzahl von vierhundertdreißig erreicht. Gröbel schaffte auch kurzerhand die Kurrende ab und kündigte die Mitwirkung von Kreuzschulalumnen bei der Secondaschen Operntruppe und der sächsischen Hofoper auf. Carl Maria von Weber sah sich nicht zuletzt dadurch veranlaßt, einen professionellen Hofopernchor zu gründen.

Für die Kreuzkantoren im 19. Jahrhundert seit Christian Friedrich Hermann Uber (1818–1822) gilt ganz allgemein, daß sie allesamt eine Vielzahl von weltlichen Chorwerken komponierten.

Unter Ernst Julius Otto, von allen Kreuzkantoren am längsten im Amt (1828 bis 1875), zeigen sich die Tendenzen der Säkularisierung evangelischer Kirchenmusik besonders deutlich. Zu dessen Lebzeiten begann die deutsche Chorbewegung einen großen Aufschwung zu nehmen. Julius Otto zählt zu den namhaften Schöpfern des deutschen Chorliedes, das als musikalische Gattung etwas durchaus Neues darstellte. Ein spezieller Zweig dieses Genres war das Männerchorlied. Auf diesem Gebiet erlangte Otto europäischen Ruf. Es mag heute berechtigte Einwände gegen die oft idyllischen Texte, biedermeierlichen und sentimentalen Züge der Gesänge geben. Zu ihrer Zeit haben die Männerchorlieder Julius Ottos viele Menschen erfreut und für die Ideale Freiheit, Vaterland und Demokratie begeistert.

Das Wirken dieses Kreuzkantors vollzog sich allerdings nicht nur in behaglicher Ruhe und Abgeschiedenheit, wie oft fälschlich behauptet wird. In Ottos Amtszeit fallen die bekannten revolutionären Ereignisse von 1830 und 1848/49, die auch vor der Kreuzschule nicht haltmachten. Zahlreiche Lehrer und Schüler sympathisierten mit den Ideen der Revolutionäre oder kämpften auf seiten der Aufständischen, unter ihnen der Altphilologe des Kreuzgymnasiums, Dr. Hermann Köchly, der nach der Niederschlagung der Revolution 1849 in die Schweiz emigrieren mußte.

Julius Otto war ein recht reformfreudiger Kreuzkantor. Er setzte zum Beispiel durch, daß der Chor in den Frühgottesdiensten, die an mehreren Wochentagen bereits um fünf Uhr früh begannen, nicht mehr mitzuwirken brauchte.

Als die Dresdner Stadtväter für die Auflösung des Kreuzschulalumnats plädierten, trat Otto mit aller Entschiedenheit für diese Institution ein. Seinem energischen Engagement ist auch der Weiterbestand des Dresdner Stadtmusikkorps zu danken.

Zahlreiche später berühmte Schüler verdanken Julius Otto einen wesentlichen Teil ihrer musikalischen Ausbildung. Unter ihnen sind der Flötenvirtuose und Musikhistoriker Moritz Fürstenau, der Wagner-Tenor Ludwig Schnorr von Carolsfeld, der spätere Kreuzkantor Oskar Wermann, der Pianist Carl Tausig sowie der Musikwissenschaftler Hermann Kretzschmar zu nennen.

Als Komponist schuf Otto eine Fülle kirchenmusikalischer und weltlicher Werke, darunter zwei Opern und die »Liedertafeloperette« unter dem Titel *Die Mordgrundbruck zu Dresden*.

Am 1. Mai 1866 erfolgte die Einweihung der neuen Kreuzschule am Dohnaischen Platz, dem späteren Georgplatz. Im Jahre der Eröffnung dieses Gebäudes umfaßte der »Coetus Crucianorum« dreihundertfünfzig Schüler.

Zum Nachfolger Ottos im Kreuzkantorat wurde Oskar Wermann (1875–1906) berufen. Er war der erste Kantor, der von außermusikalischen Verpflichtungen im Schulamt entbunden wurde.

Unter Wermanns Amtsführung erreichte der Kreuzchor einen erfreulichen künstlerischen Aufstieg. Wermann nahm sich wieder stärker der A-cappella-Musik älterer Epochen an. Dieser Kreuzkantor führte auch Neuerungen in der Chorarbeit ein, zum Beispiel Einzel- und Gruppenproben sowie Stimmbildung. In den Mittelpunkt der wöchentlichen Chorauftritte rückten die musikalischen Vespern am Sonnabend abend.

Eine weitere verdienstvolle Tat dieses Kreuzkantors war die Erhöhung der Kurrendanerzahl. Seit 1886 bestand der Kreuzchor (Alumnen und Kurrendaner) aus sechsundsechzig Mitgliedern. Nunmehr konnten auch anspruchsvolle Werke, die eine größere chorische Besetzung erforderten, ins Repertoire aufgenommen werden.

Am Karfreitag 1879 erklang erstmalig in der Kreuzkirche die Bachsche *Johannespassion*. Wermann leitete damit die Bach-Renaissance an dieser Stätte ein. Er setzte die Reihe von Aufführungen Bachscher Kompositionen mit der *Matthäuspassion*, der *H-Moll-Messe*, dem *Weihnachtsoratorium*, *Magnificat* und zahlreichen Kantaten fort. Außerdem erklangen unter Wermann Passionen von Heinrich Schütz, der *Messias* von Händel, Mendelssohn Bartholdys Oratorien, Messen von Mozart, Beethoven und Schubert sowie einige große chorsinfonische Werke von Liszt, Brahms und Bruckner. Der Vesperbesuch, unter Julius Otto im Durchschnitt nur mit vierzig bis fünfzig Personen angegeben, erreichte jetzt Rekordzahlen von drei- bis viertausend Zuhörern.

Wermanns Nachfolger, Otto Richter (von 1906 bis 1930 im Amt), setzte die intensive Pflege Bachscher Werke fort, wobei die *Matthäuspassion* im Verlaufe seiner Amtszeit allein dreiundzwanzigmal dargeboten wurde. Der von Richter im Jahre 1911 gegründete Bachverein diente bei den Aufführungen größerer vokalsinfonischer Werke als Verstärkung der Knabenstimmen und trug zur Erzielung eines fülligen Chorklanges bei.

Beachtlich ist die Zahl der Werke, die dieser Kreuzkantor uraufführte. Es finden sich darunter Kompositionen von Felix Draeseke, Albert Becker, Arnold Mendelssohn und anderen.

Diese verheißungsvolle Entwicklung wurde durch den Ausbruch des ersten Weltkriegs jäh unterbrochen. Lehrer und Schüler der oberen Klassen mußten zum Heeresdienst einrücken. Infolgedessen konnte die Chorarbeit mit den noch verbliebenen Kruzianern während der vier Kriegsjahre nur durch äußerste Konzentration und Intensivierung aller vorhandenen Kräfte einigermaßen aufrechterhalten werden. Das lang ersehnte Kriegsende hatte indessen neue Sorgen und Nöte im Gefolge: Zerstörungen, Teuerungen, Inflation und Hunger.

Dank guter persönlicher Beziehungen Richters und des Kreuzorganisten Bernhard Pfannstiehl kam es 1920 zur ersten Auslandsreise des Kreuzchores nach Schweden. 1921, 1922, 1923 und 1927 schlossen sich erfolgreiche Chorreisen nach Holland an.

1926 wurde mit großem Pomp die 700-Jahr-Feier der Kreuzschule begangen. Die Dresdner Staatsoper gab eine Festaufführung von Richard Wagners *Rienzi*, dessen »Chor der Friedensboten« der Meister ja ursprünglich dem Kreuzchor zugedacht hatte. Die Vorstellung wurde musikalisch von Fritz Busch geleitet, dessen Söhne die Kreuzschule besuchten. Eine Festschrift, Ausstellungen, ein Festakt im Schauspielhaus und Konzerte des Dresdner

Kreuzchors bildeten den würdigen Rahmen der Feierlichkeiten.

Doch dann kamen bald die Jahre der braunen Barbarei. Bereits 1930 hatte Rudolf Mauersberger das Kreuzkantorat übernommen. Er verschaffte durch viele Auslandsreisen, namentlich durch die erste große, zwei Monate währende USA-Tournee 1935, dem Kreuzchor das Prädikat »weltberühmt«.

Der eigentliche Grund für die Erfolge und außergewöhnlichen Triumphe der Kruzianer im Ausland wurde aber in Dresden gelegt. Mauersberger ging zielbewußt daran, das Chorrepertoire zu erweitern und Meisterwerke alter bzw. neuer Vokalmusik in die Programme aufzunehmen.

Zwei Schwerpunkte zeichneten sich bereits in den Anfangsjahren seines Kantorats ab: die Pflege des Werkes von Heinrich Schütz und die Förderung neuester Kompositionen von Hugo Distler, Günter Raphael, Ernst Pepping, Kurt Thomas und vieler anderer. Es verging kaum eine Kreuzchorvesper, in der nicht ein zeitgenössisches Werk uraufgeführt oder erstaufgeführt worden wäre. Dieser Praxis blieb Mauersberger bis an sein Lebensende treu.

Bezüglich Heinrich Schütz zeichnete sich das besondere Anliegen Mauersbergers ab, alle erreichbaren Werke des Sagittarius aufzuführen. Die Schützpflege des Kreuzchors, dokumentiert durch Heinrich-Schütz-Tage, Schütz-Feste, Schallplatten- und Rundfunkaufnahmen, fand seither internationale Beachtung und Anerkennung.

Zu den musikalischen Höhepunkten in Mauersbergers Amtszeit zählten die Aufführungen der Bachschen Passionen, der *H-Moll-Messe* (mehrmals auch gemeinsam mit dem Thomanerchor) und des *Weihnachtsoratoriums*. Aber auch viele andere Meisterwerke der chorsinfonischen Weltliteratur brachte Mauersberger mit den Kruzianern zu Gehör.

Dieser Dresdner Kreuzkantor übertrug dem Chor zudem wesentlich mehr außerkirchliche Aufgaben als seine Vorgänger im Amt. Genannt seien hier die Saalkonzerte, Zwingerserenaden und die Auftritte im Kurpark Weißer Hirsch.

Doch bald schwang der zweite Weltkrieg seine furchtbare Geißel. Unter unvorstellbaren Schwierigkeiten, immer öfter von Fliegeralarm gestört, wurden die Proben und Vespern des Kreuzchors fortgesetzt. Musikalische Auftritte in der Dresdner Umgebung gestalteten sich unter der zunehmenden Kriegsmisere, Verdunklungen und eingeschränkten Verkehrsbedingungen sehr kompliziert. Da brach am 13. Februar 1945 mit voller Wucht die Kriegsfurie auch über Dresden herein. Binnen weniger Stunden war die Innenstadt vollständig vernichtet. Kreuzkirche und -schule, Alumnat, Notenbibliothek und Chorarchiv wurden ein Raub der Flammen. Was kaum faßbar erschien, elf Kruzianer fanden in der Katastrophennacht den Tod. Grenzenlose Hoffnungslosigkeit bemächigte sich der mit dem Leben Davongekommenen. Die geflohenen Kruzianer waren in alle Winde zerstreut, und der nahende totale Zusammenbruch Hitler-Deutschlands ließ keinen Glauben an einen Wiederbeginn der Kreuzchorarbeit aufkommen.

Bereits wenige Wochen nach dem Bombenangriff versuchte der ins Erzgebirge geflüchtete Kreuzkantor, wieder Verbindungen mit seinen Sängerknaben zu bekommen und einen Neuaufbau des Chores zu wagen.

Nach der Befreiung vom Hitlerfaschismus bemühten sich sowjetische Kulturoffiziere gemeinsam mit den damaligen deutschen Behörden darum, das kulturelle Leben in der Elbestadt wieder in Gang zu bringen und auch für den Kreuzchor eine neue Existenzgrundlage zu schaffen. Dank der tatkräftigen Initiative des damaligen Dresdner Oberbürgermeisters, Dr. Rudolf Friedrichs, der selbst ehemaliger Kreuzschüler war, wurde der Keller einer nur teilweise zerstörten Oberschule in Dresden-Plauen als Notunterkunft für den Kreuzchor eingerichtet. Am 4. August 1945 konnte in der ausgebrannten Kreuzkirche die erste Nachkriegsvesper veranstaltet werden. 1947 gelang es, das ehemalige Freimaurer-Institut auf der Eisenacher Straße für den Chor zu »erobern«, und zwölf Jahre später wurden Chor, Schule und Internat wieder unter einem Dach vereint. Reisen des Kreuzchors fanden bald wieder statt. Seit 1947 kam es zu Tourneen durch die damaligen Westzonen, und nach 1951 absolvierten die Kruzianer alljährlich größere Auslandsreisen. Nachdem die Kreuzkirche 1955 wieder benutzt werden konnte, stand auch dem Kreuzchor eine eigene »Heimstätte« für vielfältiges kirchenmusikalisches Wirken zur Verfügung. Seit den fünfziger Jahren wurde die weltweite Popularität der Kruzianer durch zahlreiche Schallplattenaufnahmen, Rundfunk- und Fernsehsendungen noch gefördert.

Mauersbergers musikalische Vielseitigkeit zeigte sich nicht zuletzt in seiner schöpferischen Tätigkeit als Komponist. Neben einer Fülle von Motetten, weltlichen Chören, Volksliedbearbeitungen, Chorzyklen stehen einige größere kirchenmusikalische Werke, die besondere Beachtung verdienen und die sich auch heute noch als aussagekräftig erweisen: Das *Dresdner Requiem* und die *Lukaspassion*.

Am 22. Februar 1971 verstarb Rudolf Mauersberger. Es ist und bleibt sein großes historisches Verdienst, den Dresdner Kreuzchor über die schwere Zeit des zweiten Weltkrieges hinübergerettet, künstlerisch zu Glanzleistungen geführt und dafür gesorgt zu haben, daß der älteste Kulturträger der Stadt Dresden uns allen und dem internationalen Musikleben erhalten blieb.

Nach dem Ableben Mauersbergers wurde am 1. April 1971 Martin Flämig vom Rat der Stadt Dresden zum Leiter des Dresdner Kreuzchors berufen und durch die Kreuzkirchgemeinde zugleich als Kreuzkantor bestätigt. Wenig später erfolgte seine Ernennung zum Generalmusikdirektor. Martin Flämig knüpft bewußt an die besten Traditionen dieses Instituts an. Das zeigt sich unter anderem in der Programmgestaltung. Werke der musikalischen Weltliteratur aus Vergangenheit und Gegenwart finden gleichermaßen Berücksichtigung. Im Unterschied zu seinem Amtsvorgänger legt Martin Flämig jedoch auf die Pflege chorsinfonischer Kompositionen größeres Gewicht.

Der Dresdner Kreuzchor hat in den Jahren nach 1980 seine Entwicklung als staatliches Ensemble, das zugleich einen bedeutenden Beitrag zur Gestaltung des kirchenmusikalischen Lebens leistet, unter der Leitung von Martin Flämig zielstrebig und kontinuierlich fortgesetzt, indem er unverzichtbare und unverwechselbare Beiträge in den Prozeß der kulturpolitischen Entwicklung der DDR eingebracht hat. Dadurch konnte der Dresdner Kreuzchor seinen Ruf als Ensemble von nationalem und internationalem Rang zugleich wesentlich festigen. Für seine Verdienste erhielt der Dresdner Kreuzchor 1984 von der Regierung der DDR den Vaterländischen Verdienstorden in Gold verliehen.

Unter Martin Flämigs Leitung unternahm der Dresdner Kreuzchor Auslandsreisen in mehrere sozialistische Länder sowie nach Spanien, Japan, Italien, Finnland, Österreich, in die Schweiz, in die Bundesrepublik Deutschland und nach Berlin (West). Bei vielen internationalen Musikfesten wie dem Prager Frühling, den Dresdner Musikfestspielen, den Berliner Festtagen, dem Internationalen Knabenchorfestival Poznań, dem Oratorienfestival Wrocław, mehreren internationalen Bach-Festen, im Rahmen der Bach-Händel-Schütz-Ehrung der DDR 1985 und der Carl-Maria-von-Weber-Tage der DDR 1986 wirkte der Dresdner Kreuzchor unter der Leitung von Martin Flämig mit. In den letzten Jahren brachte er zahlreiche Kompositionen u. a. von Hindemith, Strawinsky, Britten, Respighi, Kodály, Szymanowski, Mikis Theodorakis, Willy Burkhard, Siegfried Köhler, Paul Dessau und Udo Zimmermann zur Ur- bzw. Erstaufführung. Auch verschiedene, von Mauersberger nicht berücksichtigte Chorwerke nahm Martin Flämig in das Kreuzchorrepertoire auf, z. B. die *Marienvesper* von Claudio Monteverdi, Messen von Haydn, Mozart, Schubert und Carl Maria von Weber. Zahlreiche Schallplatteneinspielungen, Film-, Fernseh- und Rundfunkproduktionen künden von dem internationalen Ruf des Dresdner Kreuzchors.

Während der Amtszeit Martin Flämigs wurden im Kreuzchor einige organisatorische und strukturelle Veränderungen vorgenommen. Da die Sängerknaben häufig schon im dreizehnten Lebensjahr mutieren, erfolgt bereits im vierten Schuljahr die Aufnahme in den Chor. Durch diese Maßnahme ist es möglich, eine ausgewogene Proportion zwischen Knaben- und Männerstimmen herzustellen und die immer wieder gerühmte Homogenität des Kreuzchorklanges zu gewährleisten. Bereits im zweiten Schuljahr werden die Bewerber einer Eignungsprüfung unterzogen. Danach beginnen die Vorbereitungskurse. Die endgültige Aufnahme in den Chor erfolgt nach Absolvierung eines Probejahres und entsprechender Prüfung (4. Schuljahr). Vom vierten bis zum siebenten Schuljahr wohnen alle Kruzianer im Internat. Danach können die aus Dresden stammenden Choristen zu Hause übernachten und »Tagesschüler« werden. In dem vor einigen Jahren neu bezogenen Internat auf der Ermelstraße sind die Sängerknaben besser denn je zuvor aufgehoben. Waren beispielsweise noch um 1960 bis zu vierzig Choristen in einem der Schlafsäle untergebracht, so beherbergen heute modern eingerichtete Wohneinheiten maximal acht Kruzianer. Getrennte Wohn- und Schlafräume mit guter Ausstattung an Mobiliar und technischen Geräten stehen den Chorsängern zur Verfügung. Der Dresdner Kreuzchor hat unter Martin Flämig den höchsten Mitgliederstand seit seinem Bestehen erreicht: einhundertfünfzig Sänger.

Seit Beginn der Dresdner Musikfestspiele gehört der Dresdner Kreuzchor zu den ständig verpflichteten Ensembles. Alljährlich wirkt er bei der festlichen Eröffnung im Plenarsaal des Dresdner Rathauses mit und beteiligt sich bei der Abschlußveranstaltung »Dresden singt und musiziert«. Hervorgehoben werden muß das gelegentliche gemeinsame Musizieren mit anderen renommierten Chören wie z. B. dem Leipziger Thomanerchor, den Cantores minores aus Helsinki, dem Beethoven-Chor der Singakademie Dresden und dem Philharmonischen Chor Dresden. Der Dresdner Kreuzchor hat bei allen Dresdner Musikfestspielen repräsentative A-cappella-Konzerte und chorsinfonische Konzerte bestritten. Beträchtlich ist die Zahl der Auftritte, bei denen Kompositionen ur- bzw. erstaufgeführt wurden, unter anderem Werke von Siegfried Köhler, Paul Dessau, Sandor Veress, Rainer Kunad, Paul Kurzbach, Alfred Schnittke und Mikis Theodorakis. Martin Flämig hat das Profil der von ihm geleiteten Konzerte konsequent so ausgerichtet, daß die Programme auf Musikerehrungen und »runde« Jubiläen Bezug nahmen. So standen z. B. im Bach-Händel-Schütz-Jahr 1985 Werke dieser Meister im Mittelpunkt. 1986 bestimmten Werke Carl Maria von Webers die Programmgestaltung. Aber auch viele sonst nur selten zu hörende Kompositionen gelangten während der Dresdner Musikfestspiele durch den Kreuzchor zur Aufführung, z. B. die *Marienvesper* von Claudio Monteverdi und der *Entfesselte Prometheus* von Franz Liszt/Paul Büttner.

Von besonderem Reiz sind die alljährlich stattfindenden Freiluftkonzerte und Serenaden im Zwingerhof, im Schloßpark Pillnitz und im Barockgarten Großsedlitz. Hierbei zählen, wenn der Wettergott günstig gelaunt ist, die Besucher nach Tausenden.

Mit einigen seiner Konzerte reagierte der Dresdner Kreuzchor unter Martin Flämig auf besondere kulturelle und kulturpolitische Ereignisse. 1981 erklangen z. B. anläßlich des 775jährigen Bestehens der Stadt Dresden Motetten und Kompositionen einiger Dresdner Kreuzkantoren und Hofkapellmeister. Dadurch wurde die enge Verbundenheit des Dresdner Kreuzchors mit der stolzen musikalischen Vergangenheit und Gegenwart der Stadt Dresden dokumentiert.

Der Dresdner Kreuzchor hat seit über siebenhundertfünfzig Jahren seine Kontinuität bewahrt. Er gehört auf Grund seiner künstlerischen Leistungen zu den weltbekannten Kulturträgern unserer Stadt und unseres Landes.

In der Kreuzkirche 1983
In Pillnitz 1978
(unter Leitung von Martin Fläming)

Philharmonisches Kammerorchester Dresden (Leitung Günter Siering)

EBERHARD KREMTZ

Kammermusik in Dresden

Reiche Musikkultur ohne intensive Kammermusikpflege erscheint unvorstellbar, und so ist es auch nicht verwunderlich, daß in großen Musikzentren Kammermusik immer eine bedeutende Rolle gespielt hat. Vielleicht ist es nicht übertrieben, wenn man behauptet, Kammermusik sei die Quelle, aus der sich der breite Strom eines vielschichtigen Musiklebens entfaltet.

Bereits in der frühen Geschichte der königlichen Kapelle war das Musizieren in kleinen Gruppen Bestandteil des höfischen Dienstes. Mit der sich in der zweiten Hälfte des 18. Jahrhunderts wandelnden Musikpraxis erfährt auch der Begriff der Kammermusik eine neue Akzentuierung. Bei den traditionell starken Beziehungen zwischen Dresden und Wien – welche Intensität der Musikeraustausch zwischen den beiden Kunstmetropolen zum Beispiel schon im 17. Jahrhundert besaß, hat erst unlängst der Wiener Musikwissenschaftler Herbert Seifert nachgewiesen – ist es nicht verwunderlich, daß die Wiener Klassizität sich auch im Musikleben Dresdens niederschlägt. Und dies eben nicht nur durch die Pflege der Werke der großen Meister der Wiener Klassik – die Paërschen Mozart-Vorstellungen gelten als »Aufführungen voll Feuer, Grazie und mimischer Phantastik, die gleichsam zur Festspielvollendung führten« (Hans Schnoor) – sondern auch in Veränderungen des Musiklebens. Um 1800 existierten zahlreiche private bürgerliche Vereinigungen zur Pflege kammermusikalischer Werke, in denen Kapellmusiker wirkten, sich auch zu gemeinsamem Musizieren mit Oboisten der Leibgarde, mit Jagdpfeiffern, auch mit bloßen Liebhabern zusammentaten. Mittelpunkt dieser aufblühenden Kammermusikpflege waren wohl die »Basemannschen Konzerte«. Der Name verweist auf den Mäzen dieser Konzerte, den kunstliebenden Oberküchenmeister Friedrich Augusts. Musikliebhaber aus unterschiedlichen sozialen Schichten hatten Zutritt zu diesen Abenden. Daß dabei auf höchstem künstlerischen Niveau musiziert wurde, darauf verweist die Tatsache, daß der auch international hochgeschätzte Hofkapellmeister Johann Gottlieb Naumann ständiger Leiter dieser musikalischen Veranstaltungen war. Die Blüte des Musiklebens im Dresden dieser Zeit fand auch ihren Ausdruck in der Fülle der »Musikvereine«: das Fehrische Konzert, das Freundschaftliche Konzert, die Riechische Gesellschaft, die Konversation, die Harmonie. Aufführungsorte waren – brauchbare Konzertsäle waren auch damals knapp – Kirchen, die stimmungsvollen Säle der alten Dresdner Hotels (de Saxe, de Pologne) und Privathäuser. Einer darf hier besonders genannt werden: der Riechische Garten in der Großen Plauenschen Gasse; gab hier doch die erste Streichquartettvereinigung mit Limberg – Schmiedel – Peschke – Dotzauer ihre Kammermusikabende.

Jäh wurde diese aufblühende Musikpflege durch die napoleonischen Kriege und ihre Folgen unterbrochen. Zwar konnte sich die höfische Musikkultur auf höchstem Stand halten, Kammermusik im neuen, bürgerlichen Sinn fand aber für lange Zeit nur mehr sporadisch statt.

Erst um die Mitte des vorigen Jahrhunderts beginnt ein fruchtbarer Neuansatz. Am 6. März 1854 findet im Hause Richard Pohls, Dresdner Literat und Musikschriftsteller, ein Konzert mit Werken des Komponisten und Pianisten Robert Volkmann statt. Kapellmusiker (das Hüllweck-Quartett, Brescius, F. A. Kummer) vereinigten sich mit dem Komponisten zur Aufführung der Werke. Nach dem Konzert erfolgte spontan die Gründung einer neuen musikalischen Vereinigung: des Tonkünstlervereins. »Männer wie Fürstenau, Rühlmann, Hiebendahl, Hübler, Queisser, Blaßmann standen dem Verein Pate. Vor der Öffentlichkeit wurde er am 24. Mai 1854 konstituiert. Fünfundzwanzig Jahre später war der Tonkünstlerverein Mittelpunkt des Konzertlebens.« (Hans Schnoor)

Das Besondere dieses Dresdner Tonkünstlervereins ist wohl in der Tatsache zu sehen, daß hier »ein Orchester in seiner Gesamtheit . . . die Sache der Kammermusik zu seiner ureigenen machte. Initiierung und Realisierung aller wichtigen inhaltlichen und organisatorischen Vorhaben gingen vom Können, von der Erfahrung, der Kraft und Zuverlässigkeit der Kapellkollegen aus«. (Eberhard Steindorf) Eine Besonderheit auch die Statuten: »Der Zweck des Vereins ist: Fortbildung der Mitglieder durch regelmäßige Versammlungen, bestimmt zu musikalischen Vorträgen, die entweder theoretisch oder praktisch fördernd sind.« Musiziert wurde dabei von Anfang an »ohne Aussicht auf Erfüllung materieller Interessen«. Gerade diese Idealität war es, die durch alle Stürme der Zeit der Kammermusikpflege in der Kapelle Stabilität verlieh. Und die Abende des Tonkünstlervereins wurden sehr bald auch Anziehungspunkt für die Großen der musikalischen Welt. Joseph Joachim, Clara Schumann, Franz Liszt, Johannes Brahms, Richard Strauss – die Liste der berühmten Namen der Musikgeschichte, die hier als Gäste wirkten, ließe sich beliebig fortsetzen –, alle waren sie von Stolz erfüllt, wenn sie mit der Ehrenmitgliedschaft des Vereins gewürdigt wurden. Johannes Brahms am 24. Mai 1884: »Lieber und geehrter Herr Fürstenau! Es ist mir eine ernstliche und große Freude, Ihrem Verein als Mitglied angehören zu dürfen . . . und ich bitte recht sehr, dies unseren Kollegen so herzlich wie möglich aussprechen zu wollen.« Von Anbeginn an war neben der Pflege des tradierten Musiziergutes auch die Förderung des Neuen wichtiger Bestandteil des Strebens der Musiker, Letzteres freilich nicht immer widerspruchslos, wie der Jahresbericht 1925/26 ausweist: »So hat es heute für uns nur dann Sinn, das bereits Gemeingut der Musikfreunde gewordene Schrifttum zu pflegen, wenn wir durch Vorbildlichkeit der Darbietungen erzieherisch wirken . . . Was die Moderne betrifft, so bekennen wir uns zu bedingungsloser Vorurteilsfreiheit. Was echt ist, wird sich durchsetzen und behaupten. Besser ein wenig Ärger als Langeweile!«

Unübersehbar die Fülle der Kammermusikvereinigungen, die in den neunzig Jahren der Existenz des Tonkünstlervereins das musikalische Profil dieser Stadt prägten und zugleich den Glanz des Dresdner Musiklebens auch auf dem Gebiet der Kammermusikpflege in die Welt trugen. Das alles wurde wie so vieles andere Opfer des »totalen Krieges«.

Ebenso waren natürlich auch die bedeutenden Anstrengungen zu eigener kammermusikalischer Arbeit im jüngeren Dresdner Orchester, der Philharmonie, abgebrochen. 1922 hatte sich hier im »Dresdner Streichquartett« mit Jan Dahmen als Primarius die erste aus dem Philharmonischen Orchester hervorgegangene Kammermusikvereinigung gebildet. In den dreißiger Jahren gab es dann auch in der Philharmonie eine ganze Reihe Kammermusikgruppen, unter denen die aus ersten Streichern und Bläsern des Orchesters gebildete »Kammermusik-Vereinigung der Dresdner Philharmoniker« besonderes Ansehen erringen konnte.

1945 – das war eine Zeit der Trümmer, der äußeren Not. Aber die endgültige Zerschlagung des faschistischen Regimes war noch viel stärker Zeit des Neubeginns, des Aufbruchs in eine bessere Zukunft, gerade im kulturellen Bereich, und wohl besonders in Dresden, geprägt von einem ungeheuren Enthusiasmus. Und so gab es in der zerstörten Stadt sehr bald wieder ein blühendes Musikleben.

Rudolf Ulbrich, Primarius des nach ihm benannten Quartetts und kompetenter Zeitzeuge, schreibt: »Zuerst gab es nach dem Krieg viel ›Neue Musik‹, vor allem die ›Vorenthaltenen‹, Schostakowitsch, Hindemith, Schönberg, Bartók, Eisler, Webern u. a. Kalte Säle – der Plakat- und Programmdruck überstieg die Einnahme –, im offenen Lastwagen über Land – unsere Begeisterung blieb! Daß nach der ›Stunde der Musik‹, Funk- und Schallplattenaufnahmen, Reisen durch die Welt (trotz der damit verbundenen vielen Dienstnachholungen) und – immer wieder – Kammerabenden der Staatskapelle noch kein Ende abzusehen ist, liegt wohl in der faszinierenden Kraft der Kammermusik.«

Faszination der Kammermusik – der Orchesterdirektor der Staatskapelle Arthur Tröber war ihr erlegen wie kaum ein anderer, und ihm war es vergönnt »entsprechend den neuen gesellschaftlichen Verhältnissen und großzügig gefördert durch die Generalintendanz der Staatstheater, die vorwärtsweisenden Gedanken unserer Väter wieder aufzugreifen und sie in Form einer Selbstverpflichtung der Staatskapelle weiterzuführen. So begann im Jahre 1952 ein neues Kapitel unserer Kammermusikgeschichte.« (Joachim Ulbricht, Eberhard Steindorf)

Ein neues Kapitel, das eine Vielzahl von Kammermusikgruppierungen unterschiedlichsten Zuschnitts hervorgebracht hat! Wieder profilieren sich erfreulicherweise junge Musiker im Rahmen des Kammermusikspiels, genannt sei hier stellvertretend für alle anderen das inzwischen hochangesehene Krauß-Quartett.

Auch den Philharmonikern brachte die neue Zeit neue Impulse für eine reiche Kammermusikpflege. Den Beginn machte das 1955 gegründete Siering-Quartett, es folgten viele Kammermusikvereinigungen unterschiedlicher Besetzung bis hin zum 1969 gegründeten Kammerorchester und dem Kammer-Kinderchor des Philharmonischen Chores.

Seit 1959/60 hat die Kammermusikpflege der Dresdner Philharmonie in den im Konzertplan verankerten Kammerkonzerten ihr sicheres Fundament.

Allen gemeinsam ist nicht zuletzt der leidenschaftliche Einsatz für die ganz jungen Komponisten, und mancher inzwischen namhafte Komponist unserer Republik hat seine Karriere mit Aufführungen durch Dresdner Kammermusikvereinigungen begonnen. Und wie es der Tradition entspricht, kommen immer wieder Musiker aus den eigenen Reihen zu Wort.

Die vielen Potenzen der Kammermusik in Dresden waren – und nach dem bisher Gesagten ist dies wohl nicht verwunderlich – von Anbeginn an aus den Programmen der Dresdner Musikfestspiele nicht wegzudenken. Die meisten tauchen immer wieder in den Programmen auf. Unmöglich, hier alle aufzuzählen. So wie die beiden großen Klangkörper Dresdens, Staatskapelle und Philharmonie, ihren Beitrag zum Gelingen der jährlichen Musikfeste leisten, so sind es auch deren Kammermusikvereinigungen, die durch ihr künstlerisches Niveau das Bild der klingenden Stadt bereichern.

Da ist zum Beispiel das Ulbrich-Quartett. Ein gewichtiges Stück Dresdner Musikgeschichte repräsentiert dieses Quartett, eine Vielzahl Schallplatten dokumentieren sein Leistungsvermögen, und die Auftritte des Ulbrich-Quartetts waren auch bei den Musikfestspielen stets Höhepunkte der Kammermusikprogramme. Inzwischen ist das bereits Geschichte. So wie er einst von seinen Lehrern für die Kammermusik begeistert wurde, hat Ulbrich seine reichen Erfahrungen im Kammermusikspiel weitergegeben und kann sich nun an den Leistungen und Erfolgen seiner einstigen Schüler erfreuen. Ist doch ein Streichquartett, dessen Mitglieder während des Studiums von ihm entscheidend geprägt wurden, nun schon seit einigen Jahren angesehener Gast der Musikfestspiele: das Krauß-Quartett.

Wir leben heute in einem Zeitalter der Spezialisten. Auch für das Musikleben ist das nicht ohne Folgen geblieben. Besonders die Pflege alter Musik, das Spiel auf historischen Instrumenten, wird international vor allem von spezialisierten Ensembles repräsentiert, und so dürfte es nicht dem Üblichen entsprechen, wenn sich Musiker eines Orchesters neben der normalen Repertoirepflege mit Intensität einer solchen Aufgabe stellen. In der Cappella Sagittariana haben sich Kapellmusiker unter der Leitung des Schütz-Forschers Wolfram Steude zusammengefunden, um das Erbe des musikalischen Vaters Dresdner Musikkultur, die Musik Heinrich Schütz', und die seiner Zeitgenossen zu pflegen. Die Verwendung des historischen Instrumentariums, die Erschließung aufführungspraktischer Erkenntnisse und nicht zuletzt die Wiederentdeckung des musikalischen Reichtums des 17. Jahrhunderts für das lebendige Musikleben unserer Zeit charakterisieren das Wirken der Cappella Sagittariana und haben das Ensemble rasch über die Grenzen seiner Heimat bekannt werden lassen. Ohne Tradition ist die Beschäftigung mit historischen Instrumenten in der Kapellkammermusik freilich nicht. (Nicht ohne Stolz verweist der Jahresbericht des Tonkünstlervereins 1883 auf die erstmalige Verwendung einer Gambe bei der Wiedergabe eines Werkes von Antonio Lotti.)

Den Gegenpol, wenn man so will, markiert das musica viva ensemble unter Jürgen Wirrmann. Musiker aus Kapelle und Philharmonie widmen sich hier gemeinsam der Musik des 20. Jahrhunderts, nicht ausschließlich, aber doch dominierend. Porträt-Konzerte, wesentlichen Erscheinungen der Musikentwicklung unseres Jahrhunderts nachspürend, spielen dabei eine ebenso wichtige Rolle wie das engagierte Bemühen um das neue Werk. Gerade dadurch hat das musica viva ensemble für die Präsenz der Musik unseres Landes vor der internationalen Öffentlichkeit einen wichtigen Beitrag geleistet.

Es ist wohl verständlich, daß die Ausstrahlung der Musikfestspiele, der Anteil der Kammermusik an der Programmstruktur zur Gründung neuer Kammermusikvereinigungen angeregt haben. Eine davon ist das Dresdner Kammerorchester. Manfred Scherzer hat es im Jahr der ersten Dresdner Musikfestspiele, 1978, gegründet. Er wirkt zugleich als Leiter wie als Solist des Orchesters und findet sich mit seinem Ensemble in sieben der zehn Festspieljahrgänge. Man kann vielleicht sagen, daß die Entwicklung dieses Klangkörpers besonders eng mit der Entwicklung der Musikfestspiele verbunden ist und daß sich das Ensemble von hier aus internationales Ansehen erringen konnte. Auf das »jüngste Kind« dieser Entwicklung, die Virtuosi Saxoniae unter Ludwig Güttler darf in diesem Zusammenhang wenigstens verwiesen werden, erlebte doch dieses Ensemble bei den Musikfestspielen 1986 seinen ersten öffentlichen Auftritt.

Die Qualität eines Orchesters sei proportional der Zahl der in ihm existierenden Kammermusikvereinigungen wird häufig gesagt. Im übertragenen Sinn gilt diese Aussage wohl auch für den Reichtum des musikalischen Lebens einer Stadt. So ist die Präsenz der Vielzahl Dresdner Kammermusikvereinigungen bei den Musikfestspielen auch Ausdruck der Intensität, mit der diese Stadt den ungeheuren Reichtum ihrer musikalischen Vergangenheit in der Qualität und Lebendigkeit gegenwärtiger Musikpflege aufhebt.

Dresdner Kammersolisten
Mitglieder der Staatskapelle unter Leitung von Johannes Walter

Jacques Offenbach *Daphnis und Chloë*

JOCHEN PAENTZER

Staatsoperette Dresden

Wenn die Dresdner Musikfestspiele sich des nun schon zehnten Jahrganges glänzender Festwochen des Musiktheaters erfreuen, dann kann die an eben diesen Festspielen von allem Anfang an mitbeteiligte Staatsoperette Dresden in unmittelbarer Nähe dieses nationalen und internationalen Ereignisses auf ein vierzigjähriges Wirken für ihr Publikum zurückblicken.

Den Bühnenschaffenden des Hauses in der Pirnaer Landstraße, deren Name so historisch ist, daß die Silbe – land – längst nicht mehr der Gegenwart entsprechen will, soll die Wiederkehr des Gründungstages Anlaß sein, in den folgenden Zeilen einige wenige Aspekte in Erinnerung zu rufen, die sich mit diesen vier Jahrzehnten Theaterarbeit mit nunmehr rund zwölftausend Vorstellungen und darum ebenso vielen Begegnungen der Theaterleute in Leuben mit ihrem Publikum verbinden.

Der Start – damals 1947 – so bestätigen alle, die ihn noch miterlebt haben, war typisch für die Anfänge der Theaterentwicklung hier, bei uns: Aktivisten der ersten Stunde, unterstützt von den verdienstvollen Kulturoffizieren der Sowjetischen Militäradministration waren die Geburtshelfer auch jenes Theaters, das als »Deutsche Volksbühne Dresden« seinen Lebenslauf begann. Volksbühne war dabei nicht nur ein Name, es war von Anbeginn auch ein theaterbezogenes Programm mit dem erklärten Ziel, die darstellende Kunst – wie alle anderen Künste – ganz in den Dienst des Volkes zu stellen, Theater für das werktätige Publikum zu spielen.

Das hieß nun – unter verständnisvoller Berücksichtigung von Nachholebedürfnissen – die besten Werke der Operettenklassik, vor allem Jacques Offenbach, neu anzueignen, das hieß aber auch, die neue Zeit, wie die sich schrittweise mit ihr herausbildenden neuen Beziehungen der Menschen untereinander, genregerecht umzusetzen in Wort und Musik, in Tanz und Dekor des künstlerischen Abbildes einer veränderten und sich ständig verändernden Wirklichkeit: antifaschistisch-demokratische Umgestaltung der gesellschaftlichen Verhältnisse und sozialistischer Aufbau.

Mit großem Elan haben sich die ersten Intendanten, Otto Bochmann und Hans Pitra, dieser Aufgabe gestellt. So nahm die lange Reihe der Uraufführungen ihren Ausgang, die in der gegenwärtig von Tonmeister Christian Grohmann geführten Chronik des Hauses bisher die stattliche Zahl von achtundzwanzig Operetten, Musikalischen Lustspielen und Musicals erreicht hat. Den beiden Theaterleitern zur Seite stand ein aufgeschlossenes, für die Zeit und ihre Aufgaben engagiertes Ensemble, in seinen Reihen der unvergessene Franz Rarisch und der längst legendäre Georg Wörtge, der in den Herzen der Zuschauer weiterlebt als ein echter Volksschauspieler.

Aber auch die Mitglieder des Chores, des Balletts und nicht zuletzt des Orchesters beteiligten sich an der Suche nach neuen künstlerischen Wegen, am Ausprobieren und Neuaneignen. Nach der Gründung unserer Republik begann in Dresdens Operettentheater die Uraufführungsserie der Werke von Herbert Kawan nach Libretti von Intendant Peter Bejach bzw. Andreas Bauer: *Jedes Jahr im Mai, Treff-*

punkt Herz, Sterne, Geld und Vagabunden. Ungeachtet unterschiedlicher Qualität, bereicherten diese Operetten die Spielpläne des Hauses, aber auch vieler anderer Theater unseres Landes und – was das Wichtigste ist – sie fanden zunehmend Anklang beim Publikum, das sich der Gegenwartsstoffe annahm, sich kunstverständig und besonders herzlich verbunden mit »seiner« Operette zeigte.

Doch für die Herausbildung eines eindeutigen Repertoires hatten nicht weniger Bedeutung als eigenständige Werke die Operetten der sowjetischen Meister, allen voran Isaak Dunajewski mit *Freier Wind* und Jury Miljutin mit *Trembita* und *Der Kuß der Juanita*, die zwischen 1952 und 1958 in der Pirnaer Landstraße ihre DDR-Erstaufführung erlebten.

Diese liebenswerten Operetten aus Freundesland waren getragen von einer Musik elementarer Lebensfreude und bereiteten im Kontext mit dem jeweiligen Libretto vergnügliches Nachdenken. Beides zusammen entschied über ihren nachhaltigen Publikumserfolg.

1958 übernahm Fritz Steiner die Leitung des sozialistischen heiteren Musiktheaters der Stadt Dresden. Das Ensemble wurde vor zum Teil überraschend neue Aufgaben gestellt: Das Musical als Weiterentwicklung der Gattung Operette mit seinen unvergleichlich anspruchsvolleren Inhalten und somit größeren Möglichkeiten realistischer Menschengestaltung, verbunden mit seiner Forderung nach dem sich singend, tanzend und spielend auf der Bühne äußernden Darsteller, klopfte vernehmlich an die Tür. Mit ihm trat, bildlich geprochen, Antwort auf die Frage ein: Wie kann die heitere Muse mit ihrer theatralen Besonderheit auf die Gegenwart reagieren und ihr noch besser dienlich sein?

Es spricht für das Gesamtensemble, daß mit Kühnheit, mit Schwung und Hingabe diese Anforderungen gemeistert wurden. Am Anfang stand Conny Odds Erfolgsstück *Alarm in Pont L'Eveque*. Der Komponist und sein Librettist Jan Hall wußten, daß sie keine Operette geschrieben hatten. Aber was war hier entstanden? Ihr Werk gründete sich inhaltlich auf Tatsachen aus dem derzeit gegenwärtigen Alltag in Frankreich. Odd und Hall hatten neue musikalische und literarische Ausdrucksmittel für das Genre gefunden, aber sie wählten als Gattungsbezeichnung lediglich: »Ein krimineller Vorgang mit Musik.« –

Das war – in einer Neufassung für Dresden – die Uraufführung des Jahres 1959. Dann, nur eine halbe Spielzeit danach, folgte – nun schon mit der Bezeichnung »Musical« – *Bel Ami* mit der Musik von Peter Kreuder. Und wieder nur eine Saison später stand Conny Odds *Hände hoch, Mr. Copper*, ebenfalls als Uraufführung auf dem Programm.

Das Ensemble, Solodarsteller, Chor, Ballett, Orchestermusiker, nahm die Herausforderung zu einer realistischen Gestaltung von lebensechten Bühnenfiguren und -situationen an. Es begann, sich an den neuen Aufgaben zu messen und mit ihnen zu wachsen. So erwarb sich die Staatsoperette Dresden sehr bald den guten Ruf, ein experimentierfreudiges Theater zu sein. Fast unnötig zu sagen, daß es damit den großen Erwartungen der breitesten Öffentlichkeit entgegenkam, als zweites selbständiges Heiteres Musiktheater unseres Landes, neben dem Berliner Metropol-Theater, bei der Erneuerung des Genres beispielgebend voranzugehen.

Protagonisten anderer Häuser aus dem Verband der Dresdner Theater kamen als Gäste und wirkten in einzelnen Rollen stilbildend, weil sie sich vorbildlich integrierten in das Kollektiv der hauseigenen Kräfte und zugleich in und mit dem Ensemble zu einer neuen Qualität fanden. Fritz Steiner verwirklichte an der Staatsoperette in zunehmendem Maße Prinzipien des Musiktheaters Felsensteinscher Prägung, übertrug sie schöpferisch auf unser Genre. Er war selbst intensiv um die Ausbildung eines schauspielernden Sängernachwuchses bemüht, der dem Theaterorganismus beständige Vitalität sicherte, der die lange Musical-Erfolgskette möglich machte, die da reicht von *In Frisco ist der Teufel los* (Masanetz) über *Mein Freund Bunbury* (Natschinski) bis *Irene und die Kapitäne* (Odd), von *My Fair Lady* (Loewe) bis *Cabaret* (Kander). Die neue Blüte des Genres hatte eine beflügelnde und mitreißende

Wirkung. Das schloß Niederlagen nicht aus, bei jedem Experiment muß das Risiko mit einkalkuliert werden, aber – aus Fehlern lernend – wurde in Leuben immer wieder Unbekanntes, Unerprobtes angegangen, um dessen künstlerische Bewältigung gerungen.

Imponierend ist die Zahl der DDR-Erstaufführungen von Werken, die aus der Sowjetunion und den anderen sozialistischen Bruderländern zu uns kamen: bis heute neunzehn Stücke. Der Dienst am heiteren musikalischen Gegenwartswerk aus Freundesland knüpfte zugleich Beziehungen engster Verbundenheit zu den Theaterschaffenden der Musikalischen Komödie Leningrad, zum Operettenensemble des Staatstheaters Ostrava/ČSSR und zum Operettentheater der Stadt Wrocław.

Wie erging es nun aber der »guten alten« Operette? Sie behielt natürlich ihre Daseinsberechtigung! Die satirischen Meisterwerke Jacques Offenbachs fehlten weiterhin ebensowenig in den Spielplänen wie die gemütvoll-charmanten Sprößlinge der Wiener Operette, die wir Johann Strauß, Franz von Suppé, Karl Millöcker und Carl Zeller verdanken. Im Nachklang dieser großen Epoche wurden Franz Lehár und Emmerich Kálmán nicht vergessen.

Muß dieser Rückblick als Teilbeitrag einer Festschrift noch so fragmentarisch ausfallen, eines muß noch erwähnt werden: der stetige hohe Einsatz der Künstler von der Staatsoperette für die internationale, antiimperialistische Solidarität. Acht Jahre hintereinander (1968–1975) traten als besonderer Höhepunkt Protagonisten unseres Hauses mit ihren Kollegen vom Staatsschauspiel und der Staatsoper in der *Nacht der Prominenten* gemeinsam mit weltbekannten Artisten im Chapiteau auf, um den Erlös dem Solidaritätsfonds der DDR zufließen zu lassen.

1978 – nach dem viel zu frühen Tode Fritz Steiners – übernahm Reinhold Stövesand, hervorgegangen aus der Dresdner Theatertradition und seit 1964 aufs engste durch sein Wirken als Darsteller mit der Staatsoperette verbunden, das Amt des Intendanten.

Anknüpfend an den Volkstheatergedanken seiner Vorgänger, orientiert auf die ständig wachsenden Bedürfnisse und Wünsche des Publikums, setzte und setzt er sich ein für Wahrung und Mehrung des Erreichten bei gleichzeitiger Betonung neuer Akzente in der Repertoirepolitik.

Aus der Zusammenarbeit mit Autoren (unter anderem den Komponisten Manfred Grafe und Joachim Schmeißer) entstanden weitere Auftragswerke, gelangten zur Uraufführung und prägten mit erprobten Musicals unseres Landes und aus den sozialistischen Bruderländern das Profil des Theaters. Eine weiter wachsende Zahl von Zuschauern – alljährlich über zweihunderttausend – bestätigt die Erfolge dieser Jahre.

Das Jahr 1978 weist auf einen weiteren Markstein des Entwicklungsweges des heiteren Musiktheaters unserer Stadt: Einem ehrenvollen Auftrag der Sozialistischen Einheitspartei Deutschlands und der Regierung der DDR folgend, werden in Dresden Musikfestspiele internationalen Ranges ins Leben gerufen. Wie ernst die in diesem Auftrag eingeschlossene Verpflichtung von unseren künstlerischen Vorständen, unseren Sängerdarstellern, Tänzern, Musikern und den Mitarbeitern in Technik und Werkstätten genommen wird, bestätigt wohl am besten eine Äußerung des bekannten Leningrader Musikkritikers Professor Bialek anläßlich unserer *Der Mann von la Mancha*-Aufführung: »Ein Theater am Rande der Stadt, aber wahrlich nicht am Rande der Kunst«.

Seit 1980 wartet das Haus alljährlich mit einer Premiere zu den Festspielen auf, um auch dadurch deutlich zu machen, wie sehr das Festival zur Herzenssache aller Mitwirkenden geworden ist. Ein festlich gestimmtes Publikum sieht erstmals die Offenbach-Wiederentdeckungs-Uraufführungen *Doktor Ox* und einige Jahre später *Daphnis und Chloë*. Gerade mit letzterem Werk reagiert unser Ensemble ganz spezifisch auf die immer dringlicher gestellte Lebensfrage der Völker, leistet sie einen überzeugenden Beitrag zum Kampf um den Frieden.

Die Zuschauer erfreuen sich in wieder anderen Jahrgängen an Strauß' *Eine Nacht in Venedig* und *Drei von der Donau* (nach Nestroy) von Robert Stolz.

Frau Einzi Stolz faßt ihren Eindruck von dieser Inszenierung in die Worte: »Der Erfolg der *Drei von der Donau* beim Publikum und die einstimmige Anerkennung in der Presse machen mich überglücklich.«

Zu den Festspielen veranstaltet die Staatsoperette Galakonzerte des eigenen Ensembles unter Mitwirkung nationaler und internationaler Solisten und Dirigenten.

Wir werden Gastgeber für das traditionsreiche Metropol-Theater Berlin mit seinen Inszenierungen *Der Jahrmarkt von Soroschinzky* (nach Nikolai Gogol), von A. Rjabow und Guido Masanetz' *Vasantasena*, ebenso für die Städtischen Bühnen Erfurt mit der *West Side Story* von Leonard Bernstein.

Nicht minder lassen Gastspiele unserer Freunde aus Ostrava prickelnde Festspielatmosphäre spürbar werden.

Im Jubiläumsjahr 1987 standen zwei Novitäten auf dem Programm zwischen dem 22. Mai und dem 8. Juni: Unser Eigenbeitrag, die DDR-Erstaufführung des progressiv-humanistischen Rockmusicals *Evita* von Webber/Rice und – in einer Begegnung mit dem Ensemble des Landestheaters Halle – die Rockmusical-Phantasie *Carrie* von Hanisch mit der Musik von Raimonds Pauls aus der lettischen Sowjetrepublik.

Vierzig Jahre Staatsoperette Dresden – für ein Theater ein jugendliches Alter. Ein diesem Alter entsprechender Elan möge auch dem kommenden Jahrzehnt das Gepräge geben. Dafür wirken alle Mitarbeiter des Hauses mit Gewißheit.

Schon 1988 wird eine neue Seite in der Geschichte der Uraufführungen aufgeschlagen. Der Internationale Carl-Maria-von-Weber-Wettbewerb ist dieses Mal für Musical und Rockoper ausgeschrieben. Das Geburtstagskind bleibt also risikofreudig und hat nur den einen Wunsch: es möge sich für alle Zukunft des Vertrauens würdig erweisen können, das unsere sozialistische Gesellschaft als Ganzes und die Zuschauer als einzelne ihm immer wieder entgegenbringen.

Andrew Lloyd Webber *Evita*
(DDR-Erstaufführung 1987)

Carl Zeller *Der Vogelhändler* auf der Felsenbühne Rathen

PETER HAMANN

Die Landesbühnen Sachsen

Musiktheater an Dresdens Peripherie

Gemessen an den Theatertraditionen des Bezirkes Dresden sind die Landesbühnen Sachsen ein noch relativ junges Theater. Dennoch spielen sie in unserer Theaterlandschaft eine gewichtige Rolle. Das Domizil dieses größten Reisetheaters unseres Landes befindet sich seit 1951 im historischen Gebäude der »Goldenen Weintraube« zu Radebeul. Innerhalb der Stadt Radebeul und damit auch des Kreises Dresden-Land bilden die Landesbühnen das geistig-kulturelle Zentrum dieses Territoriums. Auch viele Dresdner Theaterfreunde nehmen gern das Spielangebot des Theaters wahr. Darüberhinaus haben die Landesbühnen Sachsen den kulturpolitischen Auftrag, mit ihrer Theaterkunst im gesamten Bezirk Dresden präsent zu sein. Zudem erfreuen sie alljährlich in den Sommermonaten über 115 000 Besucher von nah und fern auf der wohl schönsten Freilichtbühne unseres Landes, der Felsenbühne Rathen, mit Opern-, Operetten-, Musical- und Schauspielaufführungen.

Die Geschichte der Landesbühnen Sachsen reicht bis in das Jahr 1945 zurück. Bewundernswert war der Mut, mit dem kunstbegeisterte Menschen nach dem Dresdner Inferno von 1945 einen neuen Anfang wagten. Einer von ihnen war der Opernsänger Emil Grotzinger, der im Juni 1945 an der westlichen Peripherie Dresdens die »Künstlergemeinschaft« aus der Taufe hob. Immer mehr Kunstenthusiasten schlossen sich dieser Handvoll Künstler an, und am 12. August 1945 fand im Tanzsaal des Gasthofes Gittersee unter Mitwirkung des Dresdner Kreuzchores und unter der Leitung von Rudolf Mauersberger ein festliches Opernkonzert statt.

Damals bereits wurde die auch heute noch gültige Maxime der Landesbühnen Sachsen geboren: »Den Weg zum Publikum suchen!« Das geschah für die »Künstlergemeinschaft« unter den schwierigsten Bedingungen. Es fehlte an fast allem, an Kostümen, Requisiten, Dekorationen, Notenmaterial und Notenständern, aber auch an Kohlen und Elektroenergie. Dennoch steckte man nicht auf, und nachdem sich die »Künstlergemeinschaft« nach der Premiere von Leoncavallos *Bajazzo* am 24. November 1945 zur »Volksoper« gewandelt hatte, machte sich diese auf den Weg zum Publikum, und das im buchstäblichsten Sinne. Zunächst wurde es in der näheren und weiteren Umgebung Dresdens aufgesucht. So wurden Menschen erreicht, Arbeiter und Bauern, die noch nie mit Theaterkunst in Berührung gekommen waren. Es gibt abenteuerliche Berichte darüber, wie die »Volksoper« beispielsweise im Winter 1945/46 auf offenen LKWs (mit Holzgenerator) und mit Pferdeschlitten zu den Vorstellungen in Radeberg, Kamenz, Bischofswerda, Pirna, Neustadt, Pulsnitz, Sebnitz, Bad Schandau, Dippoldiswalde und in viele andere kleinere Orte fuhr. Damals wurde Pionierarbeit geleistet für die heutige Abstechertätigkeit der Landesbühnen Sachsen, und in einigen der genannten Orte befinden sich auch heute noch die Spielstätten des Theaters.

Unter Mithilfe der sowjetischen Dienststellen wurde die »Volksoper« am 1. Juli 1949 unter dem neuen Namen »Landesoper Sachsen« dem Landesverband der Volksbühne angeschlossen und damit in den Finanzhaushalt des damaligen Landes Sachsen einbezogen. Mit der Aufführung von *Figaros*

Hochzeit von Wolfgang Amadeus Mozart nahm die »Landesoper« am 19. August 1949 ihre Tätigkeit auf, begleitet von vielen guten Wünschen hoher Persönlichkeiten des Landes Sachsen. Zum ersten Intendanten der »Landesoper« wurde Kurt Lenz berufen, dem 1950 Kurt Klees folgte.

Am 1. Januar 1950 übernahm die neugegründete Deutsche Demokratische Republik die »Landesoper« in ihren Staatshaushalt. Damit war die materielle Grundlage für die weitere Entwicklung dieser zwar noch jungen, aber doch schon renommierten Kulturinstitution gegeben. Zudem wechselte das Ensemble sein Domizil, von Dresden-Gittersee zog es nach Radebeul in den ehemaligen Kinosaal der »Goldenen Weintraube«. Am 20. September 1950 fand die feierliche Eröffnung der neuen Spielstätte mit der Premiere von Carl Maria von Webers *Der Freischütz* statt. Diese Oper ist bis heute fester Bestandteil des Repertoires der Landesbühnen Sachsen geblieben.

»Künstlergemeinschaft« und »Volksoper« hatten sich vornehmlich der Oper und Operette verschrieben. Dabei kam es bis 1950 zu neunundfünfzig Inszenierungen von bekannten Werken des Musiktheaters, mit denen der Weg zum Publikum gesucht und gefunden wurde. Mozart, Lortzing, Flotow, Nicolai, Smetana, aber auch Verdi und Puccini standen im Spielplan. Zudem wagte sich Kapellmeister Herbert Nerlich an die erste Opernuraufführung, Fritz Reuters *Ein Funken Liebe*. Damit wurden auch heute noch gültige Traditionslinien abgesteckt.

Im Gründungsaufruf der »Landesoper«, vom Ministerpräsidenten des Landes Sachsen, Max Seydewitz, verlesen, wurde nachdrücklich verlangt, »die werktätigen Schichten in allen Teilen Sachsens stärker als bisher mit der Oper vertraut zu machen«. Aus diesem Grunde wurde bereits 1949 die Einrichtung eines theatereigenen motorisierten Fuhrparks in die Wege geleitet und zielstrebig ausgebaut, so daß die späteren Landesbühnen ihre damals sechsundachtzig Abstecherorte in den heutigen Bezirken Dresden, Karl-Marx-Stadt, Leipzig und Cottbus mit eigener Kraft erreichen konnten.

Zum Ensemble der »Landesoper Sachsen« gesellte sich 1951 das Schauspielensemble der ehemaligen Maxim-Gorki-Bühne Schwerin als Landesschauspiel. Diesem schloß sich 1951/52 noch das Ensemble des Lessing-Theaters Kamenz an. Auch die Einbeziehung der Felsenbühne Rathen seit Sommer 1953 als zweite feste Spielstätte der Landesbühnen für das Sommerhalbjahr sollte sich als strukturbestimmend erweisen.

Bewährte Intendanten haben in den vergangenen über vierzig Jahren das Gesicht der Landesbühnen Sachsen und ihres Musiktheaters geprägt. Erwähnt wurden bereits Emil Grotzinger, Kurt Lenz und Kurt Klees. Unvergessen bleibt das Wirken von Herbert Krauss, Rudi Kostka, Karl Adolf, Christian Pötzsch und Alfred Lübke. Seit 1986 leitet Manfred Haacke das Haus in der Lößnitzstadt.

Bekannte Regisseure folgten den vorgezeichneten Traditionslinien, so Joachim Herz, Hanns Lange, Erhard Fischer, Wolfgang Jende, Reinhard Schau, Dietrich Litt, Joachim Zschech, Andreas Baumann und nun Operndirektor Klaus Kahl, während Dirigenten wie Herbert Nerlich, Hans-Hendrik Wehding, Günter Schubert, Rolf Schellenberg und – seit vielen Jahren – Joachim Widlak für den nötigen musikalischen Glanz sorgten.

Für viele namhafte Sänger unseres Landes waren die Landesbühnen Sachsen eine wichtige Station innerhalb ihrer Laufbahn, so u. a. für die Tenöre Reiner Goldberg und Dieter Schwartner sowie die Bassisten Karl-Heinz Stryczek, Rolf Wollrad, Rolf Tomaszewski, Hans Hamann, Rainer Lüdeke und Günter Dressler. Der ehemalige Bariton der Landesbühnen Sachsen Siegfried Mühlhaus ist seit vielen Jahren Intendant der Bühnen der Stadt Nordhausen.

Das Musiktheaterensemble der Landesbühnen Sachsen präsentiert alljährlich in etwa zweihundertvierzig Vorstellungen Opern, Operetten, Musicals, Ballette sowie sinfonische und volkstümliche Konzerte. Der Maxime »Den Weg zum Publikum suchen« getreu, ist das Bestreben nach einem publikumsorientierten Spielplan lebendig geblieben. Neben den bereits aufgezeigten volkstümlichen Traditionslinien sehen die Landesbühnen Sachsen seit Jahrzehnten ihre vornehmste kulturpolitische Aufgabe vor allem auch darin, Werke zeitgenössischer Komponisten zur Ur- bzw. Erstaufführung zu bringen sowie sich der Pflege und Verbreitung der musikdramatischen Werke unserer sozialistischen Bruderländer anzunehmen.

Besondere Aufmerksamkeit erregte in diesem Zusammenhang die DDR-Erstaufführung von Brecht/Weills *Aufstieg und Fall der Stadt Mahagonny* (1961), aber auch Werner Egks Oper *14 Tage und 4 Minuten* (1967) sowie der Inszenierungen von Opern der DDR-Komponisten Ottmar Gerster (*Enoch Arden*, 1951), Paul Dessau (*Verurteilung des Lukullus*, 1957), Rudolf Wagner-Régeny (*Der Günstling*, 1969; *Die Bürger von Calais*, 1971), Paul Kurzbach (*Thomas Müntzer*, UA 1974), Robert Hanell (*Spieldose*, UA 1976; *Reise mit Joujou*, Ring-UA 1979; *Esther*, 1968), Gerhard Rosenfeld (*Spiel von Liebe und Zufall*, Ring-UA 1980). 1982 gelangte *Aulus und sein Papagei* von Karl-Rudi Griesbach zur Uraufführung.

DDR-Erstaufführungen von Musikdramatik aus den sozialistischen Bruderländern gab es mit *Frol Skobejew* (Chrennikow), *Die Sache Makropulos* (Janáček), *Die Insel der Aphrodite* (Dvoraček) und *Der Jakobiner* (Dvořák). Auf dem Spielplan standen Inszenierungen der *Verkauften Braut* (Smetana), *Rusalka* und *Kathinka und der Teufel* (Dvořák), *Pique Dame* und *Die Zauberin* (Tschaikowski), *Jenufa* und *Das schlaue Füchslein* (Janáček), *Ein wahrer Mensch* (Prokofjew), *Katharina Ismailowa* (Schostakowitsch), *Ero der Schelm* (Gotovác) und zuletzt *Die Abenteuer des Háry János* (Kodály).

Das Ballettensemble hat durch seine eigenen Inszenierungen über Jahre hinweg wesentlich zur Profilgestaltung des Theaters beigetragen. Von der Mitgliederzahl nicht dazu prädestiniert große klassische Ballettabende zu gestalten, konzentrierte sich die Gruppe auf realisierbare Werke mit hohem Anspruchsniveau. Dabei spannt sich der Bogen von Lhotkas *Teufel im Dorf* oder Chatschaturjans *Maskerade* über Prokofjews *Romeo und Julia* und *Die steinerne Blume* bis hin zu Reinholds *Nachtigall* und dem Vokalballett *Reineke Fuchs* von Karl-Rudi Griesbach. In den letzten Jahren weitete das Ballettensemble seine Wirksamkeit auch auf das Spielgebiet des Deutsch-Sorbischen Volkstheaters Bautzen aus.

Gemäß der kulturpolitischen Forderung, daß jedes Kind mindestens einmal im Jahr eine Konzert- oder Theateraufführung erleben soll, erarbeitete das Musiktheaterensemble im Wechsel mit dem Schauspiel einen speziellen Kinder- und Jugendspielplan. Nach *Hänsel und Gretel* (Humperdinck), *Zauberer von Oss* (Arden), *Die Bremer Stadtmusikanten* (Mohaupt), *Meister Röckle* (Werzlau) und *Reineke Fuchs* (Griesbach) steht nun Gerhard Schedls *Schweinehirt* auf dem Plan. Daneben werden in einer speziellen Opernstunde (»Kommt her und seht!«) und in einer Ballett-Werkstatt Grundbegriffe aus Oper und Ballett vermittelt.

Das leistungsstarke Orchester der Landesbühnen Sachsen präsentiert sich alljährlich mit drei Sinfoniekonzerten, wobei Beethovens IX. Sinfonie jeweils zum Jahreswechsel erklingt. Schwerpunkt in der Programmgestaltung bilden die Werke der Klassik, doch auch das zeitgenössische Musikschaffen erfährt durch Nachspiel und regelmäßige Uraufführungen von Auftragswerken geziemende Würdigung. Daneben sind Opern-, Chor- und Unterhaltungskonzerte fest im Spielplan verankert. Über Jahre hinweg führt das Orchester auch Schüler- und Lehrlingskonzerte durch.

Rückblickend auf über vierzig Jahre Landesbühnen-Geschichte kann festgestellt werden, daß sich Programm und Profil durch qualitätsvolle Kontinuität auszeichnen. Über Jahrzehnte hinweg haben sich die Landesbühnen Sachsen mit spürbarem Erfolg der kulturpolitischen Aufgabe gestellt, auf vielfältige Weise den Weg zum Publikum zu suchen und – natürlich – zu finden.

Mit Erfolg gastierten die Landesbühnen Sachsen in den letzten Jahren regelmäßig zu den Dresdner Musikfestspielen. Dabei stand Webers *Freischütz* auf der Felsenbühne Rathen immer in der besonderen Gunst der Festspielgäste, jedoch auch die Aufführungen im Kleinen Haus der Staatstheater mit den Inszenierungen *Spieldose, Bremer Stadtmusikanten, Spiel von Liebe und Zufall, Aulus und sein Papagei,*

Die Abenteuer des Háry János fanden ein interessiertes Publikum. Seit 1987 ist auch das Stammhaus in Radebeul feste Spielstätte der Dresdner Musikfestspiele. Nunmehr können die Landesbühnen Sachsen mit noch mehr eigenständigen Beiträgen (wie 1987 mit Donizettis *Viva la Mamma* und Verdis *Rigoletto*) zum Gelingen dieses Musikfestivals beitragen.

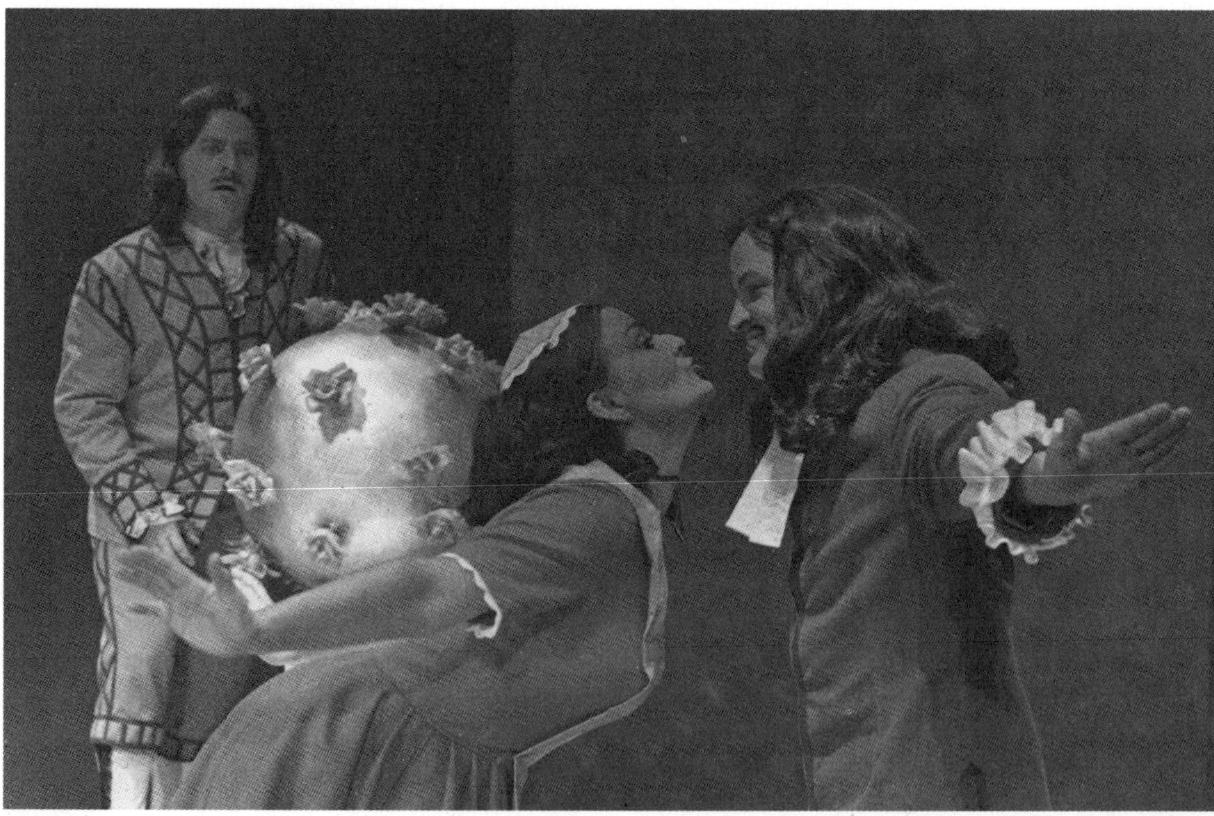

Gerhard Rosenfeld *Das Spiel von Liebe und Zufall* 1981
Robert Hanell *Die Spieldose* 1980

Studenten bei einer Probe zu Carl Maria von Webers *Abu Hassan* 1986

GÜNTHER STEPHAN

Die Hochschule für Musik »Carl Maria von Weber« Dresden

Die Hochschule für Musik »Carl Maria von Weber« gehört zu den jüngsten Musikinstitutionen der Elbestadt. Im Unterschied zur Dresdner Staatskapelle oder dem Kreuzchor, die auf eine mehrhundertjährige Geschichte zurückblicken können, besteht sie erst seit fünfunddreißig Jahren. Ihre Gründung erfolgte am 11. November 1952. Im ersten deutschen Arbeiter-und-Bauern-Staat wurde Wirklichkeit, was Musiker, Musikpädagogen und Musikliebhaber seit über hundert Jahren als für das Musikleben Dresdens unerläßlich erachtet und daher oft mit hohem persönlichen Einsatz angestrebt hatten.

Das aufblühende bürgerliche Musikleben Ende des 18. und zu Beginn des 19. Jahrhunderts war der Boden, auf dem auch der Gedanke der systematischen Ausbildung des Musikernachwuchses im Rahmen staatlicher Institutionen erwuchs.

In Dresden hatte sich zu Beginn des 19. Jahrhunderts der damalige Hofkapellmeister Francesco Morlacchi besonders dafür eingesetzt. Bereits 1814 hatte er die Gründung einer »musikalischen Bildungsanstalt« empfohlen. Doch trotz seines Hinweises, daß sich damit beträchtliche Einsparungen erzielen ließen, wurde sein Vorschlag abgelehnt. So kam es, daß im damaligen Königreich Sachsen Leipzig der Landeshauptstadt Dresden den Rang ablief. Dort gelang es Felix Mendelssohn Bartholdy 1843, ein Konservatorium zu gründen. Und da Richard Wagner vermutete, daß der Hof ein zweites Konservatorium in Sachsen aus finanziellen Gründen wiederum ablehnen würde, machte er 1849 den Vorschlag, das Leipziger Institut nach Dresden zu verlegen. »Entwurf zur Organisation eines deutschen National-Theaters für das Königreich Sachsen (1849)« nannte Richard Wagner einen Artikel, in dem er eine Verbindung der Dresdner Oper mit einer Ausbildungsstätte für Musiker nachdrücklich verfocht.

Doch auch Richard Wagners Bemühungen blieben vorerst ohne Erfolg. Die nächste Konservatoriumsgründung erfolgte 1850 in Berlin. Allerdings blieben die revolutionären Ereignisse von 1848/49 auch in Dresden nicht ohne progressive Auswirkungen. So wurde dem Antrag des Geigers und Kammermusikers der Königlichen Sächsischen Hofkapelle Friedrich Tröstler die Konzession zur Errichtung eines Konservatoriums zu erteilen, bereits nach einer Woche entsprochen. Daraufhin konnte Tröstler am 1. Februar 1856 im Gebäude der späteren Landhausstraße 11 mit zwanzig Schülern seine Bildungsanstalt eröffnen. Die Etappe, in der die Ausbildung von Musikern ausschließlich auf privater Basis durch Mitglieder der »Stadtpfeiferei« erfolgte, war damit zu Ende.

Tröstler gebührt das Verdienst, die erste musikalische Bildungsanstalt in Dresden gegründet zu haben. Diese Einrichtung zu leiten, war er jedoch – wie sich bald zeigte – nicht in der Lage. Die königliche Regierung stand der Anstalt zwar wohlwollend gegenüber, ließ es aber an der erforderlichen finanziellen Unterstützung fehlen. Und da Tröstler keine eigenen Mittel besaß, mußte die Bildungsanstalt mit Schülerhonoraren und gelegentlichen privaten Zuwendungen erhalten werden (hundert Taler kostete damals ein vollständiger Kursus in den theoretischen Fächern, Gesang, Klavier und zwei

Orchesterinstrumenten). Nach vier Jahren stand Tröstler vor dem Bankrott.

Die Rettung kam durch Johann Friedrich Pudor, der 1860 das Konservatorium aufkaufte. Er entwikkelte die Institution zu einer bedeutenden künstlerischen Lehranstalt. Gedruckte Statuten und ab 1872 Jahresberichte geben heute umfassend Aufschluß über die Entwicklung des Dresdner Konservatoriums.

Nach seinem Tod (1887) übernahm der Sohn Heinrich Pudor die Leitung des Konservatoriums. Doch die Interessen des neuen Leiters lagen mehr auf literarisch-ästhetischem als auf musikalischem Gebiet. Daher wurde die Leitung wenig später Hofkapellmeister Adolf Hagen übertragen. Reibereien zwischen dem Besitzer Pudor jr. und Hagen führten jedoch bald zum Verkauf der Anstalt.

1890 erwarb Eugen Krantz das Konservatorium. Er war dem Unternehmen seit seiner Studienzeit eng verbunden und leitete es sowohl organisatorisch als auch künstlerisch. Er setzte neue Statuten in Kraft. Danach wurde sowohl eine umfassende Ausbildung für professionelle Musiker (Komponisten, Dirigenten, Musiklehrer, Instrumentalisten und Sänger) als auch die Belegung einzelner Fächer durch Musikfreunde möglich. Krantz verfolgte das Ziel einer qualitativen wie auch der quantitativen Entwicklung. Bald studierten etwa fünfhundert Schüler und fast doppelt soviel Einzelfachschüler am Dresdner Konservatorium.

Nach dem Tod von Eugen Krantz 1898 ging das Konservatorium durch Erbschaft an seine Söhne Johannes und Curt Krantz. Bei ihnen dominierten kommerzielle Interessen. Damit entstand eine Kluft zwischen den Besitzern und den primär künstlerische Ziele verfolgenden Lehrkräften, von denen nicht wenige gleichzeitig Mitglieder der Königlich Sächsischen Hofkapelle waren. Der Ruf nach Verstaatlichung wurde unter diesen Umständen immer stärker. Doch der herannahende erste Weltkrieg lenkte die Interessen der Regierenden in andere Richtung. Der 1914 ausbrechende Krieg blieb auf die Ausbildungsqualität nicht ohne erhebliche negative Auswirkung. Der 1918 erreichte Tiefpunkt hatte allgemeine Unzufriedenheit der Musiker, Musikpädagogen und Musikliebhaber Dresdens mit den Leistungen des Konservatoriums zur Folge.

Nach den revolutionären Ereignissen von 1918 erhielt die Ausbildungsstätte zunächst einen neuen Namen: »Konservatorium für Musik und Theater zu Dresden«. Doch daraus allein ergab sich noch keine Erhöhung der als Folge des Krieges eingetretenen unbefriedigenden Qualität der Arbeit. So überrascht es nicht, daß Mitglieder der Sächsischen Staatskapelle 1923 als parallele Einrichtung zum Konservatorium die Orchesterschule der Sächsischen Staatskapelle (OSK) gründeten. Damit sollte der Nachwuchs für dieses weltberühmte Orchester mit der erforderlichen Qualität gesichert werden. Ein Teil der Lehrer und Schüler wechselte zur neu geschaffenen Bildungseinrichtung über.

Doch auch für das Konservatorium ergaben sich in den zwanziger Jahren neue Aufgabenstellungen und Impulse, zum Beispiel durch das 1924 erlassene Gesetz über die höhere Lehrerbildung in Sachsen. Danach erhielten die Konservatorien in Dresden und Leipzig wie auch das pädagogische Institut der Technischen Hochschule Dresden die Aufgabe, Musiklehrer für die höheren Lehranstalten auszubilden. Im selben Jahr übernahm Paul Büttner die künstlerische Leitung des Konservatoriums. Ihm gebührt das Verdienst, den Ruf des Dresdner Konservatoriums als einer ausgezeichneten Ausbildungsanstalt für Berufsmusiker wiederhergestellt zu haben. 1932 wurde Curt Krantz durch den Tod seines Bruders Johannes alleiniger Eigentümer des Konservatoriums.

Mit der Machtübernahme durch die Faschisten 1933 begann der Kampf künstlerisch verantwortungsbewußter Musiker gegen die Ausbreitung der faschistischen Ideologie am Konservatorium. Zunächst übernahm Staatskapellmeister Kurt Striegler die künstlerische Leitung des Instituts und verpflichtete hervorragende Mitglieder der Staatskapelle als Lehrkräfte. Aber schon 1936 wurde er durch den den braunen Machthabern nahestehenden Walther Meyer-Giesow ersetzt. Am 1. März 1937 ging das Konservatorium in den Besitz der Landeshauptstadt über. Mit der Verstaatlichung und der Beschäftigung vieler Mitglieder der Sächsischen Staatskapelle als Lehrkräfte am Konservatorium war die Orchesterschule der Sächsischen Staatskapelle überflüssig geworden. Im Oktober 1937 wurde daraufhin die OSK wieder dem Konservatorium angegliedert. Das aus dieser Vereinigung hervorgegangene Ausbildungsinstitut erhielt nun den Namen »Konservatorium der Landeshauptstadt Dresden. Akademie für Musik und Theater.« Als Folge dieser Verschmelzung reichten die in der Landhausstraße genutzten Räume für die Ausbildung nicht mehr aus. Das Konservatorium erhielt das Gebäude einer ehemaligen Volksschule am Seidnitzer Platz.

Bald stellte sich heraus, daß Walther Meyer-Giesow nicht über die erforderlichen künstlerischen und pädagogischen Qualitäten verfügte. Daher berief der Rat der Stadt Karl Böhm zum künstlerischen Leiter. Und auch in die staatliche Anstaltsleitung mußte sich Meyer-Giesow künftig mit Arthur Tröber teilen. Doch diese für die Ausbildung von Musikern positiven Veränderungen konnten sich nur kurzzeitig auswirken. Der 1939 beginnende zweite Weltkrieg setzte auch der Arbeit des Konservatoriums ein rasches Ende. Das Gebäude am Seidnitzer Platz mußte wegen Kohlenmangels und der Einberufung von Lehrern geschlossen werden. Der verbliebene Restbetrieb in anderen Gebäuden fand mit dem Inferno der Bombennacht am 13. Februar 1945 ein jähes Ende.

1945 eröffneten sich neue Perspektiven. Musikbesessene Antifaschisten, unterstützt von der Sowjetischen Militäradministration, bargen Instrumente und Noten aus den Trümmern. Herbert Meißner, Herbert Viecenz, Annemarie Rauch und Elfride Gerstenberg sowie später Theo Other und Karl Hempel waren neben anderen jene Aktivisten der ersten Stunde, denen die erstaunlich rasche Wiederaufnahme des Lehrbetriebes und die Vorbereitung der Gründung einer staatlichen Lehranstalt zu danken ist. Noch heute bewundern wir den Mut, die Kühnheit und die Selbstlosigkeit dieser Musiker und Musikpädagogen, die sich Anfang Juni 1945 im Gebäude der ehemaligen Rothermundt-Villa auf der Mendelssohnallee 34 versammelten. Am 15. Juni 1945 begann unter Leitung von Herbert Meißner der Lehrbetrieb. Und schon wenige Monate später konnte im Garten des Hauses das erste Konzert mit Mozarts Serenade *Eine kleine Nachtmusik* stattfinden. 1946 mündete der unermüdliche Einsatz der Aktivisten der ersten Stunde in die Gründung der »Akademie für Musik und Theater«, die in der Folgezeit bis 1951 von dem Komponisten Fidelio F. Finke geleitet wurde. Sie war die erste staatliche Lehranstalt mit überwiegendem Fachschulcharakter zur Ausbildung von Musikern nach dem zweiten Weltkrieg in Dresden.

Bald zeigte sich jedoch, daß die »Akademie für Musik und Theater« infolge ihres heterogenen Charakters – sie besaß neben einer Opernschule auch eine Schauspielabteilung – noch nicht die optimale Lösung zur Ausbildung des Musikernachwuchses darstellte. Erhebliche Schwierigkeiten ergaben sich auch aus der Tatsache, daß die Akademie in sich drei Ausbildungsstufen vereinigte: Musikschule als Ausbildungseinrichtung zur Vorbereitung vierzehn- bis achtzehnjähriger Jugendlicher auf die später folgende musikalische Berufsausbildung, Konservatorium (Musikfachschule) und Hochschule zur Ausbildung von Komponisten , Dirigenten und Solisten. So ergaben sich zwangsläufig besonders seit 1950 Bestrebungen, die verschiedenen Ausbildungsrichtungen und -stufen organisatorisch zu trennen und den seit langem bei weitsichtigen Musikern und Musikpädagogen bestehenden Wunsch nach einer musikalischen Hochschulausbildung in einer speziellen Bildungseinrichtung zu verwirklichen.

Am 11. November 1952, nur wenige Jahre nach der Gründung der Deutschen Demokratischen Republik, wurde der langjährige Traum Wirklichkeit. Aus den Händen der Repräsentanten des ersten deutschen Arbeiter-und-Bauern-Staates nahm Karl Laux (1896–1978) die Gründungsurkunde der Staatlichen Hochschule für Musik und seine Berufung zu ihrem ersten Direktor entgegen. Nach fast einhundert Jahren wechselvoller Geschichte der musikalischen Bildungsanstalten in Dresden eröffneten sich damit grundlegend neue Möglichkeiten berufsmusikalischer Ausbildung für alle Talente bis zum Hochschulabschluß. Als Unterbau für die neu geschaffene Hochschule wurden Musikschule und Konservatorium verselbständigt. Oskar Halfter (bis 1954) und danach Walter Bänsch leiteten als Direktoren diese beiden zu einer Einheit zusammengefaßten Einrichtungen. Ungeachtet der organisatorischen Trennung blieben glücklicherweise verbindende Elemente erhalten. Alle Ausbildungsstufen bzw. -einrichtungen wurden in einem »Kombinat« zusammengefaßt. Musikschule und Konservatorium erhielten ein wieder aufgebautes ehemaliges Internatsgebäude auf der Blochmannstraße, während die Hochschule in dem schon bisher von der »Akademie für Musik und Theater« genutzten Gebäude in der Mendelssohnallee untergebracht wurde.

Dreihundertachtundsechzig junge Menschen, künftige Komponisten, Dirigenten, Sänger, Orchestermusiker, Pianisten und Musikpädagogen, studierten während des Studienjahres 1952/53 im Direktstudium an der neu gegründeten Hochschule. Die international bekannten Pianisten und Hochschullehrer Eva Ander und Rudolf Dunckel, der Chefregisseur der Berliner Staatsoper Erhard Fischer, der Chefregisseur der Staatsoper Dresden Joachim Herz, der Leiter der Dresdner Tanzsinfoniker Günter Hörig, der ehemalige Rektor der Dresdner Musikhochschule und Präsident des Komponistenverbandes der DDR Siegfried Köhler, der Dirigent der Berliner Staatsoper Siegfried Kurz, der ehemalige Rektor der Hochschule und jetzige Intendant der Semperoper Gerd Schönfelder und der weltbekannte Tenor Peter Schreier sind einige jener Studenten der fünfziger Jahre, die heute in führenden Positionen das Musikleben unseres Landes mit prägen.

Doch die Gründung der Hochschule für Musik war nicht nur eine Namens- und Strukturänderung. Sie bedeutete vor allem einen qualitativ neuen Anspruch für Erziehung und Ausbildung an einer sozialistischen Musikhochschule. Die Hochschulgründung war Bestandteil der Neuorganisation des Hochschulwesens in der DDR. Das hatte auch zur Folge, daß die Musikerausbildung nicht mehr wie bisher häufig einseitig auf den Erwerb von Fertigkeiten auf einem oder mehreren Instrumenten konzentriert werden konnte, sondern daß sie auf ein wissenschaftliches Fundament gestellt werden mußte. Folgerichtig wurde der Entwicklung solcher wissenschaftlicher Disziplinen wie den drei Kursen des Marxismus-Leninismus, der Musikgeschichte, der Allgemeinen Ästhetik und der Musikästhetik wie auch den Fremdsprachen immer größere Aufmerksamkeit gewidmet. Im Ergebnis dieser Entwicklung entstand 1958 auch an der Dresdner Musikhochschule wie an allen anderen Universitäten und Hochschulen der DDR das Prorektorat für Gesellschaftswissenschaften. Heinz Simon wurde zum ersten Prorektor für Gesellschaftswissenschaften in der Geschichte der Hochschule berufen.

Ungeachtet der Vielfalt der Ausbildungsfächer wirkte in der neu geschaffenen Musikhochschule die Tradition der Orchesterschule der Sächsischen Staatskapelle profilbestimmend. Den Nachwuchs für Staatskapelle und Philharmonie auszubilden, und zwar überwiegend durch Mitglieder dieser beiden weltberühmten Orchester, die zugleich als Lehrbeauftragte tätig waren und sind, fühlte sich unsere Musikhochschule von Anfang an in besonderem Maße verpflichtet. Liegt doch die einmalige, vielgerühmte Homogenität des Klangs der Staatskapelle unter anderem darin begründet, daß die in diesem Orchester wirkenden Musiker seit Jahrhunderten von den Kapellmitgliedern der jeweils vorangegangenen Generation ausgebildet wurden. Dieser Verpflichtung ist unsere Hochschule seit ihrer Gründung vollauf gerecht geworden. Über neunzig Prozent der Mitglieder der Dresdner Staatskapelle und nun auch schon mehr als siebzig Prozent der Musiker der Dresdner Philharmonie sind in Dresden ausgebildet worden. In unserem sozialistischen Staat wurde auch diese jahrhundertealte musikkulturelle Tradition auf der Ebene einer staatlichen Musikhochschule erfolgreich fortgesetzt. Mit der Verleihung des Ehrennamens »Carl Maria von Weber« am 22. November 1959 fanden die Leistungen der Hochschule hohe Anerkennung.

Ende der fünfziger und zu Beginn der sechziger Jahre wurden der Hochschule durch die stürmische Entwicklung unseres Landes, das gerade den Prozeß des Aufbaus der Grundlagen des Sozialismus zum Abschluß brachte, neue Aufgaben gestellt.

Nicht nur, daß der Krieg große personelle Lücken in die nunmehr auf dem Boden der DDR wirkenden Theater und Orchester gerissen hatte, auch Neugründungen von Musikinstitutionen sowie deren Erweiterung verlangten nach mehr ausgebildeten Musikern. So erfuhr das Direktstudium 1958 seine notwendige Ergänzung durch ein Fern- und Abendstudium, das auch jungen Werktätigen, die über laienkünstlerische Betätigung ohne systematisches Studium zu Berufsmusikern geworden waren, einen Fach- oder Hochschulabschluß ermöglicht.

Gleichzeitig wurde auch die Diskrepanz zwischen den objektiv bedingten Anforderungen und dem Vorhandenen auf dem Gebiet der Tanz- und Unterhaltungsmusik immer spürbarer. So mußte 1962 mit der Ausbildung von Tanzmusikern begonnen werden, dem dringenden Bedürfnis nach Ausprägung sozialistischer Positionen und hoher künstlerischer Qualität in diesem äußerst massenwirksamen Bereich der Musik Rechnung tragend.

Schließlich entsprach auch der erwähnte »Unterbau« in Gestalt von Konservatorium und Musikschule immer weniger den gewachsenen Anforderungen. Nachdem für Musiker die Hochschulausbildung als unerläßliche Bedingung und anzustrebendes Ziel festgelegt worden war, erfolgte 1965 die Auflösung der Konservatorien in der DDR. Das ehemalige Dresdner Konservatorium ging als Fachschulteil vorübergehend in die Hochschule für Musik ein, und aus der Musikschule wurde im gleichen Jahr die Spezialschule für Musik als Abteilung der Hochschule. Dabei veränderte sich zugleich die Aufgabenstellung für diese Institution. Ging es in der Musikschule lediglich darum, vierzehn- bis achtzehnjährige Jugendliche auf den Besuch des Konservatoriums oder der Hochschule vorzubereiten, war die neu geschaffene Spezialschule für Musik gleichzeitig eine zehnklassige Polytechnische Oberschule, die Kindern und Jugendlichen im Alter von etwa zwölf bis siebzehn Jahren die erforderliche Allgemeinbildung nach einem modifizierten Lehrplan vermittelte. Für hundert musikalisch besonders talentierte Kinder erfolgte damals ab Klasse sieben (heute ab Klasse sechs) bereits durch Lehrkräfte der Hochschule im jeweiligen musikalischen Hauptfach, besonders in allen Instrumentalfächern, die Vorbereitung auf den Besuch der Hochschule. Auf dem Gebiet der Allgemeinbildung wurde der Abschluß der zehnten Klasse im Verlauf von elf Schuljahren erreicht. Dabei fand der Umstand Berücksichtigung, daß die Spezialschüler täglich etwa drei bis vier Stunden üben müssen. Als Folge dieser Maßnahme ergab sich auch eine Ortsveränderung: Die Spezialschule erhielt das ehemalige Hochschulgebäude auf der Mendelssohnallee als Domizil. Zur ersten Direktorin wurde Elfride Gerstenberg berufen. Die Hochschule erhielt das Gebäude des ehemaligen Konservatoriums und der Musikschule in der Blochmannstraße als Hauptgebäude. Der in die Hochschule integrierte Fachschulteil lief 1971 aus.

Mit diesen Veränderungen fand Ende der sechziger Jahre die Periode der Konstituierung der Hochschule und der Schaffung eines alle wesentlichen Aspekte berücksichtigenden musikalischen Ausbildungssystems in unserem Land und in der Stadt Dresden seinen Abschluß.

Unter dem Rektorat von Siegfried Köhler (1927–1984) konnten neue, höhere Aufgaben in Angriff genommen werden. Immer mehr wurde die Hochschule zu einem bedeutenden Faktor des Musiklebens der Stadt Dresden und darüber hinaus. Regelmäßig fanden jede Woche Kammerkonzerte in der Aula statt. Das Hochschulsinfonieorchester trat mindestens dreimal jährlich im Kongreßsaal des Hygienemuseums mit oft gewichtigen Werken an die Öffentlichkeit. So erklangen beispielsweise am 23. März 1979 Antonin Dvořáks *Siebente Sinfonie* und am 12. März 1980 neben Sergej Rachmaninows *Konzert für Klavier und Orchester Nr. 2* sogar *Till Eulenspiegels lustige Streiche* von Richard Strauss. Schulkonzerte und Opernstunden bereicherten das Musikleben der Elbestadt. Fast jedes Jahr wurde eine neue Oper inszeniert und im Kleinen Haus der

Dresdner Staatstheater oder im Operettentheater mehrfach aufgeführt. Musikstudenten saßen auch als Praktikanten und Substituten an den Pulten der Dresdner Staatskapelle, der Philharmonie und anderer Orchester, sangen im Chor oder sogar schon solistisch auf den Opernbühnen, wirkten als Korrepetitoren oder Kapellmeister an verschiedenen Musiktheatern der DDR. Im November 1972 bestritt unsere Hochschule aus Anlaß des zwanzigjährigen Bestehens erstmals eine zweieinhalbstündige Live-Sendung im Abendprogramm des Fernsehens der DDR. Die Zusammenarbeit mit dem Fernsehen der DDR wurde 1974 mit einem Galakonzert anläßlich des 25. Jahrestages der Gründung der DDR im Festsaal des Kulturpalastes Dresden fortgesetzt. Studenten der Hochschule standen neben ihren Lehrern und ehemaligen Studenten, die inzwischen weltberühmte Künstler geworden waren, auf dem Podium.

Doch die Hochschule widmete sich nicht nur der Pflege unseres humanistischen Erbes. Die Aufgeschlossenheit gegenüber dem Neuen fand in der Gründung des Studios »Neue Musik im Gespräch« 1974 seinen Ausdruck. Studenten und Lehrkräfte stellen seitdem im Rahmen der Studioarbeit Werke der neuesten Produktion zur Diskussion und tragen damit zur Musikentwicklung wie auch zur ästhetischen Urteilsfindung bei.

Als Folge dieser Entwicklung der berufspraktischen Arbeit wuchsen auch die Anforderungen an unsere Dirigierstudenten und Korrepetitoren. Daraus ergab sich die Entscheidung, im Jahre 1979 eine selbständige Abteilung Dirigieren/Korrepetition ins Leben zu rufen. Der Organismus der Hochschule erwies sich auch jetzt noch als dynamische Größe, die mit ihren Aufgaben wuchs und den Erfordernissen der Praxis stets Rechnung zu tragen bemüht war.

Nicht nur die »Klassischen Abteilungen« wirkten in der Öffentlichkeit. Ab 1974 trat die Abteilung Tanz- und Unterhaltungsmusik mit der Veranstaltungsreihe »Die Orgel von Bach bis zum Beat« auf. Diese vom Leiter der Abteilung Tanz- und Unterhaltungsmusik Harald Greß geschaffene Demonstration der vielfältigen Einsatzmöglichkeiten und Wirksamkeit der »Königin der Instrumente« und anderer Tasteninstrumente, bei der Lehrkräfte, Absolventen und Studenten zusammenwirkten, fand nicht nur im Dresdner Kulturpalast, sondern auch in anderen Bezirksstädten ein begeistertes Publikum. Die Anerkennung blieb nicht aus. 1978 wurde die Veranstaltung auf der Leistungsschau der Unterhaltungskunst mit einer Goldmedaille ausgezeichnet. Der außerordentliche Erfolg ermutigte unsere Abteilung Tanz- und Unterhaltungsmusik zur republikweiten Präsenz. 1976 bestritt sie allein eine Fernsehsendung mit dem Titel »Haste Töne«.

Auch die wissenschaftliche Arbeit nahm in diesen Jahren einen bedeutenden Aufschwung. Hier wäre an erster Stelle die stimmphysiologische Forschung zu nennen, die sich seit Anfang der sechziger Jahre, in einem Studio für Stimmforschung institutionalisiert, unter Leitung von Harry Schwickardi, unterstützt von den Medizinern Michael Flach und Johann-Georg Heidelbach immer stärker entwickelt hatte. Die enge Kooperation von Musikhochschule und Medizinischer Akademie trug hier gute Früchte. Beginnend mit dem Jahr 1972, stellte die Hochschule die Ergebnisse ihrer wissenschaftlichen Arbeit in Arbeitstagungen, Kolloquien und Konferenzen einer breiten, oft internationalen Öffentlichkeit vor. 1974 wurde die Schriftenreihe der Hochschule für Musik »Carl Maria von Weber« Dresden als Publikationsorgan für die auf den wissenschaftlichen Veranstaltungen gehaltenen Referate und Diskussionsbeiträge vom damaligen Prorektor für Gesellschaftswissenschaften Günther Stephan geschaffen. Diese beachtliche wissenschaftliche Arbeit führte schließlich 1974 zur Gründung einer selbständigen Abteilung Musikwissenschaft.

Auf der Grundlage dieser Leistungssteigerung wuchs auch die internationale Ausstrahlung der Dresdner Musikhochschule. Der Abschluß von Freundschaftsverträgen mit dem Konservatorium »Nikolai Rimski-Korsakow« in Leningrad 1969 und der Musikhochschule Wrocław 1973 sowie die Wiederaufnahme der Kontakte zur Hochschule für musische Künste Bratislava 1972 manifestierten auch im Bereich der Musikausbildung die Vertiefung der

Partnerschaftsbeziehungen zwischen Kultureinrichtungen von Ländern der sozialistischen Staatengemeinschaft. Aufgrund dieser Verbindungen kam es zur engen künstlerischen und wissenschaftlichen Zusammenarbeit mit den genannten Institutionen. Jedes Jahr findet seitdem ein Austausch von Studentendelegationen statt. Lehrkräfte unterrichten für kürzere oder längere Zeit an der Partnerhochschule oder nehmen an wissenschaftlichen Veranstaltungen teil.

Als im Oktober 1980 der langjährige Rektor Siegfried Köhler sein verantwortungsvolles Amt dem Musikwissenschaftler Gerd Schönfelder (geb. 1936) übergab, konnte er auf eine erfolgreiche Entwicklung unserer Hochschule zurückblicken, die zugleich zum Ausgangspunkt für die achtziger Jahre wurde.

Auf diesem Fundament stehend, ging der neue Rektor daran, das Erreichte weiter auszubauen. Zunächst kam es darauf an, die Arbeitsbedingungen für die inzwischen auf über fünfhundert Studenten (Fern- und Abendstudenten eingeschlossen) und fast zweihundert Spezialschüler angewachsene Lehranstalt gemeinsam mit den Partei- und Staatsorganen des Bezirkes und der Stadt Dresden wesentlich zu verbessern. Im Ergebnis dieser Bemühungen erhielt die Hochschule ein zusätzliches Gebäude mit über vierzig Arbeits- und Unterrichtsräumen am Fritz-Heckert-Platz, das vorher von einer zehnklassigen Polytechnischen Oberschule genutzt worden war. Das bedeutete für die Orchesterabteilung, die Abteilungen Komposition/Tonsatz, Tanz- und Unterhaltungsmusik, Marxismus-Leninismus und Musikwissenschaft sowie das Fernstudium den Umzug in eine neue Arbeitsstätte. Auf der Blochmannstraße verblieben das Rektorat, das Prorektorat für Erziehung und Ausbildung, die Verwaltung und die Abteilungen Gesang, Dirigieren/Korrepetition und Klavier.

Unter diesen erheblich verbesserten Bedingungen war es nun möglich, die Anforderungen an das Niveau von pädagogischer, wissenschaftlicher und künstlerischer Arbeit weiter zu erhöhen.

Ende 1984 wurde Gerd Schönfelder mit der Leitung der wiederaufgebauten Semperoper betraut. Im Zusammenhang mit der Übernahme dieser verantwortungsvollen Aufgabe übergab er die Leitung der Hochschule dem ersten Prorektor und Professor für Violine Dieter Jahn (geb. 1937), der im September 1985 vom Minister für Kultur in das Amt des Rektors berufen wurde.

Der neue Rektor unterstützt tatkräftig alle Aktivitäten sowohl auf künstlerischem als auch auf wissenschaftlichem Gebiet und löst zugleich neue Initiativen aus. So konnte z. B. 1985 mit der räumlichen Fertigstellung des Studios für elektronische Klangerzeugung in Zusammenarbeit mit der Technischen Universität Dresden der kontinuierliche Ablauf in der Ausbildung und der wissenschaftlichen Arbeit auf diesem Gebiet aufgenommen werden. Es ist das erste Studio für elektronische Klangerzeugung an einer Musikhochschule unseres Landes.

Zieht man die Bilanz der Leistungen der Hochschule auf wissenschaftlichem, pädagogischem und künstlerischem Gebiet, so überrascht es nicht, daß von der Hochschule für Musik »Carl Maria von Weber« gewichtige Beiträge für die 1978 erstmals stattfindenden Dresdner Musikfestspiele erwartet wurden. Wieder stand die Hochschule vor neuen Anforderungen, denen nur durch höhere Leistungen entsprochen werden konnte. Lehrkräfte wie Studenten stellten sich diesen neuen Aufgaben mit Einsatzbereitschaft, ja Besessenheit und Freude, wurde doch mit dem Auftreten im Rahmen der Dresdner Musikfestspiele für viele die Möglichkeit geschaffen, künstlerisches Leistungsvermögen einer internationalen Öffentlichkeit zu demonstrieren. Besonders unsere Operninszenierungen waren geeignet, über hundert Studierenden als Dirigenten, Sängern und Orchestermusikern Auftrittsmöglichkeiten zu bieten. Unvergessen bleibt die Inszenierung der Oper *Il Campiello* von Ermanno Wolf-Ferrari durch Joachim Zschech, die im Rahmen der ersten Dresdner Musikfestspiele am 31. Mai 1978 Premiere hatte. Dieses musikalische Lustspiel erwies sich als besonders geeignet, zahlreichen Gesangsstudenten unterschiedlicher Stimmlage dankbare Aufgaben zu stellen. Doppelbesetzungen erweiterten noch die Auftrittsmöglichkeiten für unsere künftigen Opernsänger.

Auf Wolf-Ferrari folgte Wolfgang Amadeus Mozart. *Die Gärtnerin aus Liebe* war der Beitrag der Musikhochschule zum Opernprogramm der vierten Dresdner Musikfestspiele 1981. Auch diese, vom erst achtzehnjährigen Mozart geschaffene Oper, ist zur Aufführung für junge Künstler besonders geeignet. Erneut inszenierte Joachim Zschech dieses vom Libretto her etwas komplizierte Werk. Er schuf eine Spielfassung, die durch Konzentration auf das Wesentliche eine straffe und überschaubare Handlungsführung sicherte. Danach wendete sich die Hochschule dem zeitgenössischen Schaffen zu. Mit *Meister Mateh* konnten wir im Mai 1983 im Rahmen der sechsten Dresdner Musikfestspiele nach langer Pause wieder die Uraufführung einer von einem Studenten als Diplomarbeit geschriebenen Oper – Auftragswerk des Zentralrates der FDJ – erleben. Jan Trieder, Schüler von Udo Zimmermann, der mit der Fassung der *Weißen Rose* von 1967 die erste in der Geschichte der Hochschule von einem Studenten als Diplomarbeit komponierte Oper zur Uraufführung hatte bringen können, schuf die Musik, Carsten Ludwig das Libretto. 1984 erklang besonders zur Freude der Kinder *Das musikalische Nashorn* von Ralf Hoyer. Der Student Olaf Henzold dirigierte und Carla Weckeßer inszenierte das Werk. Angeregt durch den Erfolg von *Meister Mateh* schrieb Stefan Kaden die Oper *Prinzessin Hochmut*. Mit der Uraufführung dieses Werkes eines Absolventen und ehemaligen Meisterschülers von Siegfried Köhler leistete die Hochschule ihren Opernbeitrag zu den achten Dresdner Musikfestspielen 1985. Das Leitthema der zehnten Dresdner Musikfestspiele – Die italienische Oper in Dresden – orientierte uns auf das reiche Opernschaffen des Ursprunglandes dieser Kunstgattung. Gaëtano Donizettis *Il Campanello* und Ferruccio Busonis 1917 geschriebene Oper *Arlecchino* wurden für das Jubiläumsjahr der Dresdner Musikfestspiele ausgewählt und von Klaus Kahl inszeniert.

Neben den Opernaufführungen boten vor allem die Konzerte des Hochschulsinfonieorchesters vielen Studenten Bewährungsmöglichkeiten. So erklangen zu den ersten Dresdner Musikfestspielen unter der Leitung von Rudolf Neuhaus unter anderem der Walzer aus der Oper *Der Rosenkavalier* von Richard Strauss, Carl Maria von Webers *Konzert für Klavier und Orchester Nr. 2* mit Eva Ander, Professor für Klavier an unserer Hochschule, als Solistin, das *Konzert für Horn und Orchester Es-Dur,* op. 11 von Richard Strauss mit dem Solisten Peter Damm, Mitglied der Dresdner Staatskapelle und Professor für Horn an unserer Hochschule sowie das Vorspiel zur Oper *Die Meistersinger von Nürnberg* von Richard Wagner. Zu einem nachhaltigen Erlebnis wurde am 25. Mai 1982 die DDR-Erstaufführung des Volksoratoriums *Axion Esti* unter Leitung des Komponisten Mikis Theodorakis durch das Hochschulsinfonieorchester, den Beethoven-Chor, den FDJ-Chor der EOS Kreuzschule und den Kinderkammerchor der Dresdner Philharmonie. Und auch unsere jüngsten Musiker, die Schüler der Spezialschule für Musik, wollten nicht zurückstehen. Unter Leitung von Klaus-Dieter Stephan spielte das Jugendsinfonieorchester am 5. Juni 1982 im Zwinger u. a. das *Concerto grosso Op. 3 Nr. 1* von Georg Friedrich Händel, Johannes Paul Thilmans *Sieben Tänze für großes Orchester* op. 52 und Dimitri Kabalewskis *Konzert für Violine und Orchester C-Dur* mit dem Solisten Conrad Muck, einem Schüler unserer Spezialschule. Als Beitrag zum Weber-Jahr erklang schließlich am 24. Mai 1986 Webers *Klavierkonzert Nr. 1* mit Eva Ander als Solist, unter Leitung von Volker Rohde, sowie *Abu Hassan* in einer konzertanten Opernaufführung, dirigiert von Gerd Herklotz.

Bereits in diesen Opern- und Konzertprogrammen wird deutlich, daß unsere Hochschule sowohl der Pflege des humanistischen Kulturerbes auf dem Gebiet der Musik große Aufmerksamkeit widmet, als auch das neue sozialistische Musikschaffen mit allen Kräften fördert. Das Letztere fand besonders in der Wirksamkeit des Studios »Neue Musik im Gespräch« während der Dresdner Musikfestspiele unübersehbaren Ausdruck. Mit Siegfried Köhler *(Konzert für Cembalo und Orchester)* und Wilfried Krätzschmar *(Anakreontische Phantasie)* waren bereits

1978, im ersten Jahr des Bestehens der Dresdner Musikfestspiele, namhafte Hochschullehrer als Komponisten in Konzerten des Studios vertreten. Großes Interesse erregte auch 1986 die Uraufführung der Kollektivkomposition *Neue Metamorphosen Carl Maria von Weberscher Themen* von Wilfried Krätzschmar, Wolfgang Strauß und Manfred Weiss, eines Auftragswerks der Dresdner Musikfestspiele. Manfred Weiss leitet als Nachfolger von Karl-Rudi Griesbach seit 1981 die Abteilung Komposition/Tonsatz, Wolfgang Strauß seit 1983 das Studio. Wie bereits ein Blick auf die Opernbeiträge der Hochschule gezeigt hat, ist das zeitgenössische Musikschaffen nicht nur im Rahmen der Veranstaltungsreihe des Studios »Neue Musik im Gespräch« präsent. Die Dresdner Staatsoper, die Staatskapelle Dresden und die Dresdner Philharmonie haben nicht wenige Werke unserer Professoren und Dozenten für Komposition während der Musikfestspiele aufgeführt. Als Beispiel dafür seien hier die Uraufführungen der *Sinfonia come un grande lamento* von Udo Zimmermann durch die Staatskapelle 1978 und Siegfried Köhlers fünfte Sinfonie *Pro Pace* 1984 durch die Philharmonie genannt. 1986 wurden die neunten Dresdner Musikfestspiele mit der Uraufführung der *Partita für Klavier* von unserem Emeritus Karl-Rudi Griesbach, eines Auftragswerkes der Direktion Dresdner Musikfestspiele, interpretiert von Amadeus Webersinke, langjähriger Leiter der Klavierabteilung unserer Hochschule, eröffnet.

Doch damit ist das Engagement der Hochschule bei den Dresdner Musikfestspielen noch bei weitem nicht erschöpft. Jedes Jahr waren unsere Professoren Theo Adam und Peter Schreier mit Liederabenden präsent. Darüber hinaus traten Peter Schreier auch als Dirigent und Theo Adam als Regisseur in Erscheinung. Unvergessen bleibt die Aufführung der *Matthäuspassion* 1985 mit Peter Schreier als Sänger (Evangelist) und Dirigent. Nicht weniger haben unsere Professoren Ludwig Güttler und Manfred Scherzer zum Gelingen der Musikfestspiele beigetragen. Ludwig Güttler, weltberühmter Trompetensolist, Leiter der Meisterklasse für Blechbläser, spielte unter anderem mit seinem Blechbläserensemble 1983 in der Albrechtsburg in Meißen und im Schloßpark Pillnitz in zauberhafter Umgebung von Architektur und Landschaft Werke von Claudio Monteverdi, Hans Leo Haßler, Andrea Gabrieli und Rainer Lischka. Letztgenannter – Lehrkraft an unserer Hochschule – war mit einem Auftragswerk, das uraufgeführt wurde, vertreten. Auch Manfred Scherzer, Leiter einer Meisterklasse für Violine, fühlt sich sowohl den alten Meistern als auch unserer zeitgenössischen Musik verbunden. In den Programmen des von ihm geleiteten Dresdner Kammerorchesters finden sich sowohl Werke von Johann Sebastian Bach und Wolfgang Amadeus Mozart als auch Uraufführungen. Eng ist die Zusammenarbeit des Dresdner Kammerorchesters mit Ekkart Haupt, Soloflötist der Staatskapelle Dresden und Lehrer für Flöte an unserer Hochschule. Er und Johannes Walter, der ebenfalls Soloflötist der Staatskapelle Dresden und Lehrer für Flöte an unserer Hochschule ist, tragen mit ihrem Können und hohem persönlichen Einsatz dazu bei, daß der Flötenliteratur während der Musikfestspiele das erforderliche Gewicht zukommt. Und auch ohne Peter Rösels Solokonzerte sind die Dresdner Musikfestspiele kaum denkbar. Sein Auftreten trägt wesentlich mit dazu bei, dem großen Musikfestival in Dresden internationalen Glanz zu verleihen. Als Professor für Klavier gehört auch er zum Lehrköper der Hochschule für Musik.

Doch nicht nur auf künstlerischem Gebiet ist unsere Hochschule im Rahmen der Dresdner Musikfestspiele in Erscheinung getreten. Die notwendige Einheit von Kunst und Wissenschaft unter Beweis stellend, organisierte die Abteilung Musikwissenschaft gemeinsam mit der Direktion Dresdner Musikfestspiele und dem Kulturbund der DDR ab 1981 jährlich eine internationale wissenschaftliche Konferenz zum Thema: »Die Rolle der romantischen Musik bei der Herausbildung eines demokratischen Nationalbewußtseins.« Mehr als zwei Dutzend Referenten aus zehn Ländern untersuchten, angeregt durch das einleitende Referat von Gerd Schönfelder, ein kulturhistorisches Phänomen, das zu den widersprüchlichsten Erscheinungen europäischer Kulturgeschichte gehört. Gleichzeitig intensivierte die Abteilung Musikwissenschaft unter Leitung von Hans John die bereits Ende der siebziger Jahre begonnene systematische Erforschung der Musikgeschichte der Stadt Dresden und stellte Ergebnisse dieser Arbeit seit 1985 in einer Serie bis 1990 geplanter internationaler wissenschaftlicher Konferenzen zu »Dresdner Operntraditionen« der Öffentlichkeit vor.

Vieles muß hier ungenannt bleiben, wie beispielsweise die vielfältige Mitwirkung von Hochschulangehörigen beim musikalischen Volksfest »Dresden singt und musiziert«. Hervorzuheben ist die Wechselwirkung zwischen der Entwicklung der Hochschule und den steigenden Anforderungen, die sich aus der Mitwirkung bei den Musikfestspielen für Studenten und Lehrkräfte ergeben. Der internationale Charakter der Festspiele zwingt der Hochschule höhere Maßstäbe auf, verlangt von jedem, der auftritt, höchste künstlerische Leistung und macht dem Hochschullehrer seine Vorbildfunktion gegenüber dem Studenten deutlicher bewußt. Damit erweisen sich die Musikfestspiele als unersetzbarer Faktor zur Steigerung der wissenschaftlichen, pädagogischen und vor allem künstlerischen Leistungen aller Hochschulangehörigen. Mit der wachsenden Leistungsfähigkeit wird die Hochschule immer besser in die Lage versetzt, die steigenden kulturellen Bedürfnisse unserer Werktätigen wie auch der ausländischen Gäste unseres Landes immer besser zu befriedigen, und auf diese Weise einen höheren Beitrag zur Vertiefung der freundschaftlichen Beziehungen zu allen Völkern als Ausdruck der Friedenspolitik unseres Staates zu leisten.

Dresdner Laienchöre mit dem Orchester der Hochschule für Musik
nach der Aufführung von Mikis Theodorakis' *Axion Esti*
unter Leitung des Komponisten mit Solisten

Gret Palucca im Kreise ihrer Schüler nach einem ihr zu Ehren veranstalteten Tanzabend

PETER JARCHOW

Die Palucca Schule Dresden

Der moderne Tanz hat seine Wurzeln unter anderem im Protest gegen althergebrachte, erstarrte Formen des Tanzens. Im Andersdenken und Andersfühlen brachte der Drang, anders sein zu wollen, die modernen Tänzer dazu, neue Positionen zum eigenen Körper, dem Instrument des Tänzers, zu beziehen, ebenso die Verwendung der Musik neu zu durchdenken, das Kostüm (ehemals Korsett und Spitzenschuh) gänzlich zu verändern. Neue Bewegungen, neue Möglichkeiten des Ausdrucks, neue Themen kamen auf den Plan, geboren aus den gesellschaftlichen Widersprüchen ihrer Zeit.

Ihren künstlerischen Zielen waren die modernen Tänzer mit Leib und Seele verschrieben. Sie ließen nichts aus, um sich mitzuteilen, um ihre Standpunkte und Tänze zu verkünden. Möglichkeiten boten sich bei Tanzabenden, aber auch das Unterrichten erwies sich als ein geeignetes Podium, intensiv und nachhaltig ihre Meinungen zu verbreiten.

So erklären sich die Eigenschaften der modernen Tänzer: Die Suche nach individueller Begabung und das Behaupten ihrer Künstlerpersönlichkeit gegenüber der verachteten alten Tanzpraxis, aber auch gegenüber ihren Kollegen im modernen Tanz; letzteres wegen der bedrohlichen Konkurrenz vielleicht noch eigensinniger und verbitterter. Die Untrennbarkeit von Unterrichten und Aufführen ist ebenfalls ein Wesensmerkmal moderner Tänzer.

Innerhalb des modernen Tanzes verdient Gret Palucca eine besondere Würdigung. Hier sei nur erwähnt, daß in ihrer Tänzer- und Pädagogenlaufbahn eben Beschriebenes nachweisbar ist. Ihre Begabung konnte bei Heinrich Kröller im Klassischen Tanz nicht aufbrechen, sie mußte zunächst den Glauben an ihr Leben mit Tanz verlieren.

Erst die Begegnung mit Mary Wigman brachte ihr Leben in das richtige Gleis, und Wigmansche Kunst und Unterrichtsmethodik fachten ihre ureigene Begabung an. In späteren Choreographien ist aber nachweisbar, daß sie eine andersgeartete Persönlichkeit war als Mary Wigman, und es war folgerichtig, daß Palucca, als sie das Andersdenken und Andersfühlen in sich spürte, von Mary Wigman sich trennte, eigene Tanzabende gab, eine eigene Schule gründete und auch mit einer eigenen Tanzgruppe arbeitete. Als Palucca dies tat, war sie dreiundzwanzig Jahre alt.

Privatschulen der zwanziger Jahre sind kaum vergleichbar mit staatlichen Ballettschulen heutiger Prägung. Aber Stundenpläne und Abschlußzeugnisse der Palucca Schule Dresden weisen bereits in den ersten Jahren die Dreiteilung des Lehrangebotes auf, die heute noch bestimmend ist und nur zum Schaden der Studenten verletzt werden kann: Einmal die tanzpraktischen Fächer, zum anderen die theoretischen Disziplinen und letztlich die Tanzpraxis vor Publikum auf der Bühne.

Von den Schülern der Palucca Schule sei aus dieser Zeit Marianne Vogelsang genannt, ebenfalls eine bedeutende Tänzerin, Choreographin und Pädagogin und in allem eine kühne Verfechterin des modernen Tanzes. Ihre *Fünf Präludien* aus dem Wohltemperierten Klavier von Johann Sebastian Bach hat Arila Siegert in ihrem Soloabend *Gesichte* (aus der Kammertanzreihe *Kontraste* der Staatsoper

Dresden) in der Einstudierung des Vogelsang-Schülers Manfred Schnelle übernommen.

1939 wurde die Unterrichtstätigkeit Paluccas unterbrochen. Die Nazis schlossen ihre Schule.

Die Bombennacht des 13. Februar 1945 vernichtete Paluccas Wohnung und Übungsraum, Bibliothek, Archiv und Kostüme ihrer Tänze, nicht aber ihren Willen und ihre Kraft, den modernen Tanz zu verbreiten. Sie nagelte Zettel an Bäume und Zäune: »Palucca unterrichtet wieder«. Bereits im Juni 1945 hat sie ihre Schule wieder eröffnet.

Es ist heute schwer vorstellbar, was es bedeutete, in der Not nach dem Kriege eine Privatschule für Tanz zu betreiben, aber man sollte daran erinnern, wie trotz mangelnder Kleidung und Nahrung, oft in ungeheizten Räumen, mit Begeisterung und Hingabe gelernt und gearbeitet wurde und außergewöhnliche Ergebnisse entstanden.

Palucca leitete ihre Schule, unterrichtete und gab eigene Tanzabende. Letzteres auch, um finanzielle Lücken im Schulbetrieb auszugleichen.

1949 wurde die Palucca Schule Dresden eine staatliche Fachschule für künstlerischen Tanz. Der Weg, den Palucca 1925 begann, wurde unter neuen Bedingungen und mit neuem Profil weitergeführt. Die Schule entwickelte sich zu einer bedeutenden Stätte tänzerischer Ausbildung für die DDR mit internationaler Beachtung und Anerkennung. Dafür sprechen auch zwei Schulneubauten (1955 und 1982). Die Schule verfügt jetzt über sechs Ballettsäle, Fachkabinette für Unterricht der Allgemeinbildung und nutzt mehrere Villen als Internate rund um den Basteiplatz.

Gemäß den Anforderungen der Theater, die als Grundlage ihres Ballettrepertoires Werke des klassischen Erbes erarbeiteten, bekam das Unterrichtsfach Klassischer Tanz seit 1950 einen immer höheren Stellenwert in der Ausbildung. Das Jahr 1960 kann markiert werden. Seit dieser Zeit unterrichten sowjetische Gastdozenten im Fach Klassischer Tanz, und Pädagogen der Schule haben Gelegenheit, an den Ballettschulen von Moskau oder Leningrad ihr Wissen und Können zu erweitern.

Wichtiger Bestandteil der Ausbildung sind praktische Einsätze der Schüler und Studenten in Inszenierungen der Staatsoper Dresden. So sind fast fünfzig Lernende in *Schwanensee* beschäftigt und gewinnen wichtige Erfahrungen für ihren Beruf.

Die nunmehr achtjährige Studienzeit ermöglicht eine gediegene tanzpraktische Ausbildung in den Hauptfächern Klassischer Tanz und Neuer Künstlerischer Tanz, ergänzt durch Folklore und Jazztanz, den Zehnklassenabschluß der Polytechnischen Oberschule und schließt Praktika und eigene Schulprogramme ein. Auch wenn die Ballettschulen in der DDR gleich strukturiert sind, so hat die Palucca Schule Dresden ihr eigenes Profil behalten und unter wechselnden Bedingungen ausbauen können. Zweifellos liegen diese Besonderheiten im Fach Neuer Künstlerischer Tanz (NKT) und in der Person Paluccas begründet.

Das Klima, das als freundlich, aufgeschlossen und kreativ bezeichnet wird, prägen Palucca und ihre Mitarbeiter durch täglichen Einsatz. Der Verfasser weiß aus zehnjähriger Arbeit an diesem Institut um die Bedeutung unermüdlicher konsequenter Haltung gegenüber scheinbar kleinen Nebensächlichkeiten. Vom NKT-Unterricht sei hier auf das Lehrgebiet Improvisation verwiesen, das methodisch aufbereitet von der ersten bis zur letzten Klasse unterrichtet wird. Bedeutung, Wege und Ergebnisse der Improvisation sind zwar heftig umstritten, aber nicht zufällig sind führende Choreographen der DDR aus dieser Schule hervorgegangen und bekennen den Einfluß vom NKT-Unterricht und besonders von Improvisation auf ihre schöpferische Arbeit (Ruth Berghaus, Hanne Wandtke, Arila Siegert, Susanna Borchers, Harald Wandtke, Dietmar Seyffert). Tänzer der Staatsoper Dresden pflegen seit 1980 mit Erfolg die Kunst des öffentlichen Improvisierens.

Allen ehemaligen Schülern und Mitarbeitern ist der Gemeinschaftsunterricht an der Palucca Schule noch im Gedächtnis, bei dem jeweils sonnabends verschiedene Klassen gemeinsam NKT-Unterrricht hatten. Es wurde improvisiert, groß und klein tanzte zusammen, es wurde viel gelacht und auch geweint, es entstanden eigenwillige tänzerische

Ideen, es entstanden mit Papier und Stoffresten und ähnlichem spannende Geschichten. Im Schulalltag war der Gemeinschaftsunterricht »Sonntag«.

Im Zusammenhang mit dem NKT kommt der musikalischen Ausbildung Bedeutung zu, einmal in der rhythmischen Erziehung, einem Extrafach, aber auch im praktischen Vertrautmachen mit sorgfältig ausgewählter Musik hinsichtlich ihres Stils, ihrer Stimmung und Struktur, auch der Interpretation und hinsichtlich ihrer Möglichkeiten tänzerischer Deutung und Umsetzung.

Zu erwähnen sind auch die Internationalen Sommerkurse, die Pädagogen von internationalem Ruf und Tänzer aus vielen Ländern zusammenbringen. Stellvertretend für alle seien hier genannt: Konstantin M. Sergejew, Natalja M. Dudinskaja, Jelena Shemtschushina: Klassischer Tanz; Joan Jara-Turner, Jean Cebron, Hilda Riveros: Moderner Tanz; Susana, Josè de Udaeta: Spanischer Tanz; Richard Jones, Dick O'Swanborn, Benjamin Feliksdal: Jazztanz. Ausgewählten Schülern wird die Teilnahme am Sommerkurs gestattet, so werden Erfahrungen und Kenntnisse aus den Kursen in die tägliche Schulpraxis getragen.

Neben den hauseigenen Pädagogen, die Choreographien für Schulprogramme, Wettbewerbe und anderes einstudieren, arbeiten auch Theaterleute, meist ehemalige Schüler, als Gastchoreographen.

Besonders sei Patricio Bunster erwähnt, der von 1974 bis 1984 (seit 1976 hauptamtlich) in der Schule dem modernen Tanz wichtige Impulse gab und hervorragende Choreographien schuf: *Venceremos* nach Musik von Viktor Jara und ... *denn wir haben nur ein Leben* zur 15. Sinfonie von Dmitri Schostakowitsch.

Insgesamt liegt der Ruf der Palucca Schule Dresden und ihrer Sommerkurse in der ausgewogenen Vielfalt tänzerischer Stilistik begründet, die aber immer wieder unter den Erfordernissen der Praxis sich bewähren muß.

Auf Grund der Verdienste bei der Herausbildung tänzerischen Nachwuchses wurden Palucca und der von ihr gegründeten Schule hohe Ehrungen zuteil.

In den Programmkonzeptionen der Dresdner Musikfestspiele steht neben Oper und Konzert auch der Tanz. Hier werden Dresdner Tanztraditionen bewußt aufgenommen und gepflegt. Gastspiele der Ballettensembles des Bolschoi-Theaters Moskau, des Kirow-Theaters Leningrad und der Hamburgischen Staatsoper beispielsweise sind allen Ballettinteressierten noch im Gedächtnis. Selbstverständlich ist die Palucca Schule in jedem Jahr bei den Musikfestspielen mit eigenen Beiträgen vertreten. Spielstätten waren die Bühnen im Zwinger, im Schauspielhaus, in der Semperoper und im Kleinen Haus, sowie die verschiedenen Podien im Kulturpalast bei der Veranstaltung »Klanghaus«.

Innerhalb der Programme, welche die Palucca Schule in die Musikfestspiele einbrachte, sind Beiträge des Klassischen Tanzes dominant, allen voran der zweite Akt aus Tschaikowskis *Schwanensee* in der Einstudierung von Ute Mitreuter. Aber auch bedeutende Pas de deux und andere Szenen aus dem internationalen Repertoire bewiesen Können und Gestaltungskraft der Studenten.

Auf dem Gebiet des NKT ragen Choreographien von Patricio Bunster (u. a. *Tui sum*), Hanne Wandtke (*Spanische Kragen, Phasen im Raum*) und Susanna Borchers (*Aufforderung zum Tanz*) heraus.

Tradition und Profil der Schule entsprechend bewiesen Absolventen, daß sie choreographische Neigungen in sich spüren. Sie stellten der Öffentlichkeit erste Arbeiten vor. (Kristina Steichert: *Stau und Ausbruch*, Mario Schröder: *Auf der Suche nach mir*). Auch andere Fächer wie Folklore, Jazztanz und rhythmische Erziehung bereicherten vielfältig die Festspiel-Programme der Palucca Schule. Im »Klanghaus« stellten Hanne Wandtke und Waldemar Wirsing erstmalig Studierende in einem Improvisationsprogramm vor. Der praktische Nutzen und die Bedeutung von Improvisationsunterricht für die Entwicklung einer Künstlerpersönlichkeit wurde eindringlich demonstriert.

So sind die Musikfestspiele für die Palucca Schule ein Feld der Bewährung und aus der Unterrichtsplanung nicht mehr wegzudenken. Dresden ist eine Stadt des Tanzes. Palucca Schule und Musikfestspiele festigen diesen Ruf der Stadt in unserer Zeit.

Thomas Bürkholz/Dietmar Seyffert . . . *und welchen Weg du gehst*
Carl Orff/Patricio Bunster *Tui sum*

Die Opernkunstschaffenden der ganzen Welt müssen den Organisatoren des Dresdner Festivals für jene neuen Stimuli dankbar sein, die dieses der alten, aber ewig jungen und herrlichen Kunst des Musiktheaters gegeben hat.
Es ist eine hohe Ehre, am ersten Festival in Dresden teilzunehmen, das – davon sind wir überzeugt – eines der angesehensten und beliebtesten Festivals der Musik- und Theaterkunst zu werden beginnt.

M. S. Freidin
Direktor des Moskauer Kammer-Musiktheaters

Die Musikfestspiele

WINFRIED HÖNTSCH

Das erste Jahrzehnt

Notwendig erscheinende Präliminarien

Es wäre möglich, daß der Leser, der unser Buch bis hierher zur Kenntnis genommen hat, die Frage aufkommen fühlt, wieso es als Untertitel die Formulierung trägt: Die Dresdner Musikfestspiele in ihrem ersten Jahrzehnt. Denn bisher, so könnte er feststellen, war von der Kunststadt Dresden die Rede, von ihrem musischen Klima und ihren großen Musiktraditionen, von Künstlerpersönlichkeiten und Künstlergemeinschaften mit Namen, die in der Welt mit Achtung genannt werden. Die Dresdner Musikfestspiele tauchten nur da und dort, wenn es um Reflexionen über die allerjüngste Vergangenheit ging, im Kontext von Stadt und Musik auf, erhielten dann allerdings gewichtige Zuordnungen wie »Höhepunkt« oder »bedeutsames Ereignis«. Doch ohne diese Stadt und ihre den Künsten im allgemeinen und der Musik im besonderen zugewandten Bürger, ohne Staatsoper und Staatskapelle, ohne Philharmonie und Kreuzchor, gäbe es keinen Anlaß, jemals ein Buch über Dresdner Musikfestspiele zu schreiben.

Der Gedanke, in einer Festspiel-Festschrift erst über die Stadt, danach über ihre Musiktraditionen und anschließend über diejenigen zu schreiben, die diese Traditionen entstehen ließen, über Jahrhunderte getragen haben, sie heute lebendig erhalten und täglich aufs Neue gestalten, ergab sich folgerichtig aus eben diesem Verwobensein von Stadt, Musik und Festspielvorhaben. Ein Blick in das Gästebuch der Festspiele, die Mehrheit vor allem der auswärtigen und ausländischen Berichte in der Tages- und Fachpresse sowie viele Sendungen von Fernsehen und Rundfunk bestätigen es: Anerkennung für die Festspiele wird fast immer mit einem Kompliment an die gastgebende Stadt und ihre Musikkultur verbunden. Also nicht aus falscher Bescheidenheit, sondern einfach den Gegebenheiten folgend, soll erst dieser letzte Teil unseres Buches dem »Jubilar« direkt gewidmet sein.

Wenn nun im folgenden Abschnitt Autor und Festspieldirektor in Personalunion auftreten, bringt das einerseits für beide Probleme: Wie ist bei einer solchen Kopplung eine objektive Einschätzung des Erreichten zu gewährleisten? Wie soll eine beim Bemühen um sachliche und objektive Darlegungen zwangsläufig auftretende Befangenheit in Grenzen gehalten werden? Wie sind überschwengliche oder doch berechtigte Freude (weil es ja sehr wohl national und international beachtete Erfolge gibt) und selbstkritische Unzufriedenheit (denn nicht alle Blütenträume reifen) in einer natürlich-ausgewogenen Balance zu halten?

Andererseits: Wer überschaut besser dieses weitverzweigte Netz von Vorhaben und Ergebnissen, von Schwierigkeiten und Erfolgen, von wieder verworfenen und verwirklichten Projekten? Schließlich gibt es ein kleines aber mit Hingabe und Leidenschaft um das Bestmögliche für die ihm anvertrauten »DMF« ringendes Kollektiv der Festspieldirektion, das sehr wohl in der Lage ist, die Ergebnisse seiner Arbeit einzuschätzen. Ihm zur Seite wissen wir Freunde und Partner, die ihre Bemühungen mit den unseren vereinen (auch in der Wertung des Erreichten). Letztlich und endlich kann und wird sich der Autor auf die offiziellen Berichte und Analysen des Festspielgeschehens, auf die Widerspiegelung der Festspielereignisse in den nationalen und internationalen Massenmedien stützen.

So sei's gewagt!

Ein neues Musikfest

Sein Anliegen und sein Profil

In der Deutschen Demokratischen Republik werden seit über dreißig Jahren die repräsentativen hauptstädtischen »Berliner Festtage des Theaters und der Musik«, zu denen später im jährlichen Wechsel die Musikbiennale und die DDR-Musiktage hinzukamen, veranstaltet. Halle ist seit vielen Jahren Gastgeber der Händelfestspiele und in Leipzig finden Bach-Feste und Bach-Wettbewerbe sowie die Gewandhaus-Festtage, in Zwickau Schumann-Feste und Schumann-Wettbewerbe, in Magdeburg Festtage für Georg Philipp Telemann und in Greifswald Bach-Wochen seit längerer Zeit regelmäßig statt. Fast in jedem Bezirk gibt es Musiktage und Musikfeste, die, zum Teil ohne Bindung an historische Ereignisse oder Namen, als lokale Leistungsschau und jährlicher kultureller Höhepunkt veranstaltet werden. Und der Musikalltag in der DDR: achtundachtzig Konzert- und Theaterorchester gaben im Jahre 1985 über siebentausend Konzerte mit über 3,6 Millionen Besuchern. Dreiundvierzig Musiktheaterensembles, darunter einige, die sich ausschließlich der Interpretation von Oper und Ballett oder Operette und Musical widmen, spielten vor nahezu 3,9 Millionen Bürgern im selben Jahr mehr als siebentausend Vorstellungen.

Und allein im Jahre 1985 bot der Handel in der DDR 20,3 Millionen Schallplatten und Musikkassetten zum Verkauf an. Also kein Wunder, daß man vom »Musikland DDR« spricht.

Ein weiterer Ausdruck für die sich in diesen Zahlen widerspiegelnde hohe Wertschätzung, die der Musikkultur in unserem Lande entgegengebracht wird, war der im Sommer 1976 gefaßte Beschluß des Sekretariats des Zentralkomitees der Sozialistischen Einheitspartei Deutschlands und des Ministerrates der Deutschen Demokratischen Republik, in dem es heißt: ». . . beginnend 1978, finden in Dresden als jährlich durchzuführendes Musikfest internationalen Ranges Dresdner Musikfestspiele statt.«

Mit diesem Beschluß wird sowohl die wachsende Rolle der Kunst und der Literatur bei der weiteren Gestaltung der entwickelten sozialistischen Gesellschaft in der Deutschen Demokratischen Republik hervorgehoben, als auch nochmals an einige Grundprinzipien der marxistisch-leninistischen Kulturpolitik der Partei erinnert, die Kurt Hager bereits 1972 erläuterte: »Unsere Partei ist immer davon ausgegangen, daß die Künste im geistigen Leben unserer Gesellschaft unentbehrlich und unersetzbar sind. Wir können weder auf die Entdeckungen der Wissenschaften, noch auf die Entdeckungen der Künste verzichten . . . Ohne Künste und ästhetische Ansprüche ist das Leben ärmer, denn der Mensch braucht auch die Ausbildung seiner Sinne, seiner ethischen und ästhetischen Anlagen, seiner Genußfähigkeit . . . Unsere Gesellschaft braucht und achtet die Kunst in ihrer vollen ästhetischen Eigenart und in ihrer besonderen persönlichkeitsbildenden Wirkungsweise.«

Im genannten Beschluß wird weiterhin davon ausgegangen, daß besonders nach dem VII. Parteitag der SED, im Zusammenhang mit der Lösung der Hauptaufgabe, der weiteren Erhöhung des materiellen und geistig-kulturellen Lebensniveaus der Werktätigen, ein bedeutsames Anwachsen der geistig-kulturellen Bedürfnisse zu verzeichnen ist. Besonders das Interesse für Begegnungen mit anspruchsvoller Musik entwickelte sich qualitativ und quantitativ außerordentlich, und hier wiederum war es besonders das Musiktheater, das großes Interesse bei breiten Kreisen der werktätigen Bevölkerung fand.

Das Musiktheater als das gesellschaftlichste musikalische Genre, neben Lied, Tanz- und Unterhaltungsmusik, findet durch die Möglichkeit kollektiven und individuellen Kunstgenusses große Resonanz. Der Zusammenklang von Text, Musik, Tanz, bildender und dramatischer Kunst, dieses wechselhafte, sich durchdringende und ergänzende Wirken verschiedener Künste in einem Kunstwerk, führen zu einer breiten Ausdrucksskala und zu vielschichtigen Wirkungsmöglichkeiten auch für den ungeübten Hörer. Somit ist gerade für ihn die Begegnung mit dem Musiktheater relativ unkompliziert und mit persönlichem Gewinn verbunden.

Diese Überlegungen waren der Ausgangsspunkt für die Orientierung, daß sich die Dresdner Musikfestspiele vornehmlich mit dem Musiktheater beschäftigen, daß Aufführungen von Opern und Balletten, Operetten und Musicals sowie andere Formen der szenischen Musikgestaltung im Mittelpunkt der Programme stehen sollten. Einerseits war diese Festlegung über das Profil des künftigen Festivals eine Voraussetzung, um es von der Programmkonzeption her gegenüber anderen Festivals abzugrenzen, um andererseits aber im speziellen Genre des Musiktheaters neue Möglichkeiten des nationalen und internationalen Erfahrungsaustausches zu schaffen. Hinzu kam schließlich das sich aus den ständig wachsenden Bedürfnissen ergebende Erfordernis, einmal im Jahr, in Form einer zentralen Leistungsschau, die großen Potenzen unserer Republik, speziell auf dem Gebiet des Musiktheaters, in einem internationalen Forum vorzustellen. Gastspiele repräsentativer Ensembles aus dem Ausland sollten eine Bestimmung des eigenen Leistungsvermögens an internationalen Maßstäben erleichtern.

Über die Wahl Dresdens zum neuen Austragungsort dieses Festivals sagte der Minister für Kultur in seinem Geleitwort: »Mit den Musikfestspielen in Dresden wird ein Veranstaltungsvorhaben ins Leben gerufen, auf das die Bevölkerung der Deutschen Demokratischen Republik mit großen Erwartungen blickt. Zweifellos bedarf es solcher Festspiele nicht, um den Ruf Dresdens als einer Musikmetropole von Weltgeltung erneut zu bestätigen. Hier ist bereits der musikalische Alltag so von Musik erfüllt, daß jeder Besuch dieser schönen Stadt zu einem musikalischen und künstlerischen Erlebnis wird.

Wenn die Regierung der Deutschen Demokratischen Republik den Dresdner Musikfestspielen besondere Bedeutung zumißt, so weil sie hier hervorragende Voraussetzungen für die Bereicherung unserer sozialistischen Musikkultur sieht und neue starke Impulse für das Wirken von Komponisten, Interpreten und allen Musikschaffenden erwartet.«

Was sind diese Voraussetzungen, und was wird an starken Impulsen erwartet? Hier sei zunächst darauf hingewiesen, daß Dresden zu den ganz wenigen Städten der Welt gehört, deren Musikgeschichte fast so alt ist wie ihre Geschichte als Kommunalwesen. Bedeutende Meister haben hier gewirkt, und ihre Musiktradition ist vor allem an Höhepunkten mit dem Musiktheater, besonders mit der Oper, verbunden. In bezug auf die Voraussetzungen reflektiert der Minister die Leistungen solch international gefragter Ensembles wie der Staatsoper und der Staatskapelle, der Philharmonie und des Kreuzchores, aber auch der Musikhochschule, vieler Kammerensembles und Solisten. Nicht zu vergessen ist die hervorragende Qualität vieler Volkskunstensembles, die in ihrem Genre Spitzenpositionen in der Republik einnehmen und ebenfalls internationale Anerkennung genießen.

Wenn Dresden zur Wahl gestellt wurde, dann sicherlich auch wegen des begeisterungsfähigen, aufgeschlossenen, gastfreundlichen und doch kritischen Publikums, das eine Atmosphäre schafft, die die Einheimischen wie die Gäste immer wieder zu höchsten Leistungen anspornt.

Und wenn vom musikträchtigen Dresdener Fluidum gesprochen wird, dann unter dem Eindruck einer besonderen Kongruenz von Architektur und Musik, die gerade einem Festival in frühsommerlicher Jahreszeit vielfältige Möglichkeiten ganz unkonventioneller Art der Musikbegegnungen außerhalb der festen Spielstätten schenkt. Wer es einmal erlebt hat, eine Serenade des Kreuzchores in Pillnitz, eine abendliche Ballettaufführung im Zwinger oder ein Kammerkonzert im rekonstruierten Stallhof des Schlosses, wird es bestätigen können. All das prädestiniert Dresden als die Heimatstadt eines Musiktheater-Festivals von internationalem Rang. Und das alles zusammen meinte der Minister für

Kultur, wenn er zur Eröffnung der ersten Dresdner Musikfestspiele am 20. Mai 1978 formulierte: »Ein neues Publikum, durch eine hochgebildete Arbeiterklasse bestimmt, wächst heran und erhebt den Anspruch, die alten und neuen Schätze der Musikkultur in Besitz zu nehmen. Die zahlreichen Arbeitskontakte Dresdner Künstler mit Kollektiven der Betriebe bieten eine gute Gewähr, daß dieser Weg mit der Veranstaltung der Musikfestspiele seine erfolgreiche Fortsetzung findet. Es gilt, ein Neues zu schaffen, das dem Erbe adäquat, tief in der Gegenwart verwurzelt und unserer sozialistisch-kommunistischen Zukunft gemäß ist.«

Prinzipien der Programmgestaltung

Strukturen und Dramaturgie

Mit dem Beschluß über die Vorbereitung und Durchführung der Dresdner Musikfestspiele waren Anliegen, Anspruch und Profil gegeben. Nun war es Aufgabe der am 1. September 1976 gebildeten Direktion Dresdner Musikfestspiele, innerhalb von reichlich achtzehn Monaten nicht nur ein Programm künstlerischer und wissenschaftlicher Veranstaltungen für den ersten Festspieljahrgang vorzubereiten, sondern vor allem grundsätzliche Fragen der Programmgestaltung und Organisation zu lösen. Übereinstimmung bestand bei allen Beteiligten darin, daß den hohen Erwartungen gegenüber dem neuen Musikfest nur entsprochen werden konnte, wenn es gelingt, ein Programm zu erarbeiten, das

- auf den Grundprinzipien der marxistisch-leninistischen Ästhetik und den neuesten Erkenntnissen der modernen Musik- und Theaterwissenschaft aufbaut und diese in konkrete musikpraktische Vorhaben umsetzt;
- die erfolgreiche Entwicklung der sozialistischen Musikkultur der DDR beweiskräftig dokumentiert und ihre reichen Potenzen im Bereich Musiktheater und Konzert überzeugend repräsentiert;
- durch Musiktheater-Aufführungen und Konzerte mit einem internationalen Maßstäben entsprechenden hohen Niveau im Rahmen einer weltoffenen Künstler- und Programmauswahl die Einheit von Parteilichkeit, Volksverbundenheit und künstlerischer Meisterschaft verwirklicht;
- die Dialektik von Erberezeption und zielgerichteter Förderung des neuen Schaffens überzeugend zum Ausdruck bringt

und

- die vorhandenen Bedürfnisse der Werktätigen nach anspruchsvollen Kunstbegegnungen befriedigt und neue, differenziertere und höhere Bedürfnisse weckt.

In der an den Anfang gestellten Formulierung »Dresdner Musikfestspiele – weltoffenes Treffen im Zeichen des Friedens und der Völkerverständigung« verbalisiert sich der Ausgangspunkt und der allen Programmfragen übergeordnete Anspruch an ein Kunstfestival heute und hier.

Von diesen Prämissen ausgehend und unter Berücksichtigung des Profils der Dresdner Musikfestspiele als Musiktheaterfestival sowie des auch außerhalb der Festspiele, also im musikalischen Alltag reichen Musik- und Theaterlebens der Stadt Dresden, nahmen bereits in der Vorbereitung der ersten Festspiele bestimmte Programmstrukturen und von da aus wiederum eine eigenständig entwickelte, spezifische Programm-Dramaturgie konkrete Gestalt an. Zwingende Gründe dafür ergaben sich aus der Erkenntnis, daß Erfahrungen von anderen Musikfesten der DDR oder auch des Auslandes nur begrenzt übernommen werden konnten, sollten die mit dem Profil und den typisch dresdnerischen Bedingungen gegebenen Voraussetzungen im Interesse eines unverwechselbaren Charakters des neuen Festivals produktiv ausgeschöpft werden. Daß dies weitgehend gelang, ergibt sich aus der Tatsache, daß sich diese angestrebte Programmspezifik schon während der ersten Festspieljahre zu einer Besonderheit der Dresdner Musikfestspiele herauskristallisierte, öffentliches Interesse sowie zunehmende nationale und internationale Anerkennung fand.

Bei der Ausprägung einer Programmstruktur, die

den vorgenannten Aspekten gerecht werden kann, ging es zunächst um die Ausarbeitung von lokalen Programmproportionen. Das heißt, daß die bei der Wahl Dresdens als Austragungsstätte des neuen Festivals hervorgehobenen Dresdner Kunsteinrichtungen, ihr Potential, ihre künstlerische Leistungsfähigkeit als Fundament des Programms der jährlichen Festspiele zielgerichtet eingeplant wurden. Ur- und Erstaufführungen, Premieren und andere Vorhaben der Staatsoper, der Staatskapelle, der Philharmonie, des Kreuzchores, der Musikhochschule, der vielen Kammermusikvereinigungen, der Staatsoperette, der Landesbühnen und nicht zuletzt der besten Laienensembles bildeten den Grundstock aller Programme in den zurückliegenden Jahren. Den Leistungen der Dresdner Ensembles ist es über weite Strecken zu verdanken, daß die Herausbildung einer eigenständigen spezifischen Programmstruktur überzeugend verwirklicht werden konnte. Das hohe künstlerische Niveau und die Originalität der Dresdner Beiträge, die in der Regel fünfzig bis sechzig Prozent des Gesamtprogramms umfassen, haben eine wesentlichen Anteil am Erfolg der Dresdner Musikfestspiele.

Die führenden Musiktheaterensembles, Orchester und Chöre der Hauptstadt, aus Leipzig und aus anderen Musikzentren der DDR ergänzen und bereichern den Dresdner Programmbeitrag. Ihr Anteil am Gesamtprogramm stieg von dem Moment an, von dem mit der Semperoper eine neue zusätzliche, repräsentative Spielstätte den Festspielen zur Verfügung stand. Die Gastspiele aus anderen Musikzentren der DDR wurden, im wesentlichen vom jährlich wechselnden Programmschwerpunkt ausgehend, auf lange Sicht mit den Leitungen der betreffenden Ensembles vorbereitet. Auch hier kann festgestellt werden, daß gerade im Sinne der Repräsentation der großen Potenzen der DDR auf dem Gebiet des Musiktheaters und des Konzerts, ohne diese Gastspiele, vor allem der Berliner und Leipziger Musiktheater-Ensembles, eine Verwirklichung des Anliegens unserer Festspiele in der erreichten Aussagedichte und künstlerischen Qualität nicht möglich gewesen wäre.

Ungefähr ein Drittel des gesamten Programmvorhabens setzt sich aus internationalen Gastspielen zusammen. Hier dominieren zunächst einmal die Ensembles, Orchester, Chöre, Dirigenten und Solisten aus der Sowjetunion und den anderen sozialistischen Bruderländern, die im Rahmen staatlicher Kulturabkommen langfristig gebunden werden konnten. Die Sowjetunion und unsere beiden sozialistischen Nachbarländer ČSSR und VR Polen waren ohne Ausnahme in jedem Festivalprogramm repräsentativ vertreten.

Durch die in zunehmender Weise auch mit nichtsozialistischen Ländern abgeschlossenen staatlichen Kulturabkommen war es möglich, auf Grund einer langfristigen Programmplanung der Dresdner Musikfestspiele zielgerichtet führende Ensembles in die DDR und zu den Dresdner Musikfestspielen einzuladen.

Bei der Auswahl der internationalen Gastspiele, die ohne die schöpferische Zusammenarbeit mit der Künstleragentur der DDR und deren aktive Unterstützung nicht denkbar wären, wurde neben den Forderungen nach hoher künstlerischer Qualität großer Wert darauf gelegt, Einblicke in das jeweilige nationale Schaffen, besonders im Bereich Musiktheater, zu vermitteln. Fast alle ausländischen Opern- und Ballettgastspiele stellten ein oder mehrere typische Nationalwerke vor. Dabei standen Beispiele aus dem kulturellen Erbe des betreffenden Landes und aus dem zeitgenössischen Repertoire in einem ausgewogenem Verhältnis auf den Gastspielprogrammen. Auch nationale oder regionale Besonderheiten der Inszenierung, der Interpretation überhaupt, waren für die Werk- und Ensembleauswahl von Belang. Schließlich wurden alle Möglichkeiten genutzt, auf unseren Bühnen und Konzertpodien selten oder gar nicht zu erlebende Werke während der Festspiele vorzustellen. Hier konnte schon allein durch die Gastspiel- und Werkauswahl ein lebendig wirkender Beitrag im Sinne der Völkerverständigung geleistet werden.

Diese Programmproportionen zwischen den Dresdner Beiträgen und denen aus anderen Musikzentren der DDR einerseits und den internationalen

Gastspielen andererseits bilden den einen Grundgedanken unserer Programmstruktur, dessen Verwirklichung für die Ausstrahlung, Qualität und Spezifik unseres Festivals weit mehr als nur kulturpolitisch-quantitative Bedeutung hat. Seine Ergänzung findet er in dem Verhältnis von ausgewählten Werken des nationalen sowie internationalen Erbes zu denen aus dem zeitgenössischen Schaffen. Daß dieser Auswahl die Dialektik von Prinzipienfestigkeit im Sinne des realen Humanismus und des Friedens und einer für die Kulturpolitik unseres Landes typischen Weltoffenheit zugrunde liegt, sei hier als ein Axiom nur noch einmal genannt.

»Große Bedeutung messen wir auch weiterhin der Pflege, Bewahrung und Verbreitung des humanistischen Kulturerbes bei . . . Sozialistische Erbeaneignung leistet einen wichtigen Beitrag zur Entwicklung allseitig gebildeter Persönlichkeiten und ihrer Lebensweise.« Diese Wertschätzung des Erbes, dem Bericht des ZK der SED an den XI. Parteitag entnommen, widerspiegelt sich in allen Programmen der Dresdner Musikfestspiele. Dabei galt der Pflege der Werke des progressiven nationalen Erbes besondere Aufmerksamkeit. Vor allem Musikerpersönlichkeiten wie Heinrich Schütz, Johann Adolf Hasse, Carl Maria von Weber, Richard Wagner und Richard Strauss, deren Leben und Werk eng mit Dresden verbunden ist, fanden einen festen Platz im Programm. Abgeleitet von den spezifischen Programmschwerpunkten widmeten die Festspiele z. B. den Altmeistern der Liedkunst und der Orgel wie Johann Hermann Schein und Samuel Scheidt in Konzerten des Kreuzchores gebührende Beachtung. Zweifellos bedurfte es keiner äußeren Anlässe, um den Werken von Johann Sebastian Bach, Georg Friedrich Händel und der Wiener Klassiker, von Schubert, Mendelssohn Bartholdy und Schumann, von Brahms, Bruckner und Mahler ständige Aufmerksamkeit entgegenzubringen.

Im Prinzip galt das auch für das Schaffen der Hauptvertreter der progressiven musikalischen Bewegungen anderer Völker und Länder, wobei dem Musiktheaterprofil Rechnung tragend vor allem die großen Opernkomponisten wie Rossini, Verdi und Puccini, Tschaikowski, Mussorgski und Rimski-Korsakow, Smetana, Dvořák und viele andere zu den »ständigen Gästen« der Dresdner Musikfestspiele zählten.

Bei der jährlichen und der langfristigen Programmausarbeitung hörte die Erbeaneignung nicht an der Schwelle unseres Jahrhunderts auf. Kompositionen für das Musiktheater oder den Konzertsaal von Bartók und Kodály, von Janáček und Martinů, von Schönberg, Strawinsky und Britten, um nur einige Namen zu nennen, erklangen im Festspielprogramm. Besondere Aufmerksamkeit galt den ersten hervorragenden Vertretern einer sozialistischen Musikkultur in der UdSSR wie Sergej Prokofjew und Dmitri Schostakowitsch sowie in der DDR Paul Dessau, Hanns Eisler und Ernst Hermann Meyer.

Bei alledem war es das erklärte Anliegen des Festivals, die Werke des nationalen und internationalen Erbes nicht nur in hoher Qualität zum Klingen zu bringen, sondern bei der Interpretation sowohl den Fragen der Werktreue als auch der veränderten Rezeptionsgewohnheiten und Rezeptionsmöglichkeiten eines neuen Publikums Rechnung zu tragen.

In einem ausgewogenen Verhältnis zu den Werken des Erbes stehen die der zeitgenössischen Komponisten. Bisher erlebten bei den Dresdner Musikfestspielen 122 Werke von Komponisten aus 14 Ländern ihre Uraufführung. Allein im Bereich Musiktheater und Orchestermusik kamen 179 Werke von Komponisten aus 17 Ländern zur DDR-Erstaufführung.

Dabei wurde bei der Programmgestaltung darauf Wert gelegt, daß einmal zeitgenössische Werke im Rahmen »normaler« Konzerte oder Operngastspiele erklingen, das heißt zusammen mit Werken des nationalen oder internationalen Erbes, und zum anderen, besonders vorbereitet und apostrophiert, in speziellen Veranstaltungen vorgestellt werden. Von großer Bedeutung sind dabei solche Reihen wie »Studio Neue Musik« in Zusammenarbeit mit der Staatsoper Dresden, »Neue Musik im Gespräch« in Zusammenarbeit mit der Hochschule für Musik »Carl Maria von Weber« und »Modernes auf Tasten« geworden. In den als Porträts gestalteten Abenden der Reihe »Studio Neue Musik« unter der Leitung von Udo Zimmermann konnten in den zehn vergangenen Festspielen solche hervorragenden Persönlichkeiten aus den nationalen und internationalen Musikkulturen der Gegenwart wie Paul Dessau, Mauricio Kagel, Milko Kelemen, György Ligeti, Ernst Hermann Meyer, Krzysztof Penderecki, Alfred Schnittke und Mikis Theodorakis einem aufgeschlossenen, vorwiegend jugendlichen Publikum, vorgestellt werden. Der besondere Reiz der meisten Veranstaltungen lag darin, daß der Komponist anwesend war und auf Fragen nach Leben, Weltbild und Werk selbst antworten konnte.

Während der Festspiele 1984 erlebte eine neue Veranstaltungsreihe mit dem Titel »Zeitzeichen – Möglichkeiten zeitgenössischer Musik auf Bühne und Podium« ihre Premiere. 1985 wurde das Programm erweitert und durch den Begriff »Klanghaus« ergänzt. In der Tat, für einen halben Tag wird der Kulturpalast zu einem klingenden Haus, in dem auf unkonventionelle Weise und unter unmittelbarer Mitwirkung des Publikums als Programmgestalter und Interpret zeitgenössische Musik der unterschiedlichsten Genres dargeboten wird. Diese Nonstopveranstaltung, die durch die Einbeziehung von Tanz und Pantomime, von Kammerformen der darstellenden Kunst, von Malerei, Plastik und Grafik im Sinne des »Ensembles der Künste« wirkt, ist für den Besuch durch Familien mit Kindern ab sechs Jahren konzipiert. Besonders das »musikalische Kinderfest«, bei dem auf selbstgebastelten oder mitgebrachten Instrumenten im besten Sinne ad libitum musiziert wird, erfreut sich großen Zuspruchs, wie überhaupt »Klanghaus« als jüngstes Kind unserer Programmstruktur schon nach vier Jahren einen festen Platz im Festspielkalender einnimmt.

Die relativ umfangreiche Präsentation des musikalischen Gegenwartsschaffens korrespondiert unmittelbar mit dem Carl-Maria-von-Weber-Wettbewerb, der zu einem integrierten Bestandteil der Festspiele wurde. Ihm soll auf Grund relativer Selbständigkeit ein eigenes Kapitel gewidmet werden. Insgesamt können wir feststellen, daß sich die Dresdner Musikfestspiele in ihrer Programmgestaltung keineswegs »auf die gesicherten Positionen von Heinrich Schütz bis Richard Strauss zurückziehen«, wie es ein Musikkritiker auf der ersten internationalen Pressekonferenz mit Erstaunen feststellte. Wenn wir es täten, würden wir ein wichtiges Merkmal der Dresdner Musiktraditionen verleugnen, das des uneingeschränkten Einsatzes für das Neue.

Dieses Dresdner Traditionsmerkmal gilt auch im Bereich der Programmgestaltung. Aus dieser Verpflichtung heraus und in der weiteren Präzisierung des vorgegebenen Profils der Dresdner Musikfestspiele als Musiktheaterfestival der DDR mit internationaler Beteiligung und Ausstrahlung, wurde während der Vorbereitung der ersten Festspiele eine eigene Programmdramaturgie entwickelt und im Laufe der Jahre weiter ausgebaut:

Jedes Festspieljahr erhält ein unverwechselbares »Gesicht«, ein jährlich wechselndes Programm künstlerischer und wissenschaftlicher Veranstaltungen, das nicht allein nach selbstverständlich hohen qualitativen Ansprüchen zusammengestellt wird, sondern einem bzw. mehreren übergeordneten inhaltlichen Grundgedanken zugeordnet ist. Abgeleitet wurden diese aus

- philosophisch-ästhetischen und musikalisch-praktischen Orientierungen als Impulsgeber für den Musikalltag der sozialistischen Gesellschaft;
- nationalen bzw. internationalen Gedenktagen und Musikerjubiläen und
- hervorhebenswerten und verallgemeinerungswürdigen Ereignissen der progressiven Dresdner Musik- und vor allem Operngeschichte.

Die zum Teil komplizierte Handhabbarkeit der sehr unterschiedlichen Grundgedanken wurde in Abhängigkeit von Praxisnähe und kulturtheoretischer Wertigkeit schließlich zu einem System von »Hauptthema« und »Programmakzenten« ausgearbeitet. Als Hauptthema gilt das überragende inhaltliche Orientierungsfeld eines jeweiligen Jahresprogrammes und als Programmakzente die inhaltlichen Gesichtspunkte, die diesem Hauptthema als musikhistorischer Kontrapunkt oder als musikkulturelle Ergänzung beigegeben werden. Dort, wo sich die Verbindung zu übergreifenden gesellschaftlich-relevanten Ereignissen und zu Höhepunkten im öffentlichen Leben der Republik ergab, wurde diese auf einer dritten Ebene der Programmdramaturgie zu Veranstaltungsschwerpunkten.

In der Praxis der Vorbereitung der künstlerischen und wissenschaftlichen Veranstaltungen war dies hier einfach Erläuterte ein komplizierter Prozeß. Manchmal standen interessante und künstlerisch wertvolle Produktionen der Dresdner Ensembles, von Künstlerkollektiven aus der Hauptstadt oder aus anderen Musikzentren der Republik und des Auslandes, im Widerspruch zum Hauptthema oder zu Programmakzenten. Andererseits gab es den programmdramaturgischen Prämissen voll und ganz entsprechende Gastspielangebote, auf die aber aus Gründen der Qualität oder weil sie sich (vor allem in der Zeit vor der Eröffnung der Semperoper) technisch nicht verwirklichen ließen, verzichtet werden mußte.

Im Ergebnis von Anforderungen und Angeboten, Aufträgen und Kompromissen, entstanden die in zunehmender Weise inhaltlich von dieser spezifischen Programmdramaturgie bestimmten Festspieljahrgänge.

Wenn von einer spezifischen Programmstruktur der Dresdner Musikfestspiele geschrieben wird, so dürfen zwei wichtige Aspekte nicht vergessen werden.

Der erste ist die Einbeziehung der besten Ensembles der Volkskunst in die jährlichen Programme. Sowohl das Arbeiter-Sinfonieorchester des VEB Kombinat Robotron, das Studenten-Sinfonieorchester der Technischen Universität und die Kammerorchester der Verkehrshochschule als auch die in der Mehrzahl von großen Produktionsbetrieben betreuten Knaben-, Jugend-, Männer- und gemischten Chöre haben in der Stadt und im Bezirk Dresden ein Leistungsniveau erreicht, das es ermöglicht, sie in den unterschiedlichsten Aufgaben und mit hohen Anforderungen in ein internationales Festspielprogramm aufzunehmen. Wiederholt gab es besonders bei ausländischen Korrespondenten überraschende Reaktionen über die Leistungsdichte und die Vielfalt dieser Laienensembles und ihrer Programme.

Der zweite Aspekt, und gleichermaßen eine Voraussetzung für diese Qualität, ist neben der großzügigen staatlichen Förderung die enge Beziehung zu Berufskünstlern. Fast alle Sinfonieorchester, Kammerorchester, Chöre und kleinere Musiziergruppen werden von Berufskünstlern, zum Teil Mitgliedern der Staatskapelle und der Philharmonie oder Dozenten der Musikhochschule, fachlich angeleitet und betreut. In einigen Fällen kam es zu festen Patenschaften und unmittelbaren Freundschaftsverträgen zwischen Laienensembles und den führenden Berufsorchestern und Berufschören. Das alles bestimmt auch zu einem guten Teil den musikalischen Alltag und die musikalische Atmosphäre in der Gastgeberstadt.

Die Zusammenführung all dessen ist das seit sieben Jahren alljährlich stattfindende musikalische Volksfest unter dem Titel »Dresden singt und musiziert«. An einem Festspielsonnabend treten an geeigneten Stellen im Stadtzentrum vor der historischen »Elbflorenz«-Kulisse, vor rekonstruierten bedeutenden Kulturbauten oder vor neuentstandenen Wohnbauten die besten Berufs- und Laienensembles der Stadt und des Bezirkes Dresden auf, um – wie es heißt – ohne Bühne und Podium, ohne Eintritt, ohne Honorar für das Publikum zu spielen. Von sechzehn bis neunzehn Uhr ist dann das Zentrum von Dresden von der Straße der Befreiung über die Brühlsche Terrasse, den Stallhof und den Altmarkt bis hin zur Prager Straße und zum Lenindenkmal vom Singen und Musizieren erfüllt.

Am Abend vereinigen sich die besten Berufs- und Laienchöre auf der Großen Freitreppe zur Brühlschen Terrasse zum festlichen Konzert. Einmalig ist diese Stimmung, und keiner kann sich ihr entziehen, wenn der Sommerabend von Bachs »Dona nobis pacem« aus der h-Moll-Messe, Händels Friedensode oder Ernst Hermann Meyers »Dank Euch Ihr Sowjetsoldaten« erfüllt ist, wenn das weite Rund zwischen Landtag, Schloß, Kathedrale und Semperoper von romantisch-besinnlichen Liebesliedern und vom gemeinsamen Gesang froher Volksweisen widerhallt. Selbst bei ungünstigem Wetter besuchen fünfzehn- bis über zwanzigtausend Dresdner und ihre Gäste das abendliche Konzert, die hier frei von allen Sorgen um eine Eintrittskarte Musik in freier Natur genießen können und von dieser Möglichkeit reichlich Gebrauch machen. Auch das ist eine hervorhebenswerte Besonderheit der Dresdner Musikfestspiele, die an demokratische Traditionen der Dresdner Musikkultur, die sich weit zurückverfolgen lassen, und an kulturell-künstlerische Veranstaltungen der revolutionären Arbeiterbewegung anknüpft und sie weiterführt. Hier wird der Prozeß der Demokratisierung eines internationalen Musikfestes nachvollziehbar, hier kommt das Festival zu seinen Besuchern.

Die ersten zehn Festspiele im Zeichen des »singenden Kronentors«

Dresdner Musikfestspiele 1978
Hauptthema: Kammeroper

Die ersten Dresdner Musikfestspiele erhielten ihr Hauptthema auf Grund der sowohl kulturpolitischen als auch musikpraktischen Bedeutung des herausgestellten Genres im Musiktheateralltag der DDR: Unter den dreiundvierzig Ensembles, die Opern, Ballette, Operetten und Musicals regelmäßig aufführen, gibt es solche, für deren Spielplan- und Repertoiregestaltung die Kammeroper von der Ensemblestruktur her und wegen der zur Verfügung stehenden Bühnen besonders wichtig ist. Außerdem entdeckten und entdecken in zunehmender Weise auch die großen Ensembles die vielfältigen Möglichkeiten, die dieses Genre für die Auflokkerung des Spielplanes und die bessere Auslastung der künstlerischen Potenzen des Ensembles bietet. Diesen Gegebenheiten sollten mit der Hervorhebung dieses Genres im Festspielprogramm sowohl im Bereich der Erbeaneignung als auch und besonders beim Vorstellen zeitgenössischer Werke neue Impulse gegeben werden.

Das gelang im wesentlichen durch vier Gastspiele, bei denen die auswärtigen Ensembles in elf unterschiedlichen Programmen siebzehn Werke vorstellten. Die Deutsche Staatsoper Berlin gastierte mit ihrem Klassikerabend, bestehend aus der szenischen Gestaltung von Telemanns *Der Schulmeister*, Johann Sebastian Bachs *Kaffeekantate* und Franz Schuberts *Der vierjährige Posten*. Der zweite Abend der Berliner Staatsoper galt Werken aus der ersten Hälfte des 20. Jahrhunderts und zwar Paul Hindemiths *Hin und zurück*, Kurt Weills *Der Zar läßt sich fotografieren* und Mischa Spolianskys *Rufen Sie Herrn Plim*. Das Kammeropernensemble des Staatstheaters Brno zeigte die szenische Umsetzung von Janáčeks *Concertino*, *Kinderreime* und *Das Tagebuch eines Verschollenen* sowie die Kammeropern *Odysseus Heimkehr* und *Eufrides vor den Pforten von Thymen* des zeitgenössischen tschechischen Komponisten Josef Berg. Die Warschauer Kammeroper brachte den interessanten Vergleich der beiden *La-serva-padrona*-Vertonungen von Paisiello und Pergolesi sowie Telemanns *Pimpinone*.

Der Höhepunkt in der Verwirklichung des Hauptthemas Kammeroper war mit den Vorstellungen des Moskauer Kammer-Musiktheaters verbunden. Als DDR-Erstaufführung wurde die Oper *Die rothaarige Lügnerin und der Soldat* von Wjatscheslaw Ganelin aus der jüngeren sowjetischen Komponistengeneration vorgestellt. Ein interessantes Beispiel für die ersten Ausprägungsformen russisch-nationalen Musiktheaters brachte die Oper *Der Geizige* von Wassili Paschkewitsch. Mit besonderer Spannung erwartete das Publikum die Aufführung von Schostakowitschs *Die Nase* unter der Leitung von Gennadi Roshdestwenski und in der Inszenierung von Boris Pokrowksi, die schon bei anderen Gastspielen des Ensembles mit großem Erfolg gezeigt wurde.

Neben diesem Kammeropern-Angebot, das die Vielfalt des Genres betonte und das Grundanliegen des Hauptthemas produktiv erfüllte, fanden der Premierenbeitrag des Dresdner Ensembles Debussys *Pelleas und Melisande* in der Inszenierung Harry Kupfers, das Gastspiel des Tanztheaterensembles der Komischen Oper Berlin mit Georg Katzers Ballett *Schwarze Vögel* in der Choreographie Tom Schillings und die Aufführungen von Delibes *Sylvia* durch das Ballett der Budapester Staatsoper ein lebhaftes und positives Echo.

Im Konzertsektor gestalteten sich vor allem das Gastspiel des Berliner Philharmonischen Orchesters unter Herbert von Karajan, die Uraufführung von Udo Zimmermanns *Sinfonia come un grande lamento* durch die Staatskapelle Dresden unter Herbert Blomstedt, die DDR-Erstaufführung von Brittens *Nocturne* durch Kurt Masur, Peter Schreier und die Dresdner Philharmonie, zwei Sonderkonzerte der Staatskapelle Dresden, in denen Krzysztof Penderecki ausschließlich eigene Werke dirigierte sowie die Interpretation von Wolfs *Italienischem Liederbuch* durch Edith Mathis und Peter Schreier zu hervorragenden Festspielereignissen.

Dresdner Musikfestspiele 1979

Hauptthema: Die Oper des 20. Jahrhunderts

In diesem Festspieljahrgang wurden in siebzehn Tagen siebzehn Opern gespielt, die im 20. Jahrhundert ihre Uraufführungen erlebten; darunter zehn Werke, deren Uraufführungen maximal sechs Jahre zurücklagen. Neben den Beiträgen der Dresdner Staatsoper mit Debussys *Pelleas und Melisande*, Kunads *Vincent*, Rimski-Korsakows *Zar Saltan*, Schönbergs *Moses und Aron*, Strauss' *Schweigsame Frau* und Zimmermanns *Der Schuhu und die fliegende Prinzessin* waren vier Gastensembles an der überzeugenden künstlerischen Verwirklichung des Hauptthemas beteiligt: die Deutsche Staatsoper Berlin mit Dessaus *Einstein*, die Kirow-Oper Leningrad mit *Peter I.* von Petrow und *Tote Seelen* von Schtschedrin und die Oper Antwerpen mit Brittens *Raub der Lucretia*. Hervorhebenswert ist dabei das Leningrader Gastspiel, das sich ausschließlich auf die Interpretation von Werken konzentrierte, die das Ensemble in den letzten Jahren uraufgeführt hatte.

Die für ein internationales Festival außergewöhnliche Konzentration zeitgenössischer Opern erwies sich als eine für die Klärung von Maßstäben und Perspektiven des Musiktheaterschaffens fruchtbare Leistungsschau. Sie vertiefte darüber hinaus das Verständnis Tausender Besucher für neue Opernproduktionen.

Gleichsam ein Festival im Festival bildeten die Aufführungen der musikalischen Puppen- und Marionettentheater. Die Gastspiele des Puppentheaters Budapest mit Kodálys *Abenteuer des Hary János*, Bartóks *Holzgeschnitzter Prinz* und Strawinskys *Petruschka*, der Marionettenoper Salzburg mit Mozarts *Entführung* und *Zauberflöte*, des Marionettentheaters Metz mit Coúsins *Großer Gesang für das Leben* und des Puppentheaters Poznan mit Kurczewskis *Lajkonik* und *Kati* sowie Prokofjews *Peter und der Wolf* als Dresdner Beitrag, zeitigten eine kaum vorherzusehende Publikumsresonanz. Sie führte dazu, daß nunmehr ständig musikalische Puppen- oder Marionettentheateraufführungen im Programm vertreten waren. Von der Spezifik des damit zu erreichenden neuen Publikums ausgehend, gehörten von 1979 an Vorstellungen, die für einen Familienbesuch mit Kindern besonders geeignet sind, zum Festspielprogramm.

Einer der Höhepunkte war zweifellos die konzertante Aufführung des *Parsifal* durch die Dresdner Philharmonie, den Staatsopernchor Dresden, den Rundfunkchor Leipzig und den Philharmonischen Chor Dresden sowie ein internationales Solistenensemble unter der Stabführung von Herbert Kegel. Hervorhebenswert sind die Konzerte der Staatskapelle unter Eugen Jochum, der Philharmonie unter Giuseppe Patané, des Rundfunk-Sinfonieorchesters Stockholm unter Rafael Frühbeck de Burgos, das Gastspiel des Teatro Comunale Genua mit Rossinis *Aschenbrödel*, die Aufführung von Händels *Belsazar* durch den Kreuzchor, die Dresdner Philharmonie und international bekannte Solisten unter der Leitung von Martin Flämig sowie die Liederabende von Barbara Hendricks und Roswitha Trexler, von Theo Adam, Jewgeni Nesterenko und Peter Schreier.

Dresdner Musikfestspiele 1980
Hauptthema: Tanztheater heute

Dieses Hauptthema reflektiert das national und international spürbar gewachsene Interesse am zeitgenössischen Ballett. Die Dresdner Beiträge konzentrierten sich auf einen dreigeteilten Abend des Staatsopernballetts mit Choreographien von Harald Wandtke nach Dessaus *Bach-Variationen für großes Orchester* und Strawinskys *Orpheus* sowie *Der grüne Tisch* von Kurt Jooss in der Einstudierung von Anna Markard. Dazu kam ein interessanter Abend der Palucca Schule, der einen Einblick in das Ausbildungsprogramm der zukünftigen Ballerinen und Tänzer unserer Ensembles erlaubte.

Vom Hauptthema abgeleitet stand im Mittelpunkt des Interesses das Gastspiel des Tanztheaterensembles der Komischen Oper Berlin mit der *Schwanensee*-Choreographie von Tom Schilling nach der Originalfassung. Bedeutsame Bereicherungen erhielten die DDR-Ballettaufführungen durch ein mehrtägiges Gastspiel des Moskauer Klassischen Balletts mit Petrows *Die Erschaffung der Welt* nach Jean Effel und des Ballettensembles Camagüey aus Kuba, das neben Hertels *Die schlecht behütete Tochter* interessante Choreographien nach Musik kubanischer zeitgenössischer Komponisten vorstellte.

Insgesamt beteiligten sich acht Ensembles aus drei Kontinenten mit einundzwanzig Ballettaufführungen an der Verwirklichung des Hauptthemas.

Interessante Beiträge außerhalb des Tanztheaterprogramms brachten die Welsh National Opera Cardiff mit der DDR-Erstaufführung von Brittens *The Turn of the Srcew,* die Dresdner Staatsoper mit Puccinis *Il Trittico* und Cavallis *Ormindo* in der Inszenierung von Christine Mielitz, die Wiener Puppenoper mit Haydns *Feuerbrunst* sowie die Konzerte des Gewandhausorchesters Leipzig unter Kurt Masur, der Prager Sinfoniker unter Jiři Bélohlávek und die 12 Cellisten der Berliner Philharmoniker.

Dresdner Musikfestspiele 1981
Hauptthema: Mozart als Musikdramatiker

Dieses dem 225. Geburtstag des Salzburger Meisters gewidmete Hauptthema orientierte verständlicherweise vor allem auf dessen Opern. Die Staatsoper Dresden war mit den Kupfer-Inszenierungen von *Entführung* und *Zauberflöte* präsent, die Komische Oper Berlin stellte die Felsenstein-Inszenierung von *Figaros Hochzeit* vor und das Opernensemble Leipzig gastierte mit *Così fan tutte* und *Titus.* Studenten der Musikhochschule Berlin überraschten mit einer lebendigen Aufführung von Mozarts Jugendwerk *Apollo und Hyazinth,* und ihre Dresdner Kommilitonen ergänzten das Mozart-Opernaufgebot mit ihrer *Gärtnerin aus Liebe.*

Im Konzertsektor fand Mozarts Schaffen ebenfalls gebührende Berücksichtigung. Die Staatskapelle Dresden brillierte mit den letzten drei großen Sinfonien von Mozart unter der Leitung von Herbert Blomstedt. Die Dresdner Philharmonie vereinte sich mit dem Dresdner Kreuzchor in einer beeindruckenden Interpretation von Mozarts Messe c-Moll unter Martin Flämig. Vielgestaltig zeigte sich das kammermusikalische Programm, das vom Violinenensemble des Bolschoi-Theaters Moskau und von den Festival Strings Lucerne, vom Dresdner Kammerorchester mit Manfred Scherzer als Dirigent und Solist und von namhaften Vokal- und Instrumentalsolisten wie Reri Grist, Chihoko Nakata und Annerose Schmidt, Theo Adam und Peter Schreier gestaltet wurde.

Ein hervorragendes Beispiel schöpferischer Erbeaneignung war die Uraufführung des letzten Motettenzyklus von Heinrich Schütz durch die Cappella Sagittariana, die Berliner Solisten und den Kreuzchor in der aufführungspraktischen Einrichtung von Wolfram Steude. Auch die Konzerte des Baltimore Symphony Orchestra unter Sergiú Commissiona fanden großen Widerhall.

Unabhängig vom Hauptthema wurden drei außergewöhnliche Ensembleleistungen zu umjubelten Festspielereignissen. Hier ist zuerst die Aufführung von Mahlers achter Sinfonie, der »Sinfonie der

Tausend«, durch die Dresdner Philharmonie mit einem internationalen Solistenensemble und einem großem Aufgebot von Chören aus Dresden und Leipzig unter der Leitung von Herbert Kegel zu nennen. In der ersten Festspielwoche war es das Gastspiel des Ballettensembles der Hamburger Staatsoper mit den Neumeier-Choreographien von Mahlers dritter Sinfonie und dem *Sommernachtstraum.* Krönender Abschluß der Festspiele war das zweitägige Gastspiel von Solisten, Chor und Orchester der Mailänder Scala unter Claudio Abbado mit Verdis *Requiem.*

In diesem Jahr erlebte auch das musikalische Volksfest »Dresden singt und musiziert«, von den besten Berufs- und Volkskunstensembles gestaltet und von Tausenden besucht, seine Premiere.

Dresdner Musikfestspiele 1982

Hauptthema: Kindermusiktheater

Von der nationalen und internationalen Presse konnte übereinstimmend festgestellt werden, daß bei diesen Festspielen die Verwirklichung des Hauptthemas in besonders beeindruckender Weise gelungen ist. Hervorgehoben wird, daß sich die Dresdner Musikfestspiele damit einer perspektivisch sehr bedeutsamen Kunstform zuwandten und die Autorität eines internationalen Festivals für dieses Genre einsetzten.

Neben Beiträgen der Dresdner Staatsoper, des Theaters aus Halberstadt und der Musikhochschule Weimar muß hier vor allem das umfangreiche Gastspiel des Moskauer Kindermusiktheaters hervorgehoben werden. Dieses zum damaligen Zeitpunkt einzige professionelle Ensemble der Welt, das sich ausschließlich der Interpretation von Opern und Ballettwerken für Kinder widmet, stand auch beim Gastspiel unter der Leitung seiner Begründerin Natalja Saz. Auf dem Programm standen die DDR-Erstaufführung des im Carl-Maria-von-Weber-Wettbewerb für Kinderopern 1980 ausgezeichneten Werkes *Maugly* von Schirwani Tschalajew und Joachim Werzlaus Kinderoper *Meister Röckle,* ebenfalls als DDR-Erstaufführung *Rotkäppchen* von Michail Rauchwerger und dazu *Peter und der Wolf,* das Werk, bei dessen Dresdner Aufführung Natalja Saz selbst den Text sprach, mit dem sie einstmals Sergej Prokofjew für die Komposition begeistern konnte.

Der außergewöhnliche Erfolg dieser ganz auf ein junges Publikum orientierten Programmgestaltung führte dazu, daß seit diesem Jahr Musiktheateraufführungen für Kinder zum ständigen Programm der Dresdner Musikfestspiele gehören.

Auch beim fünften Festspieljahrgang gab es im Sinne eines vielfältigen Programmangebots hervorhebenswerte Festspielereignisse, die nicht an das Hauptthema gebunden waren. Der Dresdner Premierenbeitrag *Ariadne auf Naxos* von Richard Strauss war gleichzeitig die erste Inszenierung des neuen Chefregisseurs Joachim Herz. Das Theater *La Fenice* Venedig gastierte mit der bei uns bis dahin unbekannten Donizetti-Oper *Maria di Rudenz* und Verdis *Troubadour* mit Katia Ricciarelli als Leonore und Peter Maag am Dirigentenpult. Der Staatsoper Wrocław war die Bekanntschaft mit Werken von Karol Szymanowski und *The Fires of London* die ebenso eigenwilligen wie beeindruckenden Aufführungen mehrerer Werke von Peter Maxwell Davies zu danken.

Bei der konzertanten Aufführung von Carl Orffs »kleinem Welttheater« *Der Mond* bestätigte Herbert Kegel an der Spitze der Dresdner Philharmonie und mit Eberhard Büchner als Erzähler seinen während der Festspiele erworbenen Ruf als »Klang-Regisseur«. Zu weiteren hervorhebenswürdigen Ereignissen gestaltete sich die DDR-Erstaufführung des Volksoratoriums *Axion Esti* von Mikis Theodorakis unter Leitung des Komponisten, die Konzerte der Nationalphilharmonie Warschau unter Witold Rowicki mit Werken von Karol Szymanowski und des Philharmonischen Orchesters Monte Carlo unter Lawrence Forster, die Aufführung der Paukenmesse von Joseph Haydn durch die Staatskapelle, das Konzert des Kreuzchores und der Philharmonie mit Schnittkes *Requiem,* der Liederabend mit Hermann Prey und die Auftritte von vier international bekannten Pianisten wie Hiroko Nakamura und Elisso Wirssaladse, Maurizio Pollini und Peter Rösel.

Dresdner Musikfestspiele 1983

Hauptthema: Dresdner Operntraditionen

In Anlehnung an den 100. Todestag von Richard Wagner und den 200. Todestag von Johann Adolf Hasse entstand dieses Hauptthema, mit dem die von den beiden Komponistenpersönlichkeiten mit repräsentierten Dresdner Operntraditionen in den Mittelpunkt der Festspiele gestellt werden sollten.

Dresden konnte mit Wagners *Tannhäuser* und *Lohengrin* einen unmittelbaren Beitrag leisten und die Musikhochschule Leipzig gefiel mit dem Hasse-Intermezzo *Die schlaue Magd.* Im umfassenden Sinne der Operntraditionen gehörten zum Hauptthema aber genauso die Premiere von Joachim Herz' *Così fan tutte*-Inszenierung als Spiegelbild der Dresdner Mozart-Tradition, Beethovens *Fidelio,* Strauss' *Ariadne auf Naxos,* das Gastspiel der Budapester Staatsoper mit Mozarts *Don Giovanni* und, im Gedenken an die große Dresdner Verdi-Tradition, mit einer Aufführung der *Lombardi.* Orientiert an der bedeutsamen Pflege russischer und sowjetischer Opern in Dresden brachte das Moskauer Stanislawski-und-Nemirowitsch-Dantschenko-Musiktheater Rimski-Korsakows *Mainacht* und Tichon Chrennikows *Frol Skobejew.* Als Beiträge im Sinne der besonderen Aufgeschlossenheit gegenüber dem Neuen sind das Gastspiel des Leipziger Opernensembles mit Udo Zimmermanns *Die wundersame Schustersfrau,* die Aufführung der Landesbühnen Sachsen mit der kurz vorher uraufgeführten Oper *Aulus und sein Papagei* von Karl Rudi Griesbach, die Uraufführung des Auftragswerkes des Zentralrates der FDJ, Jan Trieders *Meister Mateh,* durch das Ensemble der Musikhochschule Dresden sowie die Uraufführung von Mirko Kelemens Ballett *Apocalyptica* durch das Dresdner Ensemble zu werten.

Aus dem großen Angebot internationaler Konzertgastspiele können hier nur die des NHK Symphony Orchestra Tokyo unter Hiroyuki Owaki und des Orchestre de Lyon unter Serge Baudo erwähnt werden. Konzerte mit Peter Schreier, Ludwig Güttler, dem Kreuzchor und der Cappella Fidicinia Leipzig waren als Beiträge zur Luther-Ehrung der DDR konzipiert. Eine Veranstaltung mit Gisela May, der Berliner Singakademie und Dresdner Musikern galt dem 85. Geburtstag von Hanns Eisler. Die Mitwirkung des Blechbläserensembles Ludwig Güttler verlieh auch dem abendlichen Festkonzert von »Dresden singt und musiziert« einen besonderen Glanz.

Dresdner Musikfestspiele 1984

Hauptthema: Begegnungen mit Tanz

Nach dem für 1980 gewählten Hauptthema »Tanztheater heute« sollte das Thema »Begegnungen mit Tanz« eine Ergänzung darstellen, und zwar im Sinne der Vielfalt der Stile und Gestaltungsmöglichkeiten vom klassischen dramatischen Ballett bis zum Ausdruckstanz und zur Pantomime. Eine Neueinstudierung von Prokofjews *Romeo und Julia* in der Choreographie von Harald Wandtke und ein »Klassischer Ballettabend« mit Werken von Tschaikowski, Hertel, Rossini und anderen, in der Einstudierung von Ute Mitreuter und Konstantin Russu durch das Ballett der Staatsoper Dresden, brachten hier wesentliche Akzente. Das Gastspiel der Deutschen Staatsoper Berlin ergänzte den DDR-Beitrag zum Hauptthema durch einen Balanchine-Abend.

Von den internationalen Ensembles sollen hier besonders das Königlich-Dänische Ballett Kopenhagen, das mit zwei Bournonville-Choreographien hervortrat und das Ballettensemble des Akademischen Theaters für Oper und Ballett »Pjotr Tschaikowski« aus Perm mit den Originalchoreographien von *Chopiniana, Paquita* und *Schwanensee* hervorgehoben werden.

Innerhalb des vielgestaltigen Opernprogrammes galten zwei Vorhaben besonderes Interesse und hohe Erwartungen: der Festspielpremiere des Dresdner Ensembles mit Alban Bergs *Wozzeck,* in der Inszenierung von Joachim Herz und unter der musikalischen Leitung von Hiroshi Wakasugi, und dem bisher umfangreichsten internationalen Gastspiel, dem des Teatr Wielki Warschau mit Mussorgskis *Boris Godunow,* Szymanowskis *König Roger* und der erst kurz zuvor uraufgeführten Kammeroper *Manekiny* von Rudzinski.

Hervorragende Ereignisse im Konzert waren in erster Linie Aufführungen großer dem Friedensgedanken gewidmeter vokalsinfonischer Werke, an deren überzeugender Interpretation die Dresdner Philharmonie, die Staatskapelle Dresden und das Rundfunk-Sinfonieorchester Leipzig, der Kreuzchor, der Dresdner Beethovenchor und die Rundfunkchöre aus Berlin und Leipzig unter Leitung von Herbert Blomstedt, Martin Flämig und Christian Hauschild großen Anteil hatten: die Uraufführungen der fünften Sinfonie *Pro Pace* von Siegfried Köhler und der im Auftrag der Festspieldirektion entstandenen *Frühlingssinfonie* von Mikis Theodorakis sowie die Dresdner Erstaufführungen von Siegfried Matthus' *Holofernes* und Udo Zimmermanns *Pax Questuosa.* Nach den Konzerten des Tokyo Philharmonic Orchestra unter Tadaaki Otaka und der beiden sowjetischen Meisterinterpreten Wladimir Spiwakow, Violinie, und Juri Baschmet, Viola, brachte die konzertante Aufführung der Gershwin-Oper *Porgy and Bess* in der Originalfassung durch die Dresdner Philharmonie, den Rundfunkchor Leipzig und ein internationales Solistenensemble unter der Leitung von Herbert Kegel einen abschließenden Höhepunkt.

Dresdner Musikfestspiele 1985

Hauptthema:
Semperoper – Tradition und Gegenwart

Dieses Hauptthema weist darauf hin, daß mit dem Jahr 1985 ein neuer Abschnit in der Entwicklung der Dresdner Musikfestspiele beginnt. Erstmalig stand die neu- und wiederaufgebaute Semperoper als repräsentative Hauptspielstätte dem Festival zur Verfügung. Das gastgebende Ensemble beteiligte sich mit allen vier Eröffnungspremieren, also mit den beiden Herz-Inszenierungen von Webers *Freischütz* und Strauss' *Rosenkavalier,* der Berghaus-Inszenierung von Matthus' *Cornet* und mit der Balletturaufführung *Brennender Friede* nach Musik von Udo Zimmermann von Harald Wandtke an der unmittelbaren Verwirklichung des Hauptthemas. Die Oberspielleiterin Christine Mielitz steuerte ihre Premiere von Verdis *Traviata* bei und aus dem Repertoire konnten *Lohengrin* und *Xerxes* übernommen werden.

Dem gesellschaftlich relevanten Programmschwerpunkt 40. Jahrestag der Befreiung des deutschen Volkes vom Hitlerfaschismus waren mehrere Kammerkonzerte und Liederabende mit sowjetischen Solisten und Ensembles gewidmet. Die Dresdner Orchester und Kammermusikvereinigungen beteiligten sich durch die Interpretation von Werken russischer und sowjetischer Komponisten.

Der Höhepunkt dieses Programmteils war zweifellos das mehrtägige Gastspiel des Ballettensembles des Bolschoi-Theaters Moskau. Mit der Neufassung von Schostakowitschs Ballett *Das goldene Zeitalter* von Juri Simonow und Juri Grigorowitsch und dem Ballett *Raimonda* von Alexander Glasunow wurden hier Akzente gesetzt.

Dem Hauptthema »Semperoper« und damit den Dresdner Operntraditionen konnten mehrere Gastspiele direkt zugeordnet werden: Der Dresdner Strauss-Tradition war die *Arabella*-Aufführung der Hamburgischen Staatsoper gewidmet, das Prager Nationaltheater reflektierte mit Dvořáks *Teufelskäte* und Martinůs *Griechischer Passion* die langjährigen schöpferischen Beziehungen Dresdens zur Moldau-Metropole, und die Aufführungen des Teatro di San Carlo Neapel erinnerten an die vielfältigen Wechselbeziehungen zur italienischen Oper. In den Konzerten fand das Hauptthema vor allem durch die überzeugende Wiedergabe großer sinfonischer Werke von Richard Strauss durch die Staatskapelle, die Dresdner Philharmonie und die New York Philharmonic seine Resonanz. Das Gastspiel der Städtischen Theater Karl-Marx-Stadt mit *Boris Godunow* und *Lukullus* bezog sich sowohl auf die große Tradition der russischen Opernpflege in Dresden als auch auf die Aufgeschlossenheit gegenüber neuen Werken.

Ein Teil des Gesamtprogramms war den Komponistenjubilaren des Jahres 1985 gewidmet, so daß die Dresdner Musikfestspiele auch einen würdigen Beitrag zur »Bach-Händel-Schütz-Ehrung der DDR« leisteten. Aufführungen von Händel-Opern durch die Komische Oper Berlin, die Staatsoper Dresden, das Landestheater Halle und die Musikhochschule Leipzig unterstrichen erneut die international führende Position der DDR auf diesem Gebiet. Eine interessante Bereicherung brachte das Gastspiel des Studios für Alte Oper Frankfurt/Main mit Aufführungen von Monteverdi-Opern.

Zu einem außergewöhnlichen Ereignis wurde die Aufführung der Bachschen Matthäuspassion durch die Staatskapelle Dresden, den Rundfunkchor Leipzig und international bewährte Solisten, vor allem aber durch die Persönlichkeit Peter Schreiers in der Personalunion von Dirigent und Evangelist. Auch die Aufführungen der h-Moll-Messe durch den Kreuzchor, die »Cantores minores« aus Helsinki und das Kammerorchester der Weimarischen Staatskapelle, die der Händel-Oratorien *Judas Makkabäus* und *Messias* durch die Dresdner Philharmonie bzw. die Berliner Rundfunkklangkörper sowie die Schütz-Programme fanden eine begeisterte Aufnahme.

Im Bereich des heiteren Musiktheaters konnten das Ensemble der Staatsoperette Dresden mit der Uraufführung einer Neufassung von Offenbachs *Daphnis und Chloe* und die Städtischen Bühnen Erfurt mit Bernsteins *West Side Story* überzeugen.

Dresdner Musikfestspiele 1986

Hauptthema: Carl Maria von Weber und der Gedanke der Nationaloper

Mit diesem Hauptthema richteten die Festspiele die Aufmerksamkeit auf einen Musiker, dessen bedeutendste Schaffensperiode und dessen Wirken als Opernorganisator, Dirigent, Dramaturg und Lehrer vor allem mit der Stadt Dresden verbunden sind. Darüber hinaus sollten aber auch seine Bedeutung als Pionier einer deutschen Nationaloper und sein die Grenzen des deutschsprachigen Raumes überschreitender Einfluß aus Anlaß seines 200. Geburtstages gewürdigt werden. Dementsprechend standen zunächst die musikdramatischen Werke von Weber im Mittelpunkt. Dresden war mit dem *Freischütz* sowohl in der Semperoper als auch auf der Felsenbühne Rathen vertreten, die Musikhochschule spielte *Abu Hassan*, und das Staatstheater Schwerin brachten gemeinsam mit Solisten der Staatsoper Dresden *Die drei Pintos* in einer konzertanten Aufführung zu Gehör. Einen besonders reizvollen Beitrag zur Weber-Ehrung gestalteten Peter Schreier und Konrad Ragossnig, Gitarre, mit ihrer Liedermatinee.

Im Sinne des Gedankens der Nationaloper wurden aus dem Repertoire der Semperoper Wagners *Meistersinger*, Tschaikowskis *Eugen Onegin* und Rimski-Korsakows *Zar Saltan* ausgewählt. Wichtige Akzente setzte das Gastspiel des Teatr Wielki Warschau mit Moniuszkos Nationaloper *Gespensterschloß* und der russisch-nationalen Zauberoper *Goldener Hahn* von Rimski-Korsakow. Das Musiktheaterensemble Brno war mit Dvořáks *Rusalka* und das Opernhaus Zürich mit Bizets *Carmen* präsent. Im Sinne der Orientierung auf das neue Schaffen gewannen die Premiere von Goldmanns *Hot* durch das Dresdner Opernensemble und die DDR-Erstaufführung von Kelterborns *Kirschgarten* durch das Züricher Ensemble an Bedeutung.

Auch beim dritten Gastspiel des Moskauer Kammermusiktheaters konnten durch die beeindruckenden DDR-Erstaufführungen von vier neuen sowjetischen Opern Höhepunkte im Festspielprogramm gestaltet werden. Außerdem gastierte die deutsche Staatsoper Berlin mit Theo Adams Inszenierung von *Figaros Hochzeit*, das Staatstheater Schwerin mit *Orpheus und Eurydike* und das Landestheater Eisenach mit Zimmermanns *Weißer Rose*.

Mit den Opernaufführungen des Teatr Wielki Warschau bildeten die Konzerte der Staatsphilharmonie Kraków, von denen das erste von Krzysztof Penderecki geleitet wurde, Höhepunkte im Rahmen der »Tage der Kultur der VR Polen in der DDR«.

Der »Internationalen Franz-Liszt-Ehrung« waren Konzerte der Budapester Philharmonie mit dem Chor des Ungarischen Rundfunks und Fernsehens, des Kreuzchors mit der Singakademie Dresden und dem Rundfunk-Sinfonieorchester Berlin sowie mehrere Kammerkonzerte gewidmet. Die Erstaufführung des Oratoriums *Der entfesselte Prometheus* mit den Ergänzungen des Dresdner Komponisten Paul Büttner und der Klavierabend von Peter Rösel fanden besonders hohe Anerkennung. Einen interessanten und originalen Beitrag zum Liszt-Jubiläum steuerte die Weimarer Hochschule für Musik bei, die die einzige Oper von Franz Liszt, *Don Sancho*, zur Aufführung brachte.

Entsprechend der programmdramaturgischen Konzeption enthielt auch das Programm 1986 Aufführungen von Werken, die auf Grund außerordentlicher Anforderungen nur selten gespielt werden oder überhaupt erst wiederentdeckt wurden. Höhepunkte in diesem Zusammenhang waren die Aufführungen der *Gurre-Lieder* von Arnold Schönberg durch die Dresdner Philharmonie, die Rundfunkchöre Berlin und Leipzig, den Prager Männerchor und ein international besetztes Solistenensemble unter der Leitung von Herbert Kegel.

Zu dem erwarteten Ereignis gestaltete sich der Liederabend von Dietrich Fischer-Dieskau.

Dresdner Musikfestspiele 1987

Hauptthema:
Die italienische Oper in Dresden

Mit dem Hauptthema der zehnten Festspiele werden die zunächst vor allem mit den Namen Heinrich Schütz und Johann Adolf Hasse verbundenen traditionellen musikalischen Verbindungen zwischen Dresden und Venedig sowie die sich in vielschichtiger Weise in Dresden äußernden Wechselbeziehungen zwischen italienischer und mittel- bzw. nordeuropäischer Opernentwicklung zur Programmdominanz. Historischer Bezugspunkt dafür war der 325. Jahrestag der ersten Uraufführung einer italienischen Oper in Mitteleuropa, nämlich Bontempis *Il Paride* aus dem Jahre 1662. Reflektiert wurden mit diesem Hauptthema weiterhin die Bemühungen um die Interpretation italienischer Opern in Dresden durch Dirigentenpersönlichkeiten wie Ernst von Schuch, Fritz Busch und Karl Böhm im 19. und 20. Jahrhundert.

Davon ausgehend galt die Festspielpremiere der Dresdner Staatsoper Verdis *Falstaff*. Aus dem Repertoire wurden *Otello*, *Traviata*, der ebenfalls neuproduzierte *Barbier von Sevilla* von Rossini und Cimarosas *Heimliche Ehe* ausgewählt.

Die Gastspiele des Schewtschenko-Musiktheaters Kiew mit Donizettis *Lucia di Lammermoor*, des Teatro dell'Opera di Roma mit Puccinis *Butterfly*, des Teatr Wielki Lodz mit Bellinis *Norma* und Boitos *Mefistofele*, der Prager Kammeroper mit dem *Barbiere* von Paisiello, der Basler Madrigalisten mit Bianchieris *Festino* und des Landestheaters Halle mit Händels *Rinaldo* waren direkt dem Thema zugeordnet. Ergänzt wurde dieser vielfältige Programmkomplex »Italienische Oper« durch Aufführungen der Landesbühnen Sachsen, die erstmalig mit ihrem Stammhaus in Radebeul in die Festspiele einbezogen waren, und durch Studioinszenierungen der Musikhochschulen Dresden, Leipzig und Weimar.

Konzertante Aufführungen von Puccinis bei uns fast unbekannter Oper *Edgar* durch die Staatskapelle Dresden unter Hans Vonk, Glucks *Iphigenie in Aulis* in der Dresdner Fassung von Richard Wagner durch die Dresdner Philharmonie unter Miltiades Caridis, Monteverdis *Orfeo* sowie Bontempis *Il Paride* mit der Cappella Fidicinia Leipzig unter der Leitung von Hans Grüß vervollständigten das »italienische Angebot«. Insgesamt wurden in den siebzehn Festspieltagen einundzwanzig italienische Opern aufgeführt, die einen Überblick über mehr als dreihundert Jahre Geschichte der italienischen Oper ermöglichten.

Dem Programmschwerpunkt 70. Jahrestag der Oktoberrevolution waren neben den Vorstellungen der Kiewer Oper vor allem Aufführungen von Werken Dmitri Schostakowitschs gewidmet. Die Dresdner Staatsoper führte die Herzsche Neuinszenierung der Oper *Die Nase* auf und die Berliner Staatsoper gastierte mit der Kinderoper *Das Märchen vom Popen und seinem Knecht Balda*. Instrumentalwerke russischer und sowjetischer Komponisten erklangen in den Konzerten der Leningrader Philharmonie, der Nationalphilharmonie Warschau, des Sinfonieorchesters von BBC Wales, der Dresdner Staatskapelle und in zahlreichen Kammerkonzerten.

Das Ballett repräsentierten im Programm 1987 vor allem das Dresdner Ensemble mit seiner Neuproduktion von Strauss' *Josephslegende* und Strawinskys *Feuervogel*, das Sadler's Wells Royal Ballet London mit *Schneekönigin* nach Motiven von Mussorgski und das Tanztheater Pina Bausch Wuppertal mit *Café Müller* und Strawinskys *Sacre du Printemps*.

Eine interessante Ergänzung des Musiktheaterprogramms insgesamt brachten die DDR-Erstaufführungen von Mauricio Kagels *Mare nostrum* im Beisein des Komponisten des Musicals *Evita* von Andrew Lloyd Webber durch das Dresdner Operettenensemble und die Aufführungen der erst im Vorjahr uraufgeführten Oper *Candide* von Reiner Bredemeyer sowie von Raimonde Pauls *Carrie* durch das Landestheater Halle.

Die Dresdner Musikfestspiele als internationales Forum des Meinungs- und Erfahrungsaustausches

Von Anbeginn an gestalteten sich die Dresdner Musikfestspiele zu einem internationalen Forum des Meinungs- und Erfahrungsaustausches über philosophisch-ästhetische und musikalisch-praktische Fragen, besonders des Musiktheaters. Angeregt und ermöglicht durch die vorgestellten Produktionen der Dresdner Ensembles, die Gastspiele von Opern- und Ballettensembles aus Berlin, Leipzig und anderen Musikzentren der DDR sowie aus dem Ausland ergaben allein die Begegnungen der Dirigenten und Regisseure, Choreographen und Dramaturgen, Orchestermusiker, Sänger und Tänzer vor und nach den Vorstellungen einen anregenden Gedankenaustausch. Probleme der Werktreue und der Interpretationsanliegen aus heutiger Sicht, die Verantwortung der Künstler gegenüber den Autoren und dem Publikum, Fragen der Spielplan- und Repertoiregestaltung, die Rolle der Massenmedien und Methoden der Nachwuchsausbildung und Nachwuchsförderung sowie soziale Probleme standen im Mittelpunkt eifriger Debatten, die oft erst nach Mitternacht beendet oder gar abgebrochen wurden. Ein Grundtenor dieser Gespräche war das Anliegen, wie die Musik- und Theaterschaffenden ihren Beitrag zur Erhaltung und Sicherung des Friedens noch überzeugender artikulieren können. In solchen Debatten verwirklichte sich das Anliegen »Dresdner Musikfestspiele – weltoffenes Treffen im Zeichen des Friedens und der Völkerverständigung« besonders anschaulich.

Eine willkommene Bereicherung dieses Meinungs- und Erfahrungsaustausches bildeten die Pressekonferenzen des Festspieldirektors und die Pressegespräche mit den Leitungen und Inszenierungsteams der Dresdner Premierenbeiträge und der gastierenden Ensembles. Dabei wurden die umfangreichen Informationen, die das Festspiel-Pressezentrum vermittelte, und weitere Serviceleistungen von den Journalisten aus dem In- und Ausland immer wieder anerkennend hervorgehoben. Wenn jährlich in der Regel über hundert, in den letzten drei Jahren fast zweihundert Mitarbeiter der Massenmedien aus über zwanzig Ländern und Westberlin offiziell im Pressezentrum der Festspiele akkreditiert wurden, die bis zu hundert Redaktionen der Fach- und Tagespresse bzw. von Sendern des Hörfunks und des Fernsehens vertraten, werden der Umfang und die Bedeutung dieser Arbeit offensichtlich.

Während die Pressegespräche und die eingangs erwähnten anderen Formen des Meinungs- und Erfahrungsaustausches an einzelne Gastspiele und Begegnungen gebunden waren, gehörten vom ersten Festspieljahrgang an wissenschaftliche Veranstaltungen zum festen Programm der Dresdner Musikfestspiele.

Im Laufe der Jahre bildeten sich dabei zwei verschiedene, sich allerdings auch berührende und zum Teil überschneidende Organisationsformen und methodische Anliegen heraus. In den ersten Jahren konzentrierten sich die wissenschaftlichen Veranstaltungen in erster Linie auf praxisorientierte Themenkreise, die vom jeweiligen Hauptthema der Festspiele abgeleitet waren und es sich zur Aufgabe gestellt hatten, Erfahrungen zu sammeln, zu diskutieren und in deren Verallgemeinerung Impulse für die praktische Musiktheaterarbeit zu vermitteln. Dabei erwies sich die Zusammenarbeit mit dem Verband der Theaterschaffenden der DDR und dem Verband der Komponisten und Musikwissenschaftler der DDR als sehr wertvoll. Auch die Mitwirkung der Sektion Musik der Akademie der Künste mit ihren reichen Möglichkeiten und großen Potenzen kam dem Anliegen dieses wissenschaftlichen Vorhabens zugute.

Zu nennen sind hier vor allen Dingen folgende wissenschaftliche Veranstaltungen:

Kammeroper – eigenständiges
Musiktheatergenre mit Perspektive
oder Nebenprodukt der großen Oper?
(3. und 4. Juni 1978)

Puppentheater und Musik
(21. und 22. Mai 1979)

Das musikalische romantische Erbe
und seine Auswirkungen
auf die Musik der Gegenwart
(20. Mai 1979)

30 Jahre DDR-Musik – Stand und
Entwicklungstendenzen
(26. Mai 1979)

Die Bedeutung der Konzertmusik aus
Vergangenheit und Gegenwart für das
Entstehen neuer Choreographien
(28. bis 30. Mai 1980)

Das Vokalschaffen Ernst Hermann Meyers
(27. Mai 1980
aus Anlaß des 75. Geburtstages)

Mozart als Musikdramatiker
(2. und 3. Juni 1981)

Kinder-Musiktheater
(24. und 25. Mai 1982)

Zu Rezeptionserfahrungen mit Wagners
Dresdner Oper
(2. und 3. Juni 1983)

Mit den Festspielen 1981 beginnend, traten langfristig konzipierte mehrtägige wissenschaftliche Konferenzen ins Zentrum des Interesses nationaler und internationaler Fachkreise. Diese wissenschaftlichen Konferenzen gruppierten sich zunächst um das Generalthema »Die Rolle der romantischen Musik bei der Herausbildung eines demokratischen Nationalbewußtseins«. Sie knüpfen an vorhergegangene, ähnlich strukturierte Vorhaben der Hochschule für Musik »Carl Maria von Weber« Dresden und des Kulturbundes an und führten die Dresdner Romantik-Diskussion der sechziger und siebziger Jahre weiter. In schöpferischer Zusammenarbeit mit der Hochschule für Musik und unter Leitung ihres damaligen Rektors Gerd Schönfelder, konnten mit namhafter internationaler Beteiligung bei der Diskussion sowohl ästhetisch-theoretischer Grundfragen zum Romantik-Begriff, zu seiner historischen und kulturtheoretisch terminierten Analyse und Einordnung als auch auf die Praxis und die Gegenwart übergreifender Probleme interessante Ergebnisse erzielt werden.

Die für einen Zeitraum von vier Jahren konzipierte Konferenzserie konnte wie folgt verwirklicht werden:

Philosophisch-ästhetische Grundfragen
des Generalthemas
(26. bis 28. Mai 1981)

Die romantische Oper
(26. bis 28. Mai 1982)

Der Einfluß Richard Wagners auf die
nationale Entwicklung des Musiktheaters
im 19. und 20. Jahrhundert
(24. bis 26. Mai 1983)

Der Einfluß der romantischen Musik
auf die Musikentwicklung
im 20. Jahrhundert
(28. bis 30. Mai 1984)

Im Zusammenhang mit der Eröffnung der neu- und wiederaufgebauten Semperoper wurde, wiederum in Zusammenarbeit mit der Dresdner Hochschule für Musik und dem Kulturbund, eine neue Konferenzserie vorbereitet, die unter der Leitung der Professoren Hans John und Günther Stephan steht. Sie reflektiert unmittelbar die Hauptthemen der Dresdner Musikfestspiele und ist als ein Beitrag zur weiteren Erforschung der Dresdner Operntraditionen konzipiert.

Bisher fanden folgende Konferenzen zum neuen Generalthema »Dresdner Operntraditionen« statt:

Die Dresdner Oper von Heinrich Schütz
bis Johann Adolf Hasse
(28. bis 30. Mai 1985)

Carl Maria von Weber und der Gedanke
der Nationaloper
(3. bis 5. Juni 1986)

Die italienische Oper in Dresden
von Johann Adolf Hasse bis Francesco
Morlacchi
(26. bis 28. Mai 1987)

Die Konferenzen erfreuen sich wachsender internationaler Popularität. An ihnen nahmen bisher Experten aus neunzehn Ländern als Referenten teil. Die weit über die Festspiele hinausgehende Ausstrahlung der wissenschaftlichen Ergebnisse konnte vor allem durch die Drucklegung der Referate, im Rahmen der Publikationsreihe der Dresdner Musikhochschule, gewährleistet werden.

In den nächsten Jahren wird das Konferenzvorhaben mit folgenden Themen fortgesetzt:

1988: Die Pflege der Opern und Musikdramen Verdis und Wagners in Dresden.

1989: Höhepunkte der Dresdner Operngeschichte im 20. Jahrhundert

1990: Die Pflege der russischen und sowjetischen Opern in Dresden

Der Internationale Carl-Maria-von-Weber-Wettbewerb

Bereits im Jahre 1969 wurde auf Anregung des damaligen Chefdirigenten der Dresdner Philharmonie, Kurt Masur, durch den Rat der Stadt Dresden ein Carl-Maria-von-Weber-Wettbewerb für Dirigenten ausgeschrieben. Zwei Jahre später fand er eine Erweiterung durch einen Autorenwettbewerb für Kammermusik. In beiden Formen richtete sich der Aufruf ausschließlich an junge Künstler der DDR und war ihrer zielgerichteten Förderung gewidmet.

Mit dem Beschluß über die Dresdner Musikfestspiele erhielt der Carl-Maria-von-Weber-Wettbewerb den Status eines internationalen Wettbewerbes, der von der Direktion Dresdner Musikfestspiele ausgeschrieben wird und unter der Schirmherrschaft des Rates der Stadt steht. Seit 1978 erfreut sich der Wettbewerb als Autorenwettbewerb großer internationaler Resonanz. Bis heute beteiligten sich Komponisten aus insgesamt fünfunddreißig Ländern und Westberlin an der sich nun auf zwei Genres konzentrierenden Konkurrenz.

Während im ersten Festspieljahr noch beide Genrewettbewerbe parallel stattfanden, wird er seit 1979 im jährlichen Wechsel einmal als Autorenwettbewerb für Kammermusik, und zwar für junge Komponisten, und zum anderen, ohne Altersbegrenzung, als Kompositionswettbewerb für das Musiktheater veranstaltet.

Der Internationale Carl-Maria-von-Weber-Wettbewerb wurde bisher sechsmal als Autorenwettbewerb für Kammermusik ausgeschrieben; erstmalig im Jahre 1978 und ab 1979 im Zweijahresrhythmus. Jeweils im Februar tagt die international zusammengesetzte Jury. Während der Festspiele werden die Preise überreicht und die ausgezeichneten Werke zur Uraufführung gebracht.

1978 und 1979 konnten laut Wettbewerbsaufruf »Kammermusikwerke für drei oder vier Instrumentalisten« in freier Form eingesandt werden. 1981 galt der Aufruf dem Streichquartett. Die Orientierung auf eines der klassischen Kammermusikgenres fand einen überraschend großen Widerhall. Es wurden siebenundsiebzig Werke von Komponisten aus fünfzehn Ländern eingereicht. Zwei Jahre später lagen der Jury sogar zweiundachtzig Partituren vor, deren Autoren in fünfundzwanzig Ländern und in Westberlin beheimatet waren. Da in beiden Jahren die Jury außerdem übereinstimmend ein insgesamt hohes Niveau der Wettbewerbsbeiträge konstatieren konnte, lag die Entscheidung nahe, auch für die nächsten Jahre beim Aufruf für Streichquartette zu bleiben. Hinzu kommt, daß sich der Carl-Maria-von-Weber-Wettbewerb für Kammermusik unterdessen neben der Wiener Konkurrenz zu einem international gefragten Bewährungsfeld junger Komponisten entwickelt hat und mehrere der preisgekrönten Werke in das Repertoire führender Quartettvereinigungen aufgenommen wurden.

Im Musiktheaterwettbewerb, der in den Jahren mit geraden Endzahlen ausgetragen wird, gibt es einen »turnusmäßigen« Genrewechsel: aller vier Jahre wird er der Förderung des Kammeropernschaffens gewidmet (1978, 1982 und 1986), dazwischen wurde zum Einreichen neuer Kinderopern (1980) und neuer Ballettwerke (1984) aufgerufen. Für 1988 ist ein Wettbewerb für Musicals und andere Formen des heiteren Musiktheaters bis hin zum Rock-Musical vorgesehen.

Allein an den fünf bisher durchgeführten Musiktheaterwettbewerben beteiligten sich Komponisten aus einundzwanzig Ländern und Westberlin, die insgesamt hundertzweiundachtzig Werke der internationalen Jury vorlegten. Unter ihnen befanden sich Partituren aus fast allen sozialistischen Ländern Europas, aus acht nichtsozialistischen Ländern Europas sowie aus fünf außereuropäischen nichtsozialistischen Ländern (Argentinien, Brasilien, Japan, Kanada und den USA).

Als Autorenwettbewerb dient der internationale Carl-Maria-von-Weber-Wettbewerb vor allem als Anregung und Herausforderung schöpferischer Prozesse. Im Aufruf für den Musiktheaterwettbewerb wird dazu neben der selbstverständlichen Forderung nach hoher künstlerischer Qualität auch eine inhaltlich orientierte Prämisse gesetzt: »Der Mensch als schöpferisches Wesen in seiner Beziehung zu Partnern, zur Gesellschaft, zu den geistigen Problemen unserer Epoche soll im Mittelpunkt stehen.«

Neben dieser philosophisch-ästhetischen Vorgabe, der die eingereichten Werke in relativ hohem Maße entsprachen, und zwar nicht nur die preisgekrönten, entsprang die genremäßige Ortung des Wettbewerbes vorwiegend kulturpolitischen und musikpraktischen Überlegungen. Mit der Orientierung auf die Kammeroper sollte besonders den kleineren und mittleren Theatern die Möglichkeit gegeben werden, sich ohne Besetzungsprobleme und technische Überforderung anspruchsvollen neuen Werken zu widmen. In einer solch dichten »Theaterlandschaft«, wie die der DDR, ist dies besonders wichtig.

Die Ausschreibung des Wettbewerbes für Kinderopern ergab sich einmal aus der Notwendigkeit, auf dieses außerordentlich bedeutungsvolle und leider vor allem im schöpferischen Prozeß zu wenig beachtete Genre hinzuweisen. Zum anderen sollte mit den Ergebnissen des Wettbewerbes, also möglichst mehreren guten Werken, die die Interpreten vor reizvolle und dankbare Aufgaben stellen, der Adressat aus der einseitigen Sicht des »Publikums von morgen« in das Licht des »Publikums von heute« gerückt werden.

Die größte Überraschung brachte der Wettbewerb für Ballette, über dessen gesellschaftliche und künstlerische Relevanz unter den Fachleuten kaum Meinungsverschiedenheiten auftauchten, wohl aber über seine Resonanz unter den Komponisten. Mit fünfzig Partituren brachte der Ballettwettbewerb die bisher größte Beteiligung im Musiktheaterwettbewerb überhaupt.

Mit diesen inhaltlichen und musikpraktischen Orientierungen, die für sich genommen bereits eine Besonderheit des Internationalen Carl-Maria-von-Weber-Wettbewerb fixieren und über seinen Anspruch eine deutliche Aussage treffen, wird aber nur eine Seite des Anliegens verdeutlicht. Die andere besteht darin, daß sich die Direktion Dresdner Musikfestspiele mit der Ausschreibung des Wettbewerbes gleichzeitig verpflichtet fühlt, für die Aufführung nicht nur der preisgekrönten Werke die Autorität eines unterdessen international anerkannten Musikfestes einzusetzen. Während im Kammermusikwettbewerb die Preisverleihung in einem Konzert stattfindet, in dem die Preisträgerwerke ihre Uraufführung erleben (das sind im Ergebnis der bisher durchgeführten sechs Wettbewerbe allein zwanzig zum Teil in ihrer Interpretationsanforderung sehr anspruchsvolle Werke von Komponisten aus elf Ländern und Westberlin), ist das im Bereich Musiktheater ungleich komplizierter. Um so erfreulicher das Ergebnis: Von den preisgekrönten Kammeropern der Wettbewerbe von 1978 und 1982 erlebten bisher zwei Werke ihre Uraufführung während der Dresdner Musikfestspiele. Drei weitere Werke kamen durch das Uraufführungstheater im Rahmen eines Gastspieles (Kammeroper Warschau) oder durch DDR-Ensembles zur Erstaufführung in Dresden. Bei den Kinderopern erlebte ein Preisträgerwerk seine Uraufführung während der Dresdner Musikfestspiele, eines wurde durch das Uraufführungstheater (Kindermusiktheater Moskau) in Dresden zur DDR-Erstaufführung gebracht und ein drittes Werk konnte nur wenige Wochen nach der Uraufführung in Dresden vorgestellt werden. Besonders große Verdienste erwarb sich dabei das Ensemble der Staatsoper Dresden, das allein drei Preisträgerwerke zur Uraufführung und ein weiteres zur DDR-Erstaufführung brachte. Von den 1984 preisgekrönten Balletten erwarben die Staatsoper Dresden und das Tanztheaterensemble der Komischen Oper Berlin die Optionsrechte für die Ur- bzw. DDR-Erstaufführung. Über die Ur- beziehungsweise Erstaufführungen der 1986 preisgekrönten Kammeropern werden zur Zeit noch Verhandlungen mit DDR-Bühnen geführt, die dann bei den nächsten oder übernächsten Festspielen mit den Preisträgerwerken in Dresden gastieren werden.

Wenn man zu dieser erfreulichen Bilanz noch hinzufügt, daß die jährlich in Abhängigkeit von der Genrezuordnung neuberufenen internationalen Jurys, deren Vorsitz für den Musiktheaterwettbewerb stets der Intendant der Staatsoper Dresden führte, die von internationalen Maßstäben aus eingeschätzte hohe Qualität nicht nur der Preisträgerwerke hervorhoben und unterdessen mehrere der ausgezeichneten Opern in das Repertoire international bekannter Ensembles aufgenommen wurden, spricht das für den hohen Anspruch des Wettbewerbes, der sich so seines Namenspatrons würdig erweist.

Ein Musikfest der Werktätigen

»Die Kunst gehört dem Volke. Sie muß ihre tiefsten Wurzeln in den breiten schaffenden Massen haben. Sie muß von diesen verstanden und geliebt werden. Sie muß sie in ihrem Fühlen, Denken und Wollen verbinden und emporheben. Sie muß Künstler in ihnen erwecken und entwickeln . . . ich weiß schon!, manche sind ehrlich bemüht, mit ›Panem et circensis‹ über die Schwierigkeiten und Gefahren des Augenblicks hinwegzukommen. ›Panem‹ – jawohl! ›circensis‹ – meinetwegen! Aber man vergesse dabei nicht, daß Zirkusspiele keine große wahre Kunst sind, sondern mehr oder weniger schöne Unterhaltung. Man vergesse dabei nicht, daß unsere Arbeiter und Bauern kein römisches Lumpenproletariat sind. Sie werden nicht vom Staat erhalten, sie erhalten durch ihre Arbeit den Staat . . . Unsere Arbeiter und Bauern verdienen wirklich mehr als Zirkusspiele. Sie haben ein Anrecht auf echte, große Kunst.«

Diese uns von Clara Zetkin überlieferten Gedanken Lenins verdeutlichen sehr anschaulich das Hauptanliegen der Dresdner Musikfestspiele. Die in den bisherigen Darlegungen erläuterten Bemühungen, im Rahmen der Programmgestaltung den Interessen und Bedürfnissen der »breiten schaffenden Massen« zu entsprechen, dienten vorrangig diesem Anliegen. Die Erarbeitung unserer spezifischen Programmstruktur und insbesondere die Verwirklichung der programmdramaturgischen Vorhaben in jedem Festspieljahrgang waren auf das Ziel gerichtet, mit den Festivalveranstaltungen dem großen Kreis musikliebender Werktätiger Freude und Entspannung, Erkenntnisgewinn und ästhetischen Genuß zu vermitteln, die unser Leben reicher und schöner werden lassen.

Aber die Programmgestaltung ist nur eine Voraussetzung, dem aus Lenins Worten abgeleiteten Anliegen gerecht zu werden. Sie waren auch Maßstab und Orientierung bei der Ausarbeitung eines differenzierten Systems der Öffentlichkeitsarbeit. Es kam darauf an, mit dem neuen Festspielvorhaben und begünstigt durch die niedrigen Eintrittspreise, neue Zuhörer und Zuschauer vor allem aus dem Kreis der Produktionsarbeiter und der Arbeiterjugend zu gewinnen.

Anknüpfend an bestimmte historisch herausgebildete Hörerfahrungen und Rezeptionsgewohnheiten, sollten mit der Propagierung des Anliegens und der jährlichen Programme der Festspiele Voreingenommenheiten und Unsicherheiten in der Begegnung mit der sogenannten »ernsten Musik« überwunden werden. Es galt, neue und differenzierte Bedürfnisse zu entwickeln, Wünsche nach regelmäßigen Begegnungen mit anspruchsvoller Musik zu wecken, Neugierde und Entdeckerlust auf Unbekanntes auszuprägen, Vertrauen in das eigene Rezeptionsvermögen und Musikverständnis aufzubauen. Denn: »Wie erst die Musik den musikalischen Sinn des Menschen erweckt, wie für das unmusikalische Ohr die schönste Musik keinen Sinn hat, (kein) Gegenstand ist, weil mein Gegenstand nur die Bestätigung einer meiner Wesenskräfte sein kann . . . wird ein musikalisches Ohr, ein Auge für die Schönheit der Form, kurz, werden erst menschlicher Genüsse fähige Sinne, Sinne, welche als menschliche Wesenskräfte sich betätigen, teils erst ausgebildet, teils erst erzeugt.«

Diesem Herausbilden und Entwickeln eben der »menschlicher Genüsse fähigen Sinne«, wie sie Karl Marx als individuell-aktivierenden Prozeß darstellt, galten im Kontext der gesamtgesellschaftlichen Bemühungen um die weitere Qualifizierung des Kulturniveaus der Arbeiterklasse besondere Aktivitäten. Dazu gehörten spezielle Vorträge und Diskussionen über das Festspielprogramm und einzelne Premieren, Gastspiele und vor allem über Programme mit neuen und unbekannten Werken und Interpreten vor Kulturfunktionären, in Betrieben und in der Volkshochschule, im Freundeskreis des Kulturbundes und im Wohngebiet. Als eine wesentliche Komponente der Musikpropaganda erwies sich der persönliche Kontakt, das unmittelbare Ansprechen individueller Interessen und Wünsche im kleineren Kreis musikliebender Bürger in den um den Staatstitel kämpfenden sozialistischen Produktionskollektiven und Gewerkschaftsgruppen. Hier konnten für das so wesentliche Vertrauensverhältnis zwischen Künstlern, Kunstorganisatoren und Kunstkonsumenten erste Fundamente gelegt werden.

Mit der Herausgabe der »Vorschau«, einer Art Bildwandzeitung, und der »Kleinen Vorschau«, die sich in loser Blattfolge mit detaillierten Informationen über einzelne Programmteile, Gastspiele, Werke und ihre Interpreten direkt an Kulturfunktionäre, Musikfreunde und Interessenten wendet, konnte die Festspielpropaganda erweitert werden. Ihre Ergänzung findet sie in der Zentralen Programmbroschüre und in den Einzelprogrammheften für jede Veranstaltung. Schließlich muß in diesem Zusammenhang auf die freundschaftlich-schöpferische Zusammenarbeit mit Radio DDR, Sender Dresden, der Sächsischen Zeitung und den anderen Presseorganen des Bezirkes und insgesamt auf die wirkungsvolle Popularisierung der Dresdner Musikfestspiele, ihres Anliegens und ihres Programms durch den Rundfunk und das Fernsehen der DDR, das Neue Deutschland und andere Massenkommunikationsmittel hingewiesen werden. Ohne sie wäre eine Resonanz, wie sie in zunehmender Weise in breiten Publikumsschichten und in nationalen und internationalen Fachkreisen zu spüren ist, nicht denkbar.

Einen anderen wichtigen Bereich der Öffentlichkeitsarbeit bildet die Besucherorganisation im engeren Sinne. Hier ist neben den Möglichkeiten schriftlicher Kartenbestellungen und dem öffentlichen Vorverkauf vor allem das bereits 1978 versuchsweise und im Laufe der Jahre ständig verbesserte Sonderanrecht für Betriebe, Schulen und Hochschulen, wissenschaftliche Einrichtungen und Institutionen zu nennen. Über vierzig Prozent der Eintrittskarten werden über ein sogenanntes »Bausteinsystem« verkauft, das die Besonderheiten des jeweiligen Programms und die kulturpolitischen Ansprüche mit den individuellen Wünschen in Übereinstimmung zu bringen sucht. Diese neuentwickelte Anrechtsform, die 1987 auch auf Kollektivbestellungen erweitert wurde, erfreut sich ständig steigenden Interesses: 1978 beteiligten sich vierzig und 1979 hundertsechs Betriebe und Einrichtungen an dieser Anrechtsform. 1987 waren es bereits dreihundertvierzig und weitere Anmeldungen liegen vor.

Jährlich besuchen über einhunderttausend Musikfreunde die Veranstaltungen der Dresdner Musikfestspiele. In den festen Spielstätten stieg die tatsächliche durchschnittliche Auslastung der Platzkapazität von 82,4 % im Jahre 1978 auf über 95 % in den letzten Jahren. Nach den ersten zehn Jahrgängen zählten die Festspiele weit über eine Million Besucher, wobei die nur nach Tausenden zu schätzenden Teilnehmer am musikalischen Volksfest »Dresden singt und musiziert« hier nicht mitgerechnet wurden. Rund 85 % davon sind Werktätige der Stadt und des Bezirkes Dresden. So kann auch in diesem Zusammenhang von einem sozialistischen Musikfestival gesprochen werden, von einem – im besten Sinne des Wortes – Musikfest der Werktätigen, deren hervorragende Leistungen in der täglichen Arbeit erst die Voraussetzungen schaffen für die großzügige finanzielle und materielle Unterstützung des Festivals durch den sozialistischen Staat.

Ein Blick hinter die Kulissen oder: Erfolgsgeheimnisse

Vielfältig sind die anerkennenden Worte für das Dresdner Musikfest, die die Besucher und vor allem die Mitwirkenden aus nah und fern in das Gästebuch eingetragen haben, die man in Briefen an die Direktion und in den zum Teil sehr umfangreichen Rezensionen der nationalen und internationalen Fach- und Tagespresse findet. Dabei überrascht niemanden, der Dresden und seine künstlerischen Einrichtungen kennt, daß der Stadt und ihrer landschaftlich reizvollen Umgebung, dem Leistungsniveau der Ensembles, Dirigenten und Solisten, dem musischen Klima überhaupt und dem sowohl kritischen als auch begeisterungsfähigen Publikum hohe Wertschätzung entgegengebracht werden. Kaum einer der Gäste scheidet ohne den Wunsch auf ein Wiedersehen, so wie es Reri Grist nach ihrem Dresdner Festivaldebüt 1981 ausdrückte: »Ich war sehr glücklich hier! Ich hoffe nur, daß ich wiederkommen kann, denn es ist ein Privileg, Teilnehmer Ihres Festivals zu sein.« Viele dieser Komplimente beziehen sich auf das Profil und das Programm des Festivals, auf das künstlerische Niveau der Veranstaltungen, auf die gebotenen Möglichkeiten des freimütigen Gedankenaustausches und schließen häufig zwei weitere Komponenten mit ein, die zum Teil mehr »hinter den Kulissen« wirken, zum Teil zu den »einfachen Dingen« im Sinne Brechts gehören, die so »schwer zu machen« sind: Organisation und Gastfreundschaft. Der Chefmanager der weitgereisten Welsh National Opera Cardiff faßte es beim Abschiedsempfang 1980 in die Worte: »Daß die Deutschen gute Organisatoren sind, wissen wir. Aber was wir bisher nur in Dresden erfahren haben, das ist perfekte Organisation mit Herz!«

Selbstverständlich gehört eine gut funktionierende, straff geführte Organisation zu einem Festival von den Dimensionen der Dresdner Musikfestspiele. Von der Paß- und Zollabfertigung über die unterschiedlichsten Anforderungen der Personenbeförderung und des Dekorationstransportes in und außerhalb der Stadt, über die Befriedigung der zum Teil sehr individuellen Wünsche in bezug auf Unterkunft und Verpflegung bis zur medizinischen Betreuung ist das ein weites Feld. Hier muß langfristig geplant und auch kurzfristig-operativ gehandelt werden, wenn Mitwirkenden und Besuchern gute Aufenthalts- und Arbeitsbedingungen garantiert werden sollen. Dabei stehen sich oft Gast und Gastgeber unmittelbar mit ihren Wünschen und Möglichkeiten gegenüber, wird oft in Details, im Tagtäglichen, deutlich, was Gastfreundschaft erfordert und vermag. Tausende kleine Dinge werden zu Fakten, die Vorurteile abbauen, freundschaftliche Gefühle aufkeimen lassen oder doch wenigstens überraschte Anerkennung auslösen. Sei es, daß ein Gast seine Handtasche mit Paß, Flugticket, Scheckheft und Bargeld im Zugabteil liegenläßt und dank der Hilfe der zuständigen Organe wenige Stunden später sein Eigentum wieder in Besitz nimmt. Sei es, daß ein Dirigent entgegen den Angaben seines Managers weder mit dem angemeldeten PKW noch mit dem angegebenen Paß, weder an der vereinbarten Grenzübergangsstelle noch zum vereinbarten Termin anreist und trotzdem am nächsten Morgen die Probe pünktlich beginnt. Sei es, daß Kostümkoffer oder Instrumententransporte zu spät eintreffen und sich dank der Dresdner Kollegen der Vorhang zum Gastspiel dennoch pünktlich hebt. Und was bei den technischen Einrichtungen für die Operngastspiele von den Bühnentechnikern und Organisatoren der gastgebenden Häuser manchmal – von Zeit- und Kraftaufwand abgesehen – »ganz zuverlässig improvisiert« wird, grenzt an Wunder; oder ist eben »perfekte Organisation mit Herz«.

Diese Fülle unterschiedlichster materiell-technischer und künstlerisch-organisatorischer Aufgaben kann selbstverständlich nicht allein durch die Festspieldirektion, ihr Organisations- und ihr Gästebüro bewältigt werden. Hier bewährt sich seit Jahren ein vom Ersten Stellvertreter des Oberbürgermeisters geführter Arbeitsstab, der die Lösung dieser umfangreichen Aufgaben plant und operativ leitet. In ihm sind alle Bereiche des Rates der Stadt und die Leiter der Arbeitsgruppen »Besucherpolitik«, »Presse und Information« sowie »Protokoll und Betreuung« vertreten.

Zwei andere Gremien, die sich besonders mit den Problemen der Programmgestaltung beschäftigen, sind das Komitee der Dresdner Musikfestspiele und der Künstlerische Beirat. Das Komitee berät unter dem Vorsitz des Oberbürgermeisters die langfristige Planung der künstlerischen und wissenschaftlichen Veranstaltungen und grundsätzliche Fragen der Programmgestaltung. Ihm gehören bekannte Persönlichkeiten des Musiklebens der DDR und bewährte Kulturfunktionäre an. Der Künstlerische Beirat beschäftigt sich als beratendes Organ der Festspieldirektion mit den künstlerisch-praktischen Aufgaben der Programmvorbereitung. In ihm sind alle kulturellen Einrichtungen der Stadt und des Bezirkes Dresden vertreten, die sich als Veranstaltungsträger unmittelbar an den Festspielen beteiligen. In seinen Beratungen findet die ständige schöpferische Zusammenarbeit mit den unmittelbaren Festspielpartnern, die eine wesentliche Voraussetzung für die erfolgreiche Verwirklichung der Programmdramaturgie bildet, ihren konzentrierten Ausdruck. Im Beirat und im Komitee wurden und werden auch die langfristigen Programmkonzeptionen beraten, die von der Direktion jeweils für einen Fünfjahrplan-Zeitraum ausgearbeitet und abschließend dem Minister für Kultur als offizielle Arbeitsgrundlage zur Bestätigung vorgelegt werden. Schon nach den ersten Festspielen erwies sich diese langfristige inhaltliche Planung der Festspiele zur Gewährleistung eines internationalen Maßstäben gerecht werdenden kulturpolitischen, künstlerischen und wissenschaftlichen Niveaus als erforderlich und möglich.

Die langfristige Programmplanung, die schöpferische Kooperation mit den Veranstaltungsträgern und die »perfekte Organisation mit Herz« sind nach den Erfahrungen aus zehn Festspielen zweifelsohne wesentliche Voraussetzungen für das Erreichte. Sie bilden mit den künstlerischen Ereignissen und der Tatsache, daß die Stadt Dresden und ihre musikliebenden Bürger dieses Festival als ihre ureigendste Sache angenommen haben, sich in den unterschiedlichsten Funktionen als Gastgeber fühlen und danach handeln, das »Geheimnis der Erfolge«.

Im Zusammenhang mit dem Begriff Gastfreundschaft muß schließlich noch auf eine weitere Besonderheit hingewiesen werden: Alle auswärtigen Ensembles, ob aus der benachbarten Bezirksstadt oder aus Berlin, ob aus Prag oder Tokio werden von einem Dresdner Großbetrieb betreut. Vom ersten Blumengruß bei der Ankunft bis zum letzten Händedruck beim Abschiednehmen sind leitende Mitarbeiter und andere Werktätige bemüht, den Gästen den Aufenthalt in der Festivalstadt so angenehm, erlebnisreich und informativ zu gestalten, wie es der von Proben und Veranstaltungen bestimmte Zeitfonds erlaubt. Oft übertrifft das mit viel Liebe und großem Engagement vorbereitete Betreuungsangebot die zur Verfügung stehende Zeit um ein Mehrfaches. Aber stets kommt es während des Aufenthaltes in Dresden – in erster Linie nach den Vorstellungen oder Konzerten – zu interessanten Begegnungen zwischen Künstlern und werktätigen Bürgern der Stadt, die durch den unmittelbaren persönlichen Kontakt oft weit über das eigentliche Kunsterlebnis hinaus wirken und starke Impulse im Sinne der Völkerverständigung und des Friedens auslösen.

Ein erstes Resümee und ein Ausblick

»Die Dresdner Musikfestspiele werden ein Platz der Begegnung mit der Musik anderer Länder sein, und sie werden neue Anregungen, neue Impulse und neue künstlerische Leistungen hervorbringen, die der Stadt Dresden und der Deutschen Demokratischen Republik zur Ehre gereichen.« So stand es im Geleitwort des Ministers für Kultur für die ersten Dresdner Musikfestspiele. Im Vorstehenden wurde versucht, das Ergebnis von zehn Festspieljahrgängen skizzenhaft zu bilanzieren. Gestützt auf Einschätzungen der nationalen und internationalen Fach- und Tagespresse, auf Rundfunk- und Fernsehsendungen sowie auf der Festspieldirektion übermittelte persönliche Eindrücke namhafter Musik- und Theaterschaffender kann heute festgestellt werden, daß sich die Dresdner Musikfestspiele

- als Musiktheaterfestival der DDR mit internationaler Beteiligung und internationaler Ausstrahlung, an dem sich Künstler aus zweiunddreißig Ländern und Berlin (West) aktiv beteiligten, zu einem Höhepunkt in dem an bedeutsamen Ereignissen reichen geistig-kulturellem Leben der Republik entwickelten;
- auf der Grundlage einer langfristigen Programmkonzeption zu einer Manifestation der erfolgreichen Entwicklung der sozialistischen Musikkultur, zu einer Leistungsschau vor allem der reichen Potenzen des Musiktheaters der DDR herausgebildet haben;
- durch eine weltoffene Programmgestaltung im Zeichen des Friedens und der Völkerverständigung einen guten Ruf als repräsentative Stätte der Begegnung mit den musikalischen Errungenschaften der Sowjetunion und der anderen sozialistischen Bruderländer sowie mit den progressiven und humanistischen Kunstleistungen nichtsozialistischer Länder, und als ein international zunehmend frequentiertes Zentrum des Erfahrungs- und Meinungsaustausches besonders auf dem Gebiet des Musiktheaters erworben haben;
- mit einer Programmdramaturgie, die Vielfalt und Breite im Rahmen ihres Profils mit hohen künstlerischen Anforderungen verbindet, Werke des natioalen und internationalen humanistischen Erbes und zeitgenössische Musik im ausgewogenen Verhältnis zur Diskussion stellt und dabei besonders die Bedürfnisse der musikliebenden Bürger nach anspruchsvollen und dauerhaften Kunsterlebnissen befriedigt, zu einem sozialistischen Musikfest der Werktätigen entwickelt haben.

Mit berechtigtem Stolz auf das in zehn Jahren Erreichte und im Bewußtsein der damit verbundenen Erwartungen wurden und werden in bewährter Kooperation mit den Partnern die nächsten Festspiele vorbereitet. 1988 stehen die Dresdner Musikfestspiele unter dem Hauptthema »Verdi und Wagner in Dresden«. Aus Anlaß des vierzigsten Jahrestages der DDR widmen sich die Festspiele 1989 einer Musiktheater-Retrospektive unseres Landes und stellen 1990 unmittelbar nach dem fünfundvierzigsten Jahrestag der Befreiung des deutschen Volkes vom Hitlerfaschismus »Das russische und sowjetische Musiktheater in der DDR« vor. 1991 wird unser Festival sein Programm aus Anlaß des zweihundertsten Todestages vor allem Wolfgang Amadeus Mozart widmen. Für diesen Zeitraum sind die Premierenbeiträge der Dresdener Staatsoper, die Konzerte der Staatskapelle, der Philharmonie und des Kreuzchores sowie nationale und internationale Gastspiele vorprogrammiert.

Kurt Hager, Mitglied des Politbüros und Sekretär des ZK der SED, und Hans-Joachim Hoffmann, Mitglied des ZK der SED und Minister für Kultur, im Gespräch mit Chefregisseur Harry Kupfer und Kreuzkantor Martin Flämig bei der Eröffnung der Dresdner Musikfestspiele 1978

Gastspiele:
Tokyo Philharmonic Orchestra 1984
Leitung Tadaaki Otaka

Ballett des Akademischen Theaters für Oper und Ballett »Pjotr I. Tschaikowski« Perm 1984
Peter Tschaikowski *Schwanensee*

Staatliches Akademisches Theater für Oper und Ballett »S. M. Kirow« Leningrad 1979
Andrej Petrow *Peter I.*

Nationaltheater Prag 1985
Antonín Dvořák *Der Teufel und Katinka*

Großes Theater Warschau 1984
Karol Szymanowski *König Roger*

Ballett des Staatlichen Akademischen Bolschoi-Theaters der UdSSR 1985
Alexander Glasunow *Raymonda*
Dmitri Schostakowitsch *Das goldene Zeitalter*

Deutsche Staatsoper Berlin 1979
Paul Dessau *Einstein*

Opernhaus Zürich 1986
Rudolf Kelterborn *Der Kirschgarten*

Mailänder Scala 1981
nach der Aufführung von Giuseppe Verdis *Requiem*
Romano Gandolfi, Claudio Abbado,
Jewgeni Nesterenko, Veriano Luchetti,
Lucia Valentini Terrani, Shirley Verrett

Probe der New York Philharmonic 1985
(Leitung Zubin Mehta)

Ballet de Camagüey
aus Kuba 1986 und 1980
Tanzscenen

Welsh National Opera
Cardiff 1980
Benjamin Britten
Die sündigen Engel

Staatsoper Budapest 1983
Wolfgang Amadeus Mozart *Don Giovanni*

Landestheater Halle 1987
Reiner Bredemeyer *Candide*

Opernensemble der Leipziger Theater 1983
Udo Zimmermann *Die wundersame Schustersfrau*

Volkstheater Rostock 1980
Horst Krüger *Rosa Laub*

London Puppet Players 1984
Wolfgang Amadeus Mozart *Harlequin und Colombine*

Marionettenoper Salzburg 1979
Wolfgang Amadeus Mozart *Die Entführung aus dem Serail*

Ballett der Deutschen Staatsoper Berlin 1980
Paul Hindemith *Die vier Temperamente*

Tanztheater der Komischen Oper Berlin 1980
Peter Tschaikowski *Schwanensee*

Ballett der Staatsoper Budapest 1978
Léo Delibes *Sylvia*

Die 12 Cellisten
der Berliner Philharmoniker
Berlin (West) 1985

Herbert von Karajan
bei der Vorbereitung des
Gastspiels des Berliner
Philharmonischen Orchesters
1978

Peter Schreier (Dirigent)
und Theo Adam (Regisseur)
nehmen mit dem Ensemble
der Staatsoper Berlin
den Beifall für die Aufführung
von Franz Schuberts
Der vierjährige Posten entgegen.
1978

Ballett der Hamburgischen Staatsoper 1981
Felix Mendelssohn Bartholdy/György Ligeti/John Neumeier
Ein Sommernachtstraum

Teatro »La Fenice« Venedig 1982
Gaëtano Donizetti *Maria di Rudenz*
(DDR-Erstaufführung)

Teatro Comunale Genua 1979
nach der Aufführung von Gioacchino Rossinis *Aschenbrödel*

Das Moskauer Kammermusiktheater
bei seinem dritten Gastspiel
zu den Dresdner Musikfestspielen 1986

Alexander Cholminow *Die Hochzeit*

Alexander Cholminow *Wanka*

Kyrill Wolkow *Leb und vergiß nicht*

Königlich Dänisches Ballett Kopenhagen 1984 beim Applaus für *Napoli* von Nils Wilhelm Gade, Eduard Helstedt, Holger Simon Paulli, Hans-Christian Lumbye/August Bournowille

Chronologie

der Dresdner Musikfestspiele 1978–1987

1978

20. Mai–4. Juni

Hauptthema: Kammeroper

Das Programm der künstlerischen Veranstaltungen umfaßte insgesamt 140 Musiktheater-Aufführungen, Konzerte und Musikfilm-Vorführungen.

Am Programm waren Künstler aus 18 Ländern und Berlin (West) beteiligt.

12 Uraufführungen; 16 DDR-Erstaufführungen; 102 105 Besucher; 82,4 % durchschnittliche Auslastung der festen Spielstätten

Akkreditiert im Pressezentrum: 127 Mitarbeiter der Fach- und Tagespresse, des Hör- und Fernsehfunks aus 13 Ländern

Festvortrag: Den Dresdner Musikfestspielen zum Geleit (Ansprache des Ministers für Kultur der Deutschen Demokratischen Republik, Hans-Joachim Hoffmann)

Internationales Symposium: Kammeroper – eigenständiges Musiktheater-Genre mit Perspektive oder Nebenprodukt der Großen Oper (in Zusammenarbeit mit dem Verband der Theaterschaffenden der DDR)

Internationaler Carl-Maria-von-Weber-Wettbewerb 1978

1. Für Kammeroper
47 eingereichte Werke von Komponisten aus 11 Ländern

Erster Preis: Eberhard Eyser, Schweden, für *Abu Said, der Sohn des Kalifen;* Uraufführung in Schweden; DDR-Erstaufführung bei den Dresdner Musikfestspielen 1980 durch die Staatsoper Dresden
Erster Preis: Heinz Holliger, Schweiz, für *Kommen und Gehen;* Uraufführung 1978, Hamburgische Staatsoper
Zweiter Preis: Elzbieta Sikora, VR Polen, für *Ariadna;* Uraufführung 1978 in Warschau; DDR-Erstaufführung bei den Dresdner Musikfestspielen 1979 durch die Warschauer Kammeroper

2. für Kammermusik
34 eingereichte Werke von Komponisten aus 5 Ländern

Erster Preis: Frank Volker Eichhorn, DDR
Erster Preis: Piotr Moss, VR Polen
Dritter Preis: Dieter Kempe, DDR
Dritter Preis: Andrzej Krzanowski, VR Polen
Ehrenurkunden: Christian Münch, DDR; Wolfgang Reichelt, DDR; Joanna Jaroslawska, VR Polen; Dr. Milan Slavický, ČSSR; Günter Schwarze, DDR; Alexej J. Mylnikow, UdSSR

1979

19. Mai–4. Juni

Hauptthema: Oper des XX. Jahrhunderts

Das Programm der künstlerischen Veranstaltungen umfaßte insgesamt 123 Musiktheater-Aufführungen und Konzerte.

Am Programm waren Künstler aus 17 Ländern beteiligt.

15 Uraufführungen; 22 DDR-Erstaufführungen; 102 001 Besucher; 90,8 % durchschnittliche Auslastung der festen Spielstätten

Akkreditiert im Pressezentrum: 129 Mitarbeiter der Fach- und Tagespresse, des Hör- und Fernsehfunks aus 17 Ländern und Berlin (West).

Festvortrag: Grundlagen einer Dresdner Dramaturgie (Horst Seeger)

Internationales Kolloquium: Puppentheater und Musik (in Zusammenarbeit mit der Sektion Puppentheater des Verbandes der Theaterschaffenden der DDR, der Ländergruppe DDR in der UNIMA, (Union Internationale de la Marionette)

Kolloquium: Das musikalische romantische Erbe und seine Auswirkung auf die Gegenwart; 5 Referenten aus 2 Ländern (DDR und Österreich); Leitung: Prof. Dr. sc. Gerd Schönfelder

Kolloquium des Kulturbundes der DDR: 30 Jahre DDR-Musik – Stand und Entwicklungstendenzen; 8 Referenten aus der DDR; Leitung: Prof. Dr. sc. Siegfried Köhler

Internationaler Carl-Maria-von-Weber-Wettbewerb 1979

Für Kammermusik
36 eingereichte Werke von Komponisten aus 5 Ländern

Erster Preis: Liana Alexandra Saptefrati, SR Rumänien
Erster Preis: Dr. Milan Slavický, ČSSR
Zweiter Preis: Ernst Helmut Flammer, BRD
Dritter Preis: Andrzej Krzanowski, VR Polen
Förderungspreis: Wolfgang Motz, BRD
Ehrenurkunde: Bert Poulheim, DDR

1980

24. Mai–8. Juni

Hauptthema: Tanztheater heute

Das Programm der künstlerischen Veranstaltungen umfaßte insgesamt 119 Musiktheater-Aufführungen, Konzerte und Musikfilm-Vorführungen.

Am Programm waren Künstler aus 18 Ländern und Berlin (West) beteiligt.

7 Uraufführungen; 30 DDR-Erstaufführungen; 105 583 Besucher; 95,5 % durchschnittliche Auslastung der festen Spielstätten

Akkreditiert im Pressezentrum: 128 Mitarbeiter der Fach- und Tagespresse, des Hör- und Fernsehfunks aus 12 Ländern und Berlin (West)

Festvortrag: Die Dresdner Musiktraditionen und der Festspielgedanke (Gerd Schönfelder)

Internationales Symposium: Die Bedeutung der Konzertmusik aus Vergangenheit und Gegenwart für das Entstehen neuer Choreographien (in Zusammenarbeit mit dem Verband der Theaterschaffenden, dem Verband der Komponisten und Musikwissenschaftler und der Akademie der Künste der DDR)

Roundtable: Das Vokalschaffen Ernst Hermann Meyers; Leitung: Dr. Konrad Niemann

Internationaler Carl-Maria-von-Weber-Wettbewerb 1980

Für Kinderopern
27 eingereichte Werke von Komponisten aus 13 Ländern

Kein erster Preis
Zweiter Preis: Peter Schat, Niederlande, für *Affe schlägt weißen Knochengeist;* Uraufführung zum Hollandfestival 1982 durch die Niederländische Opernstiftung
Zweiter Preis: Constantin Regamey, Schweiz, für *Mio, mein Mio*
Dritter Preis: Gerhard Schedl, Österreich, für *Der Schweinehirt;* Uraufführung 1981 bei den Dresdner Musikfestspielen durch die Staatsoper Dresden
Dritter Preis: Kurt-Dietmar Richter, DDR, für *Die Geschichte von Liebe und Salz;* Uraufführung 1982 und Aufführung bei den Dresdner Musikfestspielen 1982 durch das Volkstheater Halberstadt
Dritter Preis: Schirwani Tschalajew, UdSSR, für *Mowgly;* Uraufführung in Moskau 1982 und DDR-Erstaufführung bei den Dresdner Musikfestspielen 1982 durch das Staatliche Moskauer Kinder-Musiktheater
Dritter Preis: Danilo Svara, SFR Jugoslawien für *Die Bremer Stadtmusikanten*

1981

23. Mai–8. Juni

Hauptthema: Mozart als Musikdramatiker

Das Programm der künstlerischen Veranstaltungen umfaßte insgesamt 104 Musiktheater-Aufführungen und Konzerte.

Am Programm waren Künstler aus 18 Ländern und Berlin (West) beteiligt.

18 Uraufführungen; 19 DDR-Erstaufführungen; 107 421 Besucher; 96,3 % durchschnittliche Auslastung der festen Spielstätten

Akkreditiert im Pressezentrum: 128 Mitarbeiter der Fach- und Tagespresse, des Hör- und Fernsehfunks aus 17 Ländern und Berlin (West)

Festvortrag: Wolfgang Amadeus Mozart als Musikdramatiker (Joachim Herz)

Wissenschaftliche Konferenz: Die Rolle der romantischen Musik bei der Herausbildung eines demokratischen Nationalbewußtseins (1. Veranstaltung einer Reihe von Konferenzen in Zusammenarbeit mit der Hochschule für Musik »Carl Maria von Weber« Dresden); 13 Referenten aus 6 Ländern (Dänemark, DDR, ČSSR, VR Polen, Schweden, UdSSR); Leitung: Prof. Dr. sc. Gerd Schönfelder

Kolloquium: Mozart als Musikdramatiker (in Zusammenarbeit mit dem Verband der Komponisten und Musikwissenschaftler); 11 Referenten aus 6 Ländern und Berlin (West); Leitung: Dr. Horst Seeger

Internationaler Carl-Maria-von-Weber-Wettbewerb 1981

Für Kammermusik
77 eingereichte Werke von Komponisten aus 15 Ländern

Erster Preis: Ljubomir Sdrawkow Georgiew, VR Bulgarien
Zweiter Preis: Toshio Hosokawa, Japan
Dritter Preis: Stefan Kaden, DDR
Ehrenurkunden: Melvyn Stuart Earle, Großbritannien; Andrew David Frank, USA; Hans Kunstowny, Österreich; Karel Horký, ČSSR

1982

22. Mai–6. Juni

Hauptthema: Musiktheater für Kinder

Das Programm der künstlerischen Veranstaltungen umfaßte insgesamt 114 Musiktheater-Aufführungen und Konzerte.

Am Programm waren Künstler aus 23 Ländern beteiligt.

12 Uraufführungen; 15 DDR-Erstaufführungen; 101 444 Besucher; 96 % durchschnittliche Auslastung der festen Spielstätten

Akkreditiert im Pressezentrum: 139 Mitarbeiter der Fach- und Tagespresse, des Hör- und Fernsehfunks aus 13 Ländern und Berlin (West).

Festvortrag: Kinder-Musiktheater (Natalja Saz)

Wissenschaftliche Konferenz: Die Rolle der romantischen Musik bei der Herausbildung eines demokratischen Nationalbewußtseins; II. Teil: Die romantische Oper (in Zusammenarbeit mit der Hochschule für Musik »Carl Maria von Weber« Dresden und dem Kulturbund); 26 Referenten aus 8 Ländern (DDR, ČSSR, Island, Norwegen, VR Polen, Schweden, UdSSR, UVR); Leitung: Prof. Dr. sc. Gerd Schönfelder

Kolloquium: Kinder-Musiktheater (in Zusammenarbeit mit dem Verband der Theaterschaffenden und dem Verband der Komponisten und Musikwissenschaftler); 10 Referenten aus 2 Ländern (DDR, UdSSR)

Internationaler Carl-Maria-von-Weber-Wettbewerb 1982

Für Kammeropern
25 eingereichte Werke aus 13 Ländern

Kein erster Preis
Zweiter Preis: Karlheinz Schrödl, Österreich, für *Die Tür*
Zweiter Preis: Gerhard Schedl, Österreich, für *Kontrabaß;* beide Werke gelangten als Doppelspänner durch die Staatsoper Dresden 1984 zur Uraufführung und zur Aufführung bei den Dresdner Musikfestspielen
Dritter Preis: Jean-Jacques Dünki, Schweiz, für *Prokrustes oder die Gesetze der Gastfreundschaft;* Uraufführung am Almeida Theatre London, Großbritannien
Dritter Preis: Tolia Nikiprowetzky, Frankreich, für *Das Lächeln des Anderen;* Uraufführung 1980 in Bordeaux, Frankreich; DDR-Erstaufführung bei den Dresdner Musikfestspielen 1984 durch das Meininger Theater
Aufführungsempfehlung für Kabarett: Manfred Niehaus, BRD für *Das Christbaumbrett'l*

1983

21. Mai–5. Juni

Hauptthema: Dresdner Operntraditionen

Das Programm der künstlerischen Veranstaltungen umfaßte insgesamt 105 Musiktheater-Aufführungen und Konzerte.

Am Programm waren Künstler aus 16 Ländern und Berlin (West) beteiligt.

13 Uraufführungen; 17 DDR-Erstaufführungen; 101 697 Besucher; 96 % durchschnittliche Auslastung der festen Spielstätten

Akkreditiert im Pressezentrum: 142 Mitarbeiter der Fach- und Tagespresse, des Hör- und Fernsehfunks aus 11 Ländern

Festvortrag: Gefühl in ursprünglicher Größe – Richard Wagner und wir (Udo Zimmermann)

Wissenschaftliche Konferenz: Die Rolle der romantischen Musik bei der Herausbildung eines demokratischen Nationalbewußtseins; III. Teil: Der Einfluß Richard Wagners auf die nationale Entwicklung des Musiktheaters im 19. und 20. Jahrhundert (in Zusammenarbeit mit der Hochschule für Musik »Carl Maria von Weber« Dresden und dem Kulturbund); 17 Referenten aus 9 Ländern und Berlin (West) (VR Bulgarien, BRD, ČSSR, Dänemark,

DDR, VR Polen, SR Rumänien, Schweden, UdSSR); Leitung: Prof. Dr. sc. Gerd Schönfelder

Internationaler Carl-Maria-von-Weber-Wettbewerb 1983

Für Kammermusik
82 eingereichte Werke von Komponisten aus 25 Ländern und Berlin (West)

Erster Preis: Stefan Kaden, DDR
Zweiter Preis: Tan Dun, VR China
Dritter Preis: Ares A. Pfisterer, Berlin (West)
Ehrenurkunden: Hideki Chihara, Japan; Michail Marinov Goleminov, VR Bulgarien; Franz Zaunschirm, Österreich; Karmella Semjonowa Zepkolenko, UdSSR; Thomas Schmitt, BRD; Andreas Aigmüller, DDR

1984

19. Mai–3. Juni

Hauptthema: Begegnungen mit Tanz

Das Programm der künstlerischen Veranstaltungen umfaßte insgesamt 106 Musiktheater-Aufführungen und Konzerte.

Am Programm waren Künstler aus 21 Ländern beteiligt.

10 Uraufführungen; 16 DDR-Erstaufführungen; 99 539 Besucher; 94,8 % durchschnittliche Auslastung der festen Spielstätten

Akkreditiert im Pressezentrum: 148 Mitarbeiter der Fach- und Tagespresse, des Hör- und Fernsehfunks aus 13 Ländern und Berlin (West)

Festvortrag: Begegnungen mit Tanz (Bernd Köllinger)

Wissenschaftliche Konferenz: Die Rolle der romantischen Musik bei der Herausbildung eines demokratischen Nationalbewußtseins; IV. Teil und Abschluß der wissenschaftlichen Konferenzen von 1981, 1982 und 1983: Der Einfluß der romantischen Musik auf die Musikentwicklung im XX. Jahrhundert (in Zusammenarbeit mit der Hochschule für Musik »Carl Maria von Weber« Dresden und dem Kulturbund); 16 Referenten aus 7 Ländern (VR Bulgarien, BRD, ČSSR, Dänemark, DDR, Schweden, UdSSR); Leitung: Prof. Dr. sc. Gerd Schönfelder

Internationaler Carl-Maria-von-Weber-Wettbewerb 1984

Für Ballette
50 eingereichte Werke aus 20 Ländern

Kein erster Preis
Zweiter Preis: Gerald Humel, USA, für *Othello und Desdemona*
Zweiter Preis: Horst Lohse, BRD für *Die Abenteuer des schönen Mahan*
Dritter Preis: René Hirschfeld, DDR, für *Das Bildnis*
Dritter Preis: Eckehard Mayer, DDR, für *Die Weise von Liebe und Tod*
Aufführungsempfehlung: Karl-Rudi Griesbach, DDR, für *Samson*

1985

25. Mai–9. Juni

Hauptthema: Semperoper – Tradition und Gegenwart

Das Programm der künstlerischen Veranstaltungen umfaßte insgesamt 119 Musiktheater-Aufführungen und Konzerte.

Am Programm waren Künstler aus 23 Ländern und Berlin (West) beteiligt.

18 Uraufführungen; 14 DDR-Erstaufführungen; 113 593 Besucher; 95 % durchschnittliche Auslastung der festen Spielstätten

Akkreditiert im Pressezentrum: 198 Mitarbeiter der Fach- und Tagespresse, des Hör- und Fernsehfunks aus 15 Ländern und Berlin (West)

Festvortrag: Semperoper – Tradition und Gegenwart (Gerd Schönfelder)

Wissenschaftliche Konferenz: Dresdner Operntraditionen; I. Teil: Die Dresdner Oper von Heinrich Schütz bis Johann Adolf Hasse (in Zusammenarbeit mit der Hochschule für Musik »Carl Maria von Weber« Dresden und dem Kulturbund); 19 Referenten aus 6 Ländern (BRD, ČSSR, Dänemark, DDR, Italien, Österreich); Leitung: Prof. Dr. sc. Hans John, Prof. Dr. sc. Günther Stephan

Internationaler Carl-Maria-von-Weber-Wettbewerb 1985

Für Kammermusik
50 eingereichte Werke von Komponisten aus 24 Ländern und Berlin (West)

Erster Preis: Sergej Belimow, UdSSR
Zweiter Preis: Christos Samaras, Griechenland
Dritter Preis: Kaz Kumrunrotschna, Thailand
Ehrenurkunden: Richard Heller, Österreich; Susanne Erding, BRD; Jeremy Pike, Großbritannien; Allan F. Moore, Großbritannien; Uros Rojko, SFR Jugoslawien: Kenneth Olson, USA

1986

24. Mai–8. Juni

Hauptthema: Carl Maria von Weber und der Gedanke der Nationaloper

Das Programm der künstlerischen Veranstaltungen umfaßte insgesamt 105 Musiktheater-Aufführungen und Konzerte.

Am Programm waren Künstler aus 21 Ländern und Berlin (West) beteiligt.

8 Uraufführungen; 13 DDR-Erstaufführungen; 107 463 Besucher; 95 % durchschnittliche Auslastung der festen Spielstätten

Akkreditiert im Pressezentrum: 188 Mitarbeiter der Fach- und Tagespresse, des Hör- und Fernsehfunks aus 15 Ländern und Berlin (West)

Festvortrag: Carl Maria von Weber und der Gedanke der Nationaloper (Dieter Jahn)

Wissenschaftliche Konferenz: Dresdner Operntraditionen; II. Teil: Carl Maria von Weber und der Gedanke der Nationaloper (in Zusammenarbeit mit der Hochschule für Musik »Carl Maria von Weber« Dresden und dem Kulturbund); 18 Referenten aus 6 Ländern (BRD, ČSSR, DDR, Großbritannien, VR Polen, UdSSR); Leitung: Prof. Dr. sc. Hans John, Prof. Dr. sc. Günther Stephan

Internationaler Carl-Maria-von-Weber-Wettbewerb 1986

Für Kammeropern
33 eingereichte Werke von Komponisten aus 14 Ländern

Kein erster Preis
Zweiter Preis: Eberhard Eyser, Schweden, für *Es hat am Vorabend geregnet*
Zweiter Preis: Violeta Dinescu, SR Rumänien, für *Bataras*
Dritter Preis: Friedrich Schenker, DDR, für *Brief an Aja*

1987

23. Mai–8. Juni

Hauptthema: Die italienische Oper in Dresden

Das Programm der künstlerischen Veranstaltungen umfaßte 126 Musiktheater-Aufführungen und Konzerte.

Am Programm waren Künstler aus 19 Ländern beteiligt.

9 Uraufführungen; 17 DDR-Erstaufführungen; 115373 Besucher; 95 % durchschnittliche Auslastung der festen Spielstätten

Akkreditiert im Pressezentrum: 195 Mitarbeiter der Fach- und Tagespresse, des Hör- und Fernsehfunks aus 14 Ländern und Berlin (West)

Festvortrag: Die Dresdner Musikfestspiele 1978–1987 (Winfried Höntsch)

Internationale Wissenschaftliche Konferenz: Die italienische Oper in Dresden von Johann Adolf Hasse bis Francesco Morlacchi (in Zusammenarbeit mit der Hochschule für Musik »Carl Maria von Weber« Dresden und dem Kulturbund); 16 Referenten aus 5 Ländern (BRD, DDR, Italien, Österreich, Schweden)

Internationaler Carl-Maria-von-Weber-Wettbewerb 1987

Für Kammermusik
61 eingereichte Werke von Komponisten aus 12 Ländern und Berlin (West)

Erster Preis: Raschid Fagimowitsch Kalimullin, UdSSR
Erster Preis: Yutaka Takahashi, Japan
Zweiter Preis: Alfred Kaiserswerth, BRD
Dritter Preis: David C. Little, USA
Dritter Preis: He Xuntian, VR China
Ehrendiplome: Cong Su, VR China; Maki Iida, Japan; Masami Noda, Japan

Mitwirkende

Ensembles, Dirigenten, Regisseure, Choreographen, Bühnen- und Kostümbildner, Vokal- und Instrumentalsolisten der Dresdner Musikfestspiele 1978–1987

Opernensembles

Königlich-Flämische Oper Antwerpen
Deutsche Staatsoper Berlin
Komische Oper Berlin
Opernensemble der Hochschule für Musik »Hanns Eisler« Berlin
Kammeroper Blagoevgrad
Minioper des Staatstheaters Brno
Staatsoper Brno
Kammeroper Budapest
Staatsoper Budapest
Welsh National Opera Cardiff
Stadttheater Cottbus
Arbeiteroper des VEB Elektromaschinenbau Dresden
Opernensemble der Hochschule für Musik »Carl Maria von Weber« Dresden
Staatsoper Dresden
Landestheater Eisenach
Städtische Bühnen Erfurt
Studio für Alte Oper Frankfurt/Main – Bad Hersfeld
Teatro Comunale Genua
Volkstheater Halberstadt
Landestheater Halle
Hamburgische Staatsoper
Städtische Theater Karl-Marx-Stadt
Staatliches Akademisches Theater für Oper und Ballett der Ukrainischen SSR »T. G. Schewtschenko« Kiew
Opernhaus Leipzig
Opernensemble der Hochschule für Musik »Felix Mendelssohn Bartholdy« Leipzig
Staatliches Akademisches Theater für Oper und Ballett »S. M. Kirow« Leningrad
Teatr Wielki Łódź
The Fires of London
Das Meininger Theater
Moskauer Akademisches Musiktheater »K. S. Stanislawski und W. I. Nemirowitsch-Dantschenko«
Kammer-Musiktheater Moskau
Staatliches Moskauer Kinder-Musiktheater
Teatro di San Carlo Neapel
Kammeroper Prag
Nationaltheater Prag
Teatro dell' Opera di Roma
Volkstheater Rostock
Landesbühnen Sachsen
Mecklenburgisches Staatstheater Schwerin
Teatro La Fenice Venedig
Kammeroper Warschau
Teatr Wielki Warschau
Opernensemble der Hochschule für Musik »Franz Liszt« Weimar
Staatsoper Wrocław
Opernhaus Zürich

Ballettensembles

Ballett der Deutschen Staatsoper Berlin
Tanztheaterensemble der Komischen Oper Berlin
Ballettensemble der Staatsoper Budapest
Tanzensemble des Volkstheaters Budapest
Ballet de Camagüey
Ballettensemble der Staatsoper Dresden
Palucca Schule Dresden
Ballettensemble des Landestheaters Halle
Ballett der Hamburgischen Staatsoper
Königlich Dänisches Ballett Kopenhagen
Tanzensemble »Takamatsu« Kyoto
Ballettensemble der Städtischen Theater Leipzig
Sadler's Wells Royal Ballet London
La Compagnie Michel Hallet Eghayan, Lyon
Ballet Español de Maria Rosa, Madrid
Ballett-Ensemble des Staatlichen Akademischen Bolschoi-Theaters der UdSSR, Moskau
Klassisches Ballett Moskau
Ballettensemble des Akademischen Theaters für Oper und Ballett »Pjotr I. Tschaikowski«, Perm
Kammerballett Pavel Šmok Prag
Tanzensemble des Volkstheaters Rostock
Ballettensemble der Landesbühnen Sachsen
Ballett-Studio Arabesque Sofia
Ballettensemble der Staatsoper Wrocław

Pina Bausch Tanztheater Wuppertal

Marionetten- und Puppentheaterensembles

Puppentheater Firlefanz, Berlin
Staatliches Puppentheater Budapest
Larifari Original Kunstfiguren- und Caspertheater Frieder Simon Halle/Saale
Marionetten- und Puppentheater Drak Hradec Králové
London Puppet Players
Puppenbühne Monika Demenga/Hans Wirth/Ensemble de la Tour de Marsens
La Compagnie André Tahon Paris
Puppentheater Bóbita Pécs
Musikalisches Puppen Cabaret Norman Shetler
Wiener Puppenoper

Operetten- und Musicalensembles

Metropoltheater Berlin
Staatsoperette Dresden
Operettenensemble der Städtischen Bühnen Erfurt
Operettenensemble des Landestheaters Halle
Operettenensemble des Staatstheaters Ostrava

Orchester

Baltimore Symphony Orchestra
Orchester des Deutsch-Sorbischen Volkstheaters Bautzen
Orchester des Staatlichen Ensembles für Sorbische Volkskultur Bautzen
Berliner Philharmonisches Orchester (Berlin-West)
Großes Rundfunkorchester Berlin
Rundfunk-Sinfonieorchester Berlin
Staatliche Philharmonie Brno
Budapester Philharmonie
BBC Welsh Symphony Orchestra, Cardiff
Arbeiter-Sinfonieorchester des VEB Kombinat Robotron Dresden
Jugend-Sinfonieorchester der Spezialschule für Musik Dresden
Mozartorchester des VEB Mikromat Dresden
Orchester der Landesbühnen Sachsen
Dresdner Philharmonie
Sinfonieorchester der Hochschule für Musik »Carl Maria von Weber« Dresden
Sinfonieorchester des Zentralen FDJ-Studentenklubs der Technischen Universität Dresden
Staatskapelle Dresden
Sinfonieorchester des Norddeutschen Rundfunks Hamburg
Staatsphilharmonie Kraków
Großes Rundfunkorchester Leipzig
Rundfunk-Sinfonieorchester Leipzig
Leningrader Philharmonie
Orchestre de Lyon
Orchester der Mailänder Scala
Philharmonisches Orchester Monte Carlo
New York Philharmonic
Prager Sinfoniker
Orchester der Landesbühnen Sachsen
Mozarteum-Orchester Salzburg
Mecklenburgische Staatskapelle Schwerin
Stockholmer Philharmonie
Sinfonieorchester des Schwedischen Rundfunks Stockholm
NHK Symphony Orchestra Tokyo
Philharmonic Orchestra Tokyo
Orchester des Teatro La Fenice Venedig
Nationalphilharmonie Warschau
Orchester der Oper Zürich

Chöre

Chor des Staatlichen Ensembles für Sorbische Volkskultur Bautzen
Rundfunkchor Berlin
Singakademie Berlin
Chor des Ungarischen Rundfunks und Fernsehens Budapest
Beethoven-Chor der Singakademie Dresden
Chor der Hochschule für Musik »Carl Maria von Weber« Dresden
Chor der Landesbühnen Sachsen
Chor des Zentralen FDJ-Studentenklubs der Technischen Universität Dresden
Dresdner Kapellknaben
Dresdner Kreuzchor
FDJ-Chor der EOS Kreuzschule Dresden
Kinderchor des Philharmonischen Chors Dresden
Kinderkammerchor der Dresdner Philharmonie
Kinder- und Jugendchor des Pionierpalastes Dresden
Knabenchor Dresden
Neuer Chor Dresden
Philharmonischer Chor Dresden
Sinfoniechor Dresden
Staatsopernchor Dresden
Friedrich-Wolf-Chor Dresden
Hallenser Madrigalisten
Stadtsingechor Halle
Cantores Minores Helsinki
Chor der Staatsphilharmonie Kraków
Rundfunkchor Leipzig
Leipziger Synagogalchor
Chor der Karl-Marx-Universität Leipzig
Chor der Mailänder Scala
Chor des Hans-Otto-Theaters Potsdam
Prager Männerchor
Chor des Volkskunstensembles »Joliot Curie« des VEB Rohrkombinat Stahl- und Walzwerk Riesa
Rostocker Motettenchor
Chor des Mecklenburgischen Staatstheaters Schwerin
Chorkapelle »Svetoslav Obretenov« Sofia

Akademischer Chor der Universität Stockholm
Chor der Nationalphilharmonie Warschau

Kammermusikvereinigungen und Kammerorchester

Basel-Ensemble
Basler Madrigalisten
Musica Antiqua Belgrad
12 Cellisten der Berliner Philharmoniker (Berlin-West)
Instrumentalgruppe Henry Krtschil Berlin
Solisten-Streichquartett der Komischen Oper Berlin
Vogler-Quartett Berlin
Bartók-Quartett Budapest
Barock Collegium der Dresdner Philharmonie
Beethoven-Trio Dresden
Bläserkollegium der Hochschule für Verkehrswesen »Friedrich List« Dresden
Blechbläserensemble Ludwig Güttler, Dresden
Capella ma non grossa Dresden
Cappella Sagittariana Dresden
Dietzsch-Trio der Staatskapelle Dresden
Dresdner Kammerorchester
Dresdner Kammersolisten
Dresdner Klavierquartett
Dresdner Vocalisten
Eckoldt-Quartett der Staatskapelle Dresden
musica viva ensemble dresden
Virtuosi Saxoniae Dresden
Hornquartett der Staatskapelle Dresden
Kammerharmonie der Staatskapelle Dresden
Kammerorchester der Dresdner Philharmonie
Kammerorchester ohne Dirigenten der Hochschule für Verkehrswesen »Friedrich List« Dresden
Kammersolisten der Dresdner Philharmonie
Krauß-Quartett der Staatskapelle Dresden
Mirring-Quartett der Staatskapelle Dresden
Philipp-Quintett der Staatskapelle Dresden
Robert-Schumann-Quintett der Dresdner Philharmonie
Siering-Quartett der Dresdner Philharmonie
Streichorchester des Pionierpalastes Dresden
Trompetenensemble Ludwig Güttler Dresden
Ulbrich-Quartett der Staatskapelle Dresden
Ensemble Instrumental de Grenoble
Kammerensemble der Tage der Neuen Musik Hannover
Trio Aulos Leipzig
Bach-Collegium Leipzig
Capella Fidicinia Leipzig
Capella Lipsiensis
Gewandhaus Quartett Leipzig
Gruppe Neue Musik »Hanns Eisler« Leipzig
Kammerorchester des Gewandhauses Leipzig
Rundfunk-Kammerorchester Leipzig
Leningrader Kammerorchester für Alte und Zeitgenössische Musik
Fortunes Fire Lute Song Ensemble London
The Consort of Musicke London
The King's Singers London
The Scholars London
Los Angeles Jubilee Singers
Festival Strings Lucerne
Violinen-Ensemble des Bolschoi-Theaters Moskau
Staatliches Kammerorchester der UdSSR, Moskau
Telemann-Kammerorchester Osaka
Kammerorchester »Leoš Janáček« Ostrava
Due Boemi di Praga
Prager Kammerorchester ohne Dirigenten
Symposium Musicum Praha
I Nuovi Virtuosi di Roma
Paul-Hofhaymer-Ensemble Salzburg
Capella Nuova Stockholm
»Tafelmusik« Canada's Baroque Orchestra On Original Instruments, Toronto
Accademia Claudio Monteverdi Venedig
Ensemble Ars Antiqua Warschau
Ensemble Ars Nova Warschau
Polnisches Kammerorchester Warschau
Brahms-Trio Weimar
Kammerorchester der Staatskapelle Weimar

Dirigenten

Claudio Abbado
Wladimir Agronski
Jochen Allihn
Horia Andreescu
Michail Angelow
Richard Armstrong
Hans Auenmüller
Konrad Bach
Gert Bahner
Serge Baudo
Rudolf Baumgartner
Jiři Bělohlávek
Paavo Berglund
Klaus Bernbacher
Gary Bertini
Herbert Blomstedt
Marcin Szczyciński Bornus
Juliusz Borzym
Rudolf Bräuer
Michel Brandt
Vladimir Brázda
Alexander von Brück
Jan Bulank
Horst Busch
John Carewe
Nuktuades Caridis
Jean-Claude Casadesus

Frits Celis
Václav Cibulka
Sergiu Commissiona
Zdeněk Dejmek
Peter Doß
Ulrich Faust
Viktor Fedotow
Iwan Filew
Siegfried Fischer
Martin Flämig
Lawrence Foster
Jean Fournet
Johannes Fritzsch
Egbert Funk
Gianluigi Gelmetti
Thomas Gläser
Andreas Göpfert
Lothar Göthel
Dieter Götze
Manfred Grafe
Hans Grüß
Peter Gülke
Ludwig Güttler
Hartmut Haenchen
Manfred Hänsel
Leopold Hager
Robert Hanell
Karl-Heinz Hanicke
Christian Hauschild
Wolf-Dieter Hauschild
Siegfried Heinrich
Wolfgang Heisig
Berndt Heller
Eskil Hemberg
Olaf Henzold
Gerd Herklotz
Ernst Herrmann
Hans Ludwig Hirsch
Wolfgang Hocke
Heinz Hofmann
Maria Hofmann
Miroslav Homolka
Anthony Hose
Hiroyuki Iwaki
Viktor Jakowlew
Marek Janowski
Maris Jansons
František Jílek
Eugen Jochum
Günter Joseck
Gunter Kahlert
Herbert von Karajan
Volker Karp
Herbert Kegel
Milko Kelemen
Dmitri Kitajenko
Bernhard Klebel
Miloslav Klement
Eckehard Klemm
Helmut Klotz
Heinrich Klug
Hans-Georg Kluge
Christian Kluttig
Dietrich Knothe
Ken-Ichiro Kobayashi
Dorothea Köhler
András Kórodi
Wladimir Koshuchar
Miroslav Kősler
Tadeusz Kosłowski
Janos Kovács
Agnieszka Kreiner
Hubert Kross
Horst Krüger
Jörg Krüger
Jerzy Kurczewski
Siegfried Kurz
Stephen Lade
Jean Lamon
Peter Ernst Lassen
Hans-Jörg Leipold
Gilbert Levine
Alexander Lewin
Anatol Lewin
James Loughran
Peter Maag
Jerzy Maksymiuk
Guido Masanetz
Kurt Masur
Klaus Maurer
Ekkehardt Mayer
Albert McNeil
Zubin Mehta
Herbert Mitschke
Marko Mitzscherling
Frank Morgenstern
Günter Muck
Wolfgang Müller
Christian Münch
Volker Münch
Fritz Näf
Ferenc Nagy
Gerd Natschinski
Daniel Nazareth
Rudolf Neuhaus
Horst Neumann
Václav Neumann
Hans-Werner Nicolovius
Ude Nissen
Takeharu Nobuhara
Václav Nosek
Géza Oberfrank
Tadaaki Otaka
Giuseppe Patanè
Krzysztof Penderecki
Hans-Dieter Pflüger
Romely Pfund
Jiří Pinkas
Max Pommer
Wilfried Promnitz
Gerd Puls
Joszef Radwan
Wolfgang Rennert
Rolf Reuter
Hans-Peter Richter
André Rieu
Oleg Rjabow
Wolfgang Rögner
Volker Rohde
Karl-Heinz Rosenbusch
Gennadi Roshdestwenski
Witold Rowicki
Rico Saccani
Herwig Saffert
János Sándor
Robert Satanowski
Manfred Scherzer
Michael Schönheit
Peter Schreier
Reinhard Seehafer
Roland Seiffarth
Eduard Serow
Algis Shuraitis
Günter Siering

Juri Simonow
Wassili Sinaiski
Wladimir Siwa
Stefan Soltesz
Dietmar Stagskowiak
Klaus-Dieter Stephan
Wolfram Steude
Tadeusz Strugała
Jan Stych
Otmar Suitner
Juri Temirkanow
Mikis Theodorakis
Hans Thiem
Bramwell Tovey
Aleksander Tracz
Viktor Tretjakow
Thomas Tuchscherer
Stepan Turtschak
Zofia Urbanyj-Krasnodebska
František Vajnar
Hans Vonk
Peter Vronský
Hiroshi Wakasugi
Günter Wand
Wolfgang Wappler
Jörg-Peter Weigle
Ralf Weikert
Harald Wenzel
Karl-Heinz Werner
Joachim Widlak
Joachim Willert
Johannes Winkler
Manfred Winkler
Manfred Winter
Jürgen Wirrmann
Alberto Zedda
Hans E. Zimmer
Udo Zimmermann
Johannes Zweiniger

Regisseure

Theo Adam
Laco Adamik
Gretl Aicher
Nina Anissimowa
Heinz Arnold
Andreas Baumann
Dieter Beckert
Ruth Berghaus
Horst Bonnet
Daisy Boshán
Gianfranco de Bosio
Renate Breitung
Hans Brenaa
Hanna Chojnacka
Alicja Dankowska
Monika Demenga
Jacques Denis
Silvain Deruwe
Piet Drescher
Palmira A. Dserwe
Peter Ensikat
Alberto Fassini
Walter Felsenstein
Klaus Fiedler
Erhard Fischer
Susanne Forster
Norbert Franke
Emil Frelin
Rainer Friedemann
Günther Frische
Renate-Louise Frost
Fritz Gay
Sheila Gruson
Marek Grzesiński
Matthias Härtig
Michael Heinicke
Eva Hennig
Joachim Herz
Ferdinand Hofmann
Erich Holliger
Bogdan Hussakowski
Ilja Hylas
Günther Imbiel
Juri Jerschow
Jörg Kaehler
Klaus Kahl
Plamen Kartalow
Václav Kašlik
Natalja D. Kassatkina
Klaus Dieter Kirst
Theodor Gerhard Kobler
Jürgen König
Lech Komarnicki
Peter Konwitschny
František Kordula
Klaus Kretzschmer
Henning Kronstam
Edgar Külow
Jan Kulma
Harry Kupfer
Nikolai Kusnezow
Nikolaus Lehnhoff
Juri Ljubimow
Günther Lohse
Carsten Ludwig
Horst Ludwig
Andrzej Majewski
Anna Markard
Hans-Joachim Martens
Jürgen Maschwitz
Hanns Matz
Christine Mielitz
Georg F. Mielke
András Mikó
Irina Molostowa
Michail Mordwinow
Elijah Moshinsky
Hella Müller
John Neumeier
Walter Niklaus
Václav Nosek
Renate Oeser
Milan Pásek
Hanns Anselm Perten
Ryszard Peryt
Boris A. Pokrowski
Jean Pierre Ponnelle
Kirsten Rálov
Kristina Riehl
Carl Riha
Viktor Rjabow
Detlef Rogge
William W. Rostschin
Konstantin Russu
Robert Satanowski
Natalja Saz
Joakim Scharojew
Reinhard Schau
Otto Schenk
Tom Schilling
Christian Schmidt

Martin Schneider
Rudolf Schraps
Arnold Schrem
Horst Seeger
Hanns-Michael Siebert
Frieder Simon
Adrian Slack
Pawel Slatogorow
Dmitri Smolitsch
George V. Speaigth
G. W. Spektor
Fritz Steiner
Manfred Straube
Eberhard Streul
Reinhold Stövesand
Kató Szönyi
Gerhard Tötschinger
Aldo Trionfo
Sigrid Trittmacher-Koch
Karl-Heinz Viertel
Wolfgang Wagner
Uwe Wand
Harald Wandtke
Udo Wandtke
Wladimir Wassiljow
Carla Weckeßer
Katharina Wichmann
David William
Klaus Winter
Janusz Wisniewski
Erich Wonder
Sławomir Žerdzicki
Joachim Zschech
Konrad Zschiedrich

Choreographen

Joachim Ahne
Alicia Alonso
Margarita Arnaudova
Nadjesda Basarowa
Wolfgang Baumann
Pina Bausch
David Bintley
Jiři Blažek
Carla Börner
Nikolai Bojartschikow
Susanne Borchers
Günter Buch
Patricio Bunster
Ursula Dathe
Boris Dinov
Michel Hallet Eghayan
Benjamin Feliksdal
Ilse-Maria Fischer
Johanna Freiberg
Jorge Garcia
Roland Giertz
Klaudiusz Gląbczyńsky
Juri Grigorowitsch
Jean Guizerix
Katalin Györgyfalvai
Thomas Hartmann
Eva Hennig
Gustavo Herrera
Mola Hillebron
Kurt Jooss
Manfred Kalk
Zygmunt Kaminski
Rudolf Karhánek
Natalja D. Kassatkina
Ingeborg Kassner
Rudolf Klüver
Heinz Kretzschmann
Klaus Kretzschmar
Fiete Krüger
Ivanka Kubicová
Teresa Kujawa
Hans-Jürgen Lachotta
Boris Lapajew
André Leclaire
Jorge Lefebre
Charlotte Loßnitzer
Stefan Lux
Kenneth Mac Millan
Hans-Joachim Metz
Ute Mitreuter-Russu
Maksymilian Mróz
Helmut Neumann
John Neumeier
Janina Niesobska
Gianni Notari
Luboš Ogoun
Gerhild Ortwein
Gret Palucca
Gerhard Petzold
Emöke Pöstenyi
Eva Reinthaller
Hilda Riveros
Artur J. Romanenko
Konstantin Russu
Ulrich Schaller
Tom Schilling
Manfred Schnelle
László Seregi
Dietmar Seyffert
Arila Siegert
Pavel Šmok
Norbert Steinberg
Lilija Talankina
Leonid Taube
Brigitte Thom
Sigrid Trittmacher-Koch
Nina Ulanowa
Ninette de Valois
Hanne Wandtke
Harald Wandtke
Udo Wandtke
Wladimir Wassiljow
Emil Wesołowski
Eva Winkler
Eberhard Wunsch
Ewa Wycichowska

Kostümbildner

Eberhard Ahner
Helga Alschner
Michael Baumann
Michael Belkin
Eva Bellach
Wolfgang Bellach
Kristina Biedermann
Irena Biegańska
Maria Bjørnson
Henrik Bloch
Steffi Blum
Rolf Borzik
Santuzza Cali
Andrej Cholopow
Eva Christ
Monika Cwielag

Petr Diviš
Teresa Działek
Rolf Döge
Anneliese Felz
Stefan Fichert
David Fielding
Axel von Flocken
Søren Frandsen
Peter Friede
Waltraud Gantz
Ulrike Gärtner
Pasquale Grossi
Christa Hahn
Jutta Harnisch
Hein Heckroth
Peter Heilein
Reinhard Heinrich
Jochen Heite
Elisabeth Heller
Hartmut Henning
Tobias Hoheisel
Pamela Howard
Barbara Jankowska
Josef Jelínek
Werner Juhrke
Gunter Kaiser
Pavel Kaslik
Barbara Kedzierska
Dieter Klaß
Eleonore Kleiber
Harry Kleinhempel
W. K. Klementjew
Marian Kołodziej
Alla Koshenkowa
Lutz Kreisel
Christiane Kunze
Mathias Kupfernagel
Sergej Lagutin
Dieter Lange
Rolf Langenfass
Helge Leiberg
Bernd Leistner
Helga Leue
Waleri J. Lewental
Maria Lewizkaja
Waltraud Lindner
Emanuele Luzzati
Traute Mahler
Andrzej Majewski
Péter Makai
Tivadar Márk
Friederike May
Ursula May
Kathrin Menzel
Helga Müller-Steinhoff
Ursula Müller
Józef Napiórkowski
Jochen Curdin Nett
Karin Pas
Wladimir Petelin
Rainer Pilaczek
Giselher Pilz
Sandor Piroš
Jan Polewka
Andreas Reinhardt
Gottfried Reinhardt
Günter Rennert
Siegfried Rennert
Nina Ritter
Angela Röhl
Jürgen Rose
Andrzej Sadowski
Nikolai Sartschadjew
Iwan Sawow
Gerhard Schade
Barbara Schiffner
Angela Scholz
Christine Schmutzler
Bernhard Schröter
Werner Schulz
Leokadia Serafimowicz
Nikolai Serebjakow
Erika Simmank-Heinze
Barbara Simon
Frieder Simon
Euan Burnet Smith
Eberhard Söhnel
Marina Sokolowa
Manfred Speiser
Alina Speschnewa
Ian Spurling
Marie-Luise Strandt
Christine Stromberg
Josef G. Sumbataschwili
Peter Sykora
Wladimir Talalai
Günther Thielemann
Anele Tichomirowa
Hainal Tórdai
Maria Trendafilova
Gero Troike
Sybille Ulsamer
Falk von Wangelin
Klaus Weber
Barbara Weinhold
Günter Weinhold
Zofia Wierchowicz
Ralf Winkler
Simon Wirssaladse
Wiktor Zin
Karel Zmrzlý

Bühnenbildner

Eberhard Ahner
Karl von Appen
Siegfried Bach
Terry Bartlett
Michael Baumann
Michael Belkin
Wolfgang Bellach
Grigori Below
Kristina Biedermann
Manfred Bitterlich
Maria Bjørnson
Ian Blake
Steffi Blum
David Borowski
Rolf Borzik
Fokke Braaksma
Helmut Brade
Květoslav Bubenik
Andrej Cholopow
Monika Cwielag
Rolf Döge
Stefan Fichert
David Fielding
Axel von Flocken
Gabor Forray
Søren Frandsen
Peter Friede
Pasquale Grossi
Wolfgang Gussmann

Frank Hänig
Hein Heckroth
Peter Heilein
Reinhard Heinrich
Rudolf Heinrich
Jochen Heite
Hartmut Henning
Pamela Howard
Barbara Jankowska
Jadwiga Jarosiewicz
Josef Jelínek
Gunter Kaiser
Barbara Kedzierska
Dieter Klaß
Eleonore Kleiber
Harry Kleinhempel
Wiljam Klementjew
Joachim Koen
Zbyněk Kolář
Marian Kołodziej
Alla Koshenkowa
Lutz Kreisel
Hendrik Kürsten
Mathias Kupfernagel
Sergej Lagutin
Dieter Lange
Rolf Langenfass
Helge Leiberg
Bernd Leistner
Helga Leue
Waleri J. Lewental
Maria Lewizkaja
Waltraud Lindner
Emanuele Luzzati
Traute Mahler
Andrzej Majewski
Peter Makai
Friederike May
E. McKnight Kauffer
Kathrin Menzel
Ursula Müller
Jożef Napiórkowski
Gerd Neubert
Jan Obšil
Karin Pas
Ove Christian Pedersen
Wladimir Petelin
Ryszard Peryt
Rainer Pilaczek
Giselher Pilz
Sandor Piroš
Jan Polewka
Jean Pierre Ponnelle
Andreas Reinhardt
Gottfried Reinhardt
Günter Rennert
Siegfried Rennert
Angela Röhl
Jürgen Rose
Heinz-Dieter Ruhland
Andrzej Sadowski
Iwan Samow
Nikolai Sartschadjew
Mischa Scandella
Hans-Dieter-Schaal
Gerhard Schade
Jörg Scheffel
Barbara Schiffner
Hans-Joachim Schlieker
Bernhard Schröter
Werner Schulz
Bernhard Schwarz
Leokadia Serafimowicz
Eberhard Söhnel
Marina Sokolowa
Manuela Späte
Manfred Speiser
Carlheinz O. Städter
Marian Stańczak
Vojtech Štolfa
Vladimir Stramek
Marie-Luise Strandt
Josef G. Sumbataschwili
Peter Sykora
Wladimir Talalai
Günther Thielemann
Anele Tichomirowa
Nancy Torres
Maria Trendafilova
Gero Troike
Tito Varisco
Ladislav Vychodil
Wolfgang Wagner
Falk von Wangelin
Klaus Weber
Barbara Weinhold
Günter Weinhold
Adolf Wenig
Wilfried Werz
Stefan Wiel
Zofia Wierchowicz
Ralf Winkler
Simon Wirssaladse
Jannusz Wisniewski
Erich Wonder
Reinhart Zimmermann
Wiktor Zin
Karel Zmrzlý

Gesangssolisten (im Konzert)

Sopran
Nelly Ailakowa
Delfina Ambrosziak
Kym Amps
Gabriele Auenmüller
Meral Bilgen
Sabine Brohm
Eva-Maria Bundschuh
Annemarie Burkhard
Gisela Burkhardt
Cettina Cadelo
Celestina Casapietra
Deborah Cook
Adrienne Csengery
Zsuszana Dénes
Ludmila Dvořáková
Magdalena Falewicz
Elga Fischer
Renate Frank-Reinicke
Helene Graf
Reri Grist
Irene Gubrud
Magdaléna Hajóssyová
Rosemary Hardy
Alison Hargan
Barbara Hendricks
Barbara Hoene
Marilyn Horne
Andrea Ihle
Diane Jacqueline Johnson
Ljubow Kasarnowskaja
Emma Kirkby

Theresa Klenzi
Uta Klotz
Ewa Kowalczyk-Pawlik
Galina Kowaljowa
Evelyn Lear
Ilona Maros
Barbara Martig-Tüller
Edith Mathis
Joy McIntyre
Shelagh Molyneux
Ann Monoyios
Edda Moser
Magda Nador
Chihoko Nakata
Lesja Nakonetschnaja
Carola Nossek
Nannita Peschke
Inessa Prossalowskaja
Monika Rewerkowa
Lydija Rushizkaja
Sanda Sandru
Freya Schmidt
Jeanette Scovotti
Klára Takács
Enriqueta Tarres
Helga Termer
Roswitha Trexler
Jewgenia Tschelowalnik
Marilyn Turner
Inge Uibel
Shirley Verrett
Regina Werner
Edith Wiens
Cornelia Wosnitza

Mezzosopran
Zsuzsa Barlay
Renate Biskup
Ulla Boström-Sköld
Daphne Evangelatos
Ludmila Filatowa
Marie-Louise Gilles
Rosemarie Lang
Margarita Lilowa
Marjana Lipovšek
Jelena Obraszowa
Dagmar Schellenberger
Gisela Schröter
Klára Takács
Ute Trekel-Burkhardt
Lucia Valentini-Terrani
Carol Wyatt
Vera Zlokocić

Alt
Annelies Burmeister
Hebe Dijkstra
Birgitt Finnilä
Anne Gjevang
Kaysa Hälldin
Julia Hamari
Marina Hazyna
Annette Jahns
Irmhild Karp
Hannerose Katterfeld
Angela Liebold
Ilse Ludwig
Glenn Morris
Christa Mosimann
Mary Nichols, Kontra-Alt
Uta Priew
Jadwiga Rappé
Heidi Riess
Christiane Röhr-Götz
Jeanne Roth
Edda Schaller
Ricarda Seifert
Edith Simon
Krystyna Szostek-Radkowa
Ute Walther
Elisabeth Wilke
Verena Zacher

Tenor
Wolf Appel
Aldo Baldin
Johannes Bier
Helge Brilioth
Eberhard Büchner
Andreas Conrad
Angus Davidson
Guillermo Dominges
Nigel Dixon
Robin Doveton
Sven-Olof Eliasson
Ralph Eschrig
Wynford Evans
Wolf-Matthias Friedrich
Attila Fülöp
Carlo Gaifa
Nils Giesecke
Reinhart Ginzel
Reiner Goldberg
Peter Guntermann
Björn Hangan
Joachim Helms
Alastair Hume, Countertenor
Bill Ives
Jeremy Jackman, Countertenor
Eric Lee Johnson
Manfred Jung
Andrew King
Wladimir Kinjajew
Volkmar Kirmes
Helmut Klotz
Axel Köhler, Countertenor
Klaus König
René Kollo
Peter Küchler
Günter Kurth
Felix Lanz
Gerhard Lehmann
Albrecht Lepetit
Veriano Luchetti
Werner Marschall
Juri Marusin
Beat Mattmüller
Peter Menzel
Günter Modderegger
Günter Neef
Günter Neumann
Wiesław Ochman
Grujica Paunović
Uwe Peper
Werner Pfaff
Julian Pike
Jorge Pita
Kazimierz Pustelak
Christoph Rösel
Peter Schreier
Robert Specht
Stephan Spiewok
Zarko Stojiljković, Countertenor
Peter Strahm

Armin Ude
Christian Vogel
Joachim Vogt
Ekkehard Wagner

Bariton
Jerzy Artysz
Olaf Bär
Křesćan Baumgärtel
Reid Bunger
Simon Carrington
Ulrik Cold
Dietrich Fischer-Dieskau
Jürgen Freier
Hermann Hähnel
Jürgen Hartfiel
Rolf Haunstein
Wolfgang Hellmich
Hans Helm
Andrzej Hiolski
Anthony Holt
Jürgen Kurth
Sergej Lejferkus
Siegfried Lorenz
Adolf Malessa
Philip O'Reilly
Hermann Prey
Heinz Reeh
Gastone Sarti
Andreas Scheibner
Pawol Šołta-Scholze
Werner Staudinger
Thomas Stewart
Karl-Heinz Stryczek
Maciej Witkiewicz
Ekkehard Wlaschiha

Baßbariton
Theo Adam
Werner Haseleu
Wieland Müller

Baß
Bernhard Allemann
David van Asch
Lutz Brandt
Reinhard Decker
Horst Eickert
Gunther Emmerlich
Robert Holl
Fritz Hübner
Kolos Kováts
Johannes Künzel
Colin Mason
Leonhard Mróz
Hans Martin Nau
Jewgeni Nesterenko
Hans Peter Opplinger
Wladimir Pankratow
Hermann Christian Polster
Günther Radzey
Ruggero Raimondi
Günther Schmidt
Gotthold Schwarz
Kari Senn
Mario Steller
Christian Steyer
Gothart Stier
Urs Straub
Reiner Süß
Fred Teschler
Rolf Tomaszewski
János Tóth
Siegfried Vogel
John Waddle
Per Olof Wenngren
Richard Wistreich
Rolf Wollrad

Schauspieler, Sprecher, Chansoninterpreten

Lutz Blochberger
Eva-Sybille Edel
Justus Fritzsche
Wolfgang Gorks
Monika Hildebrand
Paul Hoffmann
Regina Jeske
Lars Jung
Friedrich Wilhelm Junge
Hans-Georg Körbel
Gisela May
Traute Richter
Suheer Saleh
Leńka Šołćina
Giorgio Uehlinger
Hanns-Jörn Weber
Gert Westphal
Bodo Wolf
Joachim Zschocke

Instrumentalsolisten

Klavier
Andres Alen
Eva Ander
Paul Badura-Skoda
Boris Bechterew
Gerhard Berge
Lasar Berman
Michel Beroff
Sigurd Brauns
Peter Donohoe
Andrej Dutkiewicz
Sonnhild Fiebach
Andor Foldes
Homero Francesch
Paul Gulda
Krzysztof Jablonski
Jenö Jandó
Valentina Kameniková
Ivan Klánský
Manfred Knolle
Inge Kochan
Zoltán Kocsis
Günter Kootz
Emma Kovárnová
Wladimir Krainew
Boris Krajny
Anton Kuerti
Volkmar Lehmann
David Lively
Michael Lüdicke
Thomas Mahn
Serena Mitzscherling
Michael Muntian
Hiroko Nakamura
Karl-Heinz Naumann
Minoru Nojima
Bettina Otto
Günter Philipp

Maurizio Pollini
Hans Richter-Haaser
Peter Rösel
Annerose Schmidt
Jürgen Schröder
Jiří Skovaisa
Klaus-Dieter Stephan
Ljubow Timofejewa
Erika Tschauner
Eleonore Wikarski
Elisso Wirssaladse
Jürg Wyttenbach
Dieter Zechlin
Hans-Eberhard Zimmer
Tadeusz Źmudziński

Liedbegleiter
Helmut Deutsch
Rudolf Dunckel
Sándor Falvai
Gisela Franke-Wolfram
Hartmut Höll
Rudolf Jansen
Martin Katz
Jelena Matusowskaja
Hans Medjimorec
Phillip Moll
Maja Nosowska-Pasławska
Helmut Oertel
Walter Olbertz
Jewgeni Schenderowitsch
Norman Shetler
Semjon Skigin
Lawrence Skrobacs
Erik Werba

Cembalo
Isolde Ahlgrimm
Herbert Collum
Carl Göran Ehntorp
Sonnhild Fiebach
Arthur Haas
Christina Haupt
Hans-Ludwig Hirsch
Christiane Jaccottet
Igor Kipnis
Kristiane Köbler
Emma Kovárnová
Alexander Maikapar
Charlotte Nedinger
Hans Pischner
Zuzana Růžičková
Christine Schornsheim
Wolfram Steude
Amadeus Webersinke

Orgel
Michael Austin
Maria Bräutigam
Hans Haselböck
Christopher Herrick
Werner Jacob
Friedrich Kircheis
Gerd Loth, Regal
Hans-Jürgen Scholze
Christine Schornsheim
János Sebestyen
Jacques Taddei
Michael Christfried Winkler

Synthesizer
Roland Breitenfeld
Gerhard Erber
Klaus Hashagen
Thomas Kessler
Eckhard Rödger

Violine
Christian Altenburger
Marie Béreau
Marit Bergmann, Barockvioline
Kolja Blacher
Lise Boutin
Karin Budach
Wolfgang Bülow
Giuliano Carmignola
Thomas Christian
Ulf Däunert
Kaja Danczowska
Volker Dietzsch
Federico Fantini
Michael Frenzel
Brigitte Funke
Christian Funke
Barbara Gorzyňska
Jörg Hofmann
Liana Issakadse
Wolfram Just
Pietro Juvara
Oleg Kagan
Eugen Kindermann
Jutta Knauff
Reinhard Krauß
Jean Lamon
Gunars Larsens
Hedwig von der Linde
Stephen Marvin
Robert Mealy
Thomas Meining
Hirotaka Meno
Mathias Meißner
Jens Metzner
Horst Meyer
Peter Mirring
Carla Moore
Conrad Muck
Predrag Novović
Chantal Rémillard
Grzegorz Rezler
Heinz-Dieter Richter
Helga Rötscher
Josef Sabaini
Gustav Schmahl
Shinju Shaku
Yuuko Shiokawa
Wladimir Spiwakow
Jan Stanienda
Angelo Stefanato
Roland Straumer
Kishiko Suzumi
Bengt Svensson
Horst Titscher
Tsugio Tokunaga
Werner Thomsch
Reinhard Ulbricht
George Willms

Viola
Juri Baschmet
Lennert Falkenbring, Barockviola
Matthias Neubert
Michael Neuhaus
Matthias Sannemüller
Klaus Schwarsky

Steffen Seifert
Ivars Taurins
Hiroshi Terakura, Viola d'amore
Joachim Ulbricht
Elly Winer
Joachim Zindler

Viola da gamba
Sally Civval
Alison Crum
Laurence Dreyfus
Bernd Haubold, Diskantgambe
Friedrich Milatz
Bernd Musil
Siegfried Pank
Pere Ros
Friedemann Starke
Monika Tutschka
Peter Vel

Cello
Joerg Baumann
Joachim Bischof
Ottomar Borwitzky
Matthias Bräutigam
Jan Diesselhorst
Clemens Dillner
Enrico Egano
Rocco Filippini
Eberhard Finke
Mari Fujiwara
Frieder Gerstenberg
Natalia Gutman
Klaus Häussler
Ernst-Ludwig Hammer
Kenichi Kamizuka
Cristoph Kapler
Olga von Kranendonk
Uwe Kroggel
Peter Leisegang
Christina Mahler
Heinrich Majowski
Günter Müller
Gerhard Pluskwik
Gotthard Popp
Andreas Priebst
Susanne Raßbach
Erkki Rautio
Hans-Joachim Scheitzbach
Michael Schöne
Peter Steiner
Goetz Teutsch
Jürnjacob Timm
Tsuyoshi Tsutsumi
Wolfgang Weber
Alexander Wedow
Rudolf Weinsheimer
Gerhard Woschny

Kontrabaß
Achim Beyer, Violone
Bernd Haubold
Alison Mackay, Violone
Dietrich Unkrodt
Dieter Zahn

Harfe
Brunhilde Bonelli
Gyula Dalló
Gerhard Kleiner
Jutta Zoff

Gitarre/Laute
Yasunori Imamura
Milan Jovanić (L)
Franz Just
Jacob Lindberg (L/G)
Massimo Lonardi (L)
Konrad Ragossnig (L/G)
Anthony Rooley (L)
Jürgen Rost (G)
Monika Rost (G)
Karl-Ernst Schröder
Carl Shavitz (L)
Enrico Tagliavini (G)
Gabriele Werner (G)
Roland Zimmer (L)

Flöte
Cordula Bräuer
Francesco Chiroko
Hartmut Fehr
Marian Fischer
Eckart Haupt
Regina Kaiser
Takashi Kitayama
Birgit Lich
Aurèle Nicolet
Czesław Palkowski, Flauto Dolce
Ulrich Philipp
Helmut Rucker
Doron David Sherwin
Johannes Walther
Karl-Heinz Zöller

Blockflöte
Jens Borleis
Ruth Börner
Reiner Gebauer
Takashi Kitayama
Gerald Matschke
Malon Meilink
Jiři Stivín, Sopranino
Silvia Tietz
Thekla Waldbaur

Oboe
Wolfgang Bemmann
Burkhard Glaetzner
Heinz Holliger
Wolfgang Holzhäuser
Wolfgang Klier
Augusto Loppi
Andreas Lorenz
Kurt Mahn
Takeharu Nobuhara, Oboe d'amore
Peter Pougracz
Werner Sarodnick
Axel Schmidt, Englischhorn
Stefan Sutkowski
Peter Thieme

Klarinette
Kalman Berkes
Eduard Brunner
Hans Haberland (KL/SAX)
Josef Horák, Baßklarinette
Hans-Detlef Löchner
Werner Metzner
Theo Schier
Manfred Weise

Fagott
Günther Angerhöfer

Tibor Fülemile
Günter Klier
Wolfgang Liebscher, Barockfagott
Michael Weigel

Krummhorn
Wolfgang Klier

Horn
Lothar Böhm
Peter Damm
Volker Kaufmann
Dieter Pansa
Hartmut Schergaut
Doron David Sherwin, Zink
Heiner Ullmann, Zink
István Vincze
Andreas Voigt, Zink
Tamás Zempleni

Trompete
Janis Marshelle Coffman
Ludwig Güttler (Trompete/Corno da caccia)
Peter Lohse
Günter Rößler
Roland Rudolph
Kurt Sandau (Trompete/Corno da caccia)
Günter Scheiber
Heinz Stiefel
Guy Touvron

Posaune
Konrad Bauer
Gerhard Essbach
Hans Hombsch
Friedrich Schenker
Paul-Gerhard Schmidt
Jürgen Schubert
Howard Weiner
Manfred Zeumer

Tuba
Klaus Schweter

Dudelsack
Hartmut Israel

Pauken
Thomas Käppler
Giuseppe Marotta
Walter Pietschmann
Gerd Schenker
Bernhard Schmidt
Peter Sondermann

Schlagzeug
Gerhardt Hundt
Karl Jungnickel

Autoren-Verzeichnis

Biele, Peter Schriftsteller, Dresden
Dänhardt, Mattis Konzertdramaturg der Dresdner Musikfestspiele
Hamann, Peter Musikdramaturg der Landesbühnen Sachsen
Härtwig, Prof. Dr. phil. habil. Dieter Chefdramaturg der Dresdner Philharmonie
Höntsch, Prof. Dr. Winfried Direktor der Dresdner Musikfestspiele
Jarchow, Dr. Peter Stellvertretender Ballettdirektor der Staatsoper Dresden
John, Prof. Dr. sc. Hans Leiter der Abteilung Musikwissenschaft der Hochschule für Musik »Carl Maria von Weber« Dresden
Krause, Dr. Ernst Musikschriftsteller, Berlin
Kremtz, Eberhard Lehrer im Hochschuldienst an der Hochschule für Musik »Carl Maria von Weber« Dresden
Kröplin, Prof. Dr. sc. Eckart Chefdramaturg der Staatsoper Dresden
Matkey, Isolde Dramaturg an der Staatsoper Dresden
Paentzer, Jochen Chefdramaturg der Staatsoperette Dresden
Schönfelder, Prof. Dr. sc. Gerd Intendant der Staatsoper Dresden
Seeger, Dr. Horst Musikwissenschaftler, Berlin/Dresden
Stephan, Prof. Dr. sc. Günther Leiter des Lehrstuhles Philosophie an der Hochschule für Musik »Carl Maria von Weber« Dresden

Bildnachweis

Mathias Adam, Dresden S. 201
Marina Augustin, Dresden S. 169
Matthias Creutziger, Dresden S. 103, 181
Erwin Döring, Dresden S. 2, 55, 56, 57, 60, 66, 67, 70, 100, 101, 102, 104, 115, 116, 117, 118, 129, 130, 131, 134, 145, 146, 147, 148, 153, 154, 168, 194, 202, 207, 226, 230, 260, 261, 262, 263, 264, 265, 266, 267, 269, 270, 271, 272, 274, 278, 280, 282, 283, 285, 286, 288, Frontispiz
Erhardt Freund, Wilsdruff S. 234
Barbara Hergert, Halle S. 275
Giso Löwe, Dresden S. 180, 182, 195, 214, 281, 283
Siglinde Gemarius de Kepper, Karl-Marx-Stadt S. 115
Wolfgang Müller, Dresden S. 208, 212, 213
Ilse Naumann, Radebeul S. 61
Christine Orban, Rostock S. 277
Siegfried Prölls, Leipzig S. 231
Marion Schöne, Berlin S. 280
Maria Steinfeldt, Berlin S. 268
Heinz W. Sütterlin S. 58, 59, 62, 64, 65, Schutzumschlag
Siegfried Thienel S. 63
Siegfried Thienel/Günter Ackermann S. 8, 54
Helga Wallmüller, Leipzig S. 276
Werner Wurst, Dresden S. 170
Walter Zorn, Dresden S. 196
Alle anderen Fotos aus dem Archiv der Direktion der Dresdner Musikfestspiele